Carl W. Weber

SKLAVEREI IM ALTERTUM

Carl W. Weber

Sklaverei im Altertum

Leben im Schatten der Säulen

Econon Verlag
Düsseldorf · Wien

1. Auflage 1981

Gesetzt aus der Times der Fa. Hell
Satz: Bauer & Bökeler Filmsatz GmbH, Denkendorf
Papier: Papierfabrik Schleipen GmbH, Bad Dürkheim
Druck und Bindearbeiten: Ebner Ulm
Printed in Germany
ISBN 3 430 19517 9

Inhalt

Karten und Pläne

Vorwort

Perikles, Alexander der Große, Caesar, Augustus: Namen bedeutender historischer Persönlichkeiten, die einem unwillkürlich in den Sinn kommen, wenn das Stichwort »Antike« fällt. Das glanzvolle Perikleische Zeitalter, der grandiose Siegeszug Alexanders im Orient, das römische Weltreich – davon hat jeder schon einmal gehört. Nicht minder prägend für unser Bild vom Altertum sind die kulturellen und zivilisatorischen Errungenschaften der Griechen und Römer: die in mancher Hinsicht grundlegenden Werke der Literatur, die griechische Philosophie, die Anfänge der Naturwissenschaft, das römische Recht, die antike Mythologie und, vor allem, die Meisterwerke der griechisch-römischen Architektur. Säulen – das ist gleichsam ein Symbol für die Antike, ein Sinnbild für Glanz und Größe der frühen Epochen der Geschichte Europas.

All das ist sicher bezeichnend, und es verdient Respekt, ja Bewunderung. Und doch ist ein Antike-Bild, das sich nur aus solchen aneinandergereihten Höhepunkten aus Politik, Wissenschaft, Kultur und Kunst zusammensetzt, sehr einseitig. Es verzerrt die historische Wirklichkeit, weil es sich im Zweifelsfall eher am Außergewöhnlichen als am Alltäglichen orientiert.

Allzu lange haben unsere Geschichtsbücher dem Kult des Großen, Guten und Edlen gehuldigt. Daß dies in durchaus wohlmeinender »erzieherischer« Absicht geschah – die Beschäftigung mit dem Altertum als Ansporn zur eigenen menschlichen Vervollkommnung –, soll nicht geleugnet werden. Ob es aber im wohlverstandenen humanistischen Interesse lag, die Antike auf einen derart hohen Sockel zu stellen und sie dadurch zu einem fast unnahbaren, fremden, den Dingen des Alltags entrückten Ideal zu stilisieren, das darf doch mit Fug und Recht bezweifelt werden.

Die Forschung auf dem Gebiet der Alten Geschichte hat sich denn auch in den letzten Jahrzehnten verstärkt Themen zugewandt, die zu den weniger spektakulären und weniger harmonischen Seiten der antiken Realität gehören; darunter auch den sozialen Gruppen und gesellschaftlichen Schichten, die im Schatten der Säulen leben mußten. Eine dieser Schichten waren die Sklaven, die gegen ihren Willen gezwungen waren, anderen dienstbar zu sein, und deren Rechtlosigkeit teilweise soweit ging, daß man sie als bloße Sachen begreifen konnte. Ein »beseeltes Werkzeug« nennt der Philosoph Aristoteles den Sklaven, und dieser Formel entsprechend sind Millionen von Unfreien im Altertum verachtet und in menschenunwürdiger Weise behandelt worden.

Die Antike auch einmal aus der Sicht der Unterdrückten und Rechtlosen darzustellen, ist das Anliegen dieses Buches. Es beschreibt den Alltag der Sklaven, ihren Einsatz im Arbeitsprozeß, ihr Verhältnis zu den Herren, ihre Wünsche und Befürchtungen, ihr Aufbegehren gegen Diskriminierung und Unrecht. Geschildert wird aber auch das System der Sklaverei. Wie begründete man im Altertum die Praxis, Menschen zu knechten? Mit welchen Argumenten lieferten prominente Philosophen die (scheinbare) theoretische Rechtfertigung für die Institution der Sklaverei? Breiten Raum nimmt die Frage nach der Rekrutierung von Unfreien ein. Es gab verschiedene Wege, die in die Sklaverei führten: von der Kriegsgefangenschaft über die legale Versklavung des zahlungsunfähigen Schuldners bis hin zu kriminellem Menschenfang durch skrupellose Sklavenjäger.

Und dann natürlich das vielumstrittene Problem der ökonomischen Bedeutung der Sklaverei! Wäre die Wirtschaft der antiken Staaten ohne die Ausbeutung unfreier Arbeitskräfte zusammengebrochen? Waren die großen kulturellen Leistungen des Altertums letztlich nur deshalb möglich, weil die Sklaven den Freien durch ihre Arbeit die Muße verschafft haben, die für die Beschäftigung mit den schönen Dingen des Lebens nötig war? Spätestens bei dieser Frage gerät das Thema voll in die ideologische Auseinandersetzung unserer Tage. »Sklavenhaltergesellschaft« – das ist die in der marxistischen Geschichtswissenschaft für das Altertum gebräuchliche Epochenbezeichnung. Erst die intensive Erforschung der antiken Sklaverei durch marxistische Historiker hat auch bei ihren »bürgerlichen« Kollegen die Bereitschaft gefördert, sich mit diesem vorher vernachlässigten Kapitel der antiken Sozialgeschichte eingehender auseinanderzusetzen.

War die wissenschaftliche Auseinandersetzung zunächst vorwiegend in ideologisch-polemischen Bahnen verlaufen – die einen überschätzten die Bedeutung der Sklaverei, die anderen neigten zur Verharmlosung –, so sind beide Seiten inzwischen in einen wesentlich sachlicheren Dialog miteinander eingetreten. Die schrillen Töne sind in der wissenschaftlichen Diskussion verstummt; aus den Schulbüchern dagegen sind sie noch nicht verschwunden. Da wird auf der einen Seite die Sklaverei schwarz in schwarz gemalt, da erweckt man den Eindruck, als habe das Leben eines jeden Unfreien nur aus schwerster, erniedrigender Zwangsarbeit, körperlicher Züchtigung und psychischer Drangsalierung bestanden; und da wird die Sklaverei auf der anderen Seite so verharmlost, daß sie gar nicht als Problem erscheint, entweder total ausgeklammert oder als geradezu selbstverständliches und nicht weiter zu beachtendes Phänomen behandelt wird.

Dieses Buch will daher auch einer Reihe von Vorurteilen und Klischees entgegentreten. Daß die Sklaven die »Gastarbeiter der Antike« gewesen wären, wie man oft hört, daß alle Sklaven brutal gefoltert und unterschiedslos mißhandelt worden wären, daß das Christentum schließlich die Sklaverei abgeschafft hätte: All das ist barer Unsinn. *Den* Sklaven hat es nie gegeben, sondern nur Formen und Grade der Unfreiheit, die sich nach Zeit und Ort teilweise erheblich voneinander unterschieden.

Die Behandlung des Unfreien war ebenso unterschiedlich. Der eine Besitzer legte seinen Sklaven in Ketten, der andere sah in ihm den Mitmenschen oder sogar den Freund und Vertrauten. Der eine Sklave schuftete sich im Bergwerk ab und starb an physischer Erschöpfung und Auszehrung, der andere diente seinem Herrn als Bankier und durfte nach einigen Jahren auf seine Freilassung hoffen. Während Hunderte unfreier Gladiatoren in der Arena abgeschlachtet wurden, saßen andere Sklaven als Berater oder einflußreiche Beamte neben dem Kaiser in der Ehrenloge und schauten dem furchtbaren Spektakel ungerührt zu. Griff der von seinem Herrn unablässig gequälte, halb verhungerte Sklave aus Verzweiflung zur Waffe und schloß sich einem Sklavenaufstand an, so dachte der fein gekleidete, griechisch gebildete, im Hause eines vornehmen Herrn dienende Unfreie nicht im Traum daran, sich mit seinen Standesgenossen zu solidarisieren.

Diese Beispiele mögen genügen, um die Komplexität des Themas zu veranschaulichen. Was den zeitlichen Rahmen angeht, so konzentriert sich die Darstellung, von einigen Ausnahmen abgesehen, auf Epochen der Alten Geschichte, für die relativ reiches Quellenmaterial zur Verfügung steht: das 5. und 4. Jahrhundert v. Chr. in Griechenland und das 3. Jahrhundert v. Chr. bis 1. Jahrhundert n. Chr. in Rom.

Schwerpunktmäßig wird auch die Sklaverei im frühen Griechenland (mykenische und homerische Zeit) behandelt. Das letzte Kapitel ist der Haltung des frühen Christentums gegenüber der Sklaverei im Rahmen der allgemeinen Beurteilung der Unfreiheit im Altertum gewidmet.

1.
Das frühe Griechenland – kein Paradies der Freiheit

Streit-»Objekt«: Schöne Sklavinnen

»Den Zorn singe, Göttin, des Peleus-Sohnes Achilleus,/den verderblichen, der zehntausend Schmerzen über die Achaier brachte / und viele kraftvolle Seelen dem Hades vorwarf . . .«

Die ersten Verse der Ilias des Homer: Generationen von Griechisch-Schülern haben sie auswendig gelernt, als Kostprobe gleichsam von der frühesten Dichtung der Griechen, dem ersten Beitrag des Abendlandes zur Weltliteratur. Es ist freilich weder die Monumentalität dieses fast 16000 Verse umfassenden epischen Gesangs noch Ausdruck ehrfurchtsvoller Reverenz gegenüber dem künstlerischen Schaffen eines Mannes, der im gesamten Altertum als *der* Dichter schlechthin gerühmt wurde, und auch nicht nur Rücksichtnahme darauf, daß die homerischen Gesänge die älteste historisch auswertbare literarische Quelle sind, die uns die Anfangsworte der Ilias an den Beginn einer Darstellung über die antike Sklaverei stellen lassen.

Ein merkwürdiger Zufall – oder letztlich ein zutiefst folgerichtiges Zusammentreffen? – hat es gefügt, daß das Geschehen ausgerechnet des ältesten literarischen Werkes der Antike seinen Anfang von einem Streit um zwei Sklavinnen nimmt.

Auf den ersten Blick eine überraschende Behauptung. Aber sie läßt sich schnell beweisen. Das Thema der Ilias ist zugleich Ausgangspunkt für das gesamte Geschehen: der Zorn des Achill. So sagt es Homer unmißverständlich am Beginn seines Epos, und so durchzieht es als Leitmotiv das ganze Werk. Wie kam es zu jener Zornesaufwallung des Helden, die vielen seiner Mitstreiter Tod und Unglück brachte?

Schon im zehnten Jahr belagerten die Griechen die kleinasiatische Feste Troja. Um die Eintönigkeit und Langeweile, die bei diesen mühevollen Unternehmen mitunter aufkommt, zu mindern, werfen sich die Griechen von Zeit zu Zeit auf andere feindliche, mit Troja verbündete Städte. Bei einem dieser Plünderungszüge fällt ihnen das im südlichen Kleinasien gelegene Theben, die Residenz des Kilikerkönigs Eëtion, zum Opfer. Der König selbst und seine sieben Söhne, ebenso die meisten anderen männlichen Einwohner werden von den Angreifern getötet, die Stadt wird zerstört, die Beute unter den Siegern aufgeteilt.[1]

Zu dieser Beute gehören auch die kriegsgefangenen Frauen, von denen die schönsten an die Heerführer verteilt werden. Agamemnon, der Oberbefehlshaber der Griechen, erhält die »schönwangigige, flinkäugigige« Chryseis, die fortan als Nebenfrau in seinem Zelt lebt.

Soweit der ganz »normale« Vorgang einer Versklavung und das ganz »normale« Schicksal einer schönen Kriegsgefangenen. Unvermutet bahnt sich einige Zeit später aber ein Zwist an, der zum Eklat zwischen Agamemnon und Achill führen wird.

Chryses, der Vater der Versklavten, erscheint im Lager der Griechen vor Troja und bietet ein beträchtliches Lösegeld zur Befreiung seiner Tochter an – an sich kein ungewöhnlicher Schritt, der aber in diesem Falle gar nicht auf Gegenliebe bei Agamemnon stößt. Der möchte Chryseis unter allen Umständen behalten; er will sie mitnehmen in die Heimat, wo sie am Webstuhl sitzen und das Lager mit ihm teilen soll.[2] Mit barschen Worten speist er den Vater der Sklavin ab und jagt ihn fort – gegen den Willen der übrigen Griechen, die der greise Chryses unter Hinweis auf seine Tätigkeit als Priester des Apollon beeindruckt hatte.

Tatsächlich dauert es nicht lange, bis Apollon die Bitten seines Priesters erhört und aus Zorn über die schäbige Behandlung des Chryses in die Kämpfe vor Troja eingreift. Zahlreiche Griechen fallen den Geschossen des Gottes zum Opfer. Auf Betreiben Achills wird schließlich der Seher Kalchas mit der Deutung des mysteriösen Unglücksgeschehens beauftragt. Und der enthüllt der Kriegerversammlung die Ursache für den Groll Apollons. Sein dringender Rat: Chryseis solle ihrem Vater schnellstens zurückgegeben werden, und zwar ohne Lösegeld, vielmehr noch zusammen mit einem Sühneopfer![3]

Daraufhin kommt es zu einer heftigen Szene im Lager der Griechen. Agamemnon ist aufgebracht, daß er Chryseis, die er wegen ihrer Schönheit und Klugheit sogar seiner rechtmäßigen Gattin vorzieht,[4] zurückgeben solle. Er erklärt sich aber nach einigen bitteren Worten gegenüber dem »Unglücksseher« bereit, dem Spruch des

Kalchas zu gehorchen. Unter *einer* Bedingung allerdings: daß er auf der Stelle Ersatz für den Verlust erhalte. Immerhin, so erklärt er, sei Chryseis ja ein Ehrengeschenk für ihn gewesen.

Da meldet sich Achill zu Wort. Sein Versuch, Agamemnon zu vertrösten und ihm den Verzicht auf seine Sklavin schmackhaft zu machen, indem er ihm den Löwenanteil an der bald zu erwartenden Beute aus dem zerstörten Troja verspricht, scheitert. Den erregten Dialog zwischen den beiden Großen beendet Agamemnon schließlich mit der Erklärung, er werde sich für den Verlust an Achill selbst schadlos halten, indem er sich Briseis, dessen Nebenfrau, aus dem Zelt des Kontrahenten hole.[5]

Agamemnon als Oberbefehlshaber setzt sich durch. Er läßt die schöne Briseis, ebenfalls eine kriegsgefangene Sklavin, ihrem bisherigen Herrn wegnehmen und provoziert damit die trotzige Reaktion Achills, der sich weigert, weiterhin am Kampf gegen die Trojaner teilzunehmen. Durch diese von lodernder Zornesaufwallung diktierte Entscheidung nimmt er ganz bewußt eine beträchtliche Schwächung der Belagerer in Kauf. In den nächsten Tagen zeigt sich in der Tat, daß die Griechen, die sich schon nah vor ihrem Kriegsziel wähnten, durch das Fernbleiben des Achill empfindliche Rückschläge und »zehntausend Schmerzen« hinnehmen müssen.

Erst im 18. Buch der Ilias verraucht der Zorn des Achill über die Beleidigung, die ihm durch die Wegnahme der Briseis widerfahren ist – freilich nur, weil er von frischem Groll über den Tod seines Freundes Patroklos sozusagen abgelöst wird. Für den größten Teil des homerischen Epos aber gilt: Die Voraussetzung für das dort geschilderte Geschehen bildet die heftige Kontroverse zwischen Agamemnon und Achill, in der es um den Besitz zweier Sklavinnen geht.

Phantasie oder Abbild der Wirklichkeit?

Man kann natürlich einwenden, daß dieser Streit nur der vordergründige Anlaß war, durch den die Erzählung in Gang gebracht werden sollte, und daß es Homer eigentlich darum zu tun war, mit Hilfe dieses vergleichsweise banalen Einstiegs das Denken und Handeln von Göttern und Menschen in größerem Zusammenhang darzustellen. All das ist gewiß richtig, aber es sollte nicht dazu verleiten, den von Homer ernsthaft und in allen Details geschilderten Vorfall in seiner Bedeutung herabzustufen. Der Streit um Chryseis und Briseis ist keineswegs nur vom Gesichtspunkt der Komposition des Gesamtwerks aus gesehen wichtig; er muß so oder ganz ähnlich in der Realität des Lebens möglich gewesen sein, deren Spiegelbild das literarische Kunstwerk hier ist.

Die Freude, ein kostbares Ehrengeschenk in der Gestalt einer anmutigen Sklavin mit körperlichen und geistigen Vorzügen erhalten zu haben, das Aufbrausen ob der Kränkung, die mit der Wegnahme des wertvollen Geschenks verbunden ist, aber auch der Ärger über die damit eingetretene Vermögenseinbuße, die Tränen und die Schwermut des zornerfüllten, aufs Meer hinausstierenden Helden,[6] der sonst wie besessen unter den Feinden wütet und mordet, der wütende Trotz des Einzelkämpfers, der sich im Zerreißen der Solidaritätsbande zu seinen Kampfesgenossen äußert: all das ist nicht hohle poetische Erfindung, zur Unterhaltung des Publikums geschaffene Fiktion ohne konkrete Bezüge zur Realität. Ganz im Gegenteil: Die Wirklichkeit selbst, das tatsächliche Fühlen und Denken der Menschen, ihre Wertbegriffe und Verhaltensweisen haben hier Pate gestanden. Man wird Homer nicht gerecht, wenn man über Szenen wie diese am Beginn der Ilias am liebsten schnell hinweggehen möchte auf der verbohrten Suche nach »Höherem«, »Geistigerem«.

Mithin: Zur Zeit Homers, also im 8. Jahrhundert v. Chr., war die Sklaverei bereits eine Realität, unterteilte bereits ein dicker Trennstrich die Gesellschaft in zwei Lager: das der Freien und das der Unfreien.

Das Recht des Siegers

Wie es schon lange vor Homer zu dieser Zweiteilung – die nicht die einzige, wohl aber die grundsätzlichste Differenzierung war – gekommen ist, läßt sich recht eindeutig rekonstruieren. Am Anfang der als Sklaverei bezeichneten Unterdrückung von Menschen, die rechtlich gesehen durch den Akt der Versklavung zu Sachen und praktisch wehrlosen »Objekten« ihrer Herren degradiert wurden, stand das »Recht« des Siegers. Der im Krieg Erfolgreichere beanspruchte nicht nur Hab und Gut des Unterlegenen als sein Eigentum, sondern er dehnte diesen Anspruch auch auf den Körper des Besiegten aus. Sein uneingeschränktes Verfügungs-»Recht« sicherte ihm die Entscheidung über Leben und Tod des Unterworfenen, und das hieß: Er konnte wählen, ob er den besiegten Gegner tötete oder ihn sich dienstbar machte.

»Es herrscht ein ewiges Gesetz unter allen Menschen, daß, wenn im Kriege eine Stadt erobert wird, sowohl die Körper als auch das Eigentum der Einwohner unter der Verfügungsgewalt der Eroberer stehen« – so formuliert es Xenophon in seiner um 360 v. Chr. geschriebenen »Kyropaideia«,[7] und auch Aristoteles spricht im Zusammenhang mit der Versklavung von Menschen von einer »gleichsam gesetzmäßigen Übereinkunft, nach der dem Sieger gehört, was er im Kriege bezwungen« habe.[8] Immerhin lassen die weiteren Ausführungen des Philosophen erkennen, daß sich im klassischen Griechenland auch Stimmen erhoben haben, die gegen diese vermeintlich natürliche Gesetzmäßigkeit lauten Protest einlegten und die Theorie vom absoluten Recht des Stärkeren in Frage stellten.

Mochten sich im 6. und 5. Jahrhundert solche Rufe nach mehr Humanität in der Behandlung unterlegener Feinde mehren – übrigens anscheinend auch mit dem praktischen Ergebnis, daß die Kriegführung zumindest zwischen *griechischen* Städten etwas rücksichtsvoller wurde[9] –, so waren derartige Gedankengänge für die homerischen Helden unvorstellbar. Sie vermochten im Pochen auf das Recht des Siegers kein Unrecht zu erblicken, für sie waren Tötung und Versklavung ihrer Gegner eine Selbstverständlichkeit, die ihnen keinerlei Gewissensqualen verursachte.

Schreckensvision der Versklavung

Nach der Einnahme einer gegnerischen Stadt spielten sich Szenen ab, die nach unseren Maßstäben von ungeheurer Brutalität und inhumaner Menschenverachtung geprägt sind. Die überlebenden Männer werden in der Regel niedergemacht; in der Ilias gibt es keinen einzigen Beleg dafür, daß sie das gleiche Schicksal erleiden »dürfen« wie ihre Frauen und Kinder. Deren Los ist der Weg in die Sklaverei. »Die Männer töten sie, die Stadt vertilgt das Feuer; die Kinder und die tiefgegürteten Frauen führen andere hinweg« – so eine fast nüchtern-sachliche Beschreibung des grausamen Geschehens durch Homer.[10]

Der Verlust der Freiheit, die Horrorvision der drohenden Knechtschaft steht all denen vor Augen, die eine Stadt gegen Angreifer beschützen müssen. Die Männer wissen, daß es ganz allein in ihrer Hand liegt, das eigene Leben vor dem Zugriff des Feindes zu retten. Fast noch mehr aber spornt sie die düstere Zukunftsaussicht der gefährdeten Frauen und Kinder an, über deren Wohl und Wehe sie durch ihren Einsatz im Kampf entscheiden.

Auch die Verteidiger von Troja wissen sehr genau, welches Schicksal ihnen und ihren Angehörigen bevorsteht, wenn es dem »Städteverwüster« Achill, der schon 23 Festungen zerstört hat,[11] und seinen Kampfesgefährten gelingen sollte, nach Ilion einzudringen: Im 10. Buch der Ilias glaubt Hektor nach seinem Sieg über Patroklos triumphieren zu dürfen, daß Troja nicht zerstört und die Trojanerinnen nicht versklavt und auf die Schiffe der Griechen fortgeschleppt würden.[12]

Im letzten Buch des Epos ist die Szenerie von Grund auf verändert. Hier blickt Andromache, am Totenlager ihres Mannes Hektor sitzend, schon mit einem Anflug von Resignation dem künftigen Schicksal der troischen Frauen ins Auge. Nun, da Hektor als Beschützer der Frauen und Kinder gefallen sei, werde der Tag nicht fern sein, an dem sie zusammen mit ihren Leidensgenossinnen ins Lager der Griechen verschleppt und in den Sklavenstatus absinken werde – ein tiefer Sturz, der, wie sie genau weiß, »schmachvolle Werke«, einen »ungnädigen Herrn« und viel »Trauer und Schmerzen« mit sich bringen wird.[13]

Die Situation in beiden Szenen ist völlig unterschiedlich; aber beiden liegt der Gedanke an die Folgen einer möglichen Katastrophe der belagerten Stadt zugrunde. Was zunächst glücklich abgewendet zu sein scheint, das steht der Andromache schließlich als düstere Gewißheit vor Augen: Das δούλιον ἦμαρ (doulion emar),[14] der Tag der Versklavung, der Beginn der Unfreiheit, der Moment tiefster Erniedrigung im Leben eines Menschen.

Schicksal der Besiegten: Knechtschaft oder Tod

Die Kriegsgefangenschaft galt als ganz selbstverständliche Quelle der Sklaverei. Niemand dachte an Schonung oder Gnade für die Unterworfenen. Im Gegenteil: Manch ein Kriegszug fand mit dem erklärten Ziel statt, Beute zu machen. Und neben Pferden, Rindern, Schafen, kostbaren Dreifüßen aus Bronze, Gold und Eisen waren es vor allem Frauen, die mancher Held der homerischen Zeit sich als wertvollsten Beuteanteil erhoffte.[15] Dementsprechend hielten sich die Vorkämpfer gleich mehrere Sklavinnen in ihren Zelten – sowohl als Nebenfrauen wie auch als Dienstmädchen, die die täglich anfallenden Arbeiten verrichten mußten. Briseis und Chryseis waren bestimmt nicht die einzigen weiblichen Unfreien in den Hütten von Achill und Agamemnon.[16]

Es fällt schwer, eine derart anerkannte, nie in Frage gestellte Degradierung von Menschen zu Befehlsempfängern im rechtlichen Status von Sachen zu begreifen, sich klarzumachen, daß die im Kriege erbeutete Frau als ganz »normales« Beutestück inmitten anderer Beutestücke angesehen wurde, die in ihrer Gesamtheit das Vermögen des neuen Eigentümers vergrößerten.[17] Kein Zweifel: Die älteste Quelle der Sklaverei speiste sich aus ganz handfesten materiellen Erwägungen: der Begierde, Beute – wie immer sie geartet sein mochte – als Lohn der Angst vom Feldzug nach Hause zu bringen.

Wie verträgt sich dieses Besitzstreben dann aber mit der Tatsache, daß man die männlichen Einwohner einer eroberten Stadt meist mitleidlos abschlachtete – und damit offensichtlich doch eine freiwillige Vermögenseinbuße hinnahm? Bei diesem Verhalten setzte sich ein emotionaler Zug durch, der sogar die Gier nach Reichtum noch überlagerte: Rachsucht. Die ganze Verbissenheit und alle Strapazen des Kampfes entluden sich eruptionsartig in dem Augenblick, da die angegriffene Festung fiel. Dann richtete sich die aufgestaute Wut gegen die verhaßten Gegner; das Bewußtsein der Mühen und Schmerzen, unter denen der Sieg schließlich errungen worden war, machte selbst die Rache an den nunmehr wehrlosen Opfern zu einem süßen Gefühl. Revanche für das erlittene Leid, Wiedergutmachung für die Tötung der eigenen Kameraden: Dieses Gefühl veranlaßt die homerischen Helden, mit aller Schärfe gegen den Unterlegenen vorzugehen, ja, seinen Leichnam nicht einmal zu bestatten und selbst die ungeborenen Knaben im Leib ihrer Mütter in die Verfluchung einzuschließen.[18]

Der Grundsatz, daß (männliche) Gefangene nicht gemacht wurden, beruhte aber auch auf einer rationalen Überlegung: Konnte völlig ausgeschlossen werden, daß ein Kriegsgefangener wieder freikam und sich daraufhin seinerseits an den Siegern von einst für jene Schmach und Schande zu rächen versuchte, die seine Frau und Kinder erlitten hatten? Mußte nicht sogar einkalkuliert werden, daß noch eine Generation später urplötzlich ein Rächer auftauchte, der das seiner Familie einst zugefügte Unrecht zum Anlaß blutiger Revanche nehmen würde? Die Freilassung von Sklaven gegen Lösegeld kam ja durchaus vor, und genau das konnte im Ernstfall die Schwachstelle bei der Versklavung männlicher Kriegsgefangener sein. Dieser Gedanke verschmolz mit der Rachsucht zu einer unheilvollen Konsequenz. Und die bedeutete: Alle wehrfähigen Krieger wurden rücksichtslos erschlagen.

Soviel zu dem blutigen Vorgehen im Falle der Eroberung einer Stadt. Anders waren Voraussetzungen, wenn im Verlaufe eines Gefechtes Gefangene gemacht wurden. Gefesselt wurden sie ins Lager gebracht, wo sie entweder als Geiseln festgehalten oder gegen ein Lösegeld wieder freigelassen wurden. In diesen Fällen kam es nicht selten darauf an, ob der Gefangene eine wohlhabende Familie hatte, die ihn gegen eine attraktive Summe freikaufen konnte. Manch einer flehte den Sieger an, ihm das Leben zu lassen, indem er auf die reichen Schätze seines Vaters verwies. Wenn diese Bitte eines Gefangenen von Homer in fast formelhaft-stereotyper Weise beschrieben wird, so beweist das nur allzu deutlich, daß es sich bei der Freigabe gegen hohes Lösegeld um einen oft geübten Brauch gehandelt haben muß.[19]

Freilich gab es genug schlimme Ausnahmen von dieser Regel. Es konnte auch durchaus geschehen, daß der im Gefecht oder auf einem Erkundungsgang aufgegriffene Gegner in die Sklaverei geriet.[20] Vielen half dann auch ihr Flehen und Klagen nichts. Sie fielen dem Grimm des Siegers zum Opfer und wurden erbarmungslos niedergemacht. So erging es dem Tros, der Achills Knie umfaßte und ihn inständig um Erbarmen bat. Vergebens. Denn »der stieß ihm das Schwert in die Leber, und heraus glitt ihm die Leber, und das schwarze Blut färbte den Bausch des Gewandes, und Dunkel umhüllte seine Augen«.[21]

Die Greuel des Krieges – ohne Schminke, ohne Heuchelei

All dies gewiß erschütternde Beispiele für die ungehemmte Brutalität und Leidenschaft, die die kriegerischen Auseinandersetzungen zwischen den homerischen Helden bestimmten. Die Schilderung dieser Grausamkeiten ruft Entsetzen hervor. Allzu oberflächliche Empörung und Abscheu vor den »barbarischen Rohheiten einer ungesitteten, primitiven Gesellschaft« sind gleichwohl fehl am Platze. Was Homer schildert, hat es zu allen Zeiten gegeben. Erst in der Neuzeit hat man sich überlegt, wie die Perversität des Krieges durch exakte Vereinbarungen, gewissermaßen »Spielregeln«, zu mindern sei, um durch solche Übereinkünfte wenigstens die schlimmsten Exzesse zu verhindern.

Ein Fortschritt? Wenn ja, dann ein recht zweifelhafter. Und außerdem ein wenig wirkungsvoller, wenn man in der Kriegsgeschichte des 20. Jahrhunderts blättert. Die ist bekanntlich reich an Kriegsverbrechen und Kriegsverbrechern. Der Fortschritt scheint also eher darin zu bestehen, daß man Grenzlinien zwischen Erlaubtem und nicht Erlaubtem gezogen und sich dadurch die Möglichkeit geschaffen hat, gegen alle, die diese Grenzen überschreiten, Sanktionen zu verhängen. Bisweilen werden diese Sanktionen gegen einzelne angewandt – und mit dem Hinweis auf solche »Sündenböcke« läßt sich dann der Krieg als die eigentliche Perversion bequem in den Hintergrund schieben.

Eine derartige Heuchelei kann man den von Homer besungenen Kriegern nicht vorwerfen. Sie stehen zu ihrem Handeln, sehen es als ganz selbstverständlich an und geben sich keinerlei Mühe, die Unmenschlichkeit des Krieges zu vertuschen. Ihnen fehlt das Bewußtsein, Unrecht zu tun, wenn sie einen Menschen versklaven, erschlagen oder auf andere Weise quälen und vernichten. Es sind sehr archaische Denkstrukturen, die das Austoben von Emotionen und Leidenschaften erlauben. Sie führen uns in eine andere Welt mit einer von heutigen Vorstellungen ganz unterschiedlichen Werteskala. Die Bewährung im Kampfe und das Streben nach Ruhm und Anerkennung stehen an der Spitze dessen, was ein Mann erreichen kann. Um das Höchste zu erringen, ist man bereit, auch die damit verbundenen Abscheulichkeiten und Widerwärtigkeiten in Kauf zu nehmen. Das ist die nackte Realität, die der Dichter ohne Schönfärberei porträtiert.

Um kein Mißverständnis aufkommen zu lassen: Es sollte hier nicht um Verständnis für die Kriegspraktiken der homerischen Zeit geworben, nicht nach Entschuldigungen gesucht werden. Die Ethik der homerischen Kämpfer kann nicht die Ethik unserer Zeit sein; sie war schon im klassischen Griechenland nicht mehr vorbildhaft. Eines aber hat die von Homer geschilderte Gesellschaft nicht verdient: Das arrogante, pikierte Kopfschütteln über die Unmenschlichkeiten einer »naiven«, »primitiven« Zivilisation von seiten einer sich überlegen dünkenden Zeit, deren sittliche Reife oft genug nur mit einer guten Portion von Heuchelei und Verlogenheit unter Beweis gestellt werden kann.

Die kompromißlose Härte, mit der man gegen die Unterlegenen vorging, erklärt sich zumindest teilweise auch aus der Situation der kriegerischen Auseinandersetzung. Der Krieger kämpfte für ein Staatswesen, das mit modernen Territorialstaaten nicht vergleichbar ist, sondern eine überschaubare Einheit darstellte. Man stritt also nicht für ein anonymes Staatswesen, für eine dem einzelnen kaum faßbare allgemeine Staatsidee, sondern ganz konkret für eine bestimmte Gemeinschaft von Menschen, für die man sich persönlich verantwortlich fühlte. Zumal für den Verteidiger einer Stadt stand alles auf dem Spiel; nur er vermochte in der Gemeinschaft der anderen Krieger die Zerstörung seiner Heimatstadt und das Unglück ihrer Bewohner abzuwenden. Durch nichts wird das unbedingte Interesse des einzelnen am Sieg des eigenen Heeres deutlicher, als wenn man sich die Folgen mangelnden Einsatzes vergegenwärtigt: Tod bzw. Versklavung waren die sicheren Begleiter einer Niederlage.

Und dieses Unglück traf alle Unterlegenen ohne Unterschied. Niemand durfte aufgrund seiner sozialen Stellung oder eines gesellschaftlichen Ansehens erhoffen, besser davonzukommen als seine Leidensgenossen. In einer Epoche, die das Kriegführen als die beste Chance der Bewährung und Selbstverwirklichung des einzelnen ansah und die dementsprechend von zahllosen kleinen und größeren Konflikten beherrscht wurde, war jedem bewußt, wie schnell er unter Umständen den »Freiheitstag« gegen den verhaßten »Tag der Unfreiheit« eintauschen mußte.

Freilich: Was *nach* dem Akt der Versklavung kam, war nicht in allen Fällen das gleiche. Innerhalb der unfreien Dienerschaft gab es gewaltige Rangunterschiede. Höher im Kurs als die Sklavinnen aus dem einfachen Volk standen die erbeuteten Edelfrauen – Gattinnen, Töchter und Schwestern der feindlichen Anführer. Ihnen übertrug man alle Arbeiten, die noch als am wenigsten ehrenrührig galten.

Die vornehmste Bestimmung einer Sklavin war ihre sexuelle »Verwendung«. Besonders schöne und gebildete Frauen erhielten die Anführer des Heeres als Ehrengeschenke. Die berühmtesten Beispiele sind die schon erwähnten Chryseis und Briseis. Sie lebten als Nebenfrauen in den Zelten der Feldherren; zwar nicht allein, aber doch deutlich bevorzugt gegenüber den anderen Dienerinnen, vor denen sie geradezu als Herrinnen auftreten durften.

Zwischen den wenigen privilegierten Sklavinnen und ihren Herren entwickelten sich mitunter gegenseitige vertrauensvolle Liebes- und Treueverhältnisse. Briseis durfte lange Zeit fest damit rechnen, von Achill geheiratet und damit zur legitimen Gattin gemacht zu werden.[22] Auch Agamemnon läßt eine tiefe Zuneigung zu Chryseis erkennen, die über das rein Sexuelle hinausgeht.[23] Doch blieben derartige Beziehungen in der Minderzahl. Wie sehr die kriegsgefangene Sklavin zunächst einmal als Sexualobjekt gilt, zeigt die »hochherzige« Offerte Agamemnons, mit der er Achill zur Wiederaufnahme des Kampfes locken will: Er verspricht ihm nicht weniger als sieben schöne Frauen aus Lesbos und zwanzig aus Troja – und zwar diejenigen, »die nach Helena die schönsten sind«. Obendrein schwört er hoch und heilig, Briseis ihrem früheren Herrn Achill *unberührt* zurückgeben zu wollen, ohne sich mit ihr vereinigt zu haben, wie das doch eigentlich unter den Menschen üblich sei . . .[24]

In seinem 1898 gehaltenen Vortrag über die Sklaven im Altertum stellt der deutsche Althistoriker Eduard Meyer apodiktisch fest: »Die versklavten Weiber dienten in erster Linie der Befriedigung des Geschlechtstriebes: die Sklaverei . . . erfüllt in einfachen Verhältnissen vor allem die Funktion, welche später der mehr oder weniger geregelten Prostitution zufällt«.[25]

Damit ist sicherlich ein wichtiger Gesichtspunkt der frühen Sklaverei angesprochen, aber es sind zwei Einschränkungen zu machen. Zum einen waren es hauptsächlich die Vorkämpfer und Anführer, die sich gleich mehrere Sklavinnen auf diese Weise dienstbar machten. Und zum anderen ist es doch sehr fraglich, ob nicht die größere Anzahl der Sklavinnen für andere Verrichtungen als für die mehr oder weniger erzwungenen Liebesdienste zuständig war.

»Seelenkränkende Arbeit . . .«

Nur wenige Unfreie stehen so im Blickpunkt des Geschehens wie die Edelfrauen Chryseis und Briseis. Anders als diese gleichsam ins gleißende Licht literarischer Berühmtheit gestellten Standesgenossinnen verrichtete die anonyme Masse der Sklavinnen niedere, im besten Fall alltägliche Arbeiten, die der Dichter nur ganz am Rande erwähnt. Weben und spinnen, Wasser vom Brunnen holen, waschen, Tische putzen, Bäder für die Gäste des Hausherrn vorbereiten, Lichter anzünden, Betten machen, Zimmer aufräumen, Mahlzeiten zubereiten: Diese und ähnliche Aufgaben im Haushalt der Vornehmen obliegen den unfreien Frauen.

Als schwierigste und unangenehmste Arbeit galt das Mahlen des Korns. Im Palast des Odysseus, in dem sich während der Abwesenheit des Helden zahlreiche Freier ungeniert festgesetzt hatten, um die vermeintliche Witwe Penelope für sich zu gewinnen, waren tagtäglich zwölf Frauen mit dieser »seelenkränkenden Arbeit« beschäftigt.[26] Nicht minder unangenehm war die Tätigkeit der Sklavinnen, wenn sie zum Dienst als Leichenwäscherinnen und Klageweiber[27] verpflichtet oder gar beauftragt wurden, blutbesudelte Leichname, Opfer des tobenden Odysseus, aus dem Hause fortzuschleifen und das verschmierte, von verkrustetem Blut überzogene Mobiliar zu reinigen.[28]

Nur wenigen Sklavinnen bot sich die Möglichkeit, in Vertrauensstellungen aufzurücken. Sie waren als Kammerdienerinnen, Erzieherinnen und Ammen tätig.[29] Der enge tägliche Kontakt führte dann fast zwangsläufig zu einem persönlicheren Verhältnis zur Herrschaft. Das war vor allem bei Sklavinnen der Fall, die als »schöngelockte« oder »weißarmige«Begleiterinnen und Gespielinnen ihrer vornehmen Herrinnen fungierten. Für sie existierte sogar eine spezielle Bezeichnung: »Amphipoloi« heißen sie bei Homer, und von einem späteren Erklärer werden sie als Dienerinnen gedeutet, »die sich um die Herrin zu kümmern« hatten.[30]

Eine besonders privilegierte Stellung nimmt die alte Eurykleia ein, die fast ihr ganzes Leben im Palast des Odysseus auf Ithaka diente und den Helden selbst im Säuglingsalter als Amme und später als Kindermädchen aufziehen half. Mit ihr sprechen Odysseus und Penelope, seine Frau, beinahe wie zu ihresgleichen. Sie schätzen die treue Alte als Ratgeberin und zuverlässige Dienerin.

Aber nicht nur die lange Bekanntschaft hat ein derart vertrauensvolles Verhältnis ermöglicht. Eurykleia ist auch eine Art »Obersklavin«, die die Aufsicht über die anderen unfreien Arbeitskräfte im Palast führt, mitunter ihre Standesgenossinnen zur Eile antreibt[31] und aus Verbundenheit mit Odysseus sogar bereit ist, andere Sklavinnen zu denunzieren und sie damit dem Zorn des Odysseus schutzlos preiszugeben – ein Angebot, das sogar Odysseus, der sonst vor List und Tücke keineswegs zurückschreckt, entschieden ablehnt.[32] Von Solidarität unter Leidensgefährtinnen also keine Spur; Eurykleia fühlt sich den Herren näher als der anonymen Masse der ihr unterstellten Unfreien. Und doch: So sehr Eurykleia sogar mit Hilfe wenig sympathischer Mittel ihre Ergebenheit und Loyalität unter Beweis zu stellen bemüht ist, so wenig vergißt Odysseus in entscheidenden Situationen jemals ihren sozialen Status, und dann droht er auch ihr an, sie zu töten: Das »Recht« des Siegers über seinen menschlichen Besitz![33]

Männliche Sklaven – eine Minderheit

Wie stand es um die männlichen Sklaven? Zahlenmäßig scheinen sie der weiblichen Sklavenschaft in homerischer Zeit weit unterlegen gewesen zu sein. Kein Wunder, wurden doch die männlichen Kriegsgefangenen in aller Regel ein Opfer der Mordwut ihrer Bezwinger.

Immerhin fielen ja aber auch während der Kämpfe Krieger in die Hand ihrer Gegner, die sie, soweit sie nicht ausgelöst wurden, entweder selbst als Sklaven mit in die Heimat nahmen oder sie in die Sklaverei verkauften. Gegen Ende des 8. Jahrhunderts setzte sich dann zunehmend eine neue Quelle der Versklavung durch: die Kaufsklaverei. Schrittmacher und vorrangige Nutznießer dieser zweifelhaften Weiterentwicklung waren phönizische Sklavenhändler, die sich allem Anschein nach als erste im Geschäft mit der »menschlichen Ware« engagierten. Sie scheuten sich auch nicht, selbst Männer und Frauen aus ihrem eigenen Volk ins Ausland zu verkaufen.[34]

Wie später im klassischen Griechenland, so war es auch den Sklaven der homerischen Zeit erlaubt, eine eigene Familie zu gründen. Der Preis dafür war allerdings hoch: Die Nachkommen eines unfreien Paares wurden sozusagen in die Unfreiheit hineingeboren. Sie stellten damit für den Herrn einen Vermögenszuwachs dar, da sie später ebenfalls für ihn arbeiten mußten. Großzügiger verfuhr man wahrscheinlich mit Kindern aus einer Liaison zwischen einem Freien und seiner unfreien Nebenfrau: Sie bekamen den rechtlichen Status ihres Vaters zugesprochen.[35] Nachweislich gab es in der homerischen Zeit auch schon männliche Sklaven.

Über deren Arbeitseinsatz ist nur wenig bekannt. Einige wenige waren im Haushalt beschäftigt;[36] die meisten dagegen arbeiteten in der Landwirtschaft. Während die Bestellung der Äcker hauptsächlich durch freie Bauern erfolgte, war die Viehzucht eine ausgesprochene Domäne der Sklaven. Als Oberhirten im Dienste des Odysseus sind drei Unfreie namentlich bekannt: der Ziegenhirt Melanthios, der Rinderhirt Philoitios und vor allem Eumaios, der »göttergleiche Schweinehirt« – so wird er in formelhafter Wiederholung nicht weniger als zwölfmal genannt.[37]

Ein »göttlicher«, ein »göttergleicher« Sklave – wie ist das zu verstehen? Das griechische Adjektiv δῖος (dios) bedeutet in der Tat ursprünglich »göttlich«, wird aber von Homer auch abgeschwächt im Sinne von »trefflich«, »vorbildhaft« oder »edel« gebraucht; und diese Übersetzung ist hier gewiß angebrachter als das berühmte Schlagwort vom »göttlichen Schweinehirten«.

»Edel« war Eumaios tatsächlich. Er war niemand anderer als ein von phönizischen Sklavenhändlern geraubter und in die Fremde verschleppter Königssohn, dem das bittere Los der Versklavung sicher nicht an der Wiege gesungen worden war.[38] In ihm, dem treu ergebenen Helfer des Odysseus, wird schlaglichtartig die ganze brutale Willkür und Unberechenbarkeit der frühgriechischen Sklaverei deutlich: der Thronfolger als Schweinehirt, der Herr als Sklave. So gesehen, hatte die Sklaverei einen zutiefst nivellierenden Charakter ...

Solidarität keine Sklaventugend

Der einzige Trost des Eumaios mochte es sein, nach langem Leiden wenigstens einen gütigen Herrn bekommen zu haben, »der ihm ordentlich zu essen und zu trinken gab«,[39] darüber hinaus Vertrauter des Odysseus zu sein und bei seiner Arbeit weitgehend selbständig wirken zu können. Auch im Bereich der männlichen Sklavenarbeit findet sich somit eine deutliche Differenzierung. Eumaios hatte sogar das »Glück«, neben seiner Aufsehertätigkeit seinerseits die Verfügungsgewalt über einen eigenen Sklaven ausüben zu dürfen.[40]

Auch hier kann von einem Bewußtsein der Solidarität nicht im mindesten die Rede sein. Wenn privilegierte Sklaven sich ihrerseits Unfreie halten konnten, so ist das ein beredter Beleg dafür, daß keiner daran dachte, die Institution der Sklaverei an sich in Frage zu stellen. Gewiß: Für den, den sie traf, bedeutete Versklavung ein entsetzliches Unglück, eine persönliche Katastrophe. Aber die Folgerung daraus hieß nicht – und dieselbe Haltung wird noch tausend Jahre später gültig sein –: radikaler Kampf gegen diese schlimmste Form menschlicher Unterdrückung, sondern Möglichkeiten ersinnen und wahrnehmen, um das Beste daraus zu machen, sich mit der übelwollenden Schicksalsgöttin so gut wie möglich zu arrangieren.

Die Unterteilung der Sklavenschaft in eine kleine »Crème« Privilegierter und die anonyme Masse der »einfachen« Unfreien und die hierarchische Ordnung mit Vorgesetzten- und Untergebenen-Verhältnissen machen deutlich, daß die von Homer beschriebene Sklaverei keineswegs mehr in den Kinderschuhen steckte. Vielmehr lag hier ein schon durchaus entwickeltes System der Unfreiheit vor, das mit der Bezeichnung »primitiv« nicht erfaßt werden kann. Die Zahl der Unfreien jedoch war noch verhältnismäßig gering. Kein Wunder, da ja zunächst die Kriegsgefangenschaft die hauptsächliche Quelle der Sklaverei war. Die Kaufsklaverei, die sich aus organisierten Räubereien und willkürlichem Menschenraub speiste, wurde erst nach der Mitte des 8. Jahrhunderts üblich.

Kleine Zahl, hoher Preis

Im Palast des Odysseus dienten fünfzig Mägde; über die gleiche Zahl von Dienerinnen soll Alkinoos, der Herrscher der Phäaken, verfügt haben.[41] Diese Angaben sind natürlich nur ungefähre Werte, sie wollen eine runde Zahl nennen. Die Größenordnung aber dürfte realistisch sein.

Über die Zahl der männlichen Sklaven gibt es keine konkreten Aussagen. Aber sie läßt sich in einem Falle annäherungsweise errechnen. Odysseus war ein äußerst wohlhabender Mann, reicher als zwanzig andere Männer zusammen; so berichtet Homer einmal. Und dann zählt er auf: Je zwölf Rinder-, Schaf-, Schweine- und Ziegenherden nannte er auf dem griechischen Festland sein eigen, hinzu kommen zwölf Herden mit insgesamt tausend Schweinen sowie elf Ziegenherden auf Ithaka.[42] Gegen Überfälle durch wilde Tiere und Räuber mußte jede Herde wohl von mindestens einem Schäfer geschützt werden. Insgesamt ergäbe das eine Zahl von 71 Hirten. Allerdings entstammten nicht alle Hirten dem Sklavenstand. Ein Teil von ihnen waren freie Lohnarbeiter. Sieht man die Hälfte der Hirten als Sklaven an und rechnet die im Ackerbau und in den Gärten des Palastes tätigen Unfreien – mindestens sieben[43] – hinzu, so kommt man auf eine Zahl von 40 bis 45 männlichen Sklaven.

Doch eine sehr beachtliche Anzahl von Unfreien im Dienste des Odysseus! Zweifellos – nur sind dessen Verhältnisse absolut nicht repräsentativ. In ganz Hellas gab es nur wenige Fürsten von ähnlicher Bedeutung. Und was seinen Reichtum angeht, so wird eben nicht ohne Grund hervorgehoben, daß sein Vermögen dem von zwanzig anderen Männern entsprach. Weniger hervorragende Krieger, selbst unter den Vorkämpfern und Anführern, mochten ein paar Sklaven besitzen. Lediglich eine ganz dünne Oberschicht dürfte über mehr als ein Dutzend Unfreie verfügt haben.

Daß Sklavenarbeit die Arbeit der freien Lohnarbeiter verdrängt hatte – davon kann keine Rede sein, zumal selbst in der Wirtschaft des Odysseus noch freie Arbeitskräfte angestellt waren. Wer die homerischen Epen kennt, weiß überdies, daß es dort keineswegs überall von Sklaven wimmelt, sondern daß viele Funktionen, die später zum Tätigkeitsbereich Unfreier gehören sollten, von Freien ausgeübt wurden.

Ganz besonders zeigt der hohe Preis der menschlichen »Ware« an, daß die Zahl der Sklaven noch sehr begrenzt war. Abstoßend, aber realistisch: Ebenso wie bei »anderen« Waren funktionierte auch hier das Spiel zwischen Angebot und Preis. Sklaven waren »Mangelware«, und infolgedessen erzielten sie einen hohen Erlös.

Und natürlich gab es keinen Einheitspreis. Der Wert einer Unfreien bemaß sich nach ihrem Aussehen, ihrer Herkunft und ihren Talenten, der eines männlichen Sklaven nach seiner körperlichen Verfassung, seinen Kenntnissen und Fertigkeiten. Abgesehen davon waren Sklaven aus vornehmem Hause ein beachtlicher Vermögenszuwachs für den Besitzer, bestand doch die Aussicht, im Falle einer Freilassung ein beträchtliches Lösegeld von dessen Familie zu erhalten. Selbst wenn man ein gehöriges Maß an dichterischer Übertreibung in Rechnung stellt, klingt es doch noch ganz imposant, wenn von »unermeßlicher«, »ungeheurer« Lösung die Rede ist, zu der beispielsweise der Vater der Briseis seine Tochter freikaufen will.

Direkte »Preisangaben« finden sich in den homerischen Epen nur an zwei Stellen. Aber schon sie machen deutlich, wie sehr (ehemalige) Standesunterschiede sowie individuelle Fähigkeiten und »Verwendungszweck« der Kriegsgefangenen den Wert bestimmen. Während Laërtes für Eurykleia, eine aus vornehmem Hause stammende, in jungfräulicher Blüte stehende Sklavin einen Gegenwert von immerhin zwanzig Stück Vieh bieten muß, pendelt sich der Preis einer Magd, »die sich auf mancherlei Werke versteht«, auf den Gegenwert von vier Rindern ein.[44]

Augenblicke tiefster Erniedrigung

Der materielle Gesichtspunkt, aber mehr noch die Anschauung, daß der Unfreie letztlich eine Sache, eine ohne seine Einwilligung beliebig einsetzbare Manövriermasse darstellt, kommt mit naiver, fast brutal anmutender Offenheit zum Ausdruck, wenn Sklavinnen als Preis für den Sieger bei Wettspielen ausgesetzt werden. Da lockt dem ersten im Wagenrennen ein kostbarer Dreifuß *oder* eine Frau als Gewinn; ein anderes Mal erhält der Sieger eine Sklavin und einen Dreifuß obendrein, während dem zweiten eine trächtige Stute, dem dritten ein Kessel und dem vierten zwei Pfund Gold winken; und da muß der im Ringkampf Unterlegene mit einer Frau als Trostpreis vorliebnehmen, während der Sieger einen gewaltigen Dreifuß im Werte von zwölf Rindern bekommt.[45]

Noch menschenunwürdiger läßt sich das Schicksal einer Unfreien kaum denken, als wenn sie zwischen goldenen Kesseln, bronzenen Dreifüßen, Stuten und Rindern als menschlicher Siegespreis darauf warten muß, welchem neuen Besitzer sie zufällt. Damit verglichen, mochte es noch erträglicher, wenngleich kaum weniger entwürdigender sein, als Freundschafts- und Ehrengeschenk vom einen zum anderen Helden weitergereicht zu werden.[46]

In solchen Augenblicken schimmert das häßliche Antlitz der frühen Sklaverei durch, in solchen Momenten wird klar, weshalb die Frauen in einer belagerten Stadt von ständiger Angst vor dem bedrohlich über ihnen hängenden Damokles-Schwert einer Versklavung erfüllt sind.

Allerdings mußte nicht jede Sklavin solche Stunden tiefster Erniedrigung durchleiden. Manch eine fand einen gütigen, wohlmeinenden Herrn. Aber das allein bot keine Sicherheit. Was würde geschehen, wenn ihn der Kriegertod ereilte? – eine bei den an Kampf und Streit ausgerichteten Idealen der homerischen Helden keinesfalls abwegige Überlegung.

Ehe aber Partnerschaften zwischen kriegsgefangenen Frauen und ihren Herren allzu positiv und harmonisch beurteilt werden, sei die Frage gestellt: Was ging diesem Zusammenleben voraus? Abschlachtung der männlichen Verwandten, oft der früheren Ehemänner, Verschleppung aus der Heimat, Entwurzelung und Trennung von Bekannten, erzwungener Beischlaf, Verachtung, Erniedrigung und tiefster sozialer Abstieg: Das waren die Begleitumstände, unter denen die erbeuteten Edelfrauen eine neue Bindung eingingen. Da mochte die bevorzugte, »ehrenvolle« Behandlung durch den Herrn ein sehr bitterer Trost sein.

Daß sie manchmal sehr nobel ausfiel, soll nicht geleugnet werden. Ob sie der Regelfall war, erscheint dagegen sehr fraglich. Und mitunter standen gar nicht einmal so lautere Motive dahinter: Wenn Laërtes seine Kaufsklavin Eurykleia trotz deren körperlicher Reize nie anzurühren gewagt hat, so geschah das nicht aus Achtung vor dem freien Willen seiner Dienerin, sondern einzig und allein aus Furcht vor dem eifersüchtigen Zorn seiner rechtmäßigen Gemahlin.[47]

Keine Spur von grausamer Behandlung?

Schon diese Überlegungen machen es schwer, der von vielen Forschern vertretenen These vom milden, patriarchalischen Charakter der homerischen Sklaverei zuzustimmen. Einige Urteile dazu: Der Amerikaner W. L. Westermann in seinem 1955 erschienenen Buch über die »Sklavensysteme im Altertum«: »Es ist klar, daß die Behandlung der Sklaven durch ihre Eigentümer bemerkenswert mild und freundlich war.«[48] Der Homer-Forscher M. I. Finley kommentiert diese Streitfrage 1965 mit einem problematischen Vergleich: »Die Behandlung der Sklaven war im wesentlichen milder und menschlicher, als sie uns durch die Art der Sklavenhaltung auf Plantagen vertraut ist.«[49]

Zu Beginn unseres Jahrhunderts äußerte der Griechisch-Professor Th. D. Seymour, Verfasser eines materialreichen Handbuches über alle Aspekte des Lebens im homerischen Zeitalter, sogar ernsthafte Zweifel daran, ob man die von Homer beschriebenen Diener denn überhaupt »Sklaven« nennen dürfe; und er beantwortete das mit der denkwürdigen Feststellung, daß man sie »aus Bequemlichkeit« als solche bezeichnen könne, sich gleichzeitig aber stets vor Augen halten müsse, daß diese Menschen »beträchtliche Unabhängigkeit besaßen und ein recht behagliches Leben führten«.[50] Man muß Seymour allerdings zugute halten, daß auch er dieses Urteil im Hinblick auf die Behandlung der Sklaven besonders in den amerikanischen Südstaaten fällte.

Polemik gegen das sich in puncto Humanität überlegen fühlende christliche Abendland und der Versuch einer Ehrenrettung der Antike diktierten schließlich dem deutschen Gelehrten J. B. Friedrich vor über hundert Jahren die folgende idealistisch verzerrte Feststellung in die Feder: »Die Behandlung, welche den Sklaven und Sklavinnen von ihrem Herrn zuteil wurde, war nicht weniger als hart und drükkend und beweist wieder, daß jenem Zeitalter jener Grad der Roheit und Inhumanität fehlte, den ihm mehrere Schriftsteller ohne Grund beilegen, denn von jener grausamen und ungerechten Behandlung, wie sie . . . namentlich in den christlichen Staaten gegen die Sklaven vorgekommen ist, findet man in den homerischen Gesängen keine Spur.«[51]

Die Wirklichkeit sah freilich doch ganz anders aus. Sie läßt sich nicht in den warmen Farben malen, die mit dem freundlichen Begriff der patriarchalischen Sklaverei verbunden sind. Wie sah das Verhältnis zwischen Sklavenbesitzer und Unfreiem tatsächlich aus?

Prinzipiell besaß der Herr absolute, uneingeschränkte Verfügungsgewalt über seinen menschlichen Besitz. Gegen Willkür und ungerechte Behandlung gab es, rechtlich gesehen, keinen Schutz. Selbst die Entscheidung über Leben und Tod seiner Sklaven lag in der Hand des Herrn. Und daß von diesem Recht auch Gebrauch gemacht wurde, demonstriert das grauenvolle Gericht, mit dem Odysseus bei seiner Heimkehr die Untreue seiner Sklavinnen bestrafte. Er ließ die Mägde in langer Reihe aufhängen, so daß sie »wie die fliegenden Vögel, Drosseln oder Tauben, in Schlingen geraten, . . . also mit den Häuptern beieinander hingen, alle mit der Schlinge um den Hals, und den jämmerlichsten Tod starben, mit den Füßen noch ein wenig zappelten, aber nicht mehr lange«.[52]

Nicht besser erging es dem Sklaven Melanthios, der während der langen Abwesenheit des Abenteurers ebenfalls gemeinsame Sache mit den aufsässigen, unverschämten Freiern gemacht hatte, die Penelope unablässig bedrängten. Der unfreie Ziegenhirt wurde auf Geheiß des »Listenreichen« gepackt, man schnitt ihm Nase und Ohren ab, riß ihm das Geschlechtsglied ab, das den Hunden zum Fraß vorgeworfen wurde, und schließlich schlugen ihm die Helfer des Odysseus Hände und Füße vom Rumpf ab.[53]

Solche Exzesse waren gewiß nicht an der Tagesordnung. Doch sie machen deutlich, welches Schicksal unbotmäßigen Sklaven drohte. Ganz seltene Ausnahmen können Tötungen von Unfreien übrigens auch nicht gewesen sein; dazu steht den Sklaven diese Strafe allzu gegenwärtig vor Augen. Selbst Eurykleia, die Vertraute des Odysseus, seine ehemalige Amme, darf sich trotz ihres normalerweise sehr partnerschaftlichen Verhältnisses zu ihrem Herrn nicht in Sicherheit wiegen: Auch über ihr schwebt der todbringende Zorn des Helden, falls sie sich über seine Anweisungen hinwegsetzt.[54]

Wenn sogar Eurykleia stets mit dem Äußersten rechnen muß – um wieviel gefährdeter sind alle jene »normalen« Arbeitssklaven, die weniger enge persönliche Beziehungen zur Herrschaft haben! Die Behandlung der Sklaven war zweifellos sehr unterschiedlich, und nur wenige Unfreie gelangten in den Genuß, von den Freien im Alltagsleben wie ihresgleichen, als Ratgeber, Vertraute oder väterliche Freunde, behandelt zu werden. Das alles war durchaus möglich, aber nie und nimmer ging darüber das Bewußtsein der tiefen sozialen Kluft verloren – weder beim Höhergestellten noch beim Untergebenen.

Der beste Beweis dafür: Eumaios, der »göttergleiche Schweinehirt«, der seinem Herrn treu ergebene Sklave, bei seiner Arbeit weitestgehend unabhängig und unkontrolliert, mithin ein ausgesprochen privilegierter Sklave – ausgerechnet ihm wird eine geradezu gnomische Erkenntnis in den Mund gelegt: »Der weithin donnernde Zeus«, so formuliert er resigniert, »nimmt dem Manne die Hälfte seines Wertes, wenn ihn der Tag der Versklavung ereilt«.[55] Noch prägnanter läßt sich das Selbstwertgefühl der Unfreien nicht ausdrükken. Und das sagt notabene einer, der mit seinem Los noch ganz zufrieden ist, der gar keinen anderen Herrn wünscht, da er sich nach eigener Aussage nur verschlechtern kann![56]

Um es noch einmal zu betonen: Es soll hier kein schwarz in schwarz gemaltes Bild von der Sklaverei in der homerischen Zeit entworfen werden. Der Großteil der Sklaven lebte jedenfalls unter einigermaßen erträglichen Arbeitsbedingungen, und die Tatsache, daß die meisten Hauswirtschaften überschaubar waren und daß es keine unendlich großen Massen unfreier Arbeiterheere gab, läßt die Sklaverei dieser Zeit sicher in einem milderen Licht erscheinen, als es etwa bei den riesigen römischen Latifundien oder den in Arbeitshäusern zusammengepferchten unfreien Industriearbeitern der Fall ist.

Nur dürfen derartige Vergleiche nicht den Blick dafür verstellen, daß auch das Leben der homerischen Sklaven keineswegs von Furcht, Demütigungen und Verachtung frei gewesen ist. Zu einer Epoche, in der schon die Freien mit ungezügelter Leidenschaft aufeinander losschlugen, in der Gnade und Erbarmen allemal elementarem Zorn und heftiger Gefühlsaufwallung unterlagen, paßt keine Sklaverei, deren wesentliche Charakteristika Milde und Güte wären.

Von einem patriarchalischen Wesen der homerischen Sklaverei zu sprechen, muß letztlich wie ein – ungewollter – Hohn auf alle jene Leiden klingen, die die Unfreiheit über Abertausende unglücklicher Menschen gebracht hat.

Welche Zeit schildert Homer?

Das Wesen der Sklaverei, wie wir es im frühesten literarischen Werk des Abendlandes dargestellt finden, läßt sich in den Grundzügen recht gut rekonstruieren. Die Frage ist nur: *Welcher Epoche* sind eben diese Verhältnisse zuzuordnen? Wie läßt sich die von Homer geschilderte Realität zeitlich umrahmen?

Gewiß, die homerischen Gesänge sind, wie sie uns heute vorliegen, im 8. Jahrhundert v. Chr. aufgezeichnet worden, genauer: die Ilias etwa in der Mitte des 8. Jahrhunderts, die Odyssee rund eine Generation später.

Überliefert sind sie unter dem Namen *eines* Dichters, dessen Persönlichkeit sich fast völlig hinter dem Werk verbirgt und dessen Leben allenfalls durch zahllose – mehr oder weniger gut erfundene – Anekdoten aus späterer Zeit illustriert wird. Um nur ein Beispiel zu nennen: Es waren im klassischen Griechenland nicht weniger als zwanzig Orte, die den Anspruch erhoben, die Heimatstadt des berühmten Dichters zu sein. Immerhin tritt bei genauem Zusehen aus dem Dickicht der Legenden eine historisch faßbare, aber schemenhaft bleibende Gestalt, die als Dichter der Ilias identifizierbar ist. Der Verfasser der jüngeren Odyssee dagegen bleibt im Dunkel; daß er mit dem Schöpfer der Ilias identisch ist, schließen die meisten Forscher aus.

Mit der zeitlichen Fixierung der Entstehungszeit der homerischen Gedichte ist allerdings wenig gewonnen, und auch die spärlichen Nachrichten über die Persönlichkeit des Ilias-Dichters helfen kaum weiter, wenn es um die chronologische Einordnung der geschilderten Taten und Verhältnisse geht. Es ist nämlich ein schon lange versunkenes Heldenzeitalter, das in den homerischen Gesängen besungen wird. Der Kampf um Troja: das ist ein historisches Geschehen, von dem der Dichter selbst durch fast fünf Jahrhunderte getrennt ist.

Die Wiederentdeckung einer versunkenen Welt

Es ist das Verdienst Heinrich Schliemanns gewesen, sich in unerschütterlichem Glauben an den historischen Kern der in den Epen berichteten Geschehnisse auf die Spuren einer versunkenen Kultur geheftet zu haben – einer Kultur, die den Hintergrund all dieser Erzählungen abgibt, die manch einer dem Bereich des Märchens hatte zuschreiben, als bloßes Phantasieprodukt eines genialen Dichters hatte abtun wollen. Schliemann dagegen zog aus, um zu beweisen, daß »sein« Homer alles andere gewesen sei als ein kühner Erfinder und ein literarischer Phantast.

Die Geschichte, die nun folgte, ist bekannt. Schliemann gelang das scheinbar Unmögliche: Er spürte die Stätte des einstigen Troja auf, ließ von seinen Arbeitern Schicht um Schicht freilegen und stieß schließlich auf Schätze von Gold, Silber und Elfenbein, den »Schatz des Priamos«, des von Homer besungenen reichen Königs der Trojaner.

Am 7. August 1876 begann Schliemann dann mit weiteren Grabungen, diesmal auf dem griechischen Festland. Die Funde, die er auf dem Boden des sagenumwobenen Mykene machte, waren nicht weniger spektakulär. Wieder kamen ungeheure Mengen kostbarster Edelmetallarbeiten, darunter die berühmte »Maske des Agamemnon«, ans Tageslicht. Und was ebenso wichtig war: Erneut war hier eine königliche Burg freigelegt worden, die keinen Zweifel mehr daran erlaubte, daß die von Homer beschriebene Welt der Helden und Fürsten einst Wirklichkeit gewesen war.

Schliemann hatte den Weg gewiesen; andere schritten auf ihm weiter fort. Es ging geradezu Schlag auf Schlag. Binnen weniger Jahrzehnte fanden die Archäologen zum Teil hervorragend erhaltene Überreste von Burgen und Herrensitzen der »mykenischen Epoche«, wie man sie nun nach der mächtigsten von allen, dem Herrschersitz des Agamemnon in der Argolis im Nordosten der Peloponnes, nannte. 1880 stieß Schliemann selbst auf ein mykenisches Kuppelgrab im mittelgriechischen Orchomenos, zwischen 1884 und 1890 legte er zusammen mit W. Dörpfeld die Burg von Tiryns frei. Ab 1905 grub man in Theben, wo ebenfalls eine Palastanlage aus mykenischer Zeit zum Vorschein kam; kurze Zeit später entdeckte Dörpfeld in Pylos im Süden der Peloponnes drei mykenische Kuppelgräber und die Burg »Nestors«, des betagten Herrschers von Pylos. In den Jahren 1918 bis 1939 erforschten griechische Archäologen die mykenische Siedlung auf dem Boden des attischen Eleusis. Nicht zuletzt auf der Akropolis Athens stieß man bei Ausgrabungen auf die Überreste eines recht beachtlichen mykenischen Herrschersitzes.

Die mykenische Welt ist dank der archäologischen Ausgrabungen in einer einzigartigen Plastizität vor unseren Augen wiedererstanden. Das stolze Löwentor der Burg von Mykene, die riesigen, bis zu 7,5 m

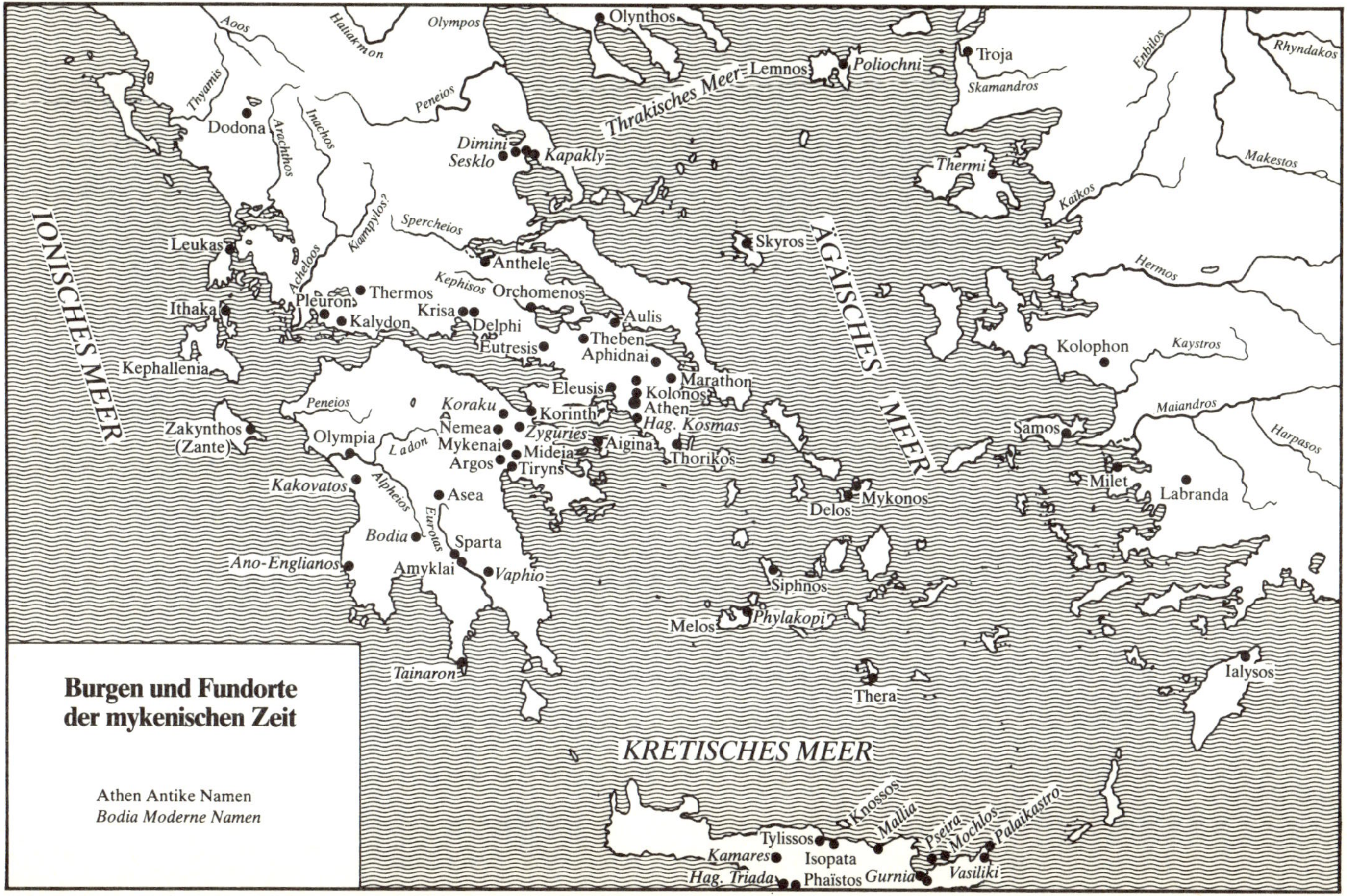

Burgen und Fundorte der mykenischen Zeit

dicken und 12 m hohen »kyklopischen« Mauern, die die gesamte Anlage umschließen, das architektonisch brillante »Schatzhaus des Agamemnon«, ein gewaltiges Kuppelgrab von über 14 m Höhe, aber auch der wuchtige Festungsring um Tiryns, die Grundmauern der Paläste von Orchomenos und Pylos und schließlich die Überreste eines aus mächtigen unbehauenen Felsbrocken aufgetürmten Schutzwalls um die Akropolis Athens sowie Spuren von Gräbern und Wohnhäusern an den Abhängen des Burgberges: All das demonstriert die Zivilisation der mykenischen Zeit in anschaulicher Fülle – wobei hier nur die unter touristischem Blickwinkel attraktivsten Burgen erwähnt worden sind.

Mehrere Dutzend mykenischer Siedlungen sind bislang in ganz Hellas entdeckt worden, unter anderem auch auf einigen Ägäisinseln und vor allem auf Kreta. Von hier aus, wo sich schon Jahrhunderte früher die minoische Kultur zu hoher Blüte entwickelt hatte, empfingen die mykenischen Griechen kaum zu überschätzende Anregungen und Einflüsse. Die Jahrhunderte der höchsten Machtentfaltung und des größten Wohlstandes der mykenischen Welt war die Zeit zwischen 1400 und 1200 v. Chr. Danach ging die blühende Zivilisation in einer plötzlichen Katastrophe unter, wurden die meisten Burgen durch Einwandererscharen aus dem Norden in Schutt und Asche gelegt.

Nachhall glanzvoller Zeiten

Die Erinnerung aber an das Zeitalter der Achäer – so nannten sich die frühen Griechen der mykenischen Epoche selbst – ist in den Erzählungen und Gesängen von Rhapsoden und fahrenden Sängern erhalten geblieben. Sie bilden eine lange Traditionskette, an deren unterem Ende die homerischen Epen stehen.

Auf nahezu ein halbes Jahrtausend mündlicher Überlieferung gründen sich die Erzählungen und Schilderungen, die Homer über die Helden der mykenischen Ära, ihre Schicksale, ihre Wertvorstellungen und ihr Alltagsleben aufgezeichnet hat. Eine lebendige Tradition mit einer über Generationen hinweg konservierten Fülle von Motiven, Bildern und Stoffen, die »nach uraltem Handwerksbrauch« (W. Schadewaldt) von Sänger zu Sänger weitervererbt worden ist! Zahllose formelhafte Elemente, Gleichnisse, immer wiederkehrende Beiworte für die besungenen Gestalten und stehende Wendungen für typische Szenen wie Mahl, Opfer, Beginn einer Kampfeshandlung bilden das handwerkliche Rückgrat dieser Tradition, der Inhalt dagegen orientierte sich an den Geschehnissen der einstigen glanzvollen, aber schon lange versunkenen Welt des frühen Griechenland.

Wie aber soll es möglich gewesen sein, daß sich die Erinnerung daran über einen solch gewaltigen Zeitraum, der noch dazu von einer heftigen historischen Erschütterung eingeleitet worden war, im Gedächtnis der Menschen festgesetzt hat? Sieht es nicht tatsächlich wie ein Wunder aus, daß ein Schliemann nur mit seiner Homer-Ausgabe in der Hand uralte Städte und Burgen wieder aufzufinden, bedeutende Schauplätze der frühgriechischen Geschichte freizulegen vermochte?

In einer Welt, für die allein das schriftliche Wort Zuverlässigkeit und Gewähr bietet, ist diese Frage gewiß berechtigt. Aber die Jahrhunderte zwischen dem Zusammenbruch der mykenischen Welt und der Lebenszeit Homers waren eine weitgehend schrift*lose* Zeit – und die unterliegt ganz anderen Gesetzen.

In ausdauernder »Feldarbeit« ist es Philologen gelungen, ähnliche Phänomene der mündlichen Tradition aus unserem Jahrhundert ausfindig zu machen. Bahnbrechend waren hier besonders die Untersuchungen des Homer-Forschers Milman Parry. Er sammelte in den Jahren 1934 und 1935 in einigen Gegenden des heutigen Jugoslawien Stücke lebendiger Volksepik und konnte dabei mehr als 12 500 Gesänge auf Band oder per Diktat festhalten; wohlgemerkt: mündlich tradierte Gedichte von hohem Alter.[57] Wenn so etwas prinzipiell nachweisbar und möglich war, dann erst recht in einer Zeit, in der gerade die Vorträge fahrender Sänger, die von Herrensitz zu Herrensitz reisten und ihre Künste vortrugen, zur vornehmsten Unterhaltung an den Königshöfen gehörten.

»Die Sänger, deren Erbe Homer war«, so erklärt der englische Altphilologe Sir Cecil Maurice Bowra dieses Phänomen, »hüteten die Wort-Überreste der heroischen Vergangenheit und gaben sie mit ihren eigenen Verbesserungen an ihre Nachfolger weiter, bis Homer ihr Handwerk lernte und seinen eigenen Gebrauch davon machte. Von diesen Sängern wissen wir nichts; kein Name, keine Legende ist erhalten, die Glauben verdiente.«[58]

Homer-Philologie – ein mühseliges Geschäft

Allerdings sind die homerischen Gedichte deshalb noch längst kein Geschichtswerk, aus dem man fein säuberlich die politischen und sozialen Verhältnisse der Achäer, ihre Kriege und ihre Lebensweise ablesen könnte. Im Laufe der Jahrhunderte haben vielmehr neue Vorstellungen in die Sagentradition Einlaß gefunden, so daß sich in den Epen Homers mehrere historische Schichten überlappen. Diese exakt voneinander zu trennen, erweist sich als äußerst mühsames Geschäft.

Mitunter ist es gar völlig unmöglich, die dicht miteinander verwobenen geschichtlichen Fäden zu entwirren. Mag das heroische Zeitalter der mykenischen Fürsten und ihrer Krieger den allgemeinen historischen Hintergrund abgeben, so sind doch mindestens zwei spätere historische Schichten auf diese Folie aufgetragen worden: Einmal die Zeit des dunklen »griechischen Mittelalters«, jener Spanne etwa zwischen dem Untergang der mykenischen Welt und dem 8. Jahrhundert, aus der sonst praktisch keinerlei Nachrichten erhalten sind, und zum anderen die Lebenszeit des Dichters selbst. Natürlich hat Homer seine eigene Gedanken- und Vorstellungswelt in seine Dichtungen mit eingebracht, hat er manches von der Realität des Lebens seiner eigenen Zeit gleichsam in die ferne Vergangenheit hineinprojiziert.

Und genau da zeigt sich das Dilemma einer jeden geschichtlichen Auswertung der Gesänge Homers. Das von ihm beschriebene System der Sklaverei: Gehört es in die mykenische Frühzeit, stellt es die Verhältnisse der Übergangsepoche im 10. und 9. Jahrhundert dar, ist es ein Spiegel der sozialen Wirklichkeit des 8. Jahrhunderts – oder handelt es sich gar um ein Gemisch aller drei Epochen, ein historisches Potpourri sozusagen mit fließenden Übergängen?

Eine wissenschaftliche Sensation hilft weiter

Bis vor nicht allzu langer Zeit mußte diese Frage offenbleiben. An scharfsinnigen Vermutungen und bestechenden Hypothesen in der einen oder anderen Richtung fehlte es zwar nicht. Aber sie wiesen samt und sonders einen großen Nachteil auf: Sie konnten sich alle nur auf eine einzige schriftliche Quelle stützen: Und das war keine andere als eben das Werk Homers!

Erst das Jahr 1952 brachte die entscheidende Wende. Einem Außenseiter, dem englischen Architekten Michael Ventris, gelang nach langen Studien die sensationelle Entschlüsselung jener Sprache, die die mykenischen Griechen gesprochen hatten.

Texte in der sog. Linear-B-Schrift hatte man damals schon zu Tausenden zur Verfügung. Bereits die Ausgrabungen, die Sir Arthur Evans seit 1900 im Palast von Knossos auf Kreta durchgeführt hatte, hatten Hunderte von beschriebenen Tontäfelchen ans Tageslicht gebracht, und auch die Grabungen an anderen mykenischen Stätten, insbesondere in Pylos im Südwesten der Peloponnes, förderten eine große Zahl derartiger Dokumente zutage. Trotz der sofort einsetzenden Bemühungen der Forscher um die Entzifferung der Texte und die Erschließung der ihnen zugrunde liegenden Sprache verschlossen sich die mykenischen Tontäfelchen lange Zeit einer überzeugenden Ausdeutung.

Es war Ventris, der schließlich den Schlüssel fand, mit dem sich der Sinn der bis dahin geheimnisvollen Linear-B-Texte erschloß. Seine Theorie wurde in der Fachwelt als Sensation ersten Ranges empfunden: Die Achäer, so lautete seine fundamentale Erkenntnis, hatten nichts anderes gesprochen als einen frühgriechischen Dialekt!

In der Folgezeit gelang es Ventris, mit Hilfe seines Freundes und Mitarbeiters John Chadwick seine Ausgangshypothese im einzelnen zu präzisieren und zu verbessern. Wenige Monate, nachdem er 1956 sein grundlegendes Werk »Documents in Mycenean Greek« veröffentlicht hatte, auf der Höhe seines Ruhmes, verunglückte Ventris tödlich bei einem Autounfall.[59]

In den folgenden zwanzig Jahren bauten Mykenologen in aller Welt weiter auf den Fundamenten der von Ventris entwickelten Ideen auf. Eine Flut von Veröffentlichungen zeigt das ungemein rege wissenschaftliche Interesse an der weiteren Erforschung dieser Problematik. Längst sind noch nicht alle Fragen beantwortet, alle Probleme gelöst, aber die Zahl der Wissenschaftler, die der Hypothese von Ventris grundsätzlich mit Skepsis und Ablehnung gegenüberstehen, ist immer kleiner geworden. Den heutigen Stand der Erkenntnisse vermag am besten das nüchterne und ausgewogene Urteil der österreichischen Mykenologen St. Hiller und O. Panagl zu skizzieren:

»Das Fundament gesicherter Resultate reicht in jedem Falle zur sinnvollen Weiterarbeit an den Linear-B-Tafeln aus und legitimiert zugleich die Mykenologie als einen wesentlichen Zweig der altertumswissenschaftlichen Forschung«.[60]

Was sagen nun die Linear-B-Täfelchen über die sozialen Verhältnisse der mykenischen Zeit, besonders über die Klasse der Unfreien, aus?

Zunächst eine Einschränkung: Alle diese Texte haben mit den lebendigen Schilderungen Homers nichts gemein; es sind fast ausschließlich geradezu knochentrockene Listen und Aufstellungen, die von den Buchhaltern der mykenischen Fürsten angefertigt wurden, um sämtliche für die Wirtschaft der Paläste wichtigen Informationen zu speichern. Da erfahren wir etwas über Vorratsmengen an landwirtschaftlichen Erzeugnissen wie Getreide, Feigen, Oliven und Wein, den Bestand an Vieh und Rohstoffen wie Holz, Elfenbein und Edelmetallen, über die Zahl der Arbeitskräfte und die Menge des für den Kriegsfall in den Magazinen aufbewahrten Kriegsgeräts: all das keine umwerfenden historischen Nachrichten, aber in ihrer Gesamtheit doch ausreichend, um ein recht plastisches Bild vom Leben der mykenischen Griechen entstehen zu lassen.

Besonders die in Pylos gefundenen Linear-B-Tafeln stellen etwas Einzigartiges dar: Sie zeigen uns den sozialen Aufbau der mykenischen Gesellschaft in einer Momentaufnahme kurz vor der Zerstörung des Palastes und dem Untergang der dortigen mykenischen Gesellschaft.

Ganz oben an der Spitze der Hierarchie steht der *wa-na-ka* (Fάναξ), der Herrscher über den Palast und das ihn umgebende Territorium von beachtlicher Größe. Er hat den administrativen Oberbefehl inne und ist zugleich oberster Priester; ja, er scheint sogar göttliche Ehren genossen zu haben. Ob er auch als militärischer Anführer fungierte, bleibt unklar. Zweiter Mann im Staate ist der *ra-wa-ke-ta*. Er besitzt ein Drittel des Landes, das der *wa-na-ka* sein eigen nennt, und gebietet seinerseits über eine beachtliche Zahl von Untergebenen. Möglich, daß ihm die gesamte Kriegeraristokratie im Felde untersteht; sicher ist das freilich nicht.

Der Adelsschicht entstammen sowohl militärische Befehlshaber als auch zivile Funktionäre und Beamte, darunter übrigens ein Funktionär mit dem Titel *qa-si-re-u,* der sprachlich mit griech. βασιλεύς (*basileús* = König) gleichzusetzen ist: Die sprachliche Identität ist klar, inhaltlich aber liegen Welten zwischen dem mykenischen *qa-si-re-u,* der eine Art Zunftmeister der Schmiede war, und dem griechischen *basileús,* der als König an der Spitze des Staatswesens stand –

eine erstaunliche Aufwertung, die dieser Titel nach der Katastrophe der Mykener erlebte.

Unter dem Kriegeradel rangiert die breite Schicht des Volkes *(damo)*, das sich u. a. aus Palastbediensteten, Lohnarbeitern, Handwerkern, Kultpersonal und Hirten zusammensetzte. Für das hohe zivilisatorische Niveau der Achäer ist es bezeichnend, daß gerade die Handwerkerschaft in zahlreiche Spezialdisziplinen gegliedert ist. Wir hören von Baumeistern, Walkern, Salbenköchen, »Ausgießern«, Schiffsbaumeistern, Jägern und Waffenschmieden. Nicht zuletzt tauchen auch jene Meister auf, deren kostbare und kunstvolle Arbeiten noch heute Bewunderung verdienen: die *ke-ra-me-we* (κεραμῆϜες), Töpfer, sowie die *ku-ru-so-wo-ko* (χρυσοϜοργοί) und die *ka-ke-we* (χαλκῆϜες), die Gold- und Bronzeschmiede.

Rituelle Tötungen von Sklaven?

Den untersten Teil in der Skala der sozialen Rangunterschiede nehmen die Unfreien ein. Daß irgendeine Form der Sklaverei schon im mykenischen Zeitalter existiert haben müsse, war den meisten Wissenschaftlern schon klar, nachdem die Ausgrabungen der letzten Jahrzehnte des 19. Jahrhunderts die mykenische Welt vom dunklen Schleier vager Geschichtlichkeit befreit hatten. Doch konnte man sich allenfalls auf sinnvoll anmutende Theorien und Analogieschlüsse zu den gesellschaftlichen Verhältnissen im Alten Orient stützen.

Den einzigen konkreten Hinweis – der aber auch alles andere als eindeutig war – auf die Existenz einer rechtlosen Klasse von Abhängigen gaben merkwürdige Skelettfunde. In verschiedenen Gräbern fanden sich nämlich in der Nähe der dort beigesetzten Adligen Überreste menschlicher Gebeine; in einem Falle glaubte man sogar, nicht weniger als sechs Skelette identifizieren zu können. Für den griechischen Archäologen Chrestos Tsountas, der als Nachfolger von H. Schliemann zwischen 1886 und 1902 die Ausgrabungen in Mykene leitete und im Jahre 1897 das erste grundlegende Werk über das mykenische Zeitalter veröffentlichte,[61] kam nur eine Erklärung dafür in Frage: Hier mußten rituelle Tötungen von Sklaven stattgefunden haben. Beim Tode vornehmer Krieger, so mutmaßte Tsountas, sei auch ein Teil ihres »menschlichen Besitzes« mit ins Grab gelegt worden.

Immerhin konnte sich diese Hypothese neben den archäologischen »Beweisstücken« auch auf die Erwähnung eines ähnlich grausigen Ritualaktes bei Homer stützen. Im vorletzten Buch der Ilias beschreibt Homer die Einäscherung des Patroklos. Achill läßt für seinen treuesten Waffengefährten einen riesigen Scheiterhaufen errichten, »hundert Fuß hoch«. Auf der Spitze wird der Leichnam des Patroklos aufgebahrt, und ihm zu Ehren werfen die Griechen zahlreiche Schafe und Rinder in das hellauflodernde Feuer, dazu Krüge mit Honig und Salböl, aber auch vier Pferde und neun Hunde, die dem Toten gehört hatten. Schließlich krönt Achill seine Pietätspflicht gegenüber dem gefallenen Kameraden durch zwölf menschliche Opfer. Es sind kriegsgefangene Trojaner, die der »schnellfüßige« Held blitzschnell mit dem Schwert durchbohrt und auf den Scheiterhaufen wirft.[62]

Ob die Deutungen von Tsountas richtig waren, ist bei den Mykenologen und Althistorikern sehr umstritten. Sicher ist, daß solche religiös motivierten Tötungen versklavter Kriegsgefangener, wenn überhaupt, dann sehr selten vorgekommen sind. So abstoßend es klingen mag: Schon der »Material«-Wert der Sklaven verbot es, derart verschwenderisch mit der »menschlichen Ware« umzugehen.

»Gottessklaven« und andere Unfreie

Mehr als ausgerechnet diesen blutigen Verwendungszweck von Unfreien im Zeitalter der Achäer kannten die Forscher lange Zeit nicht. Erst in dem Augenblick, als sich der Inhalt der Linear-B-Texte durch die Studien von Ventris erschloß, war mehr über die Sklaven der Mykener zu erfahren. Und sehr schnell stellte es sich heraus, daß die Vermutungen der älteren Forscher durchaus richtig gewesen waren: Es hatte tatsächlich eine mykenische Sklaverei gegeben. Heute ist es nur noch eine sehr kleine Minderheit von Wissenschaftlern, die selbst noch hinter diese allgemeine Aussage vorsichtshalber lieber ein Fragezeichen setzen möchten.[63]

Zu dieser grundlegenden Erkenntnis gesellte sich sogleich eine überraschende Einsicht. Die Begriffe, mit dem die für uns anonymen Verwaltungsbeamten der mykenischen Paläste die Sklaven in ihren Aufstellungen bezeichnen, sind *do-e-ro* für männliche und *do-e-ra* für weibliche Unfreie. Und das ist nichts anderes als die Vorstufe zum klassischen griechischen Ausdruck für »Sklave«, nämlich δοῦλος (*doúlos*) bzw. δούλη (*doúle*) – eine sprachliche Kontinuität, die um so verblüffender ist, als *Homer* diese Bezeichnung nicht verwendet. Bei ihm werden Unfreie fast immer δμώς *(dmos)* bzw. δμωή *(dmoé)* genannt, und nur in anderen Wortarten taucht der Stamm *doul-* im Zusammenhang mit der Sklaverei auf.[64] Anders ausgedrückt: Der Sprachgebrauch der mykenischen Zeit steht dem 800 Jahre jüngeren klassischen Griechisch in diesem Falle näher als dem nur 500 Jahre jüngeren homerischen Griechisch!

Noch eine weitere Überraschung erlebten die Wissenschaftler, als sie sich an die Auswertung der Linear-B-Texte zur mykenischen Sklaverei machten. Es zeigte sich sehr rasch, daß die Schicht der Unfreien kein monolithischer Block gleichgestellter und gleich behandelter Schicksalsgefährten war. Auffälligstes Merkmal der frühen Sklaverei war vielmehr ihre Differenziertheit. Hier ergibt sich dann allerdings eine ins Auge springende Parallelität zu den von Homer beschriebenen Verhältnissen. Hier wie da tauchen Unfreie auf, die gegenüber ihren Standesgenossen erhebliche Vorrechte genießen.

Eindeutig privilegiert waren die *te-o-jo do-e-ro* bzw. *do-e-ra* (θεοῦ δοῦλοι/δοῦλαι; in wörtlicher Übersetzung bedeutet diese Bezeichnung »Gottessklaven«). Offenbar sind sie Unfreie im Besitz einer Gottheit. Im Unterschied aber zu den »Hierodulen« der späteren Zeit (erst seit dem 3. Jahrhundert v. Chr. bezeugt), die für den ordnungsgemäßen Ablauf von kultischen Zeremonien zuständig waren, hatten die »Gottessklaven« der mykenischen Zeit nichts mit religiösen Obliegenheiten und kultischen Verrichtungen zu tun.

Sie waren vielmehr Pächter von Landparzellen, die sie in eigener Regie bewirtschafteten. Bei ihrer landwirtschaftlichen Tätigkeit scheinen sie keiner Botmäßigkeit unterworfen gewesen zu sein. Besonders diese Selbständigkeit machte sie zu Sklaven, die ihren in Privatbesitz und unter Aufsicht arbeitenden Schicksalsgenossen einiges voraus hatten. Als Eigentümer eines Grundstücks erscheinen die »Gottessklaven« allerdings nirgends. Hier waren wohl die durch ihren Status als Unfreie gesetzten Grenzen erreicht.

Wenngleich nichts darüber verlautet, wird man annehmen müssen, daß diese »Gottessklaven« einen bestimmten Teil der von ihnen erwirtschafteten Erträge an die Gottheit abführen mußten – in welcher Form auch immer. Alles in allem eine erträgliche, milde Art der Unfreiheit. Und zu Recht hat ein sowjetischer Gelehrter in Hinblick auf die *te-o-jo do-e-ro* feststellen können: »Wenn nicht der Terminus selbst gegeben wäre, hätten wir keinen Grund, sie für Sklaven zu halten.«[65]

Für den überwiegenden Teil der Unfreien in mykenischer Zeit gilt dieses Urteil freilich nicht. Die Rede ist vom großen Heer der anonymen Sklaven, deren Namen – anders als es bei den »Gottessklaven«

der Fall ist – kein Dokument festgehalten hat. Sie galten als bloßes Besitztum und standen als Arbeitssklaven unter ständiger Aufsicht. Die besten Informationen über die Anzahl, den Tätigkeitsbereich und die Behandlung dieser Sklaven liefert eine Reihe von Tontäfelchen aus Pylos. Dort fanden sich ausführliche Listen über Personen, die offenbar zum Palast des mykenischen Herrschers von Pylos gehörten.

In den von den Wissenschaftlern als PY(los) Aa, Ab und Ad kategorisierten Personenverzeichnissen sind mehrere hundert unfreier Arbeiterinnen und Arbeiter aufgeführt. Während in den ersten beiden Gruppen Frauen zusammen mit Mädchen und Knaben – sicherlich ihren Kindern – verzeichnet sind, finden sich in der Gruppe Ad ausschließlich junge Männer, die ebenfalls eindeutig als zu den Frauen der Serien Aa und Ab gehörig gekennzeichnet werden. Wahrscheinlich handelt es sich bei ihnen um die dem Knabenalter bereits entwachsenen Söhne der Sklavinnen.

Als Berufe der Sklavinnen erscheinen in den Listen »typische« Beschäftigungen, wie sie auch von Homer beschrieben werden. Da kommen allein 38 Badefrauen, 58 Spinnerinnen und 32 Hausbedienstete vor; andere sind zum Mahlen von Korn, zum Kämmen der Wolle, zum Nähen oder zur Bearbeitung von Flachs eingeteilt.[66]

Rätselhafte Dokumente der Verschleppung

Wo derartige Attribute fehlen, treten drei andere Epitheta an ihre Stelle: *mi-ra-ti-ja, ra-mi-ni-ja* und *ki-ni-di-ja*. Diese Bezeichnungen geben den Mykenologen manches Rätsel auf. Die überzeugendste Deutung, die sich im Laufe der Zeit auch mehr und mehr durchzusetzen scheint, sieht in diesen Beiworten Ethnika, also Herkunftsbezeichnungen.

Das würde bedeuten: Einige der in den Listen aufgeführten Sklavinnen stammten aus Milet, Lemnos und Knidos. Von dort wurden sie als Kriegsbeute nach Pylos verschleppt. Gewiß, es liegen einige hundert Kilometer Seefahrt zwischen dem südpeloponnesischen Herrschersitz und dem kleinasiatischen Raum, zu dem Milet und die beiden Inseln gehören. Doch ist daran nichts Außergewöhnliches. Die Überfahrt dauerte aber nicht länger als ein paar Tage; und daß die streitbaren Achäer des Festlandes ihre Waffen sogar bis in den Raum der östlichen Ägäis getragen haben, bezeugt ja nicht zuletzt die Ilias . . .

Warum nun ausgerechnet ein Teil der Sklavinnen nach ihrer Heimat und nicht wie die anderen nach ihrem Tätigkeitsgebiet aufgeführt worden ist, läßt sich nicht sagen, ohne ins Spekulieren zu geraten.

Fest steht: Die beklagenswerten Einzelschicksale von kriegsgefangenen Frauen, die in den homerischen Werken geschildert oder auch nur angedeutet werden, beruhen beileibe nicht auf Phantasien des epischen Sängers, sondern sind schon für die mykenische Epoche eine nackte Realität.

In den Zusammenhang mit den farbigen, lebensnahen Bildern bei Homer gestellt, verlieren dann auch die schmucklosen Tontäfelchen von Pylos vieles von ihrer buchhalterisch-objektiven Kühle und lassen zumindest erahnen, welch menschliches Unglück sich hinter der Charakterisierung »Milesierin«, »Lemnierin« oder »Knidierin« verbergen mag.

Über die Aufgaben der jungen Männer, die in der Liste Ad gleichsam inventarisiert sind, schweigen sich die Verfasser der Personalverzeichnisse aus. Das Motiv dafür bleibt ebenfalls im dunkeln – wie so vieles auf dieser frühen Bühne der Sozial- und Gesellschaftsgeschichte. Aber immerhin kann vermutet werden, daß sie entsprechend ihrer Begabung und Ausbildung innerhalb der Palastwirtschaft eingesetzt worden sind.

Sollten die Berechnungen des sowjetischen Forschers J. A. Lencman richtig sein, so kann man sich zumindest in *einem* Punkt ein Bild von der Behandlung der unfreien Arbeiterinnen machen. Er betrifft die Verpflegung der Palastsklavinnen. Die Lebensmittelrationen, hauptsächlich Weizen und Feigen, machen danach nur die Hälfte derjenigen Versorgungsportionen aus, die für Freie veranschlagt wurden. Was aber nicht heißen muß, daß die Sklavinnen darbten. Nur blieben ihnen erlesenere Genüsse vorenthalten; sie hatten mit dem notwendigen Minimum an Grundnahrungsmitteln vorliebzunehmen.

Aufseherinnen, die zwar auch unfrei waren, sich aber aufgrund ihrer Stellung als Vorgesetzte gewisser Vorrechte erfreuten, erhielten übrigens deutlich höhere monatliche Verpflegungssätze zugestanden. Unwillkürlich bietet es sich an, die Parallele zu einer Eurykleia oder einem Eumaios zu ziehen.

Eine letzte Frage: Wie sieht es zahlenmäßig mit der Sklaverei im mykenischen Zeitalter aus?

Auch hier geizt das frühe Hellas nicht mit Überraschungen: Der Herrscher des Palastes von Pylos gebot über eine etliche hundert Köpfe zählende Legion von unfreien Arbeitskräften, die, straff in Abteilungen organisiert, für Komfort und Wohlstand der Kriegeraristokratie sorgten.

Trotz einer Reihe von nicht ausschaltbaren Unsicherheitsfaktoren dürften die Berechnungen des amerikanischen Mykenologen E. L. Bennett ziemlich zuverlässig sein. Nach dessen Aufstellung gab es in Pylos am Vorabend der Katastrophe der mykenischen Welt rund 750 unfreie Frauen, 450 Mädchen und 350 Knaben. Hinzu kommen etwa 350 erwachsene männliche Sklaven sowie 100 Jünglinge:[67] insgesamt also etwa zweitausend in Sklaverei lebende Personen! Ein gewaltiger Besitz, dem gegenüber Odysseus mit seinen etwa neunzig Sklaven geradezu als armer Vetter des reichen Königs von Pylos erscheint.

Allerdings waren nicht alle zweitausend Sklaven unmittelbar im Palast von Pylos beschäftigt. Die Tontafeln weisen einen Teil der Unfreien anderen Ortschaften im Herrschaftsbereich von Pylos zu. Aber auch diese Einschränkung vermag den Gesamteindruck nicht zu verändern, zumal weitaus die Mehrzahl – rund zwei Drittel – der unfreien Arbeitskräfte direkt am und um den Herrschersitz selbst eingesetzt waren.

Fürwahr ein stolzer Besitz an »menschlicher Ware«, dessen sich der greise Nestor, der mythische Herrscher von Pylos, rühmen konnte! Und angesichts dieser erstaunlichen – aber auch erschreckenden – Zahlen unfreier Arbeiter im Palast von Pylos ist kaum noch zu bestreiten, daß die Sklavenarbeit einen ganz wesentlichen Teil der wirtschaftlichen Grundlage des mykenischen Zeitalters ausgemacht hat.

Die fast märchenhaften Schätze, die die Archäologen in den Gräbern von Mykene geborgen haben, die mächtigen, stolz aufragenden Mauerringe, die die Burgen der frühen griechischen Fürsten umgaben, und die auch aus den Überresten und Monumenten ablesbare Wohlfahrt der »heroischen« Ära: All dem lag auch die Ausbeutung ganzer Scharen von unfreien Arbeiterinnen und Arbeitern zugrunde.

Ob die Wirtschaft der mykenischen Paläste ohne die Sklavenarbeit völlig zusammengebrochen wäre, darüber lassen sich ausgedehnte akademische Debatten führen. Sicher ist, daß zumindest die Angehörigen des Kriegeradels, dessen Denken und Lebensweise die mykenische Welt so tief geprägt haben, ohne ihren »menschlichen Besitz« weit weniger Glanz und Pracht hätten entfalten können und sich auf einen weniger üppigen Lebensstil hätten beschränken müssen. So gesehen, fällt doch ein tiefer Schatten auf die so prunkvolle, von Edelmetall blitzende und durch architektonische Großleistungen hervorragende Ära der »Heroen« der griechischen Frühzeit.

Die zwei Gesicher Homers

Damit ist unser Abstecher in die Welt der mykenischen Griechen abgeschlossen. Zweifellos stehen noch viele Fragezeichen hinter der gesellschaftlichen Wirklichkeit jener Zeit. Selbst die Linear-B-Tafeln gewähren dem Betrachter nach gut dreitausend Jahren nur schlaglichtartige Einblicke in die Lebensumstände der mykenischen Unfreien; und es soll nicht verschwiegen werden, daß manche der hier beschriebenen Details keineswegs von allen Forschern als feststehende Fakten angesehen werden.

Wir waren ausgegangen von Homer. Stimmt die Schilderung der sozialen Verhältnisse, insbesondere im Hinblick auf die Sklaverei, mit den Ergebnissen der archäologischen Forschung und der Interpretation der Linear-B-Texte überein?

Mit einem klaren »Ja« oder »Nein« läßt sich die Frage nicht beantworten. In einigen Punkten finden sich überzeugende Parallelen, so etwa in der ausgeprägten Unterteilung der Klasse der Unfreien in privilegierte und »einfache« Sklaven sowie den »Verwendungsarten« und beruflichen Einsatzgebieten. Auch die Kriegsgefangenschaft als Hauptquelle der Sklaverei, in zweiter Linie dann die »Selbstergänzung« der Sklavenschaft durch Fortpflanzung, werden bestätigt.

In anderen Fragen fehlen ganz einfach die für einen Vergleich unverzichtbaren Informationen. Das betrifft besonders die Behandlung der Unfreien und ihr Verhältnis zu den Herren. Was aber bei Homer bei weitem untertrieben erscheint, ist die zahlenmäßige – und damit auch die wirtschaftliche – Bedeutung der Sklaverei. Weit über tausend Sklaven im »sandigen Pylos« stehen nicht einmal hundert Unfreie im Palast zu Ithaka entgegen. Daß aber der greise Nestor und der listenreiche Odysseus in Wirklichkeit durchaus vergleichbare Fürsten waren, steht außer Frage.

Wie erklärt sich dann aber der Riesenunterschied in der Anzahl der Unfreien? Hier wirkt sich die zeitliche Distanz von rund fünfhundert Jahren aus, die zwischen der in der Ilias und der Odyssee beschriebenen Welt der mykenischen Helden und der Abfassungszeit der Epen liegen.

Die Wirren der Dorischen Wanderung hatten den Untergang der mykenischen Zivilisation ausgelöst. Scharen plündernder und brandschatzender Invasoren zerstörten mit den Palästen auch das bisherige gesellschaftliche Gefüge. Die Eindringlinge ließen sich im eroberten Gebiet nieder, aber es dauerte Jahrhunderte, bis sich die Wogen geglättet hatten und bis sich eine neue Zivilisation herausbilden konnte. Über diese »dunklen« Jahrhunderte des »griechischen Mittelalters« ist kaum etwas bekannt. Sicher ist, daß sie eine spürbare materielle Verarmung und Rückschritte auf wirtschaftlichem Gebiet mit sich brachten. Auch die recht festgefügte soziale Struktur der mykenischen Zeit mußte primitiveren Formen weichen.

In dieser Situation verlor auch die Sklaverei an Bedeutung. Als die homerischen Gesänge niedergeschrieben wurden, befand sich Griechenland am Anfang des Weges, der dann zur einzigartigen kulturellen Blüte der klassischen Zeit führte. Auch die wirtschaftliche Krise der Übergangszeit war vergessen. Die Sklaverei jedoch hatte in der neu entstandenen Gesellschaft noch eine weitaus geringere Bedeutung als zur Zeit der mykenischen Herrscher. Offenbar konnte Homer es sich angesichts der Verhältnisse seiner eigenen Zeit beim besten Willen nicht vorstellen, daß einst so gewaltige Heere von unfreien Arbeitskräften einen einzigen Fürstenhof bevölkert hatten.

Homer, so hat man gesagt, habe zwei Gesichter. Das eine schaue zurück in die Vergangenheit, das andere dagegen blicke schon in die Zukunft. Was die Sklavenfrage betrifft, so stimmt dieses Urteil gewiß. Denn so sehr manches in die längst versunkene Kultur der mykenischen Griechen zurückweist, so aufmerksam registrierten die Dichter der Ilias und der Odyssee neue Entwicklungen: Spielt der Verkauf von Sklaven in der Ilias noch kaum eine nennenswerte Rolle, so erscheint der Sklavenhandel in der etwa eine Generation jüngeren Odyssee bereits als etwas ganz Normales.[68]

Das »Goldene Zeitalter« fand nie statt

Schon die nächsten Jahrzehnte sollten weitere Veränderungen mit sich bringen. Neue Formen der Unfreiheit wurden geboren, neue

Möglichkeiten, unter das Joch der Sklaverei zu geraten, kamen hinzu. Die Zahl der Sklaven stieg an, die Bedeutung der unfreien Arbeit nahm zu. Für die Griechen der klassischen Zeit war das alles nichts Ungewöhnliches. Die Sklaverei galt als feste Institution, die niemand in Frage stellte.

Wohl aber glaubte man, daß die Sklaverei in der Frühzeit von Hellas unbekannt gewesen sei und daß die Alten, anstatt andere Menschen zu versklaven und unfreie Arbeitskräfte zu kaufen, bestrebt gewesen seien, alle Arbeiten selbst zu tun.[69]

Eine Unwahrheit – obschon sicher keine bewußte, kein absichtlicher Selbstbetrug, denn niemand schämte sich der Institution der Sklaverei, und niemand brauchte deshalb gleichsam als Ehrenrettung ein vergangenes Zeitalter ohne Sklaverei zu erfinden. Aber ein Irrtum, denn soweit wir in die Frühzeit der griechischen Geschichte zurückblicken können, hat es jenes »Goldene Zeitalter«, in dem das absolute Verfügungsrecht des Menschen über den Menschen noch unbekannt war, nicht gegeben.

2. Zwischen Freiheit und Unfreiheit

Griechenland hinter dem Schleier der »Dark Ages«

Im vorangegangenen Kapitel war vom »heroischen« Zeitalter der mykenischen Griechen die Rede und ebenfalls vom Zeitalter Homers. Zwischen diesen beiden Epochen liegt ein knappes halbes Jahrtausend, von dem nun gesprochen werden soll, weil in jenen »dunklen« Jahrhunderten in einigen Gebieten Griechenlands eine Form von Unfreiheit entstand, die mit der »normalen« Sklaverei nicht vergleichbar ist.

»Dunkle Jahrhunderte« – »griechisches Mittelalter« – »Übergangszeit«: Mit diesen Begriffen bezeichnen die Althistoriker die Spanne zwischen dem ausgehenden 13. und dem Beginn des 8. Jahrhunderts v. Chr. Dabei ist der Anklang an das »eigentliche« Mittelalter des Abendlandes durchaus beabsichtigt. Wie den Menschen der Renaissance die Jahrhunderte zwischen dem Ende der klassischen Antike und der »Wiedergeburt« eben dieser Antike in ihrer eigenen Zeit als freudlose, barbarische, ungebildete Zeit erschien, die eigentlich kein eigenes Gewicht besaß und daher eben als *media aetas,* als »Epoche in der Mitte«, abqualifiziert wurde, so erscheint manchem auch die Übergangszeit zwischen dem Untergang der letzten Strahlen der glanzvollen mykenischen Ära und dem hellen Morgenlicht des leuchtenden »klassischen« Griechentums als düstere Epoche ohne große Bedeutung. Inzwischen ist allgemein bekannt, daß diese einseitige Sicht des Mittelalters verfehlt, im Grunde unhistorisch ist; und ebenso falsch ist auch die entsprechende Vorstellung von einem »griechischen Mittelalter«.

In *einer* Hinsicht freilich trifft der Ausdruck *dark ages* zu, wie er sich in der angloamerikanischen Forschung immer mehr durchsetzt. Es gibt kaum eine Epoche in der Geschichte der Alten Welt, die für uns undurchsichtiger ist als jene Übergangszeit. Diese Undurchsichtigkeit beruht auf dem Fehlen von Quellen. Über eine direkte schriftliche Überlieferung verfügen die Historiker überhaupt nicht, wenn sie sich bemühen, auch nur die wichtigsten Grundzüge dieser Zeitspanne zu rekonstruieren. Allenfalls die naturgemäß problematische und verzwickte Auswertung später aufgezeichneter Mythen und die dornenreiche Homer-Analyse vermögen einen kleinen Weg durch das historische Dickicht zu bahnen. Sonst bleibt nur das archäologische Material, das freilich weder besonders reich noch sicher auswertbar ist. Hier und da kann auch die Sprach- und Dialektforschung ein wenig weiterhelfen, und bisweilen lassen sich aus den Verhältnissen des 8. und 7. Jahrhunderts im Vergleich mit denen der mykenischen Zeit Rückschlüsse auf Veränderungen und wichtige Entwicklungen in der Zeit des Übergangs ziehen. Alles in allem aber eine entmutigende Quellenlage; Grund genug also, hinsichtlich des Quellenmaterials von »dunklen« Jahrhunderten zu sprechen.

Auf den ersten Blick mag es befremden, daß sich die Konturen der wesentlich früheren mykenischen – und auch der noch früheren minoischen – Zivilisation deutlicher abzeichnen als die Umrisse einer Epoche, die dem »klassischen« Griechenland ungleich näher steht. Sobald aber der Blick auf den Beginn dieser Epoche fällt, löst sich der scheinbare Widerspruch schnell auf. Eingeleitet wurde diese sonst eher stille Zeit nämlich durch lautes Waffengeklirr. Zerstörung, Brandschatzung und Verwüstung standen am Anfang der neuen Ära. Was war geschehen?

Am Anfang das Chaos

Um 1200 wurde der gesamte Raum des östlichen Mittelmeeres von einer umfassenden Wanderungsbewegung verschiedener Volksstämme erschüttert. Der ursprüngliche Unruheherd dürfte das Donaugebiet gewesen sein; von dort aus setzte sich eine geradezu lawinenartige Bewegung in Gang, in deren Verlauf immer neue Völkerschaften in den Strudel der Wanderung gerissen wurden. Allmählich stieß diese Lawine bis zur Ägäis und nach Kleinasien vor. Das Hethiterreich fiel dem Ansturm der Invasoren zum Opfer, während es dem ägyptischen Pharao Ramses III. (1184 – 1153 v. Chr.) mit Mühe und Not gelang, die »Seevölker« in einer denkwürdigen Schlacht im Nildelta abzuwehren und zurückzuschlagen. Gleichwohl blieb auch Ägypten nicht völlig verschont; dem Pharao blieb nichts anderes übrig, als der Ansiedlung eines Teils der »Seevölker«, der Philister, in dem dann nach ihnen benannten Palästina tatenlos zuzusehen.

Wenn der Ansturm der gegen die Gestade der altorientalischen Reiche anbrandenden Völkerwelle so vehement war, dann verwundert es nicht, daß die Zivilisation der Achäer in Griechenland, deren Stern ohnehin schon im Sinken begriffen war, den Invasoren keine ausreichende Gegenwehr zu leisten vermochte. Die einwandernden Stämme hinterließen eine breite Spur der Verwüstung; in vielen Teilen von Hellas sanken die mykenischen Paläste in Schutt und Asche.

Es waren indogermanische Stämme, die Griechenland nunmehr in Besitz nahmen. Unter ihnen stellten die Dorier die bedeutendste Gruppe. Der Name »Dorier« ist wahrscheinlich eine verkürzte Form von »dorimachoi«, »Speerkämpfer« – eine angesichts der kriegerischen Mentalität der Invasoren durchaus zutreffende Bezeichnung. Von ihnen hat auch der griechische »Ausläufer« der umfassenden Völkerflut, die sich damals über das ganze östliche Mittelmeerbecken ergoß, ihren Namen erhalten: »Dorische Wanderung«.

Während sich Teile der in den Raum von Hellas vorstoßenden Indogermanen gereits in Nord- und Mittelgriechenland niederließen, zogen andere Scharen nach Süden weiter. Sie überquerten den Golf von Korinth und sickerten allmählich in die Peloponnes ein. Vom Süden der peloponnesischen Halbinsel aus wagte schließlich ein weiterer Teil der Dorier den Sprung über das Meer. Sie besiedelten die südlichen Kykladen und Sporaden, einige Gruppen gelangten sogar bis an die kleinasiatische Küste. Besonders intensiv war die dorische Besiedlung von Kreta.

Diese Wanderungsbewegung vollzog sich natürlich nicht in Windeseile, sondern dauerte über Jahrzehnte. Der Prozeß der Seßhaftwerdung nahm viel Zeit in Anspruch. Zunächst wurden die fruchtbareren Gebiete okkupiert; von dort weiteten die Dorier ihren Einfluß dann allmählich aus. Von der Katastrophe der mykenischen Burgen war bereits die Rede. Der Fall der einst so stolzen Paläste und Festungen zeigt das Ende der heroischen Welt der Achäer an. Die hohe Zivilisation des mykenischen Zeitalters ging zugrunde; an ihre Stelle traten zunächst nur Vernichtung und Chaos.

Jahrhunderte vergingen, bis Alt und Neu soweit verschmolzen waren, daß ein neues tragfähiges historisches Fundament entstanden war. So erklärt sich auch das Dunkel jener Epoche, in der sich ganz langsam ein Konsolidierungsprozeß vollzog – freilich gleichsam hinter den Kulissen, nicht auf hell erleuchteter Bühne.

Wie gestaltete sich das Schicksal der unterlegenen Vorbevölkerung in diesem Konsolidierungsprozeß? In welcher Weise entwickelten sich die Beziehungen zwischen Siegern und Besiegten?

Eine allgemein gültige Antwort auf diese Fragen gibt es nicht. Zwei Möglichkeiten zeichnen sich auf jeden Fall ab. In vielen Gegenden Griechenlands kam es im Laufe der Zeit zu einem friedlichen Ausgleich zwischen der achäischen Vorbevölkerung und den neu eingewanderten Siedlern, einem allmählich fortschreitenden Verschmelzen beider Volksteile.

Die zweite Alternative zeigt ein weniger harmonisches Bild. Danach entschlossen sich die Eroberer in anderen Landschaften von Hellas dazu, ihr Siegerrecht voll anzuwenden. Und das bedeutete: Ein großer Teil der Achäer erhielt einen minderberechtigten Status, wurde zu einer Bevölkerungsgruppe zweiten Ranges degradiert.

In der Praxis sah das so aus: Die neuen Herren ließen die ehemals freien Achäer nun für sich arbeiten. Da der Ackerbau im 12. bis 10. Jahrhundert v. Chr., als dieser Unterdrückungsakt geschah, neben der Viehzucht der einzige Wirtschaftszweig von Bedeutung war, überrascht es nicht, wenn wir die unterworfene Bevölkerung von nun an als an die Scholle gebundene »Hörige« wiederfinden, die das Land für ihre Bezwinger bestellten.

So verständlich diese Art der Versklavung auf den ersten Blick sein mag, so unheimlich waren die Folgen dieses Vorgangs: Jahrhundertelang sollten nun die Nachfahren der einstigen Achäer den Hörigenstatus beibehalten müssen. In wenigen Jahren waren die Weichen für das Schicksal der nächsten zwanzig und mehr nachfolgenden Generationen gestellt worden.

Allerdings führten diese Unterdrückungsmaßnahmen in den meisten Fällen nicht zur Sklaverei im strengen Sinne. Die in ihrer Gesamtheit unterworfene Landbevölkerung war – abgesehen von den vorgeschriebenen Abgaben – wirtschaftlich weitgehend selbständig und wurde weniger scharf kontrolliert als »normale« Sklaven. Sie genoß auch in familien- und vermögensrechtlicher Hinsicht Möglichkeiten, die den »normalen« Sklaven nicht eingeräumt wurden. Anders als diese waren jene keine Handels-»Objekte«, die nach Belieben veräußert oder verschenkt werden konnten. In ihrer eingeschränkten Freizügigkeit dagegen waren sie den Sklaven eher vergleichbar als den Freien. Die ihnen zugewiesenen Felder durften sie nicht verlassen; sie bildeten also gewissermaßen ein »Zubehör des Bodens«.[1]

Ein Begriff wird gesucht

Die Althistoriker streiten darüber, wie diese Gruppen von Unfreien am besten zu bezeichnen sind. Am ehesten kommen Begriffe wie »Hörige«, »Leibeigene« oder *glaebae adscripti* (»an die Scholle Gebundene«) in Frage. Problematisch daran ist, daß diese Begriffe historisch eigentlich schon »besetzt« sind, weil sie im Grunde nur auf die spezifischen mittelalterlichen Verhältnisse zutreffen. Die Gefahr liegt nahe, daß bei allzu unvorsichtiger Verwendung solcher Termini zweifellos vorhandene Unterschiede zwischen den mittelalterlichen und den frühgriechischen Verhältnissen verwischt werden.

Allerdings ergaben sich schon in der Antike selbst Schwierigkeiten bei der Klassifizierung dieser unfreien Landbevölkerungen. Einen gemeinsamen Nenner für die unterschiedlichen Arten dieser minderberechtigten Einwohnerschaften in einigen Landschaften Griechenlands hat dann Pollux, ein griechischer Gelehrter aus dem 2. Jahrhundert n. Chr., gefunden: Er ordnete sie alle unter die Rubrik μεταξὺ ἐλευθέρων καὶ δούλων (metaxy eleutheron kai doulon), »zwischen Freien und Unfreien«, ein und brachte damit ihre rechtliche und tatsächliche Zwitterstellung zum Ausdruck.[2]

Nach der Meinung des Pollux waren folgende Gruppen von Unfreien dazuzurechnen: die Heloten in Lakonien und Messenien, dem Herrschaftsgebiet Spartas, die Penesten in Thessalien, die Klaroten und Mnoiten auf Kreta sowie die Mariandyner im Gebiete von Herakleia am Pontos, die Gymneten in Argos, einer Stadt auf der Peloponnes, und schließlich die Korynephoren (wörtlich »Keulenträger«) in Sikyon.

Hinzu kommen noch ein paar weitere Gruppen, die Pollux an dieser Stelle nicht erwähnt, deren Existenz und gesellschaftliche Einordnung aber aufgrund dürftiger Hinweise bei anderen Autoren gesichert ist. Ihnen allen war zumindest eines gemeinsam: der Ursprung der Unfreiheit, d. h., sie alle sind einst infolge der Eroberung ihres Landes entweder in den Wirren der Dorischen Wanderung oder durch die griechische Kolonisation unfrei geworden und zu einer minderberechtigten bäuerlichen Schicht herabgesunken.

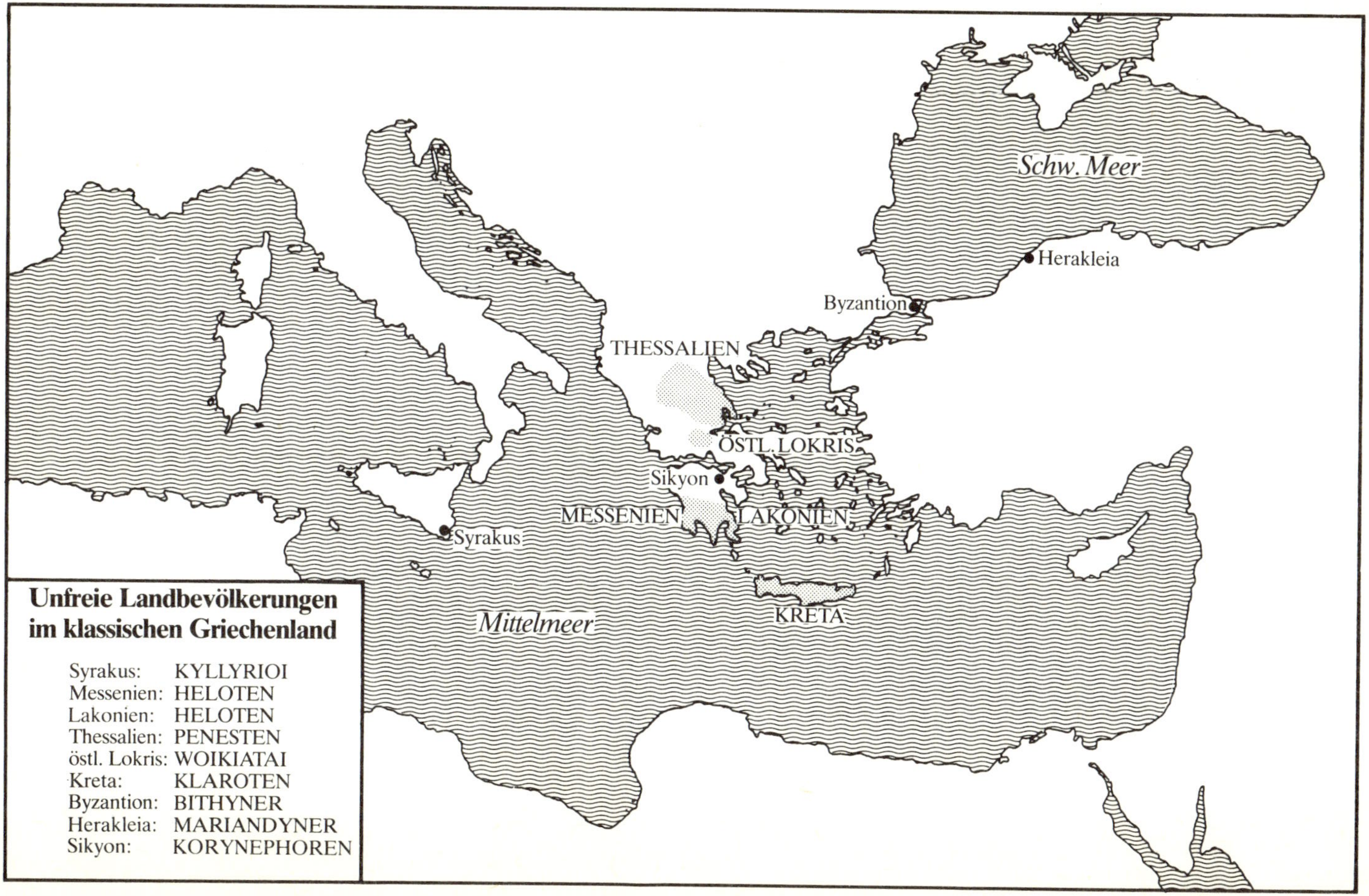
Schw. Meer
Herakleia
Byzantion
THESSALIEN
ÖSTL. LOKRIS
Sikyon
MESSENIEN
LAKONIEN
Syrakus
KRETA
Mittelmeer
Unfreie Landbevölkerungen im klassischen Griechenland
Syrakus: KYLLYRIOI
Messenien: HELOTEN
Lakonien: HELOTEN
Thessalien: PENESTEN
östl. Lokris: WOIKIATAI
Kreta: KLAROTEN
Byzantion: BITHYNER
Herakleia: MARIANDYNER
Sikyon: KORYNEPHOREN

Diese allgemeinen Feststellungen durch Einzelheiten über die Rechtsstellung, die Behandlung und Lebensbedingungen der einzelnen Gruppen zu ergänzen und zu illustrieren, ist in den meisten Fällen praktisch unmöglich. Allzu spärlich sind die entsprechenden Hinweise in den antiken Quellen. Lediglich über die spartanischen Heloten sowie über die thessalischen Penesten und die Klaroten auf Kreta sind einige Nachrichten überliefert.

Bleiben wir zunächst bei den zwei zuletzt genannten Bevölkerungsschichten. Auch über sie ist infolge des Schweigens der Quellen nur sehr wenig bekannt. Die Penesten waren eine bäuerliche Unterschicht, die seit ihrer Bezwingung im Laufe der Dorischen Wanderung die Felder der neuen Landesherren zu bestellen hatte. Einen bestimmten Teil der Erträge aus der Feldarbeit führten sie wahrscheinlich an ihre Eigentümer ab; möglicherweise die Hälfte.

Über ihre wirtschaftliche Lage gibt es keine Informationen – mit einer sehr überraschenden Ausnahme. Ein griechischer Historiker erzählt allen Ernstes, viele Penesten seien wohlhabender gewesen als ihre Herren.[3] Eine recht befremdliche Aussage, zumal wenn die (von einigen Sprachwissenschaftlern allerdings bestrittene) Erklärung der Bezeichnung »Penesten« als Ableitung von griech. *pénes,* »arm«, dagegengehalten wird, die andere antike Autoren verfechten![4]

Ob die Nachricht stimmt, mag dahingestellt sein. Fest steht, daß die Penesten relativ unabhängig wirtschaften konnten und relativ milde behandelt wurden.[5] Daher konnte der zur Zeit des Kaisers Augustus lebende Rhetor und Geschichtsschreiber Dionys von Halikarnaß die Penesten in Thessalien sogar mit den athenischen Theten gleichsetzen[6] – sie waren eindeutig *freie* Lohnarbeiter.

Blicken wir nun kurz nach Kreta! Hier hieß die unterworfene vordorische Bevölkerungsschicht »Klaroten«. Steckt in dem Namen schon ein Hinweis auf das Schicksal der ersten Klaroten-Generation? Einige griechische Schriftsteller vertreten diese Meinung. *kláros* bedeutet »Los«; dementsprechend galten die Klaroten als Kriegsgefangene, über die bei der Verteilung der menschlichen Beute die Sieger das Los geworfen hätten.[7]

Dabei liegt es eigentlich näher, den Namen der Klaroten von ihrer Tätigkeit als Bauern auf »Landlosen«, »Parzellen« (griech. *klároi*) abzuleiten. Denn genau das war ihre Aufgabe: Sie waren eine auf dem Lande arbeitende unfreie Bevölkerungsschicht und mußten einen Teil ihrer Ernteerträge den Herren als Naturalabgaben überlassen. Niemand hinderte sie aber daran, ein eigenes Vermögen zu bilden, eine Familie zu gründen und sich ihre Arbeit nach eigenem Gutdünken einzuteilen.

Eigentlich seien den auf Kreta lebenden Unfreien, so urteilt einmal der Philosoph Aristoteles, nur zwei Dinge verwehrt gewesen: Waffen zu tragen und Gymnasien zu besuchen,[8] sich also wie die Freien bei Sport und Spiel zu erholen bzw. zu bilden – die körperliche Ertüchtigung im Gymnasium war nach griechischer Vorstellung ein wesentlicher Bestandteil der Erziehung. Die Folgerung des Aristoteles, ansonsten stünden die Unfreien in Kreta ebenbürtig neben ihren Herren, zeichnet allerdings ein zu rosiges Bild von den Lebensbedingungen der Klaroten.

Ein aufsehenerregender Inschriftenfund

Ein glücklicher Zufall hat es gefügt, daß den Althistorikern heute Informationen über die Klaroten zur Verfügung stehen, die noch vor hundert Jahren nicht bekannt waren.

In Gortyn, einer Stadt im Süden von Kreta, stießen F. Halbherr und seine Mitarbeiter im Jahre 1884 bei Ausgrabungen in den Ruinen eines kleinen Theaters auf mehrere Inschriftenblöcke. Schon bald stellte sich heraus, daß hier ein ganz ungewöhnlicher epigraphischer Fund gemacht worden war. Über 12 Kolumnen zu je 52 Zeilen, 70 cm breit und 1,70 m hoch, erstreckt sich diese längste bis heute bekannte griechische Inschrift.

Der Text war nicht einfach zu lesen; er ist in altertümlichem dorischen Dialekt verfaßt und in einer ebenso archaischen Schrift geschrieben. Die meisten Wissenschaftler datieren das Dokument in das frühe 5. Jahrhundert v. Chr. (um 480). So aufsehenerregend die Inschrift schon aufgrund ihrer Länge und ihres guten Erhaltungszustandes war, so erfreulich informativ zeigte sich auch ihr Inhalt. Es handelt sich um eine große Rechtskodifikation, die bald als das berühmte »Stadtrecht von Gortyn« bekannt wurde[9]: Eine wahre Fundgrube an juristischen Bestimmungen über das Personen-, Familien-, Vermögens-, Schuld- und Erbrecht in der antiken Stadt Gortyn.

Und auch hinsichtlich der Unfreien-Frage erweist sich diese Inschrift als überraschend ergiebig. In mehreren Passagen wird deutlich, daß die Klaroten auf Kreta durchaus bestimmte Rechte genossen. Insofern wurden die Angaben antiker Autoren bestätigt.

Auf der anderen Seite wird die Ungleichheit zwischen Freien und Unfreien auch für den juristischen Alltag festgeschrieben. Ein hervorragendes Beispiel dafür bieten die Bestimmungen über Notzuchtverbrechen. Die Vergewaltigung einer Freien durch einen Freien zog eine Geldbuße von 200 Drachmen nach sich. Verübte dagegen ein Unfreier eine solche Tat, so schnellte die Strafe auf das Doppelte, also 400 Drachmen, hoch. Geradezu abstoßend »preiswert« war das gleiche Verbrechen, wenn es von einem Freien an einer Unfreien verübt wurde. In diesem Falle hatte der Täter 5 oder 4 Drachmen zu bezahlen. Die Vergewaltigung einer nicht mehr jungfräulichen Unfreien wurde unter bestimmten Umständen als noch geringeres Vergehen eingestuft; entsprechend niedriger fiel die Buße aus. Waren schließlich Täter und Opfer beide Unfreie, so betrug die Strafe 10 Drachmen. Am Rande sei vermerkt, daß diese Notzuchtparagraphen sich nicht nur auf die Vergewaltigung von Frauen, sondern gleichermaßen auf die von Männern bezogen.

Ein kompliziertes System der Unfreiheit

Mit aller Deutlichkeit ziehen diese Bestimmungen aus dem Stadtrecht von Gortyn den Trennungsstrich zwischen Menschen erster und Menschen zweiter Klasse. Menschenwürde erscheint hier als differenzierbar; die Schwere eines Verstoßes richtet sich nicht zuletzt danach, zu welcher gesellschaftlichen Schicht der Geschädigte gehört.

Diese Anschauung ist freilich für das gesamte Altertum nichts Ungewöhnliches. Bemerkenswert aber ist eine noch weitgehendere Unterscheidung: Auf Vergewaltigung einer Unfreien durch einen Freien stand eine Strafe von 5 *oder* 4 Drachmen, je nachdem, ob die Tat an einem *oikeús* oder an einer *endothidía dóla* begangen wurde. Hier tauchen also zwei unterschiedliche Ausdrücke für unfreie Personen auf. Mit anderen Worten: Das Gesetz kennt mindestens zwei Arten der Unfreiheit. Wie läßt sich diese Tatsache erklären?

Unter den Forschern ist über diese Frage ein heftiger Streit entbrannt, der noch keineswegs beigelegt ist. Es kann aber als ziemlich eindeutig gelten, daß mit *endothidía dóla* eine »Haussklavin« gemeint ist, während der Gesetzgeber den Ausdruck *oikeús* – zumindest *auch* – für die Klaroten gebraucht. Daraus ergibt sich die Schlußfolgerung, daß das an einer »Haussklavin«, also einer »eigentlichen, normalen« Sklavin verübte Notzuchtverbrechen als noch leichter eingestuft wird (4 Drachmen) als das an einer »Hörigen« begangene (5 Drachmen). Schlaglichtartig kommt hier die etwas günstigere Stellung der Klaroten gegenüber den »eigentlichen« Sklaven zum Ausdruck. Sonst gibt es allerdings keine weiteren so klaren Belege für die Unterscheidung zwischen zwei Kategorien von Unfreien auf Kreta.[10]

Ohne das Schicksal der Klaroten idealisieren zu wollen, läßt sich doch feststellen, daß die Arbeits- und Lebensbedingungen dieser bäuerlichen Unterschicht im großen und ganzen erträglich gewesen sein müssen. Daß sie nicht Herren über ihre Entscheidungen waren, muß den Klaroten gleichwohl ständig bewußt gewesen sein. Immerhin scheint es eine Art Ventil für den im Laufe der Zeit aufgestauten Unmut und die Frustrationen ihres unfreien Daseins gegeben zu haben. An bestimmten Festtagen, so berichtet der im 4. vorchristlichen Jahrhundert schreibende Historiker Ephoros von Kyme, herrschten die Unfreien auf Kreta über ihre Herren. Dann bemächtigten sie sich der Gewalt über alles und durften sogar ungestraft freie Bürger auspeitschen.[11]

Derartige Feste hatten – falls diese Nachricht überhaupt zutrifft – allenfalls eine Alibifunktion, gaben den Unfreien nur für wenige Stunden die Möglichkeit, gleichsam aus ihrer Haut zu schlüpfen und den Spieß einmal umzudrehen. Ob das daraus resultierende momentane Gefühl der Befriedigung so nachhaltig wirkte, daß es die Erniedrigung des Alltags leichter zu ertragen half, darf bezweifelt werden. Aber immerhin: Von Aufständen und Verschwörungen der kretischen Klaroten berichten die Quellen nichts. Und das ist in diesem Falle sicher kein Indiz für eine brutale Repression, die jeden Aufruhr im Keim erstickt hätte, sondern ein Anzeichen für den milden, patriarchalischen Charakter der Klarotie.

Penesten und Klaroten: zwei unfreie Bevölkerungsschichten, die im Verlaufe der Dorischen Wanderung entstanden. Die neuen Herren ließen die alteingesessenen Bewohner des Landes für sich arbeiten, aber sie räumten ihnen doch gegenüber den »normalen« Sklaven bestimmte Vorrechte ein, unter denen besonders die Selbständigkeit bei der Arbeit hervorsticht. Dies dürfte auch auf ähnliche Unterschichten in anderen Landschaften zutreffen; doch ist über sie außer ihren Namen nichts Näheres bekannt.

Neben Penesten und Klaroten, Mariandynern und Gymneten, Korynephoren und Mnoiten ordnet Pollux auch die spartanischen Heloten in die Gruppe der im Rechtsbereich »zwischen Freien und

Unfreien« angesiedelten Bevölkerungen ein. Tatsache ist, daß ein Teil der Heloten ebenso wie die »Hörigen« auf Kreta oder in Thessalien die von den dorischen Invasoren in die Unfreiheit herabgedrückte alte Bevölkerung gewesen ist. Damit sind die Gemeinsamkeiten aber auch schon erschöpft. Von den Lebensbedingungen her gesehen, gab es in ganz Griechenland keine Unfreien, die so drangsaliert und terrorisiert, so verachtet und mißhandelt wurden wie die spartanischen Heloten. Das folgende Kapitel handelt daher über »Sklaven in vollkommener Sklaverei«.[12]

3.
Spartas Heloten: Sklaven in vollkommener Sklaverei

»Schlechte Presse« für Spartas Unterdrückungssystem

Helotie: Das war selbst in den Augen der Griechen, die prinzipiell die Sklaverei billigten, eine höchst umstrittene Spielart der totalen Unterdrückung von Menschen. Wer die Institution der Sklaverei als ganz selbstverständlich, als naturgegeben und nicht rechtfertigungsbedürftig ansah, dem kamen doch erhebliche Zweifel, wenn er nach Sparta blickte.

Einige Stimmen aus dem Altertum, die Skepsis und Ablehnung gegenüber den Praktiken verraten, mit denen die Spartaner ihre Sklaven am Boden zu halten versuchten: Der athenische Politiker und Philosoph Kritias (2. Hälfte des 5. Jahrhunderts) stellt fest: »In Sparta waren die Unterschiede zwischen Sklaven und Freien am schärfsten ausgeprägt.«[1] Und ganz ähnlich urteilt der im 2. Jahrhundert n. Chr. lebende Schriftsteller Plutarch: ». . .und so scheinen diejenigen, welche behaupten, daß in Sparta der Freie am meisten frei und der Unfreie am meisten unfrei sei, den Unterschied recht gut erkannt zu haben.«[2]

Derselbe Autor scheut sich nicht, den Spartanern an anderer Stelle eine »äußerst grausame und ungerechte Behandlung« der Heloten vorzuwerfen.[3] Nicht viel anders heißt es bei Theopomp, einem Historiker des 4. Jahrhunderts v. Chr.: »Die Bevölkerungsschicht der Heloten lebte unter grausamen und bitteren Umständen.«[4]

Auch Myron von Priene, im 3. vorchristlichen Jahrhundert lebender Autor, Verfasser einer »Geschichte Messeniens«, prangert die Überheblichkeit und Gewalttätigkeit der spartanischen Herren gegenüber ihren Sklaven an.[5]

Platon schließlich, gewiß kein erbitterter Gegner der spartanischen Gesellschaftsordnung, sondern eher ein Bewunderer des spartanischen »Kosmos«, hält mit seinem persönlichen Urteil zurück, deutet aber die Problematik der Helotenfrage unmißverständlich an, wenn er konstatiert: »Das Helotenwesen der Spartaner dürfte wohl unter den Hellenen die meisten Zweifel und Streitigkeiten auslösen, indem es die einen gutheißen, die anderen dagegen nicht.«[6]

Eine bemerkenswerte Ergänzung, die zugleich deutlich macht, wieso die Helotie so umstritten war, liefert eine Beobachtung des Historikers Xenophon. Er berichtet von einem abgrundtiefen Haß der Unterjochten auf ihre Peiniger. Das Originalzitat aus einer Rede: »Wo unter den Heloten die Sprache gerade auf die Spartiaten komme, da könne niemand verbergen, daß er sie am liebsten roh auffräße!«[7]

Horrormärchen aus der Gerüchteküche

Die außerordentlich harte Behandlung der Heloten durch ihre spartanischen Herren war aller Welt bekannt. Über Einzelheiten aber erfuhren Außenstehende nur wenig. Das eherne Prinzip der Spartaner, keinen Fremden hinter die Kulissen des innerspartanischen Geschehens blicken zu lassen, sich mit allen Mitteln vor der Außenwelt abzuschirmen, ließ nur wenige Informationen nach draußen durchsikkern. Die Spartaner bedienten sich dieser merkwürdigen Geheimniskrämerei weniger deswegen, weil sie Kritik und Empörung von seiten der anderen Griechen befürchtet hätten, als vielmehr infolge einer geradezu krankhaften hysterischen Furcht, die Kenntnis von Interna der spartanischen Innenpolitik könne außenpolitischen Gegnern nützen oder gar zu einer von außen gesteuerten Verschwörung der Heloten führen.

Diese ebenso irrationale wie bezeichnende Angst der Spartaner vor Spionage und die damit verbundene »Nachrichtensperre« führten dann freilich dazu, daß manch einer sich bemüßigt fühlte, seiner Phantasie freien Lauf zu lassen und Horrormärchen über die grauenvolle Behandlung der Heloten in die Welt zu setzen. Dabei ist nicht ausgeschlossen, daß gerade politische Gegner Spartas die Möglichkeit wahrgenommen haben, den verschlossenen Lakedaimoniern durch Erfindungen und Phantasieprodukte Schaden zuzufügen. In der propagandistischen Auseinandersetzung ließen sich solche Greuelgeschichten allemal verwerten. So gesehen, hatten die Spartaner mit ihrer eigenartigen Informationspolitik genau das Gegenteil dessen erreicht, was sie beabsichtigt hatten.

Aus der so in Gang gekommenen Gerüchteküche haben sich bis heute einige nur schwer verdaubare Gerichte erhalten. Besonders wild sind die Behauptungen des Myron von Priene, der in seinem Werk »Messeniaka« offensichtlich Partei für die von Sparta unterdrückten messenischen Heloten ergriffen hat.

Als Beispiele für die – im allgemeinen sicher zutreffende – Behauptung, daß die Spartaner jede sich bietende Gelegenheit wahrgenommen hätten, ihre Sklaven zu beleidigen und sie in ihrer Menschenwürde zu kränken, führt Myron folgendes an. Jedes Jahr sollen die Heloten eine Tracht Prügel verabreicht bekommen haben, unabhängig davon, ob der einzelne irgendeines Vergehens schuldig war. Der angebliche Grund für diese Maßnahme: Auf diese Weise hätten die Spartaner ihre Heloten daran erinnern wollen, daß sie Sklaven waren. Sodann versteigt sich Myron zu der grotesken Behauptung: Wurde einer der Heloten kräftiger, als es einem Sklaven anstand, so brachte man ihn unbarmherzig um. Dem Besitzer des unglücklichen Sklaven wurde obendrein eine Geldstrafe auferlegt. Der Schuldvorwurf: Er habe nicht rechtzeitig Maßnahmen getroffen, um zu verhindern, daß ein Helot körperlich so stark wurde.[8]

Mit Recht ist dieser Bericht des Myron bei fast allen Historikern auf Unglauben gestoßen. Schon die übrigen Angaben, die der Autor der »Messeniaka« in diesem Zusammenhang macht und die nachweislich auf völlig falsche Vorstellungen des Myron zurückgehen,[9] disqualifizieren diese Erzählungen als historisch glaubwürdige Fakten. Derlei sollte daher schnellstens unter der Rubrik »Greuelpropaganda« abgeheftet werden.

Schikanen . . .

Anders sieht es da mit Schikanen gegenüber den Heloten aus, von denen Plutarch mehrfach berichtet. Plutarch war alles andere als ein Sparta-Gegner. Im Gegenteil: Der legendäre spartanische Gesetzgeber Lykurg, der angeblich alle wichtigen Institutionen Spartas geschaffen hat, imponiert dem Schriftsteller gewaltig. Als Beispiele für die entehrende Behandlung der Heloten führt Plutarch an: »Man zwang sie oft, sich mit Wein zu berauschen, und führte sie dann in die Speisesäle, um den jungen Leuten auf diese Weise zu zeigen, wie schädlich die Trunkenheit sei. Zudem veranlaßte man sie, unanständige Lieder zu singen und lächerliche Tänze aufzuführen.«[10] Wenn es stimmt, was Plutarch hier berichtet, so wäre das gewiß eine besonders demütigende psychische Qual für die betreffenden Heloten gewesen.

Aber stimmt der Bericht?

Karl Otfried Müller, der Verfasser eines zweibändigen Werkes über die Dorier aus dem vergangenen Jahrhundert, bestreitet das energisch: »Es sträubt sich der natürliche Sinn gegen eine so wahnwitzige Erziehungsmethode. Wie konnte man denn Menschen so entwürdigen, die man als Pädagogen über die jüngeren Knaben setzte?«[11]

Nun, so einfach läßt sich das Zeugnis Plutarchs wohl nicht widerlegen. Zum einen: Wo steht geschrieben, daß die Erzieher der jungen Spartaner identisch waren mit jenen Heloten, die gezwungenermaßen auf so anstößige Weise sich vor allen lächerlich machen mußten? Zum anderen: Die spartanische Erziehung war keineswegs so sanft und moralisch fundiert, daß derartige Praktiken unglaubwürdig erscheinen müßten. Oder soll ernsthaft behauptet werden, daß die in Sparta übliche Ermunterung zum Stehlen – unter der pädagogischen Zielsetzung als Training zur körperlichen Abhärtung und zur Entfaltung des entsprechenden Geschicks[12] – auf besonders anspruchsvollem ethischem Niveau gestanden hätte, von der gleich zu behandelnden »Krypteia« ganz zu schweigen?! Allen, die die von Plutarch berichteten Schikanen aus ähnlichen Gründen wie Müller ins Reich der Fabel verweisen wollen, sei das Urteil des Aristoteles entgegengehalten, die Spartaner hätten die Knaben durch ihre Erziehung »wie zu Tieren gemacht.«[13]

Es ist nicht recht einzusehen, wieso ausgerechnet Plutarch, ein Bewunderer Spartas, solche spartafeindlichen Berichte ungeprüft übernommen haben soll, wenn die Quellenlage nicht eindeutig für ihren Wahrheitsgehalt sprach. Aber wie dem auch sei: Zuzutrauen sind den Spartanern derartige Methoden der Entwürdigung durchaus. Das wird in den folgenden Zeilen deutlich werden, in denen von ganz besonderen Exzessen an Grausamkeit und Brutalität gegenüber den Heloten berichtet werden soll – Exzessen wohlgemerkt, die geschichtlich eindeutig verbürgt sind und die selbst Apologeten des spartanischen Systems nicht in das Zwielicht historischer Unglaubwürdigkeit zu ziehen vermögen.

. . . und blanker Terror

Das abscheulichste Unterdrückungsinstrument der spartanischen Herren war die sog. Krypteia, eine Art Geheimjagd (griech. *kryptein* = [sich] verbergen). Diese immer wieder einmal durchgeführten Terrorakte sind ein erschütterndes Merkmal jener »vollkommenen Sklaverei«, in der sich die Heloten befanden und der sie völlig schutzlos ausgeliefert waren.

Von Zeit zu Zeit wurden die intelligentesten und mutigsten Jünglinge unter den heranwachsenden Spartanern von Staats wegen mit einem makabren Auftrag betraut. Ihre Aufgabe: Nur mit einem Dolch bewaffnet, allein mit den notwendigsten Lebensmitteln ausgerüstet, das Land zu durchstreifen, sich tagsüber verborgen zu halten, um dann nachts gut ausgeruht ihrem blutigen Handwerk nachzugehen. Und das hieß: Jeder Helot, der ihnen zufällig begegnete, wurde ohne Erbarmen niedergemacht.[14] Gegen die Meute der aggressiven Menschenjäger hatten die unbewaffneten Heloten keine Chance.

Daß zu solch zweifelhaften »Heldentaten« eine mit normalen Begriffen nicht faßbare Brutalität gehörte, hat schon der Philosoph Platon erkannt. Er glaubt, die Mordlust der »Kryptoi« am besten mit den körperlichen Strapazen, der physischen Erschöpfung und dem psychischen Streß erklären zu können, dem sich die jungen Spartiaten gegenüber gesehen hätten: »Hinsichtlich der Ertragungen ist die Geheimjagd höchst mühevoll, weil verbunden mit Barfußgehen und Schlafen auf nacktem Boden im Winter und Diensten, die sich jeder selbst ohne Diener erbringen muß, wenn er bei Tag und Nacht im ganzen Land umherstreift.«[15]

Besonders überzeugend wirkt die Erklärung Platons trotzdem nicht. Folglich stellt sich die Frage: Wie kamen die Spartaner dazu, mit solchen blinden, allein vom Zufall regierten Terrorakten unter den Heloten zu wüten? Nach dem ausdrücklichen Zeugnis Plutarchs lag einer Krypteia nämlich *kein* besonderes Motiv zugrunde; sie war also kein Vergeltungsschlag für irgendwelche Vergehen oder Verbrechen der unfreien Landbevölkerung.

Es scheint, als habe der französische Forscher H. Jeanmaire zumindest den Ursprung der Krypteia richtig bestimmt.[16] Jeanmaire definierte die Geheimjagd auf Heloten als Teil einer langen Reihe von »Einweihungs«-Ritualen, hier in Form einer Mutprobe, denen sich die jungen Spartiaten unterziehen mußten, um zu vollwertigen Mitgliedern der Männergemeinschaft aufsteigen zu können. Entsprechende Rituale von verblüffender Ähnlichkeit konnte Jeanmaire bei mehreren primitiven Stämmen in Australien, Südafrika und bei den nordamerikanischen Indianern ausfindig machen. Die Grundzüge des Rituals: Ein Teil des Stammes zieht sich in die Einsamkeit zurück, verbirgt sich außerhalb der Dörfer und besorgt sich den Lebensunterhalt auf jede nur erdenkliche Weise, sei es durch besonderen Einfallsreichtum, sei es durch Diebstahl und andere kriminelle Übergriffe.

Freilich, der traurige Ruhm besonders grausamer Exzesse bei dieser Art von Bewährungsprobe gebührt den Spartanern. Der Verdacht liegt nahe, daß der ursprünglich primitive Brauch ganz bewußt über Jahrhunderte hin beibehalten wurde, um den Heloten von Zeit zu Zeit drastisch vor Augen zu führen, wie verzweifelt ihre Situation sein konnte, falls ihre Herren das wünschten.

Verständlicherweise hat dieser üble Brauch der Spartaner bei den Heloten größte Erbitterung hervorgerufen. Die Geschichte der gespannten Beziehungen zwischen Sklaven und Herren in Sparta zeigt, daß der beabsichtigte Effekt der Einschüchterung eben *nicht* erreicht worden ist, sondern daß gerade das übermäßig grausame Vorgehen und der daraus resultierende abgrundtiefe Haß der Heloten auf ihre Peiniger immer wieder zu gefährlichen Aufstandsbewegungen geführt haben.

Ein staatlicher Massenmord an Heloten

Ein nicht weniger gespenstischer Vorgang spielte sich in einer Phase des Peloponnesischen Krieges (431–404 v. Chr.) ab, in der Sparta während der militärischen Auseinandersetzung mit Athen deutlich ins Hintertreffen geraten war. Damals hatten die Athener zwei große Erfolge erringen können. Es war ihnen gelungen, sich in Pylos im Südwesten der Peloponnes festzusetzen und damit eine Bastion im spartanischen Herrschaftsgebiet zu erobern. Beim Versuch, die Athener von dort wieder zu vertreiben, geriet ein mehrere hundert Köpfe starkes spartanisches Detachement in eine Falle und mußte schließlich kapitulieren. In dieser Situation brach in Sparta offenbar Panik aus. Die Verantwortlichen fürchteten, die messenischen Heloten könnten mit den Besatzungstruppen von Pylos gemeinsame Sache machen und sich gegen ihre Herren erheben.

Was sich aus dieser Befürchtung entwickelte, war ein einzigartiger »offizieller« Amoklauf, der in einem Blutbad enden sollte. Besonders abstoßend an den nun folgenden Vorgängen waren die Kaltblütigkeit und das nüchterne Kalkül, mit dem der Massenmord ins Werk gesetzt wurde.

Die Behörden ließen bekanntgeben, alle Heloten, die sich in der

Vergangenheit als Troßknechte oder »Ordonnanzen« der Spartiaten im Kriegsdienst besonders tapfer verhalten zu haben glaubten, sollten sich bei den Beamten melden. Diese sollten dann prüfen, wessen Verdienste eine Freilassung rechtfertigten. Nun war es weder etwas Außergewöhnliches, daß Heloten auf Feldzügen eingesetzt wurden, noch war es unüblich, die Tüchtigsten unter ihnen zur Belohnung freizulassen. Entsprechend arglos meldeten sich zahlreiche »Veteranen« bei den Behörden.

Die Verantwortlichen wählten zweitausend aus. Diese schmückten sich aus Freude über ihre Freilassung mit Kränzen und zogen an allen Tempeln vorbei, um den Göttern für die unerwartete Gunst zu danken. Die Spartaner indes hatten in Wirklichkeit ganz anderes im Sinn. Ihre von Hysterie und panischer Angst diktierte Überlegung: Diejenigen Heloten, die sich als erste zur Freiheit drängten, würden im Krisenfall auch als erste bereit sein, ihre Freiheit mit Waffengewalt zu erstreiten und dabei nicht vor offener Auflehnung zurückschrecken. Der letzte Akt des Trauerspiels vollzog sich dann in aller Stille. Zweitausend »freigelassene« Heloten wurden heimlich beiseite geschafft und umgebracht.[17]

Gewiß, dieses Massaker steht einzig dar in der spartanischen Geschichte, und es läßt sich immerhin noch mit der durch die militärischen Niederlagen der vorangegangenen Zeit ausgelösten Angstpsychose der Spartaner erklären, wenn auch nicht entschuldigen. Und auch die Krypteia war keine permanente Helotenjagd, sondern trug eher den Charakter brutaler Eruptionen, die sich von Zeit zu Zeit – sicher in nicht allzu kurzen Intervallen – ereigneten. Gleichwohl zeigen diese Beispiele doch mit erschreckender Deutlichkeit, welcher Exzesse die Spartiaten fähig waren und unter welcher ständigen Bedrohung die Heloten leben mußten. Zugleich werfen diese Grausamkeiten auch ein bezeichnendes Licht auf die »normalen« Unterdrükkungsmethoden und die Behandlung der Heloten im Alltag. Aus all dem wird klar, daß jeder Vergleich zwischen den spartanischen Heloten auf der einen mit den thessalischen Penesten oder den kretischen Klaroten auf der anderen Seite im Hinblick auf die Lebensbedingungen unangebracht ist.

Um so dringender stellt sich die Frage, wieso Pollux, der Rhetoriker aus dem 2. Jahrhundert n. Chr., die Heloten trotzdem zu der Gruppe »zwischen Freien und Unfreien« gerechnet hat.

Die Antwort darauf hängt mit der Entstehung der Helotie eng zusammen. Etwa zwischen 1000 und 950 v. Chr. erreichten die ersten Scharen der dorischen Invasoren die fruchtbare Eurotas-Ebene im Süden der Peloponnes. Es war eine der reichsten und mildesten Landschaften Griechenlands, die sie nun in Besitz nahmen, ein wirklicher mediterraner Fruchtgarten von einzigartiger landschaftlicher Schönheit. Die von gewaltigen Gebirgen umrahmte lakonische Ebene voll unter dorische Herrschaft zu bringen, war kein leichtes Unterfangen. Die alteingesessene achäische Bevölkerung wehrte sich nach Kräften gegen den freilich immer stärker werdenden Druck der Eindringlinge. Besonders Amyklai, etwa eine Wegstunde südlich von Sparta gelegen, blieb lange Zeit eine Trutzburg in der Hand der vordorischen Siedler. Erst als dieses Bollwerk im frühen 8. Jahrhundert gefallen war, konnten sich die Dorier als Herren über ganz Lakonien fühlen.[18] Amyklai wurde das fünfte jener Dörfer, die in ihrer Gesamtheit »Sparta« hießen.

Im Laufe der kriegerischen Auseinandersetzungen zwischen den alten und neuen Bewohnern Lakoniens ist die Helotie entstanden. Der Name weist noch deutlich auf den Ursprung. Die Wurzel *hel-* bedeutet »ergreifen«, »gefangennehmen«; ein Helot ist somit ursprünglich ein Kriegsgefangener; jemand, der unter dem Verfügungsrecht seines Bezwingers steht. Diese Etymologie halten die meisten Forscher für richtig.[19] Dagegen ist die in der Antike vorherrschende Ansicht, die Heloten seien ursprünglich Einwohner der südlakonischen Stadt Helos gewesen,[20] auf Ablehnung gestoßen. Die entsprechende Form müßte »Heleoi« oder »Heleatai« heißen.

Wie in anderen Gebieten von Hellas, so wurde auch ein Teil der vordorischen Bevölkerung Lakoniens von den Siegern unterjocht und zu einer minderberechtigten, unfreien Schicht degradiert. Erinnerungen an diesen frühen Akt der Unterdrückung haben sich über Jahrhunderte hinweg erhalten. »Die Einwohner der Insel Chios«, schreibt ein griechischer Historiker, »waren die ersten Griechen *nach* den Thessaliern und den Spartanern, die von Sklaven Gebrauch machten. Aber sie erwarben sie auf eine andere Art und Weise. Denn die Spartaner und Thessalier rekrutierten ihre Unfreien aus den Griechen, die früher die Gebiete bewohnt haben, die sie selbst nun besitzen. Die Spartaner eroberten das Land der Achäer . . . und sie nannten die so unterworfenen Menschen ›Heloten‹.«[21]

ACHAIA
ELIS
ARKADIEN
ARGOS
MESSENIEN
LAKONIEN
Athen
Korinth
Olympia
Megalopolis
Andania
Dorion
Kyparissai
Balyra
Ampheia
Tyros
Sparta
(Lakedaimon)
Prasiai
Limnai
Tiasa
Therapne
Selinus
Prote
Selas
Pharai
Bias
Amyklai
Pharis
Marios
Bryseai
Geronthrai
Kyphanta
Pylos
Korone
Sphakteria
(Sphagia)
Kolonides
Eurotas
Methone
Leuktra
Pephnos
Krokeai
Helos
Zarax
Asine
Aigiai
Akriai
Oinussai
Gytheion
Inseln
Oitylos
Las
Limera
Epidauros
Pyrrhichos
Asopos
Minoa
Theganussa
Messenischer Meerb.
Teuthrone
Lakonischer
Boiai
Messa
Kap
Kap Epidelion
Kap Thyrides
Hippola
Onugnathos
Side
Kainepolis
Psamathus
Portus
Meerbusen
Kap Malea (Matapan)
Kap Tainaron
Tainaron
Kythera
MYRTOISCHES
MEER
IONISCHES MEER

Zunächst war der Landhunger der Dorier damit befriedigt. Aber das währte nicht lange. Etwa um die Zeit zwischen 740 und 720 v. Chr. griffen die Spartaner über das Gebirgsmassiv des Taygetos nach Westen aus. Ihr Kriegsziel war die Eroberung der fruchtbaren Pamisos-Ebene in Messenien.

Offenbar kursierte die Vorstellung, dieses üppige Kulturland könne sozusagen im Handstreich erobert werden. Um so bitterer und enttäuschender war die Erkenntnis, daß hier eine gründliche Fehleinschätzung vorlag. In heldenhaftem Abwehrkampf gelang es den Messeniern, den Ausgang des Krieges rund zwei Jahrzehnte lang offenzuhalten. Aber schließlich waren sie am Ende. Nach einer langen Belagerung ihrer letzten Stellung auf dem Berg Ithome mußten die Messenier kapitulieren. Die Maßnahmen, die die Sieger nun trafen, gaben all denen recht, die bis zuletzt nicht bereit gewesen waren, sich dem Druck der Aggressoren zu beugen: Sparta knechtete die unterworfenen Gegner und drückte auch sie in den Status von Heloten herab.

Die Messenier mußten nun auf ihren ehemals eigenen Besitzungen für ihre neuen Herren arbeiten. Den Druck, der auf den messenischen Heloten lastete, beschreibt ein unverdächtiger Zeuge:

»Wie ein Esel unter der schweren Last sich schindend,
bringen sie ihren Herren in hartem Zwang
die Hälfte alles dessen, was die Flur erzeugt.«[22]

Es ist kein Geringerer als der altspartanische Dichter Tyrtaios, der die Lage der helotisierten Bevölkerung der Pamisos-Ebene so realistisch beschreibt.

Einige Jahrzehnte lang konnten sich die Spartaner ihrer neu errungenen Gebiete erfreuen. Dann aber brach ein gewaltiger Sturm los, der beinahe ganz Sparta mit sich gerissen hätte: Um die Mitte des 7. Jahrhunderts erhoben sich die messenischen Heloten. Die Spartaner standen mit dem Rücken zur Wand. Schon schienen sich die Aufständischen durchsetzen zu können, als in Sparta mit der neuen militärischen Formation der Hopliten-(Schwerbewaffneten-)Phalanx das lange gesuchte Mittel erfunden wurde, um die eigene Überlegenheit wiederherzustellen. Nach langen erbitterten und äußerst verlustreichen Kämpfen stand fest: Sparta hatte die Oberhand behalten. Für die Messenier bedeutete dieser Ausgang des Krieges eine Katastrophe. Sie blieben weiterhin als Heloten unterdrückt; ja, es kamen sogar Zehntausende neuer Opfer unter das Joch der Sklaverei. Die Spartaner hatten ihren Sieg benutzt, um nunmehr *ganz* Messenien unter ihre Herrschaft zu zwingen.

Streng genommen, gilt es daher zwischen zwei Ursprüngen der Helotie zu unterscheiden. Freilich: Die Lebensbedingungen der Heloten waren dann in der Folgezeit weitgehend gleich, obwohl mitunter der Eindruck entstehen könnte, das Los der Heloten in Lakonien, also der Nachfahren der zuerst unterworfenen vordorischen Bevölkerung, sei ein wenig erträglicher gewesen als das der messenischen Unfreien. Womit aber auf keinen Fall suggeriert werden soll, das Schicksal der Heloten im lakonischen »Stammland« sei im Grunde gar nicht so schlimm gewesen.

Es ist aber wohl deutlich geworden, daß die Einordnung der Heloten in die Kategorie »zwischen Freien und Unfreien« *prinzipiell* richtig ist. Das mag auch die Rechtfertigung dafür sein, daß die Helotie an dieser Stelle behandelt wird. Gleichwohl sei ausdrücklich darauf hingewiesen, daß die in diesem Kapitel zusammengestellten Fakten weniger auf die Anfänge dieser Form der Unfreiheit zutreffen – aus jener Zeit fehlen verläßliche Nachrichten fast völlig –, sondern daß hier das voll entwickelte Unterdrückungssystem der »klassischen« Zeit beschrieben wird.

Sklaverei – Spartas wirtschaftliche Grundlage

Manch einer wird sich fragen, wieso nun ausgerechnet die spartanische Spielart der Unterjochung einer früheren Bevölkerung so entgleist ist, zu einem in der griechischen Welt einzig dastehenden System perfektionierter und gleichsam fest zementierter Brutalität pervertieren konnte. Denn daß die Heloten allenfalls hinsichtlich ihres Ursprungs eine »Zwitterstellung« zwischen Freien und Unfreien besessen haben, in der Realität aber in schlimmster Sklaverei lebten, zeigt schon die Tatsache, daß die griechischen Autoren sie ganz selbstverständlich mit dem normalen Ausdruck für »Sklaven«, *doúloi,* bezeichnen.[23]

Der wesentliche Grund dafür, daß sich die Helotie in Sparta so ganz anders entwickelt hat als die entsprechenden Formen der Unfreiheit in Thessalien oder auf Kreta, war dieser: Das gesamte spartanische System baute auf der Unterdrückung und Ausbeutung der Heloten auf. Die Heloten bestellten die Äcker in Lakonien und Messenien; die Hälfte der Ernteerträge führten sie an ihre Besitzer ab,[24] und diese Abgaben waren die einzige Einkommensquelle der spartanischen Vollbürger. Sie selbst hielten sich nämlich von jeder Arbeit fern; ihr ganzes Leben war der kriegerischen Ausbildung und dem Dienst im spartanischen Heer gewidmet. Selbst wenn sie bereit gewesen wären, mit Hand anzulegen, hätten sie aus Zeitgründen gar nicht auf ihren vom Hauptort Sparta weit entfernten Gütern arbeiten können. Die Teilnahme an der militärischen Schulung und an den Syssitien, den gemeinsamen Tischgesellschaften, erforderte die ständige Präsenz der Vollbürger in Sparta.

Ein Verzicht auf die Ausbeutung der Heloten wäre daher nur möglich gewesen, wenn die Spartaner sich in ihrer Lebensweise völlig umgestellt hätten. Daran aber hinderte sie ihr Selbstverständnis. Nachdem sich der spartanische »Kosmos« einmal etabliert hatte, ist in Sparta niemand mehr auf den Gedanken gekommen, die überkommenen Verhältnisse irgendwie verändern zu können. Im Gegenteil. Noch im 4. Jahrhundert, als das spartanische Staatswesen der politischen Ohnmacht und dem moralischen Verfall entgegentaumelte, galten um so eiserner die antiquierten Denkschablonen und die tradierte gesellschaftliche Ordnung.

So waren es also die Heloten, die mit ihrer Arbeit auf den Feldern der Spartiaten auch für die Familien ihrer Herren die notwendigen Lebensmittel produzieren mußten. Der Scheffel Mehl, die anderthalb Scheffel Gerstengraupe, die 3 Kilogramm Käse, anderthalb Kilo Feigen bzw. Datteln sowie die rund 30 Liter Wein, die jeder Vollbürger pro Monat zu den berühmten gemeinsamen Tischgesellschaften beisteuern mußte[25]: All das waren Produkte aus agrarischer Tätigkeit und Viehzucht, die die Heloten erwirtschaftet hatten.

Wie es im einzelnen auf den Landgütern der Spartaner zuging, darüber wissen wir praktisch nichts. Wahrscheinlich hatten die Helotenfamilien, die die Güter bewirtschafteten, eine gewisse Selbständigkeit in der Einteilung der Arbeit. Die wichtigen Entscheidungen, z. B. darüber, welche Agrarprodukte auf welchen Feldern angebaut werden sollten, trafen dagegen wohl die Besitzer der Landlose selbst.

Übrigens standen die Heloten zwar im allgemeinen unter der Befehlsgewalt des jeweiligen Grundbesitzers. Aber sie waren nicht sein Eigentum. Alle Heloten gehörten vielmehr der Gemeinschaft der spartanischen Vollbürger; sie waren den einzelnen Spartiaten daher sozusagen nur zur Nutzung überlassen. Weitreichende Entscheidungen wie etwa über die Freilassung eines Heloten nach besonderer Bewährung im Kriegsdienst standen deshalb allein der spartanischen

Volksversammlung zu. Nicht ganz zu Unrecht bezeichnet ein griechischer Autor die Heloten als »Staatssklaven«,[26] ein anderer nennt sie »Sklaven in Gemeinbesitz«.[27]

Der Vollständigkeit halber sei noch angemerkt, daß die spartanischen Vollbürger sich auch in Handwerk und Handel nicht engagieren durften. Aber selbst in einer atavistischen Wirtschaft wie der spartanischen mit ihrem wertlosen Eisengeld und dem Verbot des Edelmetallbesitzes konnten diese Wirtschaftszweige nicht völlig vernachlässigt werden. Das Monopol in Handel und Handwerk hatten die Periöken inne. Diese Schicht der »Umwohner« gehörte zwar anders als die Heloten zum lakedaimonischen Staatsverband, aber sie rangierte in der sozialen Pyramide Spartas eine Stufe unter den Vollbürgern. Mit Sklaverei hatte die Klasse der Periöken allerdings nichts zu tun. Deshalb braucht sie hier nicht eingehender behandelt zu werden. Es genügt der Hinweis, daß die Spartiaten auch von den gewerblichen Aktivitäten der Periöken profitiert haben, ohne selbst damit befaßt zu sein.

Auf der einen Seite die Periöken als Garanten eines bescheidenen Wohlstandes aus Handels- und Handwerkstätigkeit, auf der anderen die Heloten als zwangsweise verpflichtete Lieferanten aller notwendigen Lebensmittel: Gilt es da nicht das Urteil des Kritias zweimal zu unterstreichen, nach dem in Sparta die Freien am freiesten von allen Hellenen gewesen sein sollen? Waren die Spartiaten nicht glücklich zu schätzen, beneidenswert, weil sie sich sorglos und ohne materielle Einbuße ganz der Selbstverwirklichung hingeben konnten?

Die Herren im goldenen Käfig

Doch weit gefehlt. Abgesehen von all den Zwängen der Tradition und Ideologie, die den einzelnen Spartiaten in eine genau definierte Rolle zwängten und ihm kaum eine Chance zur Ausformung seiner Individualität ließen, bescherte gerade die Herrschaft über ein riesiges Heer von unfreien, unterdrückten Menschen eben diesen Herren ein fast unglaubliches Maß an Abhängigkeit und engte ihren vermeintlichen Freiheitsspielraum in eklatanter Weise ein.

Das klingt paradox, aber es ist wahr: Mit ihrem Unterdrückungssystem hatten sich die Spartaner selbst ebenso gefesselt wie ihre Sklaven. Sie hatten sich einen goldenen Käfig geschaffen, aus dem es für sie kein Entrinnen gab.

Angesichts des gewaltigen Mißverhältnisses zwischen der Zahl der spartanischen Vollbürger und der der unterjochten Heloten läßt sich mit Fug und Recht behaupten: Die Spartaner lebten in einem regelrechten Dauer-Belagerungszustand. Sie waren von ihren Unfreien geradezu umzingelt. Kein Wunder, daß das klassische Sparta das Bild eines Heerlagers in Permanenz bot!

Genaue Zahlen sind allerdings nicht zu ermitteln. Aus der Antike ist eine einzige konkrete Angabe überliefert. Danach kämpften in der Schlacht bei Plataä (479 v. Chr.), in der die persischen Invasionstruppen ihre letzte entscheidende Niederlage erlitten, fünftausend Spartiaten. Jeder dieser fünftausend spartanischen Schwerbewaffneten soll von sieben Heloten begleitet worden sein, die als Troßknechte und Waffenträger dienten.[28] Es waren gewiß nur besonders vertrauenswürdige und loyale Sklaven, die mit in den Krieg ziehen durften. Schon aus diesem Grunde ist klar, daß die Gesamtzahl der Heloten bedeutend größer gewesen sein muß. Genauere Angaben über die Größenordnung existieren aber nicht.

Verschiedentlich haben Forscher versucht, ausgehend von der Größe des in Messenien und Lakonien bebauten Landes die Zahl der unfreien Bauern zu ermitteln. Auch in dieser Rechnung stecken freilich viele Unsicherheitsfaktoren. Entsprechend unterschiedlich fallen auch die Schätzungen der Althistoriker aus.[29] Es erscheint einigermaßen realistisch, die Zahl der spartanischen Vollbürger für die Zeit um 450 v. Chr. mit rund fünftausend (mit Familien etwa 13 000), die ihrer Heloten dagegen mit mindestens 100 000 anzugeben, während die Zahl der Periöken mit etwa 30 000 – 40 000 Köpfen angegeben werden kann. Bei aller Unsicherheit und aller Skepsis gegenüber exakten Ziffern steht eines allerdings auf jeden Fall fest: Die Zahl der Heloten übertraf die ihrer Herren um ein Vielfaches.

Jährliche Kriegserklärung an die Heloten

Um so verständlicher erscheint unter diesen Umständen die ständige Furcht der Spartaner vor gefährlichen Erhebungen der Heloten-Massen. Seit Beendigung des Zweiten Messenischen Krieges (Ende des 7. Jahrhunderts v. Chr.), in dem Sparta das aufständische Messenien nur unter größten Anstrengungen erneut hatte unterwerfen können, versuchten die Spartaner auf jede erdenkliche Art, Verschwörungen und Aufstandsbewegungen unter den Heloten möglichst im Keim zu ersticken – auch deshalb die brutalen Repressionsmaßnahmen, die freilich teilweise mehr Erbitterung und Widerstandsbereitschaft auf seiten der Unterdrückten schufen, als sie an Abschrekkungswirkung zeitigten.

Zum Katalog der Sicherheitsanstrengungen gehörte auch die alljährliche Kriegserklärung Spartas an die Heloten, ausgesprochen von den Ephoren, den höchsten spartanischen Beamten, gleich zu Beginn ihrer Amtszeit. Mit dieser ersten Amtshandlung sollte das religiöse Fundament dafür geschaffen werden, Heloten regelmäßig und ohne Angst vor dem Zorn der Götter töten zu dürfen[30] – wenn schon kein Freibrief für einzelne Mordwütige, so doch eine zutiefst inhumane, ethisch indiskutable Prophylaxe. Mit Nachdruck kommentieren G. Busolt und H. Swoboda in ihrer »Griechischen Staatskunde«: »Diese mit naiver Schlauheit ersonnene Kriegsansage war etwas ganz Singuläres. Sie beleuchtet scharf die Situation.«[31]

Ebenso versicherten sich die Spartaner auswärtiger Hilfstruppen für den Katastrophenfall einer Massenerhebung der Heloten. In Verträgen mit anderen griechischen Mächten dürfte selten jener Passus gefehlt haben, der für das Bündnisabkommen zwischen Sparta und Athen aus dem Jahre 421 ausdrücklich bezeugt ist. Dort heißt es unmißverständlich: »Wenn aber die Sklaven einen Aufstand machen, soll Athen Sparta mit aller Kraft nach Möglichkeit helfen.«[32] Fast unnötig zu bemerken, daß *Athen* keinen Wert auf eine entsprechende Klausel gelegt hat. Ganz sicher hatten die Spartaner auch ihre peloponnesischen Bundesgenossen vertraglich verpflichtet, ihnen in Notsituationen gegen revoltierende Heloten beizustehen.[33]

Der athenische Historiker Thukydides hat das Bestreben der Spartaner, möglichst hohe Sicherheitsdämme gegen verderbenbringende Fluten einer *levée en masse* der unfreien Bevölkerung zu errichten, auf eine prägnante Formel gebracht: »Stets war in Sparta der Sinn fast aller Maßnahmen vom Sicherheitsdenken gegenüber den Heloten diktiert.«[34] Gewiß eine Behauptung ohne große Übertreibungen! Unter diesem Blickwinkel gewinnt auch die zunächst anekdotisch amüsant klingende Nachricht, die Spartaner hätten zum Schutz vor den Heloten sogar einen Spezial-Türriegel erfunden,[35] einen ernsten, düsteren Hintergrund.

Die Antwort der Heloten: Haß und Revolten

Fest steht, daß die Befürchtungen der spartanischen Herren keineswegs übertrieben waren. Sie stellten die »natürliche« Reaktion auf den tiefen Haß dar, der die Heloten gegenüber ihren Peinigern erfüllte. Und dieser Haß, gepaart mit Freiheitsliebe und Streben nach »nationaler« Unabhängigkeit, führte besonders im versklavten Messenien immer wieder zu Unruhen, Revolten und Aufständen. Die Heloten lagen ständig auf der Lauer und hielten Ausschau nach geeigneten Gelegenheiten, die ein Losschlagen gegen die Unterdrücker einigermaßen aussichtsreich erscheinen ließen.[36]

Sobald sich Sparta ohnehin durch andere Ereignisse in Nöten befand – sei es, daß Naturkatastrophen das willkommene Signal zur Erhebung waren, sei es, daß die militärisch bedingte Abwesenheit eines großen Teils der Spartiaten günstige Voraussetzungen für eine Revolte schuf –, sahen die Heloten ihre Stunde gekommen; und dann versuchten sie mit Waffengewalt, das Joch der Sklaverei abzuschütteln. Auch wer als Spartiat auf Umsturz in seiner Heimat sann und die Heloten mit dem Versprechen auf spätere Freilassung aufzuwiegeln und für seine Ziele einzuspannen versuchte, konnte mit großem Zulauf aus den Reihen der Unfreien rechnen.[37]

Die meisten Forscher sind sich einig darin, daß besonders die messenischen Heloten ein in den Augen der Spartaner höchst gefährliches Potential an »Revolutionären« und Insurgenten darstellten. Diese These mag im großen und ganzen richtig sein, spornte doch die Messenier neben ihrem Freiheitswillen zusätzlich der Wunsch an, die von ihren Vorfahren vor langer Zeit eingebüßte »nationale« Eigenständigkeit wiederzugewinnen. Die von manchen Wissenschaftlern aufgestellte weitergehende Behauptung, in *Lakonien* sei es unter den Heloten *nie* zu Unruhen und Auflehnung gegen die Unterdrükker gekommen,[38] geht aber bestimmt an der Wirklichkeit vorbei. Das verdeutlichen schon die Umstände des gefährlichsten Helotenaufstandes, den Sparta je erlebt hat und der den Staat der Lakedaimonier hart an den Abgrund der Vernichtung brachte.

Der Sklavenaufstand von 464: Das System wankt

Im Jahre 464 v. Chr. wurde Lakonien durch ein gewaltiges Erdbeben erschüttert – die schlimmste Naturkatastrophe seit Menschengedenken. Die Erde wurde mancherorts in tiefe Schlünde zerrissen, sogar einige Gipfel des Taygetos-Gebirges, das die lakonische Ebene im Westen begrenzt, sollen durch die Wucht des Bebens abgesprengt worden sein.[39] In Sparta selbst zeitigte der Zorn des Poseidon – als sein Vernichtungswerk sah man die Erschütterung an[40] – verheerende Auswirkungen. Von Plutarch ist ein anschaulicher Bericht darüber erhalten:

»Die Stadt selbst stürzte völlig zusammen, und von allen Häusern ließ das Erdbeben nicht mehr als fünf stehen. Es wird auch berichtet, mitten in der Turnhalle, in der die Jünglinge und älteren Knaben ihr Training absolvierten, sei kurz vor dem Beben ein Hase aufgetaucht und die Knaben seien zum Spaß hinaus und hinter ihm her gerannt, eingeölt, wie sie waren. Die zurückgebliebenen Jünglinge dagegen wurden von der einstürzenden Turnhalle erschlagen. Ihr Grabmal nennt man noch jetzt Seimatias« (von *seismós* = Erdbeben).[41]

Angeblich sind nicht weniger als 20 000 Lakedaimonier, also Spartiaten *und* Perioken, bei der Naturkatastrophe ums Leben gekommen.[42] Mag diese Angabe auch übertrieben sein, so ist doch sicher: Neben dem materiellen Schaden bedeuteten die Verluste an Menschenleben einen äußerst gravierenden Aderlaß für Sparta – zumal die Zahl der Vollbürger im 5. Jahrhundert ohnehin ständig abnahm.

Das Ärgste freilich sollte den Spartanern, die das Erdbeben überlebt hatten, noch bevorstehen. Für die Heloten war das entsetzliche Geschehen geradezu ein Geschenk des Himmels. Sie sahen ihre Stunde gekommen, um gegen die dezimierten und arg geschwächten Spartaner unverzüglich loszuschlagen. In aller Eile rotteten sich Scharen unfreier Bauern zusammen. Ihr offenbar spontan gefaßter Entschluß: ein Marsch auf Sparta. Dort sollte mit den verhaßten Unterdrückern abgerechnet werden.

Das Vorhaben scheiterte. Archidamos, einer der beiden spartanischen Könige, hatte die drohende Gefahr noch rechtzeitig erkannt und Befehl gegeben, die verwüstete Stadt schnellstens zu räumen und aufs Land zu fliehen. Mit Trompetensignalen veranlaßte er die Überlebenden, die noch bemüht waren, die Opfer des Erdbebens zu bergen und die wertvollsten Gegenstände aus den zusammengestürzten Häusern zu retten, ihre Waffen und Rüstungen zu nehmen und die Stadt zu verlassen. Nur dieser Blitzaktion, meinen antike Gewährsleute, hätten die Spartaner ihre Rettung vor dem heranbrausenden Sturm des Heloten-Aufstandes zu verdanken gehabt.[43]

Ohne eine Beteiligung der lakonischen Heloten an der Erhebung wäre dieses Vorgehen des Archidamos unnötig und unverständlich gewesen. Bevor die aufständischen Bauern aus Messenien über die Pässe des Taygetos-Gebirges nach Sparta hätten einfallen können, wäre den Spartanern allemal genug Zeit geblieben, in der Stadt selbst ihre Verteidigung zu organisieren.

Als die Heloten erfuhren, daß Sparta geräumt sei und Archidamos ein schlagkräftiges Heer aufgestellt habe, gaben sie ihren ursprünglichen Plan auf. Sie zogen sich in ihre Dörfer zurück und entschieden sich damit für eine Art Guerillataktik,[44] die den Spartanern um so mehr zusetzte, als sie auf diese Weise mit ihrer berühmten Phalanx-Formation nur wenig ausrichten konnten. Statt dessen mußten sie ihre Kräfte zersplittern und wurden gezwungen, den Aufstand in zahllosen Einzelaktionen niederzuschlagen.

Über den Fortgang des Krieges sind wir nur schlecht unterrichtet. Allerdings läßt sich unschwer ausmalen, in welchen Exzessen an Grausamkeit sich die lang aufgestaute Erbitterung der Aufständischen entladen haben muß. Der Münchner Althistoriker H. Bengtson meint, die Greuel dieses sog. Dritten Messenischen Krieges nur mit den Brutalitäten und Greueltaten des großen deutschen Bauernkrieges vergleichen zu können.[45]

Sicher ist: Für die Spartaner stand alles auf dem Spiele. Sollten sie in dieser Situation den Heloten unterliegen, so würde es fortan den spartanischen Staat nicht mehr geben – nur aus dieser Überlegung heraus sind die verzweifelten Hilfsappelle verständlich, die Sparta nicht nur an seine Bundesgenossen auf der Peloponnes, sondern auch an Athen richtete, mit dem man sich schon seit einer Reihe von Jahren nicht mehr besonders gut verstand.

In Athen setzte sich der spartafreundliche Politiker Kimon trotz starker Opposition durch. Er erreichte es, daß unverzüglich ein athenisches Hilfskorps zur Unterstützung der Spartaner in Marsch gesetzt wurde. Welche Anfangserfolge die aufständischen Heloten erzielt haben müssen, läßt noch die Argumentation der Gegner Kimons in der attischen Volksversammlung erahnen: Sie stellten den Antrag, Sparta keinerlei Hilfe zu leisten: Warum man denn die Athen feindlich gesinnte Stadt wieder mit aufrichten helfen wolle? Nein, man solle das hochmütige Sparta lieber in seinen Trümmern liegen lassen – zu jedermanns Verachtung![46]

Zweifellos waren die Spartaner von diesen Stimmungen in Athen unterrichtet. Wenn sie gleichwohl nicht zu stolz waren, eine Bittgesandtschaft in die attische Metropole zu schicken, so zeigt das mit aller Deutlichkeit, welch große Furcht sie erfaßt hatte.

Die Kämpfe konzentrierten sich schließlich auf Messenien, nachdem der Widerstand der Heloten im lakonischen Stammland gebrochen worden war. Auf Ithome, einem knapp 900 Meter hohen Berg, der aus der messenischen Ebene herausragt, verschanzten sich die restlichen Truppen der Aufständischen. Hierhin sollen sich schon einige Jahrhunderte zuvor die letzten Messenier zurückgezogen haben, um dem Einmarsch der Spartaner im Zweiten Messenischen Krieg bis zuletzt zu widerstehen. Wie damals, so zog sich auch diesmal die Belagerung der hervorragend geschützten Bergfestung über Jahre hin. Daß sich die Kämpfe allerdings über ein volles Jahrzehnt erstreckt haben, wie aus einer wahrscheinlich falsch überlieferten Thukydides-Stelle hervorgeht,[47] ist kaum anzunehmen.

Immerhin endete der Krieg mit einem für die letzten Widerstandskämpfer erfreulichen Kompromiß. Froh, die Bedrohung loszuwerden, sicherten die Spartaner den Überlebenden auf Ithome freien Abzug zu. Voraussetzung war dabei, daß die Flüchtlinge nicht auf peloponnesischem Boden siedeln durften. Mit Frauen und Kindern verließen die ehemaligen Heloten ihre Heimat. In Naupaktos an der Nordseite des Korinthischen Golfes fanden sie ein neues Zuhause.

Insgesamt gesehen aber mußte die Bilanz des Aufstandes in den Augen der Heloten äußerst niederschmetternd sein. Ihr großes Ziel, die Abschüttlung des Sklavenjoches, hatten sie nicht erreicht. Lediglich einer kleinen Gruppe war es gelungen, sich die ersehnte Freiheit zu erkämpfen. Die eisernen Ketten dagegen, die die spartanischen Herren über Lakonien und Messenien gespannt hatten, waren geblieben. Und daß die Spartaner aus der für den Bestand ihres Staatswesens gefährlichsten Krise gelernt und die schlimmsten Auswüchse ihres Repressionssystems fortan aufgegeben hätten, ist wenig wahrscheinlich. Eher ist das Gegenteil zu befürchten, wenn man an den Massenmord denkt, dem wenige Jahrzehnte später 2000 arglose Heloten zum Opfer fielen.

Erlösung für die Heloten in Messenien

Auch in der Folgezeit ist es immer wieder zu Verschwörungen und Aufständen unter den versklavten Bauern gekommen, doch geriet Sparta nie wieder in eine ähnliche Gefahr wie im Dritten Messenischen Krieg (464–etwa 460 v. Chr.). Und so dauerte es nach dem Ausbruch der großen Erhebung noch knapp hundert Jahre, bis wenigstens die Heloten in Messenien ihre Freiheit wiedererlangten. Ironie des Schicksals: Keine der zahlreichen Erhebungen brachte den messenischen Sklaven schließlich Unabhängigkeit und Freiheit, sondern eine von außen wirkende Kraft. Im Jahre 371 hatten die Spartaner ihre Vormachtstellung in Hellas durch eine schwere Niederlage bei Leuktra eingebüßt. In den nächsten Jahren war es Theben, das in Griechenland den Ton angab. Ein wichtiges Ziel der thebanischen Politik bestand in der Schwächung Spartas, und das wurde in dem Moment erreicht, als die Autonomie Messeniens mit Waffengewalt durchgesetzt und in der Folgezeit garantiert wurde.

Wir haben insgesamt ein sehr düsteres Bild von der spartanischen Helotie gemalt. Tatsächlich wäre es wissenschaftlich unredlich, ja unverantwortlich, eine freundlichere Darstellung zu geben. Daß die Helotie ein nicht auszumerzender Schandfleck im berühmten spartanischen Kosmos gewesen ist, darüber kann es keinen ernsthaften Zweifel geben. Allzu erdrückend ist das Quellenmaterial, um diese tiefschwarze Schattenseite in ein wärmeres, milderes Licht tauchen zu dürfen – darunter wohlgemerkt auch Quellen, deren Autoren keineswegs als Gegner Spartas angesehen werden können (Platon, Aristoteles, Xenophon, Plutarch).

Sklaven kämpfen für ihre Unterdrücker

Nach dieser grundsätzlichen Bemerkung ist es gestattet – und auch ein Gebot historischer Objektivität –, auch die wenigen »menschlichen«, besser gesagt: einige weniger abstoßende Züge des spartanischen Sklavereisystems zu erwähnen.

Selbst in einer so gespannten, stets von unberechenbaren Eruptionen der Leidenschaft bedrohten Atmosphäre, wie sie in Sparta zwischen den sozialen Klassen herrschte, gab es doch hier und da Treueverhältnisse zwischen Freien und Unfreien. Es muß eine Reihe von Heloten wohl gegeben haben, die anders als ihre Standesgenossen nicht auf den Feldern schufteten, sondern im Haushalt ihrer Besitzer in Sparta selbst tätig waren. Der ständige Kontakt zwischen Herren und Sklaven führte dann meist unwillkürlich dazu, daß sie sich menschlich näher kamen. *Daß* zumindest einige dieser Haussklaven in Sparta lebten, steht außer Zweifel.[48] *Wie viele* es waren, läßt sich dagegen beim besten Willen nicht ermitteln. Die von U. Kahrstedt angenommene Zahl von zwei Haussklaven pro Stadthaushalt dürfte zu hoch sein[49] – es sei denn, man wollte die sog. *therápontes* hinzurechnen.

Mit diesem Ausdruck wurden vielfach die Burschen und Waffenträger bezeichnet, die den einzelnen Spartiaten in den Krieg begleiteten. Möglich ist, daß diese ausgesuchten, loyalen Heloten auch in Friedenszeiten als »Ordonnanzen« ihrer Herren fungierten. Über enge persönliche Beziehungen solcher Art gibt es glaubwürdige Nachrichten. So erzählt Herodot die Geschichte von einem augenkranken Spartiaten, der sich von seinem unfreien Waffenburschen mitten ins ärgste Schlachtengewühl tragen ließ, um dort würdig sterben zu können.[50] Diesen letzten Dienst erwies ihm der Helot unter Einsatz des eigenen Lebens. Persönliche Vertrauensverhältnisse von dieser Art ermöglichten es den Spartanern, sich im Kampf auf ihre Waffenträger voll zu verlassen, die sie im Falle einer Verwundung möglichst schnell aus der gefährlichen Lage bergen konnten. Überhaupt setzt das Gefühl, mit dem anderen rechnen zu können, im Notfall aufeinander »eingespielt« zu sein, einen recht engen und vertrauensvollen Kontakt zwischen Herrn und Sklaven schon vor der Bewährungsprobe im Krieg voraus.

Damit sind wir auf eines der merkwürdigsten Phänomene der antiken Sklaverei gestoßen. Sklaven zu bewaffnen, sie als vollwertige Kämpfer für das Staatswesen der Freien einzusetzen, ihnen zumindest teilweise unter Umständen die Entscheidung über Wohl und Wehe der Stadt und ihrer Bürgerschaft mit zu übertragen: Verträgt sich das nicht ebenso schlecht wie Feuer und Wasser? Liegt hier nicht ein eklatanter Widerspruch vor, der in letzter Konsequenz doch eigentlich die Sprengung der ehernen Zweiteilung der antiken Gesellschaft hätte bewirken müssen?

Zweifellos bedeutete die Verwendung von Sklaven im Kriegsdienst einen ganz offensichtlichen Bruch im gesellschaftlichen System, da die Grenze zwischen frei und unfrei in diesem Falle eindeutig überschritten wurde. Ja, mehr noch: Solche Rekrutierungen waren ein Verstoß gegen den Geist der antiken Verfassungen, in denen *ein* Prinzip dominierte: Die soziale Stellung des einzelnen und die oftmals daraus abgeleiteten politischen Rechte standen in enger Wechselbeziehung zu dem Beitrag, den er für die Verteidigung des Staates leistete.

Von daher erklärt es sich, warum zumindest im frühen Griechenland und Rom Bürger mit geringem Einkommen weniger Bürgerrechte und geringeres Gewicht bei politischen Entscheidungen besaßen als die Reichen. Während sich die Vermögenden eine eigene Schwerbewaffneten-Rüstung leisten konnten, hatten weniger Betuchte kein Geld für eine so kostspielige Ausrüstung. Der »Staat« – und das heißt: die Gemeinschaft aller Bürger, nicht etwa irgendein anonymes Gebilde – sah keine Veranlassung, den einzelnen mit öffentlichen Mitteln für den Kriegsdienst auszustatten. Und so galt es lange Zeit als selbstverständlich, daß die Leichtbewaffneten auch politisch hinter den »gewichtigeren« Bürgern zurückstehen mußten. Wenigstens zum Teil lag in diesem Wechselspiel zwischen Wehrverfassung und gesellschaftlich-politischer Stellung auch ein Grund dafür, daß Frauen selbst in demokratischen Gemeinwesen wie im Athen des 5. Jahrhunderts kein Mitspracherecht in den Angelegenheiten der Allgemeinheit besaßen, leisteten sie doch auch keinerlei Beitrag zur Wehrfähigkeit des Gemeinwesens.

Sklaven aber standen völlig außerhalb der Rechtsgemeinschaft der Staatsbürger. So gesehen war jeder Einsatz von Unfreien im Kriegsdienst im Grunde ein »Verfassungsbruch«, ein ganz revolutionärer Schritt, nicht unproblematisch für das Selbstverständnis *beider* Seiten. Denn indirekt gaben die Freien damit ja zu, daß der Satz des Eumaios, nach dem der Sklave mit dem Tage der Unfreiheit die Hälfte seines Manneswertes *(areté)* einbüße,[51] in puncto militärischer Leistungsfähigkeit durchaus nicht zutraf. Oder wie paßte etwa die Verwendung von Sklaven als gleichwertige Kombattanten mit der Behauptung eines Aristoteles zusammen, der Unfreie sei aufgrund seiner Physis, seiner natürlichen Beschaffenheit, zur Knechtschaft bestimmt?![52]

Daß die Freien sich dieser Problematik bewußt waren, bedarf keiner Frage. In Notsituationen war dann allerdings der militärische Einsatz von Sklaven doch allzu verlockend, als daß Prinzipientreue vor Furcht und Gefahr gestellt worden wäre. Aber ein einigermaßen eleganter Ausweg verhalf dazu, die aufbrechenden Widersprüche notdürftig wieder zuzudecken. Der Bochumer Althistoriker K.-W. Welwei, Verfasser einer (bislang) zweibändigen Studie über den Einsatz von Sklaven in antiken Heeren, beschreibt ihn so:

»Den Widerspruch zwischen Sklaverei und Waffendienst suchten die einzelnen Polisgemeinschaften oder Machthaber zumeist dadurch zu lösen, daß sie den als Kombattanten rekrutierten Sklaven vor dem Kampf die Freiheit oder gegebenenfalls sogar das Bürgerrecht gewährten oder als Belohnung für ihren Einsatz in Aussicht stellten. Auf diese Weise wurde das Prinzip der Sklaverei zwar jeweils durchbrochen, doch blieb die Institution als solche bestehen.«[53]

Nach diesen kurzen Ausführungen grundsätzlicher Art nun zurück zu Sparta!

Gerade in einem Staat, dessen Vollbürger nichts anderes erlernten als das Kriegerhandwerk, deren Lebenserfüllung in militärischem Training und Bewährung im Kriege bestand, muß die Verwendung Unfreier im Heer besonders befremden. Bei genauerer Betrachtung wird allerdings offensichtlich, daß nicht für alle Epochen in der Geschichte Spartas pauschal der Einsatz helotischer *Kombattanten* zutrifft.

Es gilt zu differenzieren. Einen wesentlichen Einschnitt stellt in diesem Zusammenhang das Jahr 424 v. Chr. dar. In der ganzen Zeit vor diesem »Epochen«-Jahr haben die Spartaner Heloten offenbar niemals als vollwertige Krieger eingesetzt. Sie dienten lediglich als Waffenburschen der Spartiaten sowie als Troßknechte, die Last- und Zugtiere führten und für andere Hilfsdienste zuständig waren.[54]

An den eigentlichen Kampfeshandlungen nahmen diese Heloten nur mittelbar teil, wenn sie beispielsweise unter Einsatz des eigenen Lebens ihrem Herren beisprangen oder als Schildträger fungierten. Eine aktive, offensive Beteiligung am Kampfesgeschehen schied damit aus – was freilich nicht heißt, daß es unter den helotischen Hilfsmannschaften nicht auch Gefallene gegeben hätte. So begruben die Spartaner nach der Schlacht von Plataä (479 v. Chr.) die im Kampfe gegen die Perser umgekommenen Heloten in einem von drei Massengräbern; in den anderen beiden wurden einerseits die gefallenen spartanischen Jünglinge, andererseits die älteren Spartiaten beigesetzt.[55] Auch im Jahr zuvor hatten die erbitterten Kämpfe an den Thermopylen einen hohen Blutzoll von den helotischen Begleitmannschaften gefordert[56] – ohne daß den unfreien Gefallenen freilich auch nur annähernd der gleiche Ruhm zuteil geworden wäre wie »Leonidas und seinen dreihundert Spartiaten«.[57]

In der klassischen Zeit Spartas gab es also keine helotischen Kombattanten. Erst der immer bedrohlicher werdende Rückgang der Vollbürgerzahl und die Notsituation des Peloponnesischen Krieges (431–404 v. Chr.) brachten die Spartaner zu dem Entschluß, mit der Tradition zu brechen und nunmehr Heloten auch als Schwerbewaffnete (Hopliten) zu rekrutieren. Gerade in der Mitte der zwanziger Jahre steckte Sparta in einer gefährlichen militärischen Krise. Die Athener hatten sich im messenischen Pylos verschanzt und besaßen damit eine wichtige Bastion auf spartanischem Territorium. Weitere Erfolge der Athener erweckten den Eindruck, als wende sich ihnen das Kriegsglück unaufhaltsam zu.

In dieser entscheidenden Phase des Waffengangs brachen die Spartaner erstmals mit der Tradition. Sie entschlossen sich, Heloten zu mobilisieren, sie militärisch zu schulen und dann im Krieg einzusetzen. Zunächst beschränkten sie sich auf die relativ geringe Zahl von siebenhundert oder tausend Heloten, die mit dem spartanischen Feldherrn Brasidas auf den nordgriechischen Kriegsschauplatz entsandt wurden.[58]

Von Desertionen der zum Kriegsdienst eingezogenen Heloten wird nichts berichtet – durchaus verständlich, denn die Spartaner hatten den Rekrutierten die Freilassung zur Belohnung für tapferes Kämpfen in Aussicht gestellt. Sie hielten dann tatsächlich Wort und entließen die Heloten einige Zeit später aus der Sklaverei.[59]

In den nächsten Jahrzehnten griffen die Spartaner verstärkt auf die nun schon erfahrenen »Brasideier«- und Neodamoden-Einheiten zurück. Der Begriff »Neodamoden« kennzeichnet die Gruppe ehemaliger Heloten, die aufgrund ihrer Verdienste im Kriegsdienst freigelassen worden waren.[60] Hätten die Spartaner mit den »Brasideiern«, den ersten als schwerbewaffnete Krieger eingesetzten Unfreien, schlechte Erfahrungen gemacht, so hätten sie sich trotz des gestiegenen Mannschaftsbedarfs nicht auf ein so riskantes Spiel eingelassen.[61]

Nebenbei bemerkt: Das loyale Verhalten der Heloten, ihr Wunsch, durch militärische Bewährung die Freiheit zu erlangen, sprechen nicht gerade für eine große Solidarität mit ihren Schicksalsgenossen, die diese Chance nicht erhielten. Von einem »Klassenbewußtsein«, vom Bestreben, auf den individuellen Vorteil zugunsten etwa der Aufhebung der Helotie als Institution zu verzichten, vom Versuch, mit den von den Herren erhaltenen Waffen zum Freiheitskampf aller Unterdrückten in Lakonien und Messenien aufzurufen, anstatt unter Gefahr für das eigene Leben den »Sklavenhalterstaat« aktiv zu unterstützen und ihn in Krisenfällen nach Kräften mit aufrechtzuerhalten: von all dem kann überhaupt keine Rede sein.

Auf der anderen Seite hatten die Neodamoden alles andere als den Status von Vollbürgern erworben. Sicher, sie waren nicht mehr unfrei, konnten siedeln, wo sie wollten – aber der Aufstieg in die Crème der spartanischen Herrenschicht blieb ihnen und ihren Nachkommen doch verwehrt. Kein Wunder, daß auch die Neodamoden mitunter ihrer Unzufriedenheit mit den bestehenden gesellschaftlichen Verhältnissen Ausdruck gaben.[62]

Im allgemeinen aber war der Weg zur Freilassung über den Kriegsdienst doch eine sehr attraktive Aussicht für die Heloten, ja lange Zeit über wohl die einzig realistische Möglichkeit, sich der brutalen Unterdrückung auf Dauer zu entziehen.

Spektakuläre Freilassungsaktion mit tragischem Ausgang

Der Sehnsucht der Heloten nach Freiheit bediente sich im Jahre 223 v. Chr. der spartanische König Kleomenes III. auf eine ganz spektakuläre Art und Weise. Seit der klassischen Zeit hatte sich am Eurotas manches verändert. Sparta war nicht mehr die tonangebende Hegemonialmacht in Hellas, sondern nur mehr eine unter vielen griechischen Mittelmächten. Die Zahl der spartanischen Vollbürger hatte einen neuen Tiefstand erreicht. Und viele Heloten hatten es zwischenzeitlich wohl doch zu einem gewissen Wohlstand gebracht, der es ihnen erlaubte, Geld zurückzulegen und über ein gewisses Sparguthaben zu verfügen.

Andere Zeiten, andere Sitten: Nach diesem Motto nahm sich der ohnehin Neuerungen gegenüber aufgeschlossene, von manchem gar als Revolutionär beargwöhnte Kleomenes des Helotenproblems an. Seine Offerte an die Unfreien: Wer 5000 Drachmen in die Staatskasse einzahle, könne sich damit die Freiheit erkaufen – ein in der Geschichte Spartas einzigartiger Vorgang! Mehrere tausend Heloten machten von diesem Angebot Gebrauch, die überlieferten Angaben schwanken zwischen 6000 und 9000.[63] Diese Massenbefreiung war ein unerhörter Bruch mit der Tradition, aber sie brachte der Kriegskasse des Kleomenes die Summe von 500 Talenten ein, und dieses Geld brauchte er auch bitter nötig, um Söldner für sein Heer anzuwerben.

Doch damit nicht genug. Kleomenes befand sich in einer heiklen militärischen Lage. Er hatte sich den Makedonenkönig Antigonos Doson zum Feinde gemacht, und der war mit seiner Streitmacht nicht mehr weit von Lakonien entfernt. In dieser brenzligen Situation fiel dem findigen Spartanerkönig ein, daß die emanzipierten Heloten ja nun in ihrem Status als Neodamoden zum Kriegsdienst verpflichtet waren. Mit ihren 5000 Drachmen hatten sich die Freigelassenen auch dieses »Recht« erkauft. So zog Kleomenes flugs ein Drittel der »Neubürger« ein, ließ sie im Schnellverfahren ausbilden und hatte damit in der Entscheidungsschlacht gegen Antigonos zusätzlich zweitausend Kombattanten zur Verfügung.

Das Ende dieser ungewöhnlichen Maßnahmen war nicht ohne Tragik. In der Schlacht von Sellasia, einem etwa 10 Kilometer nördlich von Sparta gelegenen Ort, stießen die Heere der Makedonen und Spartaner im Jahre 222 v. Chr. aufeinander. Die spartanischen Truppen, darunter auch die aus den ehemaligen Heloten kürzlich aufgestellte Einheit, bewiesen beim Zusammenprall der beiden Schlachtreihen großen Mut,[64] aber sie vermochten der makedonischen Überlegenheit schließlich nicht standzuhalten. Unter den mehreren tausend Gefallenen auf spartanischer Seite waren sicher auch viele Neodamoden, deren teuer erkaufte Freiheit somit nur von kurzer Dauer war.

Der hier aufgezeigte Überblick über das spartanische Helotenwesen umfaßt nahezu achthundert Jahre von der Landnahme der Dorier in Lakonien und den frühesten Helotisierungen ganzer Bevölkerungsgruppen bis zum Ende des 3. Jahrhunderts. Zu dieser Zeit war Sparta, verglichen mit seiner Glanzzeit, nur noch ein Schatten seiner selbst, und im spartanischen Heer kämpften fast mehr freigelassene Heloten denn Vollbürger. Insgesamt war es ein deprimierender Überblick, in dem nur ganz selten Lichtblicke aus dem tiefen Schatten von Repression, Grausamkeit und Inhumanität hervorleuchteten.

An der Helotie, jener »vollkommenen Sklaverei«, in der die Unfreien am meisten unfrei, die Freien aber beileibe nicht am meisten frei waren, gibt es nichts zu beschönigen. Es ist wahr: Die Spartaner konnten die Lebensweise, die sie für sich selbst gewählt hatten, ohne die Unterdrückung und Ausbeutung einer riesigen Zahl rechtloser Sklaven nicht verwirklichen. Ihr System war ganz auf die wirtschaftliche Grundlage der Sklaverei angewiesen, und insofern mag Sparta mit Recht als »Sklavenhaltergesellschaft« im marxistischen Sinne bezeichnet werden.

Wahr ist aber auch: Die Helotie ist ihrem Ursprung und ihrer historischen Entwicklung und Ausformung nach etwas ganz Einzigartiges in Hellas gewesen. Sie ist in keiner Weise typisch oder repräsentativ für die »normale« Form der Sklaverei in anderen griechischen Staaten, aber sie war gleichwohl eine nicht wegzudiskutierende griechische Realität. Grund genug, sie in einem eigenen Kapitel zu behandeln.

4.
Wege in die Sklaverei

»Den« Sklaven gab es nicht

Das »heroische« mykenische Zeitalter liegt hinter uns, ebenso die Dorische Wanderung mit ihren einschneidenden Veränderungen auch auf sozialem Gebiet und die »dunklen« Jahrhunderte des griechischen »Mittelalters«. Auch von der Zeit Homers, dem 8. Jahrhundert, war bereits die Rede.

Selbst bei einem flüchtigen Blick über den bislang dargestellten Zeitraum zeigt sich: Sklaverei – das ist kein festgefügter, monolithischer Block eines gesellschaftlichen Phänomens, das ist vielmehr der Oberbegriff für die konsequenteste Form der Unterdrückung von Menschen, die in mancherlei Arten existierte, die ein von Raum und Zeit abhängiges unterschiedliches Antlitz bietet und die sich in mannigfache Abstufungen und Sonderentwicklungen gliedert.

Auch in den nächsten Jahrhunderten, in denen sich die griechische Sklaverei etablierte, blieb dieser Wesenszug einer starken Differenzierung stets erhalten. Zwischen dem Heloten im spartanisch besetzten Messenien und dem Haussklaven in Korinth liegen Welten. Ein Vergleich der noch im 5. Jahrhundert v. Chr. völlig unterentwickelten Sklaverei in manchen griechischen Landschaften wie Lokris und Phokis[1] mit den hoch differenzierten und »spezialisierten« Formen der Unterdrückung im klassischen Athen ist ebenso problematisch wie der zwischen der Sklaverei der mykenischen Ära und der Unfreiheit der Penesten in Thessalien.

Das einzig Verbindende stellt oftmals nur die Definition der Sklaverei als Abhängigkeitsverhältnis dar, das den Unfreien seiner personalen Rechte beraubte und ihn zum menschlichen Besitz degradierte, ja vielfach geradezu in den Rang einer Sache abstufte. Nur wenn man den Rahmen derart weit absteckt und nicht versucht, ihn durch konkretere Aussagen einzuengen, ist es möglich, das gesamte breit gefächerte Spektrum der Unfreiheit in der Antike zu umfassen.

Den Sklaven hat es im ganzen Altertum nicht gegeben. Durch Raum und Zeit bedingte Unterschiede, aber auch andere Faktoren wie Abstammung, berufliche Fähigkeiten und Arbeitsbereich des einzelnen Sklaven warnen eindringlich davor, die gesamte antike Sklaverei sozusagen über einen Leisten zu schlagen.

Eine undifferenzierte – und damit zwangsläufig klischeehafte – Sicht der Sklaverei im Altertum kann im übrigen nur im Interesse ideologischer Eiferer der einen wie der anderen Couleur liegen. Wer partout beweisen will, daß die unfreie Arbeit das wirtschaftliche Fundament antiker Staaten gewesen sei, wird natürlich den Blick auf die spartanischen Verhältnisse richten. Wer dagegen als Apologet der Sklaverei in der »klassischen« Antike auftreten möchte, und »beweisen« will, daß die Unterdrückung so schlimm nun auch nicht gewesen sei, sondern sich in »humanen« Bahnen bewegt habe, der greift flugs zum Beispiel mancher athenischer Haussklaven, die in der Tat in einem eher kameradschaftlichen Verhältnis zu ihren Herren gestanden haben.

Scheuklappenmentalität Ost

Wer glaubt, Vereinfachungen dieser Art gebe es ja wohl kaum noch – zumal angesichts der intensiven wissenschaftlichen Bemühungen um die Erforschung der antiken Sklaverei in Ost und West –, muß sich leider eines Besseren belehren lassen. Ausgerechnet in Schulbüchern – und das heißt: Büchern, aus denen allein die meisten Menschen ihre historischen Kenntnisse erwerben – wird dieser weltanschauliche Kampf mitunter noch unbeirrt ausgefochten; auf dem Rücken der Wissenschaft, versteht sich.

Beispiel Nummer eins. In einer »Geschichte des Altertums«, die der Verlag »Neue Zeit« 1978 in erster Auflage herausgibt und bei der es sich nach Mitteilung des Verlages um die Übersetzung der 6. Auflage eines Schulbuches handelt, »das erstmals 1948 als Lehrbuch für den Geschichtsunterricht in der sowjetischen Besatzungszone herausgegeben wurde«, heißt es schlicht:

»Nach griechischem Gesetz galt der Sklave nicht als Mensch. Man sah in ihm ein ›lebendes Gerät‹, das dem Hausherrn gehörte. Die Sklaven hatten keinerlei Rechte; das Gesetz schützte sie nicht. Der Besitzer konnte mit ihnen verfahren, wie er wollte, sie bestrafen, schlagen, ja sogar töten . . .«[2]

Dazu einige Anmerkungen. Erstens: Ein griechisches *Gesetz*, nach dem der Sklave nicht als Mensch galt, hat es nie gegeben. Zweitens: Daß jeder Sklave einem »Hausherren« gehört hätte, ist barer Unsinn – wo bleiben da die spartanischen »Staatssklaven«, die in anderen Städten als »Gemeindesklaven« eingesetzten Unfreien und alle jene Sklaven, die gar nicht im Hause ihres Besitzers lebten? Drittens: Daß das Gesetz keinen Sklaven geschützt hätte, ist eine in dieser Form überzogene, falsche Behauptung. Sicher meinten die Gesetze es nicht besonders gut mit den Unfreien, aber sie billigten ihnen meistens zumindest das Recht zu, in einem Asyl Schutz zu suchen.[3] Und ob die Tötung eines Sklaven durch seinen Herrn gesetzlich erlaubt war, ist eine höchst umstrittene Frage. Nach einigen antiken Zeugnissen wird man eher damit rechnen müssen, daß man in Athen durch die willkürliche Ermordung eines Unfreien nicht nur religiöse Schuld auf sich lud, sondern auch straffällig wurde und sich vor Gericht verantworten mußte.[4]

Wie in diesem Falle die Tendenz zu beobachten ist, durch Simplifizierung ein besonders häßliches, abstoßendes Bild der griechischen Sklaverei zu zeichnen, so verrät sich anderswo die »pädagogische« Absicht im wesentlichen durch die Nichterwähnung der Sklaverei.

Scheuklappenmentalität West

Zweites Beispiel: »Grundzüge der Geschichte«, Band 1, ein Lehrbuch für die Mittelstufe, »genehmigt für den Gebrauch in Schulen«, herausgebracht vom renommierten Frankfurter Diesterweg-Verlag.

Was erfahren die Schüler hier über die Unfreien in Athen und Sparta? Zu den Heloten heißt es: »Die Masse der vordorischen Bevölkerung des Landes wurde unterworfen und zu rechtlosen Hörigen, die man Heloten nannte, herabgedrückt.« Einige Zeilen weiter: »Die Spartiaten lebten von den Erträgnissen ihrer Landgüter, die die Heloten als Staatssklaven bebauen mußten.« Und wieder ein paar Zeilen später findet sich eine bemerkenswerte Identifizierung mit den Zielen der Eroberer: »Aber erst nach harten Kriegen *konnte* das Volk der Messenier zu Heloten versklavt werden.« Über die Lebensbedingungen der Heloten liest man hier nichts.

Ebenso unproblematisch haben die Autoren dieses Schulbuches wohl auch die Sklaverei in Athen gesehen. Die einzigen in Frage kommenden Stellen: Unter den in Piräus umgeschlagenen Gütern werden auch Sklaven aus Phrygien erwähnt; kurz danach der Hinweis, daß Fabriken manchmal mehr als hundert Sklaven beschäftigt hätten. Und schließlich ist noch zu erfahren, daß Sklaven beim Gastmahl nach dem Essen die Tische weggeräumt haben.[5]

Affirmative Geschichtsdarstellung in höchster Vollendung! Den Schülern wird suggeriert, daß Sklaverei nichts Ungewöhnliches sei, über das man sich Gedanken machen müßte, und überdies kann man nach der Lektüre dieses Buches ganz blauäugig fragen, wieso denn Sklaverei überhaupt so etwas Schlimmes, Entwürdigendes gewesen sein soll. Es ist zu vermuten, daß die Autoren des Unterrichtswerkes bewußt eine heile griechische Welt darzustellen bemüht waren, um die Gloriole des »klassischen« Hellas nicht anzukratzen.

Wissenschaft contra Ideologie

Bei allen Gegensätzen in den ideologischen Voraussetzungen – eines ist den beiden erwähnten Lehrbüchern gemeinsam: eine penetrante Tendenz zur sachlich unzulässigen Vereinfachung und das Bemühen, einen ganz weiten Bogen um die wissenschaftliche Erforschung der antiken Sklaverei zu schlagen. Denn unter den Althistorikern in West und Ost herrscht bei allen Kontroversen im Detail doch Einigkeit darüber, daß das sozialgeschichtliche Phänomen der antiken Sklaverei ohne Differenzierung nicht in den Griff zu bekommen ist.

Seit einigen Jahrzehnten gehen die Bemühungen intensiv darum, die einzelnen Aspekte dieser Problematik sorgfältig zu untersuchen. An den dabei erzielten Ergebnissen so stur vorbeizugehen und lieber auf den altbewährten groben Schwarz-Weiß-Raster zu vertrauen, kann eigentlich nur auf dem Wunsch beruhen, Weltanschauungspropaganda zu machen – auch auf Kosten der sachlichen Information. Sicherlich kann in Schulbüchern nicht mit ständigem Wenn und Aber, Einerseits und Andererseits operiert werden, aber der Verzicht auf apodiktische Wertungen dürfte ebensowenig eine unbillige und unrealistische Forderung sein wie das Postulat, wichtige Problematiken auch als solche zu kennzeichnen und sie nicht einfach mit Schweigen zu übergehen.

Warum dieser Exkurs? Um zu verdeutlichen, wie unheilvoll und irreführend eine pauschale Sicht der antiken Sklaverei sein muß. Manche der weitverbreiteten Vor- und Fehlurteile über Umfang, Funktion und Wesen der Unfreiheit im Altertum gehen bestimmt auf allzu leichtfertige, gravierende Unterschiede der Einfachheit halber verwischende Darstellungen zurück, für die die beiden soeben behandelten Unterrichtswerke stellvertretend angeführt sein mögen.

Athen – Musterbeispiel und *Sonderfall*

Es gibt aber noch einen weiteren Grund, der an dieser Stelle ein klares Wort darüber erfordert, daß die griechische Sklaverei zahlreiche unterschiedliche Gesichter hat. Wenn im folgenden von der Etablierung des Unterdrückungssystems die Rede ist, so beziehen sich diese Ausführungen vorrangig auf die bekannteren griechischen Stadtstaaten. Die Quellenlage ist für die meisten Städte und Landschaften Griechenlands dürftig und unzureichend. Allein über die Verhältnisse in Athen gibt es genügend Nachrichten, die sich in ihrer Gesamtheit zu einem einigermaßen zusammenhängenden Bild verbinden lassen.

Das heißt nun allerdings nicht, daß über die Sklaverei in anderen Poleis wie Korinth, Aegina und Delphi im griechischen Mutterland oder Milet, Syrakus und Massalia (Marseille) im Kolonialland kaum etwas bekannt ist. Die politische, wirtschaftliche und soziale Struktur der griechischen Stadtstaaten ähnelte einander sehr, so daß die für Athen zutreffenden Aussagen im allgemeinen auch für andere Poleis gültig sind – wenngleich natürlich hier und da mit deutlichen Unterschieden zu rechnen ist, die aber aufgrund der Quellenlage nicht genauer bestimmbar sind.

In wesentlich geringerem Maße dagegen dürfen die folgenden Ausführungen für die Territorialstaaten in Mittel- und Westgriechenland Gültigkeit beanspruchen. Phokis in Zentral- und Thessalien in Nordgriechenland blieben bis ins 4. Jahrhundert v. Chr. vergleichsweise archaisch strukturiert. Sie besaßen keinen eigentlichen städtischen Mittelpunkt – ein Umstand, der sie wirtschaftlich und gesellschaftlich rückständig erscheinen läßt. Von daher ist einsichtig, daß die Sklaverei in diesen Gebieten weniger entwickelt war und teilweise ganz anders geartet sein mußte. Dies trifft natürlich erst recht auf jene Landstriche zu, in denen durch den Versklavungsakt der dorischen Eroberer ganze Bevölkerungen in einen besonderen Status der Unfreiheit herabgesunken waren.

Die Schattenseite des hellenischen Höhenflugs

Das System etabliert sich: Damit ist der Vorgang angesprochen, in dessen Verlauf die Sklaverei zu einem immer bedeutenderen Faktor wurde. Erinnern wir uns: Als Homer seine Ilias um die Mitte des 8. Jahrhunderts v. Chr. schrieb, gab es nur wenige Unfreie. Sklaven waren eine kostbare »Ware«, nur die reichsten Aristokraten besaßen eine größere Anzahl von unfreien Dienern. Der »einfache Mann« konnte nur davon träumen, Sklaven zu seiner Bequemlichkeit zur Verfügung zu haben, geschweige denn unfreie Arbeitskräfte für sich einzusetzen und dadurch sein Vermögen zu vermehren.

Die ziemlich geringe Zahl von Unfreien in dieser Zeit verwundert nicht, war doch die bislang nahezu einzige Quelle der Sklaverei, von der natürlichen Fortpflanzung einmal abgesehen, die Knechtung von Kriegsgefangenen gewesen. Da nun im Hellas des 8. Jahrhunderts nicht ununterbrochen Krieg geführt und zudem der wertvollste Teil der Beute nach der Bezwingung der Gegner meist von den Anführern beansprucht wurde, leuchtet es ein, daß das Reservoir an »menschlicher Ware« relativ begrenzt war.

Erst seit der zweiten Hälfte des 8. Jahrhunderts traten dann mit geradezu atemberaubendem Tempo entscheidende Veränderungen ein, die zu einem ungeahnten Anstieg der Sklavenzahlen führen sollten. Es entbehrt nicht der Tragik, daß gerade der ungeheure Aufschwung, den Hellas seit dieser Zeit auf allen Gebieten erlebte, eine beinahe makabre Begleiterscheinung mit sich brachte: Ganz neue Möglichkeiten, Menschen zu Sklaven zu degradieren, wurden erschlossen.

Die neuen Quellen, die in der Folgezeit so reich sprudelten, sind beileibe keine »Erfindungen« gewesen, auf die Griechenland hätte stolz sein können. Im Gegenteil. Es handelt sich dabei vorwiegend um grausame, abstoßende Praktiken, die in einem beklemmenden Gegensatz zu den hohen kulturellen und politischen Leistungen des Griechentums stehen, zu denen in derselben Epoche die Fundamente gelegt worden sind.

... wie Frösche um einen Sumpf

Seit der Mitte des 8. Jahrhunderts v. Chr. spielte sich in der Welt des Mittelmeeres ein einzigartiger Vorgang von weltgeschichtlicher Bedeutung ab. Die Rede ist von der großen griechischen Kolonisation, die fast alle Küsten des Mittelmeeres und des Schwarzen Meeres erfaßte.

Was war geschehen? Am Anfang der Kolonisation, die in mehreren Wellen bis zur Mitte des 6. vorchristlichen Jahrhunderts andauerte, stand eine Überbevölkerung im griechischen Mutterland. Der karge griechische Boden reichte nicht mehr aus, um für alle Bewohner des Landes das Lebensnotwendige bereit zu halten. Wie noch unzählige Male später in der Geschichte dieses Landes, so galt auch im 8. Jahrhundert als einzig brauchbares Ventil, das den Überbevölkerungsdruck zu mindern vermochte, die Emigration.

Kaufleute und Prospektoren hatten den Weg gewiesen. Es war insofern keine echte *terra incognita*, der Zehntausende von Kolonisten nun zustrebten. Aber es war doch oft genug der Schritt in eine ungewisse Zukunft. Sicher, die Kolonisten brachen nicht alle Brücken hinter sich ab, sie blieben ihren Heimatstädten lange Zeit eng verbunden; aber sie waren in der Ferne doch ganz auf sich selbst gestellt, waren gezwungen, sich eine völlig neue Existenz aufzubauen.

Der Erfolg der ersten Kolonisationsunternehmen war ein gewaltiger Anreiz für den weiteren Fortgang der Bewegung. Mochte das Überbevölkerungsproblem nach einigen Jahrzehnten überwunden sein, so waren es nunmehr ökonomische Motive und wohl auch eine gewisse Abenteuerlust, die manchem Griechen den Gedanken an Auswanderung schmackhaft machten. In der Tat boten sich in der Ferne – insbesondere auf dem Gebiet des Handels – hervorragende Verdienstmöglichkeiten. Nicht wenige Emigranten erwarteten von der Teilnahme an Kolonisationsprojekten auch die Durchbrechung sozialer Schranken – und diese Hoffnungen wurden oft genug keineswegs enttäuscht. Mit der Überwindung der räumlichen Enge des Mutterlandes vermochten sich auch neue Vorstellungen leichter durchzusetzen.

Die ungeheure Energie, ja Rastlosigkeit, von der die griechische Kolonisation getragen wurde, zeigt sich ganz besonders in einer schon sehr früh einsetzenden Weiterentwicklung der Kolonisationspläne. Viele Kolonien nahmen nur kurze Zeit nach ihrer Gründung selbst an der großen Bewegung teil und gründeten ihrerseits neue Pflanzstädte. Und so legte sich in der Zeit zwischen 750 und 550 ein dichter Kranz griechischer Städte um die Küsten des Mittelmeeres und des Pontos.

In Unteritalien und im Osten Siziliens blühten Dutzende griechischer Poleis auf, unter ihnen das mächtige Syrakus, das wegen der luxuriösen Lebensweise seiner Bewohner berühmt-berüchtigte Sybaris und auch Parthenope, auf dessen Boden dann später ein griechisches »Neustadt«, Neapolis, gegründet wurde. Im heutigen südfranzösischen Raum entstanden Massalia (Marseille), Nikaia (Nizza) und Antipolis (Antibes), an der Küste der iberischen Halbinsel Mainake (Malaga). In Nordafrika waren unter anderem Tingis (Tanger) und Kyrene griechische Pflanzstädte, und insbesondere der rührigen Kolonisationstätigkeit der kleinasiatischen Metropole Milet ist es zuzuschreiben, daß das Schwarze Meer ringsum von Griechenstädten umsäumt war.

Das Ergebnis der griechischen Kolonisation hat Platon einmal mit dem anschaulichen Bild verdeutlicht, daß die Menschen – gemeint sind die Griechen – vom Fluß Phasis, der in das östliche Schwarzmeer mündet, bis zu den Säulen des Harakles, der Straße von Gibraltar, wie Ameisen oder Frösche um einen Sumpf herum lebten – in einem winzigen Raum im Vergleich zu der gesamten Größe der Erde, läßt er Sokrates einschränkend hinzufügen.[6] Aber immerhin: Der Sumpf, von dem da die Rede ist, erstreckt sich über rund 4000 Kilometer in Nord-West- und maximal fast 2000 Kilometer in Nord-Süd-Richtung!

Ohne Zweifel eine gewaltige Leistung der Griechen; und ein höchst *folgenreicher* Vorgang zudem. Denn mit den Kolonisten aus dem Mutterland gelangten griechische Sprache und griechische Kultur bis an die entferntesten Gestade des Mittelmeeres. Wenn die Bewohner einiger Orte Unteritaliens noch heute Griechisch sprechen, so geht der Ursprung dieser Sprachinsel auf die griechische Kolonisation im 8. und 7. Jahrhundert v. Chr. zurück.

Daß sich die griechische Kultur mit ihren zivilisatorischen Errungenschaften wie z.B. der Verwendung des Alphabets in Gegenden verbreitete, für die all das etwas völlig Neues, Revolutionäres darstellte, ist freilich nur die eine – glänzende – Seite der Medaille.

Die Kehrseite zeigt ein weitaus düstereres Bild. Nicht nur, daß die alteingesessenen Völkerschaften von den griechischen Kolonisten ohne große Mühe ins Hinterland abgedrängt wurden. Vielmehr kam es vielerorts auch zu kriegerischen Auseinandersetzungen, in denen die Griechen aufgrund ihrer technischen und strategischen Überlegenheit fast immer die Oberhand behielten. Und nun, in einer Zeit, da die hellenischen Poleis sich einander weniger befehdeten als zuvor, hielt man sich für den Ausfall an griechischen Kriegsgefangenen schadlos durch Massenversklavungen unter den besiegten Völkerschaften. Barbaren[7] als Unfreie: Das sollte denn überhaupt in den nächsten Jahrhunderten zum »Erfolgsrezept« der griechischen Sklavenhalter werden.

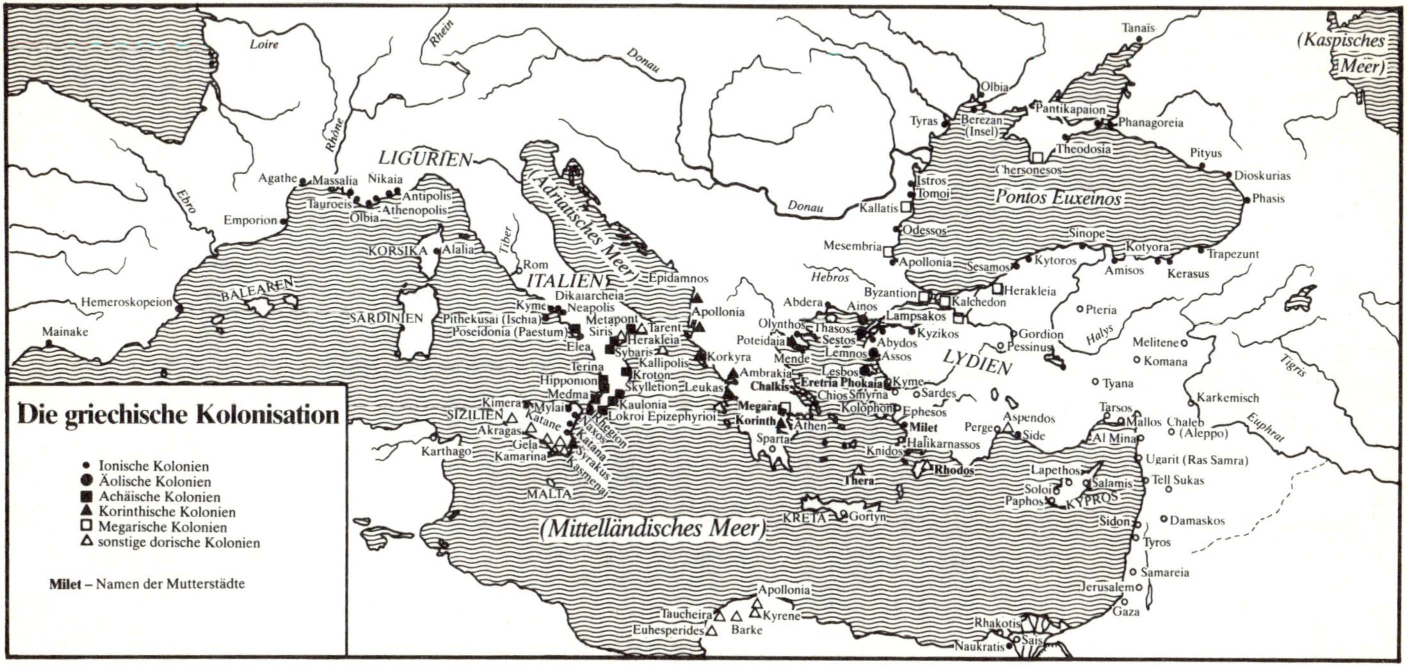
Die griechische Kolonisation
Ionische Kolonien
Äolische Kolonien
Achäische Kolonien
Korinthische Kolonien
Megarische Kolonien
sonstige dorische Kolonien
Milet – Namen der Mutterstädte
Loire
Rhein
Donau
Rhône
Ebro
Tiber
Hebros
Halys
Tigris
Euphrat
LIGURIEN
Agathe
Massalia
Nikaia
Antipolis
Tauroeis
Athenopolis
Olbia
Emporion
KORSIKA
Alalia
BALEAREN
SARDINIEN
Hemeroskopeion
Mainake
Rom
ITALIEN
(Adriatisches Meer)
Epidamnos
Apollonia
Dikaiarcheia
Kyme
Neapolis
Pithekusai (Ischia)
Poseidonia (Paestum)
Metapont
Siris
Tarent
Herakleia
Elea
Sybaris
Kallipolis
Korkyra
Terina
Kroton
Ambrakia
Hipponion
Skylletion
Leukas
Medma
Kaulonia
Kimera
Mylai
Lokroi Epizephyrioi
SIZILIEN
Katane
Rhegion
Naxos
Katana
Akragas
Gela
Kamarina
Syrakus
Kasmenai
Karthago
MALTA
(Mittelländisches Meer)
Megara
Korinth
Athen
Sparta
Chalkis
Eretria
Phokaia
Kyme
Chios
Smyrna
Kolophon
Ephesos
Sardes
Milet
Halikarnassos
Knidos
Rhodos
Thera
KRETA
Gortyn
Lesbos
Lemnos
Assos
Abydos
Sestos
Thasos
Olynthos
Poteidaia
Mende
Abdera
Ainos
Byzantion
Lampsakos
Kyzikos
Kalchedon
Herakleia
Gordion
Pessinus
LYDIEN
Pteria
Mesembria
Apollonia
Sesamos
Kytoros
Odessos
Kallatis
Istros
Tomoi
Tyras
Berezan (Insel)
Olbia
Pantikapaion
Phanagoreia
Theodosia
Chersonesos
Pontos Euxeinos
Sinope
Amisos
Kotyora
Kerasus
Trapezunt
Tanaïs
Pityus
Dioskurias
Phasis
(Kaspisches Meer)
Melitene
Komana
Tyana
Karkemisch
Tarsos
Mallos
Chaleb (Aleppo)
Al Mina
Ugarit (Ras Samra)
Tell Sukas
Perge
Aspendos
Side
Lapethos
Salamis
Soloi
Paphos
KYPROS
Sidon
Damaskos
Tyros
Samareia
Jerusalem
Gaza
Rhakotis
Sais
Naukratis
Apollonia
Kyrene
Taucheira
Barke
Euhesperides

Im Prinzip war damit freilich keine neue Quelle der Sklaverei erschlossen. Die Griechen hatten aber in den ersten Jahren der Kolonisationsbewegung schnell erkannt, welch glänzende Aussichten für einen lukrativen Fernhandel die Existenz griechischer Städte an allen Küsten des Mittelmeeres bot. Die Produkte der einzelnen Regionen ergänzten einander; was hier fehlte, konnte von dort herangeschafft werden. Neue Absatzmärkte hatten sich in Hülle und Fülle aufgetan: All jene »barbarischen« Völkerschaften, die auf einem niedrigeren zivilisatorischen Niveau standen, waren begierig, am materiellen Wohlstand der ganz in der Nähe siedelnden Griechen teilzuhaben, und sie tauschten bereitwillig Produkte ihres Landes gegen griechische Keramik und andere kunstgewerbliche Gegenstände ein.

Es konnte nicht ausbleiben, daß die griechischen Kaufleute und ihre »barbarischen« Handelspartner bald auch auf eine besonders gewinnbringende »Ware« stießen: den Menschen. Die Kaufsklaverei wurde nunmehr zu einer neuen reichen Quelle der Unfreiheit.

Es gibt überzeugende Belege dafür, daß die Kaufsklaverei erst *nach* dem Beginn der Kolonisation für den griechischen Raum an Bedeutung gewann, während sie vorher kaum praktiziert wurde. Die Odyssee, etwa eine Generation später als die Ilias niedergeschrieben (zwischen 720 und 700 v. Chr.) und schon im Hinblick auf ihre Handlung – man denke an das Meer als bedeutenden Schauplatz! – gleichsam das Kind einer neuen Zeit, spiegelt die Veränderung deutlich wider: Hier wird der Sklavenhandel im Unterschied zur Ilias als geradezu selbstverständliche Realität geschildert.[8]

Lehrmeister der Griechen in dieser Art der Beschaffung Unfreier sind die Phönizier gewesen. Als Seefahrernation den Griechen um einige Zeit voraus, hatten sie schon früh gemerkt, wie lukrativ der Menschenhandel sein konnte. Und so erscheinen sie mehrfach in der Odyssee nicht nur als erfahrene Seefahrer und gewiefte Betrüger, sondern auch als gefürchtete Sklavenhändler, die selbst vor Piraterie und Menschenraub nicht zurückschrecken.[9] Auch das Alte Testament berichtet von stark frequentierten Sklavenmärkten im phönizischen Tyros.[10]

Die Griechen erwiesen sich nur allzu rasch als gelehrige »Schüler«, die den phönizischen Menschenhändlern bald in nichts nachstanden. Gleichwohl hielt es sich lange im Gedächtnis, daß das Aufkommen des Sklavenhandels in der zweiten Hälfte des 8. Jahrhunderts eine deutliche Zäsur in der Geschichte der Sklaverei darstellte. Noch Theopomp, ein Historiker des 4. Jahrhunderts v. Chr., wußte zu berichten, daß die Einwohner von Chios zuerst Nichtgriechen gleichsam als Handelsware erstanden hätten.[11] Ein durchaus glaubwürdiges Zeugnis, konnte doch Theompomp als gebürtiger Chier auf alte Stadtchroniken zurückgreifen und galten doch gerade die Chier in klassischer Zeit als die »reichsten Griechen«.[12]

Zu einem guten Teil bestand dieser Reichtum in Unfreien. Thukydides versteigt sich sogar zu der Behauptung, Chios sei hinsichtlich der Sklavenzahl nur von Sparta übertroffen worden.[13] Diese Angabe kann aber höchstens dann richtig sein, wenn der Geschichtsschreiber seine Heimatstadt Athen bewußt aus dieser Rechnung ausgeklammert hat.

Sklaven gegen Salz

Woher aber kam der breite Strom von Unfreien, der sich seit dem 7. Jahrhundert auf die großen griechischen Sklavenmärkte in Chios, Athen, Milet und Byzanz ergoß? Gewiß waren es nicht wenige »Barbaren«, die in »regulären« kriegerischen Auseinandersetzungen mit den griechischen Kolonisatoren in Gefangenschaft gerieten und als Kriegsbeute auf den Sklavenmärkten feilgeboten wurden. Da freilich die meisten griechischen Poleis im Kolonisationsgebiet keine großen territorialen Erwerbungen anstrebten und der alteingesessenen Bevölkerung daher zumeist das Hinterland blieb, waren regelrechte Kriegszüge relativ selten.

Es muß also noch andere Erklärungen für den enormen Aufschwung der Kaufsklaverei geben. Mancher Stamm hat den Griechen offenbar von sich aus Angehörige der eigenen Völkerschaft zum Verkauf angeboten. Von den Thrakern, deren Siedlungsgebiet im Westen des Schwarzen Meeres lag, wird berichtet, sie hätten ihre Kinder zur Ausfuhr in fremde Länder verkauft.[14] Darüber hinaus boten die nichtgriechischen Völker den hellenischen Sklavenhändlern Kriegsgefangene zum Kauf an, die sie in Kämpfen mit gegnerischen Stämmen gemacht hatten – für beide Handelspartner ein einträgliches Geschäft auf Kosten der Gefangenen, konnten die Nichtgriechen doch auf diese Weise die für sie ziemlich »wertlosen« Kriegsgefangenen gegen begehrte Waren – im Falle der Thraker beispielsweise Salz – eintauschen.

Über die Modalitäten dieses Handels und auch über seinen Umfang berichten die Quellen kaum etwas. Gleichwohl läßt sich vermuten, daß diese Art des Sklavenhandels nur den kleineren Teil des »Gesamtumsatzes« ausmachte.

Menschenjagd zu Lande und zu Wasser

Viel weiter verbreitet waren die gleichsam kriminellen Varianten der Beschaffung menschlicher »Ware«: Seeraub und Menschenjagden. Diese geradezu gewerbsmäßig betriebenen Praktiken dienten fast im gesamten Altertum dazu, dem Markt einen beachtlichen Teil des Bedarfs an unfreien Arbeitskräften zuzuführen.

Wenn hier von »kriminellen« Varianten gesprochen wird, so bedarf das zumindest für die archaische Zeit Griechenlands, genauer gesagt für das 8. und das 7. Jahrhundert v. Chr., einer Einschränkung. Piraterie galt damals keineswegs als anstößig oder unmoralisch, sondern wurde beinahe als normales Gewerbe angesehen. Im Zeitalter des Odysseus kann man einen Fremden ganz unbefangen fragen, ob er irgendeinem Beruf nachgehe oder ob er »ohne Bestimmung hin und her auf dem Meere als Seeräuber umherschweife«.[15] Und kein Geringerer als Thukydides berichtet über die Anfänge der Seefahrt bei den Griechen folgendes:

»Die ältesten Hellenen und auch die Barbaren, die die Küsten des Festlandes und die Inseln bewohnten, hatten kaum begonnen, mit Schiffen häufiger zueinander hinüberzufahren, als sie sich auch schon dem Seeraub zuwandten, wobei gerade die fähigsten Männer sie anführten, zu eigenem Gewinn und zur Ernährung der Schwachen. Sie warfen sich auf unbefestigte Städte und Dörfer, plünderten sie und lebten so fast nur vom Raub. Und dieses Werk brachte keinerlei Schande, sondern trug ihnen eher noch Ansehen ein . . .«[16]

Je zivilisierter sich die griechische Welt freilich entwickelte, je organisierter die einzelnen Staatswesen wurden, um so stärker empfand man das Seeräuberwesen als Bedrohung und Schande. Die großen meerbeherrschenden Städte, allen voran Athen im 5. und 4. Jahrhundert v. Chr., bemühten sich schon aus wirtschaftlichen Eigeninteressen, der weit verbreiteten Piraterie entgegenzuwirken und die Sicherheit der Meere zumindest in ihrem Einflußgebiet zu garantieren. Man erzielte dabei zwar Erfolge, aber völlig ließ sich die Seeräuberplage niemals ausrotten. In der knapp anderthalbtausendjährigen Geschichte der Alten Welt zwischen dem Beginn der griechischen

Kolonisation und dem Untergang des Römischen Reiches war das Mittelmeer lediglich in den ersten beiden nachchristlichen Jahrhunderten von Piraten weitgehend gesäubert. Bis in die Anfänge des 20. Jahrhunderts fürchteten die Seefahrer insbesondere im östlichen Teil des Mittelmeeres die Gefahren, die ihnen von Piraten drohten.

Piratenplage in der Alten Welt

Das antike Piratenunwesen war eine wahre Pest. Jeder, der sich auf eine Schiffsreise begab, war sich des Risikos bewußt, das er mit dieser Fahrt einging. Am Ende einer solchen Reise stand gar nicht so selten die Gefangennahme und anschließend der Verkauf in die Sklaverei. Um ein ganz prominentes Beispiel anzuführen: Im Jahre 75 v. Chr. fiel Caesar auf einer Reise nach Rhodos in die Hände kilikischer Seeräuber. Um nicht das Schicksal minder bekannter Gefangener erleiden zu müssen, veranlaßte Caesar einige kleinasiatische Gemeinden, das von den Piraten geforderte Lösegeld in der stattlichen Höhe von 50 Talenten bereitzustellen. Kaum freigelassen, stellte Caesar dann ein kleines Geschwader zusammen, verfolgte die Seeräuber und bekam seinerseits einige von ihnen in seine Gewalt. Auf eigene Faust ließ er die Piraten im Eilverfahren ans Kreuz schlagen[17] – bei den Römern eine übliche Strafe für ergriffene Piraten.

(Nebenbei bemerkt: Bertolt Brecht hat diese Anekdote in seinem Romanfragment »Die Geschäfte des Herrn Julius Caesar« auf eine höchst originelle Art verfremdet. Seine These: Caesar habe bei der Überfahrt nach Rhodos eine ganze Schiffsladung Sklaven bei sich gehabt, die er am Reiseziel günstig habe verkaufen wollen. Die in einem Trust zusammengeschlossenen großen Sklavenhändler in Kleinasien aber seien erbost gewesen über diesen von ihnen als unfaire Konkurrenz eingestuften Handel. Sie hätten deshalb beschlossen, dem jungen »Sklavenschmuggler« aus vornehmem Hause eine Lektion zu erteilen. Daher hätten sie Caesars Schiff gekapert und die 50 Talente als Schadenersatz erpreßt.[18] – Hinsichtlich der Gestalt Caesars eine erfundene Geschichte, die sich allerdings mit anderen Hauptfiguren so oder ganz ähnlich im Sklavengeschäft abgespielt haben könnte ...)

Tatsächlich herrschte im gesamten Altertum ein fast ständiger Kampf zwischen Piraten und zivilisierten Völkern. Warum das Freibeuterunwesen eine so beherrschende Stellung erringen konnte, lehrt auch ein Blick auf die Landkarte. Zumal im Ägäisraum boten zahllose kleine Inseln und Felsen ideale Verstecke für die kleinen wendigen Schiffe der Seeräuber. Aber auch weniger dicht besiedelte Küsten und unfruchtbare Landstriche waren vorzügliche Operationsbasen der Piraten. Dort konnten sie unbeobachtet vom sicheren Versteck hinter einem Vorgebirge abwarten, bis ein Schiff in Sicht kam. In blitzschnellen Vorstößen griffen sie die Seefahrer an und bemächtigten sich oft genug reicher Beute, um dann ebenso rasch an ihre Ankerplätze zurückzukehren.

Bei der Planung ihrer Überfälle kam den Seeräubern ein besonderer Umstand zugute. Die antike Schiffahrt war eine ausgesprochene Küstenschiffahrt. Man fuhr, wo immer es ging, in Sichtweite der Küste, um dort bei Unwettern oder anderen unvorhergesehenen Ereignissen schnell Zuflucht oder Hilfe suchen zu können. Angesichts der Risiken und Gefahren, die plötzliche Wetterumschwünge heraufbeschwören konnten, zog man sogar weite Umwege der kürzeren direkten Route vor. All das war natürlich auch den Seeräubern bekannt. So konnten sie in aller Ruhe in ihren Verstecken den Kurs passierender Handelsschiffe im voraus berechnen und ihre Überfälle minutiös planen. Kein Wunder also, daß Theophrast in seinen »Charakterbildern« den Typ des Ängstlichen unter anderem damit beschreibt, daß der jedes Vorgebirge für eine Piratenfalle halte . . .[19]

In manchen Gewässern war selbst diese extreme Ängstlichkeit gar nicht so unangebracht. Die ligurische Küste im Norden Italiens war ein ebenso berüchtigtes Operationsgebiet der Korsaren wie die illyrischen Gewässer im Raume der östlichen Adria, die den Seeräubern mit ihren zahllosen Buchten und Inseln geradezu ideale Schlupfwinkel bot. Ein notorisches Piraten-Dorado war auch Kilikien im kleinasiatischen Raum.

Wenn diese etwas peripher gelegenen Gegenden als die fast im gesamten Altertum besonders piraten-»verseuchten« Gebiete erwähnt werden, so heißt das freilich keineswegs, daß die zentralen Schiffahrtsrouten im Mittelmeer nicht auch gefährdet gewesen wären. Auch hier kam es oft genug zu Überfällen. Eine der gefährlichsten Passagen war die vielbefahrene Meerenge von Kythera im Süden der Peloponnes. Noch im Ersten Weltkrieg war die Straße von Kythera ein beliebtes Aktionsgebiet von U-Booten. »Umfahre die Peloponnes und vergiß deine Heimat« – so hieß ein griechisches Sprichwort,[20] das nicht nur auf die durch Stürme heraufbeschworenen Gefahren, sondern auch auf das Risiko von Piratenüberfällen aufmerksam machen wollte.[21]

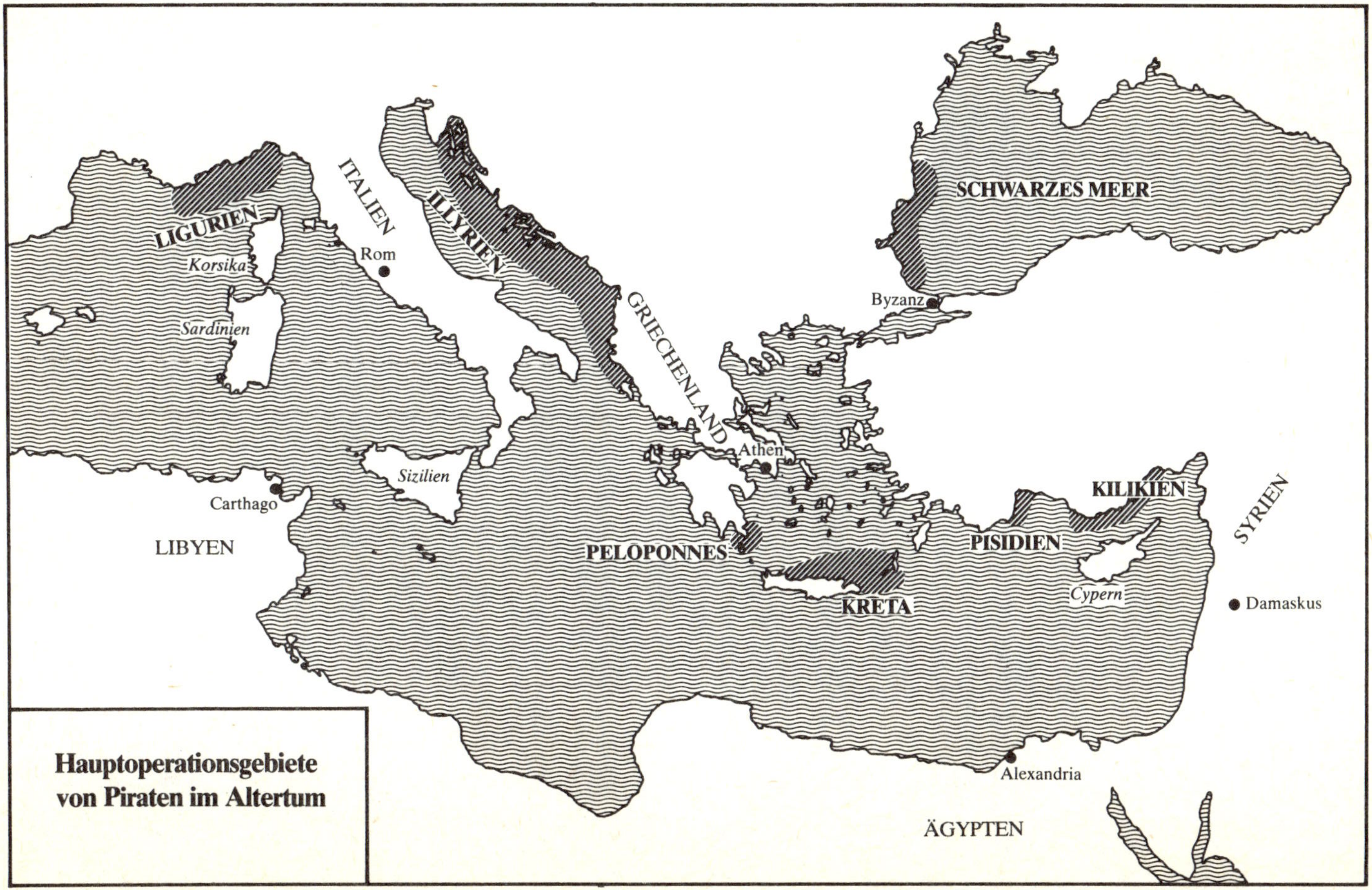

Hauptoperationsgebiete von Piraten im Altertum

Diese allgemeinen Ausführungen zur Art und Weise sowie zum Umfang des Seeräuberunwesens in der Antike schienen notwendig, um eine Vorstellung davon zu vermitteln, warum die Piraterie als »Quelle« der Sklaverei überhaupt zu einer solchen Bedeutung gelangen konnte .

Das Los der Opfer

Hatten sich die Korsaren eines Schiffes bemächtigt, so fiel ihnen neben der mitgeführten Ladung natürlich auch menschliche »Beute« in die Hände. Nicht selten mag dieser Teil ihres Raubzuges sogar lukrativer gewesen sein. Es kam vor, daß die Seeräuber ihre Opfer töteten, wenn sie sich darüber ärgerten, daß sie nur geringe Beute gemacht hatten.[22] Doch war es sicher nur eine verschwindend geringe Zahl von Opfern, die den Angriff der Piraten mit dem Leben bezahlen mußten.

In der Regel versuchten die Seeräuber, für ihre Gefangenen einen möglichst hohen Preis zu erzielen. Bei prominenten, zahlungskräftigen Opfern ließ man Verwandten oder Bekannten eine Nachricht über die Gefangennahme zukommen und forderte sie auf, ein Lösegeld zu zahlen. Der Fall Caesars ist ein charakteristisches Beispiel dafür, wie die Piraten Herkunft und Vermögensverhältnisse der Gefangenen in ihre Lösegeldforderungen einrechneten. Die gewaltige Summe von 50 Talenten hätte ein »normaler« römischer Bürger unter keinen Umständen aufbringen können. Nach der Bezahlung des erpreßten Lösegeldes hielten die Piraten im allgemeinen Wort und ließen die Ausgelösten frei.

Anders verfuhren die Seeräuber mit »einfachen« Passagieren und Besatzungsmitgliedern gekaperter Schiffe. In diesen Fällen schien es ihnen gewinnbringender – und vor allem auch weniger riskant –, die Opfer schnellstens an Sklavenhändler zu verkaufen, die die »Ware« ihrerseits dann zu den großen Sklavenmärkten brachten und feilboten. Für manchen Griechen und Römer stand so am Ende einer Seefahrt die Unfreiheit.

Allerdings schätzte man »Barbaren«-Sklaven mehr. Da aber Nichtgriechen wesentlich weniger Seefahrt betrieben, bedurfte es anderer Methoden, um den erforderlichen Bedarf an Unfreien zu decken. Auch in diesem schmutzigen Geschäfte engagierten sich die Seeräuber.

Der Überfall auf Schiffe war nur die eine Seite ihrer Aktivitäten. Weiter verbreitet waren Plünderungszüge und Raids zu Lande. Die Seeräuber gingen blitzschnell vor. Sie landeten plötzlich mit mehreren Schiffen und warfen sich auf kleinere Orte, plünderten und brandschatzten sie und führten zahllose Gefangene mit sich fort. Die derart Verschleppten gelangten dann ohne Ausnahme in die Sklaverei.

Man kann sich heute kaum vorstellen, daß diese Gewalttaten mitten im Frieden geschehen konnten, daß Piraten selbst den Piräus, Athens großen Hafen, zu überfallen wagten und sich auch nicht scheuten, wenige Kilometer vom mächtigen Rom entfernt die Küste Latiums heimzusuchen. Den Küstenbewohnern des Altertums aber standen solche Aktionen stets vor Augen; sie lebten ständig in der Furcht vor derartigen Übergriffen. Thukydides bemerkt zu Recht, daß die Griechen ihre Städte in alter Zeit aus Angst vor Piraten bewußt ein Stück landeinwärts gegründet hätten[23] – eine Vorsichtsmaßnahme, die bis zum vergangenen Jahrhundert im gesamten Mittelmeergebiet üblich war.

Wenn die Seeräuber derart unverfroren selbst in zivilisierten, dicht bewohnten Gegenden operierten, so läßt sich unschwer vorstellen, mit welcher Rücksichtslosigkeit und kriminellen Energie sie sich auf weniger geschützte Landstriche im »Barbaren«-Land warfen. Tatsächlich gingen sie im Schwarzmeerraum und im kleinasiatischen Bereich an Land, um dort regelrechte Menschenjagden zu veranstalten, in deren Verlauf Abertausende zufälliger Opfer den Weg in die Sklaverei antreten mußten.

Keine List war den Seeräubern zu schmutzig, um an ihre Beute zu gelangen. Beliebt war die feige Methode, bestimmte Feste auszunutzen und sich auf wehrlose Frauen und unbewaffnete Männer zu stürzen. Gleichsam der legendäre Prototyp für dieses Vorgehen war der berühmt-berüchtigte Frauenraub von Brauron, bei dem Seeräuber von der Insel Lemnos bei einem Fest zu Ehren der Artemis athenischen Frauen auflauerten und sie auf ihre Schiffe verschleppten.[24]

Nicht immer waren die Piraten erfolgreich. Mitunter stießen sie auf erbitterte Gegenwehr und wurden unter Verlusten gezwungen, zu ihren Schiffen zu flüchten. Um sich nicht allzu oft blutige Köpfe zu holen, verfielen manche Seeräuberbanden auf die Idee, Spione und bezahlte Agenten an Land zu beschäftigen, die sie über günstige Gelegenheiten heimlich informierten.

Über die Menschenjagden im nord- und westpontischen Raum erfahren wir keine Einzelheiten. Vor den damit verbundenen Brutalitäten verschlossen die Griechen lieber die Augen. Sie waren am Erwerb von Sklaven interessiert; *wie* die Barbaren in die Gefangenschaft gerieten, darüber wollten sie nichts wissen. Es waren aber auch Seeräuber griechischer Herkunft, die in barbarischen Ländern Jagd auf Menschen machten.

Daneben gab es einige einheimische Stämme im Pontosgebiet, die sich darauf spezialisiert hatten, den Nachschub an Sklaven ins »zivilisierte« Griechenland zu übernehmen und am lukrativen Menschenhandel zu verdienen. Der Geograph Strabo berichtet, die an der Ostküste des Schwarzen Meeres lebenden Völkerstämme der Achäer, Zyger und Heniocher lebten ausschließlich vom Seeraub. Sie griffen mit leichten Booten nicht nur Handelsschiffe und Küstenorte an, sondern landeten auch an fremden Gestaden. Dort nahmen sie ihre Boote auf Schultern mit ins Land, versteckten sich in den Wäldern und lauerten Tag und Nacht ahnungslosen Passanten auf, die sie nach der Rückkehr in die Heimat an griechische Sklavenhändler verkauften.[25]

Doppelte Moral im Umgang mit Seeräubern

Gewiß, in »klassischer« griechischer und römischer Zeit galten Piraten als Gesetzlose, als Kriminelle, wenngleich Aristoteles den Seeraub immerhin noch als ein »Gewerbe« einstuft, das er in einem Atemzug mit Jagd und Fischfang nennt.[26] Und sicher setzte sich immer stärker die Ansicht durch, Piraterie sei moralisch verwerflich und strafbar.

Welche Strafe gefaßten Seeräubern in vielen griechischen Städten drohte, läßt ein Vorfall aus dem Jahre 492 v. Chr. erahnen. Damals hatten Chier, die sich nach der verlorenen Schlacht von Mykale auf der Flucht befanden, ihre nicht mehr voll manövrierfähigen Schiffe im Gebiet von Ephesos auf den Strand laufen lassen. Zu Fuß setzten sie ihren Weg fort und gelangten nachts in eine Gegend, wo gerade ein Frauenfest stattfand. Die Wachen der Ephesier glaubten, eine Bande von Seeräubern vor sich zu haben, und riefen ihre Truppe herbei. Bevor das tragische Mißverständnis aufgeklärt werden konnte, waren die vermeintlichen Räuber niedergemacht.[27]

Kein Zweifel, Piraten schlug der Haß der Bevölkerung entgegen. Konkrete Nachrichten, wie überführte Seeräuber in Griechenland behandelt wurden, fehlen jedoch. Für die römische Zeit dagegen liegen genaue Einzelheiten vor. Die Todesstrafe war jedem Korsaren sicher; nur in der *Art* der Hinrichtung kannte man Unterschiede: Kreuzigung, Enthauptung oder die Gladiatoren-Arena kamen in Frage. Und gerade die besonders gefährdeten Menschen in den Küstenstädten müssen die öffentlichen Hinrichtungen von Seeräubern mit großer Befriedigung verfolgt haben, wie diese Episode zeigt: Cicero wirft seinem politischen Gegner Verres, einem berüchtigten römischen Statthalter in Sizilien, allen Ernstes vor, er habe der Bevölkerung von Syrakus das *iucundissimum spectaculum*, das überaus köstliche Erlebnis, der Exekution eines Piraten vorenthalten.[28]

Und doch: Bei aller Entrüstung über die »Seuche der Seeräuber« – von einer doppelten Moral in dieser Frage kann man gerade die Griechen nicht freisprechen. Waren sie selbst betroffen, wehrten sie sich ihrer Haut; Menschenhandel und Kidnapping – das übrigens auch in griechischen Städten und nicht nur im »Barbaren«-Land durchaus vorkam! – hielten sie dann für strafwürdig und unmenschlich und setzten sich leidenschaftlich für die Sicherheit der Meere und Küsten ein.[29] Ging es aber um Menschenjagden und Sklavenfang im fernen Süden Kleinasiens oder im Norden des Schwarzen Meeres, um brutale Raubzüge, bei denen Tausende unschuldiger Opfer niedergemacht und viele weitere Tausende aus ihrer heimischen Umgebung herausgerissen und in die Unfreiheit gestoßen wurden, dann erhob sich kein Sturm des Protestes. Schamhaft wurden diese Vorgänge verschwiegen, aber sie handelten und verschacherten, erwarben und vermieteten die menschliche »Beute«, die Seeräuber und Menschenjäger von ihren Raubzügen mitgebracht hatten.

Noch schlimmer: Ohne Mithilfe von Behörden und offiziellen staatlichen Stellen wie Hafenpolizei und Marktaufsehern wäre es den Seeräubern in vielen Fällen gar nicht möglich gewesen, ihre »Ware« auf den Sklavenmärkten unterzubringen. Wenn es sich um Nachschub an Sklaven handelte, machten manche Städte gemeinsame Sache mit den Piraten. Sie erlaubten den Seeräubern das Anlaufen ihrer Häfen. Für das zweite vorchristliche Jahrhundert steht fest, daß unter anderem die Städte Phaselis und Side an der Südküste Kleinasiens den Piraten Tür und Tor geöffnet haben.

Und auch die Behörden von Delos, in jener Zeit der »Hauptumschlagplatz« für menschliche »Ware« mit Umsätzen von bis zu 10000 Sklaven pro Tag, verschmähten es nicht, mit den kilikischen

Seeräubern zusammenzuarbeiten, wenn nur der Wohlstand der Insel gemehrt wurde. »Segle ein, Kaufmann, lade dein Schiff aus, und schon ist alles verkauft« – in diesem auf den Menschenhandel von Delos gemünzten Sprichwort[30] konnte man für »Kaufmann« oft ebensogut »Pirat« einsetzen.

Sklavenhandel und Sklavenmärkte

Wenn die Seeräuber die Beute ihrer Menschenjagden nicht selbst zu einem Sklavenmarkt brachten, dann verkauften sie ihre »Ware« an Zwischenhändler, die das Geschäft mit dem An- und Verkauf von Unfreien teilweise in ganz großem Stil betrieben. Diese Händler übten ihr Gewerbe an wichtigen Küstenplätzen aus, wo sie die Opfer der Piraten in Empfang nahmen, um sie dann an Ort und Stelle zu verkaufen oder um sie zu einem größeren Sklavenmarkt weiter zu verschiffen. Neben den Sklavenhändlern, die mit Piraten griechischer oder nichtgriechischer Abstammung zusammenarbeiteten, gab es andere, die sich darauf verlegt hatten, griechische Heere auf ihren Kriegszügen zu begleiten und die im Verlaufe der militärischen Auseinandersetzungen gemachten Gefangenen den Feldherren und Soldaten abzukaufen.

Man sieht: Der widerliche Handel mit menschlicher »Ware« war offenbar bestens organisiert und wurde durch keinerlei Skrupel gehemmt. Im Gegenteil. Je größer der Bedarf an unfreien Arbeitskräften wurde, um so rascher nahm auch der Umfang dieses Gewerbes zu, das sich sehr schnell zu einem bedeutenden Wirtschaftszweig entwickelte.

Unter den Sklavenhändlern scheint es sogar regelrechte »Spezialunternehmer« gegeben zu haben. Herodot berichtet von einem gewissen Panionios aus Chios, der »seinen Lebensunterhalt durch ganz besonders gottlose Handlungen bestritt«, wie der Historiker tadelnd anmerkt. »Jedesmal nämlich«, so fährt Herodot fort, »wenn Panionios Knaben von besonderer Schönheit erworben hatte, entmannte er sie und verkaufte sie dann für teures Geld nach Sardes und Ephesos. Denn bei den Barbaren sind die Eunuchen wegen ihrer Treue geschätzter als richtige Männer. Panionios hatte schon viele verschnitten, weil er ein Gewerbe daraus machte . . .«[31]

Dieser Sklavenhändler aus dem 6. Jahrhundert v. Chr. hatte sich also auf den Verkauf seiner doppelt gedemütigten Opfer an die persischen »Barbaren« spezialisiert, wobei dem Sklavenmarkt in Ephesos beim griechisch-persischen Sklavenhandel offensichtlich eine Schlüsselstellung zukam.

Wichtige Sklavenmärkte der klassischen griechischen Zeit waren Byzantion (Istanbul) – hier liefen die Fäden des rings um das Schwarze Meer ausgeübten Menschenhandels zusammen –, Ephesos und Milet an der Westküste Kleinasiens, Chios, Samos, Aegina und Athen. Auch Korinth und andere bedeutende Wirtschaftszentren der griechischen Welt verfügten über derartige Märkte. Erst im 2. Jahrhundert v. Chr. – nach der Zerstörung Korinths durch die Römer – entwickelte sich das kleine Delos zum Zentrum des Handels mit Unfreien im Ost-West-Verkehr zwischen der hellenistischen und der römischen Welt.

In großen Scharen gelangten die Sklaven auf die Märkte. Dieser Massenimport unfreier »Barbaren« schien den Griechen weder befremdlich noch rechtfertigungsbedürftig. Sklaven galten sozusagen ganz emotionsfrei als eine Ware unter vielen, die in den großen Häfen angelandet und verkauft wurden. Ein Fragment des Komödiendichters Hermippos aus dem 5. Jahrhundert v. Chr., eines Zeitgenossen des Perikles, belegt das sehr anschaulich. In einer langen Aufzählung von Gütern, die nach Athen gelangten, heißt es da unter anderem:

»Aus Kyrene (beziehen wir) Silphionstengel und Ochsenhaut, vom Hellespont Makrelen und Salzfische . . ., von Syrakus Schweine und Käse, von Ägypten Segel und Papyros . . . Aus Euböa kommen Birnen und feiste Schafe, *aus Phrygien Sklaven,* aus Arkadien Söldner. *Pagasai (in Thessalien) schickt Sklaven . . .*, die Paphlagonier liefern Kastanien und ölige Mandeln, Phönizien Datteln und feines Weizenmehl, Karthago Teppiche und bunte Kopfkissen.«[32]

Mit dieser uns frappierenden Selbstverständlichkeit reiht der Dichter des 5. Jahrhunderts die Ware »Sklaven« unter »andere« Importgüter wie Käse, Papyrus, Schafe und Teppiche ein. Noch deutlicher läßt sich die Degradierung von Menschen zu rein materiell bedeutsamen Handelsobjekten wohl nicht ausdrücken.

»Menschliche Ware« – aus aller Herren Ländern

Die Aufzählung des Hermippos kann allerdings nicht den Anspruch auf Vollständigkeit erheben. Er erwähnt nur zwei Herkunftsländer von Unfreien, freilich immerhin zwei der wichtigsten: das kleinasiatische Phrygien und den makedonischen Raum. Andere bedeutende

»Barbaren«-Länder, aus denen die Griechen die großen Massen ihrer Unfreien importierten, waren Thrakien und die Pontos-Gebiete, Syrien sowie die kleinasiatischen Landschaften Lydien und Paphlagonien.

Daß damit zumindest für Athen, mit großer Wahrscheinlichkeit aber sogar für das ganze griechische Mutterland die wichtigsten Herkunftsländer der Unfreien aufgezählt sind, läßt eine Inschrift aus dem Jahre 414 v. Chr. vermuten. Dort ist neben dem Grund- auch der Sklavenbesitz eines in Athen ansässigen Ausländers verzeichnet, dessen Vermögen wegen seiner angeblichen Verstrickung in einen Religionsfrevel konfisziert worden war. An der Spitze der Nationalitäten-Skala rangieren dort die zwölf Sklaven aus Thrakien; es folgen die Karer mit sieben, die Skythen mit drei, die Syrer und Illyrer mit je zwei Unfreien. Hinzu kommen jeweils noch ein Sklave aus Kolchis, Lydien, Makedonien, Phrygien, Messenien und Kappadokien.[33]

Ein noch bunteres Bild ergeben aber die Inschriften von Delphi, in denen der Verkauf von Sklaven an den Gott des Heiligtums, Apollon, geschildert wird. In dieser Liste sind außerdem *zusätzlich* noch verzeichnet Italiker, Sarmaten, Bastarner, Galater, Mysier, Bithynier, Elymer, Armenier, Phönizier, Juden, Araber, Cyprier und Ägypter.[34]

Die breite Palette der Herkunftsländer unfreier Arbeitskräfte spiegelt sich auch in vielen Sklavennamen wider. Der Einfachheit halber hielten es die Griechen in vielen Fällen gar nicht für nötig, den Sklaven ihren eigenen Namen zu belassen oder ihnen auch nur einen neuen Individualnamen zu geben; statt dessen wurden ihnen der Name ihres Volkes »verpaßt«. Den einen rief man Libus, »Libyer«, den anderen Iudaios, »Jude«, den dritten Kyprios, »Zyprer«. Dieser im Grunde menschenverachtende Brauch, der den einzelnen Sklaven praktisch eines wichtigen Teiles seiner Persönlichkeit beraubte, muß weit verbreitet gewesen sein. Nur so erklärt es sich, daß umgekehrt die ursprünglichen Ethnika im Laufe der Zeit beliebte Individualnamen für Unfreie wurden: Thraissa (»die Thrakerin«), Medos (»der Meder«), Geta (»der Gete«, aus einem thrakischen Stamm, der im heutigen Bulgarien siedelte) wurden nun auch Sklaven gerufen, die keineswegs aus den entsprechenden Ländern stammten.[35]

Die lange Liste der Herkunftsländer der Sklaven läßt rasch eine bemerkenswerte Parallelität erkennen. Es sind zahlreiche Länder darunter, an deren Küsten sich Griechen niedergelassen hatten. Kein Zweifel: Die große griechische Kolonisation hatte auch für den Sklavenhandel einen Rahmen geschaffen, der vorher völlig außerhalb des Denkhorizontes gelegen hatte. Durch die Anlage zahlloser griechischer Kolonien und Handelsstützpunkte in »Barbaren«-Ländern war ein engmaschiges Verkehrsnetz entstanden, die Transportwege waren kürzer und sicherer, die Organisierung jeglichen Handels – Menschenhandel eingeschlossen – leichter geworden. Neue Absatzmärkte wurden erschlossen, und gleichzeitig hatten sich die Griechen den Zugang zu neuen, reich sprudelnden Quellen der Sklaverei geschaffen.

Daß die griechische Kolonisation in vielerlei Hinsicht die Voraussetzung für den nun rasch aufblühenden Handel mit menschlicher »Ware« geschaffen hat, läßt sich schlechterdings nicht bestreiten. Und so fällt auf jene überragende Leistung des archaischen Griechentums, die von so weitreichender kultureller und politischer Folgewirkung war, doch auch ein tiefer Schatten. Die »geschichtslosen Barbaren«, von denen Helmut Berve in diesem Zusammenhang spricht,[36] waren beileibe nicht nur Nutznießer der Ausbreitung griechischer Kultur und Gesittung, griechischen Gewerbefleißes und griechischer ökonomischer Leistungsfähigkeit – sie waren meist in ungleich höherem Maße die Opfer dieser Expansion, diejenigen, die auf der anderen Seite standen – jenseits von Wohlstand und Freiheit.

Unter diesen Bedingungen entwickelte sich ein intensiverer Handel, der es griechischen Kaufleuten ermöglichte, mit den phönizischen Händlern in Konkurrenz zu treten und ihrerseits ein das gesamte Mittelmeerbecken umfassendes Handelsnetz aufzubauen. Die griechischen Kolonien und Stützpunkte an allen wichtigen Küsten waren eine Art von Schaltstationen, die einerseits den Kontakt zu den Völkerschaften im Hinterland herstellten und aufrechterhielten und über die andererseits der »Übersee«-Handel abgewickelt wurde.

Und doch fehlte in den ersten Jahrzehnten der Kolonisationszeit noch der eigentliche Motor für einen wirklichen Durchbruch auf dem Gebiet des internationalen Handels. Das Münzgeld war noch nicht erfunden; noch immer herrschte der umständliche Tauschhandel vor. Beliebte Wertmaßstäbe bildeten in homerischer Zeit (8. Jahrhundert v. Chr.) Spieße, Beile und Becken aus Edelmetall, aber auch Rinder und andere Haustiere galten als Wertmesser[37] – für den Fernhandel nicht gerade ideale Tauschobjekte.

In der Zeit kurz nach 700 v. Chr. wurde im kleinasiatischen Lyderreich eine Erfindung gemacht, deren Folgen für den weiteren Gang der Wirtschaftsgeschichte der Menschheit von allergrößter Bedeutung sein sollte. Zum ersten Male wurden dort Münzen geprägt, zunächst kleine Gold- und Silberstücke in ovaler Form ohne bildlichen Schmuck und ohne Aufschrift, später dann mit dem Namen lydischer Könige und spiegelbildähnlichen Gravierungen. Dies war die Geburtsstunde der Währung, deren Wert als Zahlungsmittel der Herrscher selbst garantierte.

Es dauerte nicht lange, und dieser revolutionäre Schritt vom Tauschhandel zur Geldwirtschaft wurde auch in den führenden hellenischen Städten vollzogen. Die ersten griechischen Münzen wurden von kleinasiatischen Poleis geprägt; sehr rasch folgte die Insel Aegina, im 7. Jahrhundert v. Chr. eines der führenden Wirtschaftszentren Griechenlands. Kurze Zeit später übernahmen weitere Städte des Mutterlandes die Neuerung, unter ihnen Athen, das mit Sicherheit schon im ausgehenden 7. Jahrhundert eine eigene Münzprägung betrieb.

Den Griechen selbst war durchaus klar, welche überragende Bedeutung die Einführung der Geldwirtschaft hatte, die einen ungeahnten Aufschwung in Handel und Gewerbe hervorrief. Aristoteles faßt die Vorteile dieser Entwicklung in seiner »Politik« so zusammen:

»In der ursprünglichen Gemeinschaft ... tauschte man gegenseitig nur die Gebrauchsgüter selbst und nicht mehr; also Wein gegen Getreide und so weiter. Ein derartiger Tauschhandel ist weder gegen die Natur, ... noch stellt er eine besondere Form der Erwerbskunst dar. Allerdings entsteht aus ihm jene andere Kunst. Denn durch die Einfuhr dessen, was man entbehrte, und die Ausfuhr des Überschusses dehnte sich die Hilfeleistung über die Grenzen des Landes aus, und so wurde der Gebrauch von Geld eine Notwendigkeit. Denn nicht alle naturgemäß notwendigen Güter sind leicht zu transportieren. Daher kam man überein, beim Tausch gegenseitig eine Sache zu nehmen und zu geben, die selbst nützlich und im täglichen Gebrauch handlich war, wie Eisen, Silber und ähnliches. Zuerst bestimmte man sie einfach nach Größe und Gewicht, dann drückte man ihnen ein Zeichen auf, um sich das Abwiegen zu ersparen. Denn die Prägung wurde als Zeichen der Quantität gesetzt.«[38]

In der Tat bot das Aufkommen der Geldwirtschaft großartige Entwicklungsmöglichkeiten für den Handel. Der Umsatz von Waren wurde erleichtert und beschleunigt. Geld war ebenso leicht zu transportieren wie aufzubewahren. Die Mobilität des Kapitals erhöhte sich, man investierte dieses »liquide« Vermögen in Unternehmungen und Gewerbe. Hatte Reichtum zuvor fast ausschließlich in Grundbesitz bestanden, so eröffnete die Einführung der Münze nun auch Angehörigen der nicht-grundbesitzenden Schichten die Möglichkeit, durch ihre Tätigkeit als Handwerker oder Fabrikanten Vermögen zu bilden und das erworbene Geld wieder zu investieren und »arbeiten« zu lassen. Kein Zweifel, daß die mit dem 7. Jahrhundert einsetzende und im 6. Jahrhundert beträchtlich anschwellende Konjunktur in Handwerk, Handel und Gewerbe in engster Verbindung mit der Revolutionierung des Wirtschaftslebens durch die Erfindung des Münzgeldes gestanden hat!

Das Elend der Schuldsklaven

Und doch brachte diese Neuerung nicht nur Segen und vermehrten Wohlstand. Wie bei fast allen einschneidenden Entdeckungen der Menschheit, so hatte auch der Übergang zur Münzwirtschaft schlimme Fehlentwicklungen im Gefolge. Die Klagen über Macht und Mißbrauch des Geldes sind so alt wie das Geld selbst. Die negativen Kehrseiten des neuen Systems zeigten sich nur allzu bald: Skrupellose Geschäftemacher verlegten sich darauf, ihr Kapital gegen wirtschaftlich Schwächere auszuspielen. Betrug, Wucher und ungehemmte Profitgier, rücksichtsloses Besitzstreben und Ausbeutung der »Habenichtse« durch Geld-Besitzer hießen die bösen Begleiterscheinungen – auch und gerade in einer Zeit, da vielen der Umgang mit Geld noch ganz fremd und ungewohnt war.

Und damit sind wir bei unserem Thema. Erneut war es ein an sich sehr begrüßenswerter Fortschritt in der Geschichte des frühen Griechentums, der eine weitere Quelle der Unfreiheit mit sich brachte: die Schuldsklaverei.

Aus ganz Griechenland hallen im späten 7. und im 6. Jahrhundert v. Chr. die bitteren Schreie der Unglücklichen wider, die ihre Schulden nicht bezahlen konnten und dadurch – viele zusammen mit ihrer Familie – der totalen Verfügungsgewalt des Gläubigers anheimfielen. In aller Regel hieß das: Sie mußten den Weg in die Sklaverei antreten und wurden, wenn das Schicksal es noch ärger mit ihnen meinte, in die Fremde verkauft. Nur zu oft wurden die Familien auseinandergerissen und in die verschiedensten Winkel der griechischen Welt zerstreut. Tausende und Abertausende zahlungsunfähiger Schuldner stießen auf diese Weise zu dem immer stärker anschwellenden Heer der Unfreien.

Ihnen war die Erfindung des Münzgeldes zum Verhängnis geworden – oder besser gesagt: die mangelnde Erfahrung mit dieser neuen Entdeckung, die das Wirtschaftsleben fast schlagartig von heute auf morgen völlig umgestellt hatte und vielen nicht die Zeit ließ, sich an die veränderten Verhältnisse zu gewöhnen. Unkenntnis und Unerfahrenheit auf der einen Seite, skrupellose Anwendung und eiskalte Berechnung des »Maximalprofits« auf der anderen Seite: Diese unheilvolle Kombination stürzte vielerorts in Hellas Zehntausende in den wirtschaftlichen Ruin und ließ sie ohne Erbarmen zu Schuldsklaven herabsinken.

Wie war es möglich, daß die im Grunde doch so segensreiche Einführung der Münzwirtschaft von derart katastrophalen Begleiterscheinungen überschattet wurde? Die Rekonstruktion der Geschehnisse, die zu diesem Elend und Unglück führten, ist verblüffend einfach.[39]

Der Weg in den Bankrott

Bis zur Einführung des Münzgeldes hatte der Kleinbauer mit festen Werterelationen kalkulieren können. Er brachte seine Ernte zum Markt, erwarb dort im Tausch gegen seine Feldfrüchte Kleidung und Schuhe, Wolle zum Spinnen und neue Werkzeuge. Er bezahlte den Schmied, der seinen Pflug reparierte, und den Handwerker, der in seinem Hause Reparaturen durchgeführt hatte, mit Naturalien. Nun stand er plötzlich vor einer von Grund auf veränderten Situation. Kaum noch jemand war bereit, seine Dienste und Waren gegen Weizen und Wein abzuwägen. Fast jeder forderte Geld – verständlicherweise, denn damit war man schon rein zeitlich unabhängiger, um die benötigten Güter zu erwerben.

Auch der Bauer mußte sich daher widerstrebend der neuen Wirtschaftsform beugen. Aber woher wußte er, wieviel seine Produkte wert wären? Wohlgemerkt: Wir befinden uns noch in der Anfangsphase der Münzgeldwirtschaft. Auf Erfahrungswerte konnte praktisch nicht zurückgegriffen werden. In seiner schwierigen Situation wandte sich der Bauer an Geschäftsleute, die ihm bereitwillig seine gesamte Ernte gegen eine bestimmte Summe Geld abkauften.

Ob der dabei vereinbarte Preis reell war und ausreichte, die eigenen Ausgaben zu decken, stellte sich erst einige Zeit später heraus. Manch einer stellte dann erschrocken fest, daß er bis zur nächsten Ernte nicht mehr genug Geld zur Verfügung hatte, um das für sich und seine Familie zum Leben Notwendige oder auch neues Saatgut zu beschaffen. In dieser Lage gab es nur einen Ausweg. Er mußte sich Geld leihen – in der Hoffnung, eine gute Ernte zu erzielen und sie für einen höheren Erlös als im Vorjahr zu verkaufen.

An wen wandte sich der Kleinbauer? Noch vertraute er den Adligen, die seit jeher die Geschicke des Staates bestimmt hatten und die über die größte Finanzkraft verfügten. Sie waren Großgrundbesitzer, rechneten also in ganz anderen Dimensionen als der Kleinbauer, und gerade ihnen hatte die Einführung des Münzgeldes die Möglichkeit eröffnet, Reichtümer auf bequeme Weise zu horten. Sie produzierten ja allemal mehr, als sie für Tauschgeschäfte und Eigenbedarf benötigten. Die Bitten der Kleinbauern, ihnen Kredite zu gewähren, hörten sie nicht ungern, brachte doch das so vergebene Kapital zusätzlich Zinsen.

Die Katastrophe traf den Schuldner dann oft genug durch eine Mißernte oder zumindest wesentlich schlechtere Erträge, als er erwartet hatte. Unter solchen Umständen war an eine Rückzahlung des Darlehens nicht zu denken. Im Gegenteil: Gerade Mißernten dürften ebenfalls kräftig dazu beigetragen haben, daß Kleinbauern sich – zusätzlich oder auch erstmals – verschulden mußten.

Je höher die Schuldenlast, um so dringlicher wurde die Frage, welche Sicherheiten man dem Gläubiger anbieten konnte. Bürgschaften kamen nicht in Frage; Freunde und Nachbarn hatten mit der Sicherung ihrer eigenen Existenz genug zu tun; es blieb nur noch der Grund und Boden, dessen Eigentümer der Kleinbauer war. Ihn konnte er verpfänden.

Eine grundbuchliche Eintragung war damals noch unbekannt.

Aber die Großgrundbesitzer fanden sehr wohl eine Möglichkeit, ihre Kredite abzusichern. Sie verpflichteten den Schuldner, die Errichtung von Hypothekensteinen auf seinen Feldern zu dulden. Damit war für alle Welt klar, daß das betreffende Land bereits verpfändet war. Einen anderen Großgrundbesitzer um finanzielle Unterstützung zu bitten, war für den Kleinbauern in dieser Situation sinnlos. Er war dem Gläubiger auf Gedeih und Verderb ausgeliefert.

Über die Situation um 600 v. Chr. in Attika berichten die Quellen recht gut. Die Schuldner, die mit der Rückzahlung des Darlehens in Verzug gekommen waren, trugen dort die Bezeichnung »Hektemoroi«, »Sechstelteiler«. Und das bedeutete: Sie waren verpflichtet, ein Sechstel aller Ernteerträge an ihren Gläubiger abzuliefern.[40] In gewisser Weise waren sie damit nicht mehr Herren über ihre Entscheidungen, zumal sie sich in der Praxis des täglichen Lebens schon aus Furcht vor weiterem Elend den »Empfehlungen« und Anordnungen der Großgrundbesitzer kaum entziehen konnten. Manch ein »Sechstelteiler« mag sich daher eher als Tagelöhner auf seinem eigenen Grund und Boden gefühlt haben denn als selbständig entscheidender Eigentümer.

Immerhin waren die Hektemoroi aber – juristisch gesehen – noch freie Bürger, die sich »lediglich« einer ruinösen Zwangsvollstrekkung ausgesetzt sahen. Es konnte jedoch noch viel ärger kommen. Aufgrund der Rücksichtslosigkeit und des ungebändigten Profitstrebens zahlreicher Großgrundbesitzer *kam* es in vielen Fällen noch bedeutend schlimmer.

Jemand, der schon Mühe hatte, mit dem Erlös seiner gesamten Ernte finanziell zurechtzukommen, mußte erst recht in Schwierigkeiten geraten, wenn er ein Sechstel des Ertrags an seinen Gläubiger abzutreten hatte. Unerbittlich zermalmte die einmal in Gang gesetzte Schraube der Verschuldung am Ende viele Kleinbauern. War das Land verpfändet, so gab es nur noch eine einzige Sicherheit: den eigenen Körper. »Auf den Leib leihen« nannten die Griechen diesen letzten Verzweiflungsschritt, den ein Schuldner angesichts seiner ausweglosen wirtschaftlichen Lage tun konnte.

Aber wehe dem, der nach der vereinbarten Frist nicht in der Lage war, seine Schulden zurückzuzahlen! Er hatte sein Pfand verwirkt. Der Gläubiger hatte damit jederzeit die Möglichkeit, den Pfandgegenstand – eben den Körper – in Besitz zu nehmen. Tat er das, so wurde aus dem ehemals freien Bauern ein Schuldsklave. Und der war um nichts besser gestellt als jemand, der in Kriegsgefangenschaft geraten oder von Seeräubern gefangen und in die Sklaverei verkauft worden war; denn nach der Ursache der Versklavung fragte niemand. So betrachtet, war Sklave gleich Sklave.

Erschütternde Situationsberichte aus Attika

In Attika kam es gegen Ende des 7. Jahrhunderts v. Chr. zu einer dramatischen Strukturkrise im Agrarbereich, über deren Hintergründe die unterschiedlichsten Mutmaßungen angestellt worden sind. Sicher ist, daß die Ausbreitung der Schuldknechtschaft und das explosionsartig angestiegene Volumen an Schuldenlasten die schlimmsten Symptome dieser Krise waren.

Aristoteles zieht in seinem »Staat der Athener« eine erschütternde Bilanz: »Die Armen waren den Reichen untertan, sowohl sie selbst als auch ihre Kinder und Frauen ... Das ganze Land war in den Händen weniger, und wenn die ›Sechstelteiler‹ ihre Pachtgelder nicht ablieferten, gerieten sie selbst und ihre Kinder in Schuldsklaverei. Die Kredite wurden allen mit leiblicher Haftung gegeben, bis zur Zeit Solons.«[41]

Ergänzend schildert Plutarch das Elend der Schuldsklaven: »Das Volk war den Reichen ganz verschuldet. Einige bebauten die Felder und entrichteten den sechsten Teil ihrer Erzeugnisse, andere, die ihren Leib verpfändet hatten, wurden von den Gläubigern versklavt und mußten entweder zu Hause dienen oder sich ins Ausland verkaufen lassen.«[42]

Diese Stimmen machen deutlich, daß das bittere Los der Schuldknechtschaft nicht nur wenige Unglückliche ereilte, sondern geradezu wie ein Alptraum auf den Kleinbauern lastete, von denen kaum einer sicher sein konnte, daß ihn morgen nicht das gleiche Schicksal traf wie den Nachbarn heute.

Und so staute sich immer größere Erbitterung gegen die adligen Großgrundbesitzer auf. Der Haß auf die blutsaugerischen Gläubiger drohte sich in gewaltsamem Aufruhr zu entladen. Durch das ganze Land hallte der Ruf nach γῆς ἀναδασμός *(ges anadasmós)*, nach »Neuverteilung des Bodens«. Spät, doch nicht zu spät erkannte der Adel, welche für ihn gefährliche Entwicklung sich anbahnte. Man gab nach und willigte im Jahre 594 v. Chr. ein, einem von beiden Seiten akzeptierten Schlichter umfassende Vollmachten für eine Neugestaltung des Staatswesens und zur Überwindung der größten wirtschaftlichen Schwierigkeiten zu übertragen. Sein Name war Solon.

Solon entstammte zwar selbst der Aristokratie, doch gehörte er nicht zu jenen bornierten Adligen, die, blind für ihre Fehler und Versäumnisse, eigentlich noch immer keinen Grund sahen, die sozialen Verhältnisse in irgendeiner Weise zu verändern.

Er wußte dagegen nur zu gut, woran das Land krankte. Und deshalb entschloß er sich zu Beginn seiner Tätigkeit, das Grundübel mit Stumpf und Stiel auszurotten. Er erließ eine allgemeine Schuldentilgung (Seisachtheia). Mochten die Gläubiger vor Wut über dieses vermeintliche Unrecht schnauben, so eröffnete sich Tausenden von Kleinbauern die Hoffnung auf einen neuen Anfang, eine bessere Zukunft ohne den Druck der Schuldenlasten.

Was aber sollte mit jenen geschehen, für die Solons Maßnahme zu spät kam, weil die Gläubiger ihr Pfand schon eingefordert und sie in die Sklaverei hinabgestoßen hatten? Auch hier schreckte der große athenische Gesetzgeber nicht vor ungewöhnlichen Schritten zurück: Auf Staatskosten kaufte er die Schuldsklaven von ihren Eigentümern zurück und gab ihnen damit wieder die Freiheit.

In seinem dichterischen Rechenschaftsbericht beschreibt Solon sein Vorgehen. Diese Zeilen enthüllen die Mißstände der früheren Zeit unmißverständlich und doch so unaufdringlich, daß sie nicht in peinliches Selbstlob des Gesetzgebers ausarten:

> »Dies dürfte vor dem Richterstuhle der Zeit
> am besten wohl bezeugen die große Mutter der Olympischen Götter, die schwarze Erde, aus der ich einst
> die Hypothekensteine wegnahm, die überall eingepflockt waren. Vorher war sie versklavt, nun ist sie frei.
> Viele aber führte ich nach Athen, ins gottgegründete Vaterland,
> zurück, die verkauft worden waren; die einen, die
> unter dem Zwang der Verschuldung fliehend, der attischen Sprache
> nicht mehr mächtig waren und überall umherirrten;
> die anderen habe ich hier selbst befreit.
> Sie lebten unter schmachvoller Sklaverei und
> fürchteten sich vor den Launen ihrer Herren.«[43]

Es spricht für den Weitblick und das Verantwortungsgefühl dieses Mannes, daß er sich mit den eben geschilderten Maßnahmen nicht begnügte. Sicher, die »Lastenabschüttlung« und die Befreiung aus der Schuldknechtschaft hatten zahllose Kleinbauern für den Augenblick ihrer Sorgen enthoben. Es galt aber zu verhindern, daß sich die unglückselige Spirale, die mit der Kreditaufnahme begann und die dann oft genug mit der Versklavung geendet hatte, nicht binnen kurzem erneut in Bewegung setzte. Solon erkannte diese Gefahr und schob ihr einen sicheren Riegel vor, indem er das »Leihen auf den Leib« für alle Zukunft verbot. Mit dieser zukunftsweisenden Bestimmung trug er zum allmählichen Abbau der schroffen sozialen Gegensätze in den nächsten Jahrzehnten ebenso bei wie durch die aufsehenerregenden Maßnahmen zugunsten der Schuldner und Schuldsklaven seiner eigenen Zeit.

Damit war für den Raum Attikas die Schuldknechtschaft als Quelle der Sklaverei fortgefallen. Nicht so dagegen in anderen Teilen der griechischen Welt, wo die Gläubiger mit der skrupellosen Ruinierung ihrer Schuldner so lange fortfuhren, bis diese in den Status von Schuldsklaven hinabgestoßen waren. Möglicherweise ist das von Solon formulierte Verbot einer Verpfändung des eigenen Leibes später von anderen Staaten übernommen worden. Genaueres ist darüber nicht bekannt.

Die »Blütezeit« der Schuldknechtschaft stand in Hellas – ebenso übrigens wie im alten Israel und im Rom des 5. und 4. Jahrhunderts v. Chr. – in unauflöslichem Zusammenhang mit der Überwindung der Tauschwirtschaft und dem Aufkommen der Geldwirtschaft. Nachdem sich die neuen Formen einigermaßen etabliert und die Menschen sich an den Umgang mit Münzgeld gewöhnt hatten, verlor die Schuldknechtschaft überall an Bedeutung. Ganz ist sie aber wohl auch im Griechenland des 5. und 4. Jahrhunderts nicht verschwunden. Die Gesetzestafeln von Gortyn auf Kreta kennen weiterhin eine – allerdings mildere – Form der Schuldsklaverei, und auch im kleinasiatischen Halikarnaß, der Geburtsstadt des Historikers Herodot, scheint dieser Auswuchs des Schuldrechts gegen Ende des 5. Jahrhunderts immer noch nicht überwunden gewesen zu sein.[44]

War die Schuldknechtschaft eine nur relativ kurze Zeit zur Verfügung stehende Quelle der Sklaverei, die allerdings in den Augenblikken ihrer höchsten »Blüte« ganze Heerscharen unglücklicher Menschen in den griechischen Staaten und im frühen Rom zur Sklaverei verdammte, so müssen wir uns nun einem wesentlich beständigeren Weg in die Sklaverei zuwenden, auf dem praktisch im gesamten Altertum Männer und vor allem Frauen in die Unfreiheit gelangten: dem Schicksal ausgesetzter Kinder.

Tod oder Versklavung: Das Schicksal ausgesetzter Kinder

Es muß mit aller Deutlichkeit gesagt werden: Der Brauch, Neugeborene auszusetzen und sie damit einem ungewissen Schicksal zu überlassen, wirft einen sehr tiefen Schatten auf die gesamte griechisch-römische Zivilisation. Von einigen kaum ins Gewicht fallenden Ausnahmen abgesehen, galt es im Altertum als »Recht« der Eltern beziehungsweise des Vaters, ein unerwünschtes Kind auf diese Weise loszuwerden.

Im griechischen Raum gebührt allein der Stadt Theben in Böotien der Ruhm, die Aussetzung eines Kindes gesetzlich untersagt und für eine staatliche Hilfe in sozialen Härtefällen gesorgt zu haben.[45] Erst in der römischen Kaiserzeit erhoben sich zögernd Stimmen von Philosophen, die diese Art der Familienplanung als unmoralisch verwarfen.[46] Dennoch dauerte es bis in das dritte nachchristliche Jahrhundert, bevor die Aussetzung von Neugeborenen als Mord unter Strafe gestellt wurde[47] – was freilich in der Praxis offenbar wenig Eindruck machte, da das Verbot später erneuert werden mußte. Aber auch das half nichts. Die Tatsache, daß die Gesetzgebung der Spätantike immer wieder auf dieses Verbrechen zurückkam, zeigt deutlich, daß sich in der Wirklichkeit des Alltags auch durch die Strafandrohung nicht allzu viel geändert hatte. Die jahrtausendealte Tradition der Unmenschlichkeit war stärker als alle Gesetzeskodifikationen.

»Vel ad servitutem vel ad lupanar« – entweder die Sklaverei oder das Bordell: Auf diese drastische Formel bringt der im 3. Jahrhundert n. Chr. lebende christliche Schriftsteller Laktanz die düsteren Zukunftsaussichten eines ausgesetzten Kindes.[48] Dabei ist die dritte – und gleichzeitig die wahrscheinlich häufigste – Möglichkeit noch unberücksichtigt geblieben: daß nämlich die Neugeborenen verhungerten, erfroren oder von Tieren angefallen und getötet wurden, bevor sich jemand ihrer erbarmte. Das Los derjenigen aber, die überlebten und von Pflegeeltern aufgezogen wurden, war in der Regel die Unfreiheit. Und deshalb muß die Kindesaussetzung an dieser Stelle als Quelle der Sklaverei behandelt werden .

Bevor wir den weiteren Lebensweg der von ihren Eltern verstoßenen Kinder verfolgen, sollen zunächst die Hintergründe für diesen so unglaublich barbarisch anmutenden Brauch ein wenig beleuchtet werden.

Vom Ursprung der Aussetzung

In der Frühzeit der Völker war die Aussetzung von Kindern ein durchaus gewöhnlicher, geradezu alltäglicher Vorgang. Wie alltäglich, zeigt das Beispiel prominenter Gestalten, seien sie nun historisch faßbare Persönlichkeiten oder bloße Chimären des Mythos: Moses sowie Romulus und Remus sind die bekanntesten Findlinge der israelitischen bzw. der römischen Geschichte. Und in der reichen Mythologie der Griechen gab es kaum einen Gott unter den erhabensten Größen des Olymp, in dessen Vita nicht nach der einen oder anderen Sage die Aussetzung des Neugeborenen als dramatischer Anfang stünde. So hieß es in Kreta vom obersten Gott, Zeus, daß er einst ausgesetzt worden sei, gleichermaßen in Böotien von Poseidon, dem Gott des Meeres; in Epidauros galt der Herr des großen Heiligtums, Asklepios, als ehemaliges Findelkind; und auch Hephaistos, der Hüter des Erdfeuers und der Schmiedekunst, stand in dem gleichen Ruf.[49] Ähnliches wurde über zahllose Heroen und Städtegründer berichtet. Diese eindrucksvolle Liste prominenter Findlinge macht deutlich, wie wenig außergewöhnlich die Aussetzung von Kindern in der Frühzeit gewesen ist. Wo aber lagen die Gründe für eine derart weite Verbreitung dieser Einrichtung?

Am Anfang stand sicher das Bestreben, nur Kinder großzuziehen, die voraussichtlich das Leben würden »meistern« können. Schwache und gebrechliche, verkrüppelte und behinderte Kinder wurden als bloßer »Ballast« angesehen, und das bedeutete für die betroffene Familie nichts als Sorgen und Mühen und war – ein mindestens ebenso wichtiger Gesichtspunkt! – für die Gemeinschaft des Stammes, des Dorfes oder der Stadt lediglich eine Bürde. Wo insbesondere in einer feindlichen Umwelt und unter extrem widrigen Umständen wie z. B. in einer noch nicht seßhaft gewordenen Stammesgemeinschaft die Wehrfähigkeit und der Beitrag des einzelnen zur Verteidigung und Stärkung der Gesamtheit vorrangige Kriterien für den Wert eines Menschen waren, da schien es in der Tat nur konsequent, »lebensuntüchtige« Kinder gleich nach der Geburt zu verstoßen.

Wie gesagt: Dieser Ursprung der Aussetzung – und auch der Tötung – von Neugeborenen fällt in eine frühe Phase der zivilisatorischen Entwicklung, im Falle der Griechen in die Zeit der großen

Wanderungsbewegung (Dorische Wanderung). In besonders konservativen Gebieten ist diese Praxis dann auch nach der Seßhaftwerdung beibehalten worden. Am reinsten hat sie sich in Sparta erhalten, und zwar bis in die klassische Zeit. Das grausame Verfahren bestand in einer Begutachtung jedes Neugeborenen durch den spartanischen Ältestenrat. *Seinem* Urteil, bezeichnenderweise nicht dem des Vaters, blieb die Entscheidung darüber vorbehalten, ob das Kind »lebenstauglich« sei oder nicht. Schwache, mit körperlichen Gebrechen geborene Kinder unterlagen dem unbarmherzigen Verdikt der Ältesten: Sie wurden in ein tiefes Loch am Gebirge Taygetos geworfen. Der Name des Ortes, an dem sich das grausige Geschehen ereignete, zeigt an, daß man die Kinder nicht tötete, sondern »nur« aussetzte: »Apothetai« ist abgeleitet von ἀποτίθημι *(apotíthemi),* »wegtun«, »aussetzen«. Als Begründung für dieses Verfahren gaben die Spartaner an, daß ein Mensch, der schon vom Mutterleibe an einen gebrechlichen Körper habe, sowohl sich selbst als auch dem Staat zur Last fallen müsse.[50]

Zweifellos war die körperliche Mißbildung eines Kindes auch in anderen Gegenden Griechenlands für viele Eltern Grund genug, ihr Neugeborenes auszusetzen. Was in Sparta nicht nur mit Billigung, sondern geradezu auf Initiative des Staates geschah, das ereignete sich in vielen griechischen Städten tagein, tagaus aufgrund einer persönlichen Entscheidung der Eltern.

Daneben gab es noch andere Motive, ein Kind auszusetzen. Viele Mütter hofften, sich auf diese Weise der Schande und Verachtung, die ein unehelich geborenes Kind über sie brachte, entziehen zu können. Zumal Prostituierte, die ohnehin in ihren unerwünschten Kindern nicht mehr als eine beklagenswerte Folge ihres Lebenswandels sahen, erblickten in der Aussetzung die bequemste Lösung des Problems. Auch der bloße Verdacht eines Ehemannes, bei dem Neugeborenen könne es sich um einen Bastard handeln, bedeutete für manchen Säugling die Verbannung aus seinem Geburtshaus.

Wie sehr gerade eine (vermeintliche) sittliche Verfehlung der Mutter einen derartigen Beschluß bewirken konnte, zeigt noch das wenig sympathische Verhalten des Kaisers Augustus. Er verbannte seine Enkelin Julia im Jahre 8 n. Chr. wegen ihrer ehebrecherischen Verhältnisse. Als Julia, schon im Exil lebend, ein Kind gebar, griff der Kaiser persönlich ein, versagte dem Neugeborenen die Anerkennung als legitimer Nachkomme und verbot, es aufzuziehen – eine Maßnahme, die der Aussetzung des Kindes gleichkam.[51]

Meistens diktierte allerdings wirtschaftliche Not die Entscheidung, ein Kind auszusetzen. Gerade der Boden Griechenlands war und ist im allgemeinen nicht besonders fruchtbar; ein starkes Ansteigen der Bevölkerung ließ rasch die Grenzen der Ertragsfähigkeit erkennen. Daher zieht sich eigentlich durch die ganze griechische Geschichte die immer wiederkehrende Mahnung von Philosophen, Dichtern und Politikern, nicht allzu viele Kinder aufzuziehen, weil das Land nicht in der Lage sei, alle zu ernähren.

Das fängt an mit Hesiod, dem Dichter aus dem späten 8. Jahrhundert v. Chr., der die Welt der Hirten und Bauern aus eigener Anschauung und Tätigkeit kennengelernt hat und aus dieser Sicht heraus die Beschränkung auf ein einziges Kind empfiehlt: Der Boden gebe zuwenig her, um sich eine größere Nachkommenschaft erlauben zu können.[52] Der Gesetzgeber Philolaos von Korinth griff massiv in den Intimbereich der Bürger ein, indem er legislative Maßnahmen zur Geburtenbeschränkung verkündete. Sein Ziel: Die Zahl der leistungsfähigen Bauernhöfe sollte stabil bleiben, die Größe der Landlose nicht durch Erbteilungen reduziert werden.[53]

Ganz energisch spricht sich im 4. Jahrhundert v. Chr. der Philosoph Aristoteles für die staatlich kontrollierte Kinderzeugung aus. Er greift Platon heftig an, weil der in seinen Staatsentwürfen über derlei Beschränkungen nichts verfügt habe. Die Folgerung des Aristoteles mag heute Kopfschütteln hervorrufen, aber sie orientiert sich durchaus an der Wirklichkeit seiner eigenen Zeit: »Wird aber die Kinderzeugung freigegeben wie in den meisten Staaten, so muß das die Armut der Bürger zur Folge haben, und die Armut führt zu Aufruhr und Verbrechen.«[54]

Insbesondere in Zeiten mangelnder wirtschaftlicher Prosperität, erst recht in ausgesprochenen Krisen- und Notzeiten, dürfte die Zahl der Kindesaussetzungen hochgeschnellt sein, weil sich Eltern aus den einkommensschwachen Schichten nicht mehr in der Lage sahen, Nahrung und Kleidung für eine mehrere Köpfe zählende Familie zu beschaffen. Das ist verständlich, bedenkt man, daß selbst in vergleichsweise wohlhabenden Zeiten z. B. ein einfacher Lohnarbeiter in Athen genug zu tun hatte, um seine Familie durchzubringen.

Auch im glänzenden 5. Jahrhundert v. Chr., der klassischen Ära Athens, waren breite Schichten der Bevölkerung durchaus nicht auf Rosen gebettet, sondern mußten ihren Lebensunterhalt durch harte

Arbeit erstreiten. Eigentlich eine Selbstverständlichkeit – aber es geistert immer noch das Bild vom perikleischen Athen umher, demzufolge die einzigen, die damals wirklich arbeiteten, die Sklaven gewesen wären, während die freien Athener ihre Zeit durch Flanieren auf der Agorá, Diskutieren in der Volksversammlung und auf den Straßen vertan und ansonsten müßige Allotria getrieben hätten. Diese Vorstellung trifft allenfalls auf einige Angehörige der Jeunesse dorée zu, deren Leben, wie ein Komödiendichter mit scharfem Spott feststellte, »aus nichts anderem (bestand) als aus Kopfschmerz, Baden, unvermischtem Wein, Nachttopf, Müßiggang und Trinken.«[55]

Der normale Bürger dagegen ging seinem Gewerbe oder seiner Tätigkeit als Lohnarbeiter nach. Einen oder gar mehrere Sklaven für sich arbeiten zu lassen und sich selbst ganz dem *dolce far niente* verschreiben zu können: das war für den einfachen Athener ein Wunschtraum, der ebenso verlockend, aber auch ebenso unerreichbar fern war wie heute ein Volltreffer in der Lotterie. Die Wirklichkeit des Alltags sah – auch im »Goldenen Zeitalter des Perikles« – für Tausende von Familien armer Athener anders aus. Oft genug hing es von der Auszahlung eines einzigen Tageslohns ab, ob sich die Familie ein ordentliches Abendessen leisten konnte oder nicht.[56]

Schon unter normalen Umständen bedeutete es für Eltern aus weniger begüterten Schichten eine schwierige Entscheidung, mehr als zwei Kinder großzuziehen. Erst recht in Zeiten der Not sah sich manch einer vor die Alternative gestellt, ein Neugeborenes in die Familie aufzunehmen und dadurch mit dem Hunger als ständigem Gast im Hause leben zu müssen oder den zusätzlichen Esser zugunsten der anderen Familienmitglieder zu verstoßen.

So erfolgte eine Vielzahl von Kindesaussetzungen sicherlich aus materieller Not. Umgekehrt kam es offenbar auch vor, daß egoistische Motive oder falsch verstandene Liebe zum einzigen Sproß der Familie dazu führten, Babys auszusetzen. Das Betreben, dem Einzelkind möglichst alles zukommen zu lassen und es in Wohlstand, ja Luxus großzuziehen, muß zu bestimmten Zeiten weit verbreitet gewesen sein. Anders läßt sich die von Polybios gestellte Diagnose, mit der er den alarmierenden Kinderrückgang im Griechenland des 2. Jahrhunderts v. Chr. erklärt, kaum interpretieren. Eine erschreckende Bilanz, die der Historiker da zieht:

»Nur deshalb, weil die Menschen der Großmannssucht, der Habgier und dem Leichtsinn verfallen sind, nicht mehr heiraten oder, wenn sie es tun, die Kinder, die ihnen geboren werden, nicht aufziehen wollen, sondern nur eins oder zwei, damit sie im Luxus aufwachsen und ungeteilt den Reichtum ihrer Eltern erben – nur deshalb hat das Übel schnell und unbemerkt um sich gegriffen.« Eindeutig auch die Folgerung, die Polybios aus dieser Beobachtung zieht: »Wir müssen Gesetze erlassen, die dafür sorgen, daß die Kinder, die geboren werden, auch aufgezogen werden!«[57]

In den Worten des Polybios klingt schon recht unverhüllt an, daß oft genug sehr selbstsüchtige Beweggründe hinter dem Entschluß zu einer Kindesaussetzung standen. Tatsächlich scheuten manche Eltern ganz einfach die Mühsal, die Sorgen und den Ärger, die natürlich auch im Altertum mit der Aufzucht von Kindern verbunden waren. Kinder kosteten Geld – eine Binsenweisheit, die aber dadurch besonderer Erwähnung wert ist, weil es damals alle jene Vergünstigungen, die der Staat heute Familien mit Kindern gewährt, eben nicht gab. Nicht nur Essen, Trinken und Kleidung verursachten Kosten, sondern auch die Ausbildung der Kinder. Je besser die schulische Erziehung sein sollte, um so tiefer mußten die Eltern in die Tasche greifen, da die qualifizierten Lehrkräfte ein entsprechend höheres Unterrichtsgeld verlangten.

»Eine Tochter setzt man aus, auch wenn man reich ist«

Wie stark sich solche wirtschaftlichen Erwägungen auch bei den bessergestellten Schichten der Bevölkerung auf die Aussetzungspraxis auswirkten, lehrt ein Aspekt dieses Brauches, der an Anschaulichkeit kaum zu überbieten ist: Die weit überwiegende Mehrheit der ausgesetzten Kinder war weiblichen Geschlechts.

Bezeichnend für das Denken vieler Väter ist die Haltung des Chremes in der Komödie »Heautontimoroumenos«, die der römische Dichter Terenz nach einer griechischen Vorlage geschrieben hat. Als Chremes erfährt, daß seine Frau schwanger ist, reagiert er in einer Weise, die dem antiken Zuschauer nicht fremd vorgekommen sein wird: Falls das Kind ein Mädchen wird, so befiehlt Chremes seiner Frau, dann solle es nicht aufgezogen werden.[58] Mit anderen Worten: Das Kind ist in diesem Falle sofort nach der Geburt zu töten. Die Mutter freilich bringt es nicht übers Herz, dieses Gebot ihres Mannes zu befolgen. Sie sieht nur eine Möglichkeit, dem Neugeborenen eine – wenn auch kleine – Chance zum Überleben zu verschaffen, indem sie es einer alten Frau übergibt, die das Kind aussetzen soll. Als Chremes lange Zeit später davon hört, schäumt er vor Wut. Die Vorwürfe an seine ungehorsame Frau gipfeln in den Worten: »Was wolltest du? Bedenke nur! Der Alten hast du die Tochter aufs Geratewohl ausgeliefert, sich preiszugeben oder öffentlich als Sklavin feilzustehen!«[59]

Hinter diesem Ausbruch steht offenbar die Überzeugung, daß die Tötung des Neugeborenen letztlich ein gnädigeres Schicksal für die Tochter bedeutet hätte als ein Leben als Sklavin in Bordellen und als menschlicher Kaufgegenstand auf den Gerüsten der Sklavenhändler, die ihre Ware dort öffentlich anpriesen. Daß die hartherzige Entscheidung des Chremes kein phantasievoll ersonnener Einzelfall war, sondern für das Elend und die Verzweiflung vieler Mütter und ihrer Neugeborenen weiblichen Geschlechts gleichsam stellvertretend steht, mag ein Epigramm des Poseidippos (3. Jahrhundert v. Chr.) veranschaulichen, in dem die traurige Wirklichkeit auf eine kurze Formel gebracht wird:

> »Einen Sohn zieht man stets auf, auch wenn man arm ist,
> eine Tochter aber setzt man aus, auch wenn man reich ist.«[60]

Warum diese ungleiche Behandlung der Säuglinge nach Geschlechtern? Woher diese himmelschreiende Ungerechtigkeit gegenüber Kindern, deren einziger »Makel« darin bestand, daß sie weiblichen Geschlechts waren?

Der wichtigste Grund dafür lag sicher in der allgemeinen Geringschätzung der Frau bei den Griechen und Römern. Daß der Mann mehr galt als die Frau, ist für das gesamte Altertum eine Art Axiom gewesen – abgesehen von ganz wenigen Ausnahmen. Freilich ist diese Anschauung bekanntlich beileibe nicht auf die Antike beschränkt. Der Wunsch nach männlicher Nachkommenschaft ist im Grunde ein konsequenter Ausfluß dieser allgemeinen Überzeugung, und der mehr oder minder laut erhobene Ruf nach einem »Stammhalter« ist ja heutzutage keineswegs völlig in Vergessenheit geraten.

Natürlich hat sich in der Gewichtung gegenüber dem Altertum einiges verändert, die Stellung der Frau in vielen Ländern verbessert, die Anerkennung des weiblichen Geschlechts als »ebenbürtig« erhebliche Fortschritte gemacht. Daß dieser Prozeß aber bereits zu einem zufriedenstellenden Ende gekommen wäre, wird man vernünftigerweise nicht behaupten wollen. Diskriminierung von Frauen gibt es noch an allen Ecken und Enden.

Warum dieser Exkurs? Um ohne weitschweifige Erörterungen, einfach durch den Hinweis auf die Realität unserer Tage, eine Vorstellung davon zu vermitteln, um wieviel höher in einer Zeit, die sich voll zum absoluten Primat des Männlichen bekannte und nicht einmal in Lippenbekenntnissen für eine Gleichberechtigung der Geschlechter eintreten zu müssen glaubte, der Wert männlicher Nachkommenschaft gegenüber demjenigen weiblichen Nachwuchses eingeschätzt wurde.

Soviel über den allgemeinen Hintergrund der Tatsache, daß Mädchen bedeutend öfter ausgesetzt wurden als Knaben. Oft genug gaben aber auch recht egoistische Überlegungen hinsichtlich der »Rentabilität« der Nachkommen den Ausschlag dafür.

Rentabilität: Ein schlimmes Wort in diesem Zusammenhang! Aber es beschreibt die Sache zutreffend. Warum?

Auf einen kurzen Nenner gebracht, läßt sich das so beantworten: Die »Investitionen«, die mit dem Heranwachsen einer Tochter verbunden waren, zahlten sich nicht aus. Ein Mädchen verursachte praktisch nur Kosten. Sicher konnte es einige Jahre lang in geringem Umfang im Haushalt oder auf dem Bauernhof mitarbeiten; doch angesichts der finanziellen Mittel, die man für das Aufziehen des Mädchens aufgewendet hatte, war das eine höchst unzureichende Gegenleistung. Sobald die Tochter heiratete, stand sie ihrer Familie nicht mehr zur Verfügung. Aber nicht nur das. Der Braut mußte obendrein noch eine Mitgift überlassen werden – erneut ein Negativ-Posten in den Augen selbstsüchtiger Eltern. Überdies war die Zeitspanne, in der Töchter zur Mitarbeit herangezogen werden konnten, sehr kurz. Das Heiratsalter der Frauen lag – wie auch heute noch in vielen südlichen Ländern – weit unter dem mitteleuropäischen Durchschnitt. Ehen von 14- oder 15jährigen Mädchen mit teilweise bedeutend älteren Männern stellten keine Ausnahmen dar. Mit Sicherheit heirateten die meisten Frauen vor dem 18. Lebensjahr – eine Gewohnheit, die neben der allgemein früheren Reife in südlichen Ländern auch von der gesellschaftlichen Forderung diktiert war, daß die Frau unberührt in die Ehe gehen solle.[61]

Materiell gesehen »lohnte« es sich also überhaupt nicht, Töchter großzuziehen. Von Söhnen dagegen konnte mit Recht erwartet werden, daß sie ihre Eltern später einmal unterstützen würden und sich deren Erziehungskosten deshalb immerhin als eine Art Vorleistung zum Erwerb eines Anspruchs auf Unterhalt im Alter »rechtfertigen« ließen.[62] Doch soll hier kein Mißverständnis aufkommen: Diese abstoßenden Rentabilitätserwägungen wurden sicher nur von einem kleinen Teil griechischer Eltern angestellt. Die Berechnung des eigenen wirtschaftlichen Vorteils hat zu allen Zeiten verwerfliche Handlungsweisen hervorgebracht; insofern haftet der griechischen Zivilisation kein größerer Makel an als anderen Kulturen. Es kam an dieser Stelle nur darauf an zu zeigen, aus welchen unterschiedlichen Gründen man im Altertum Kinder ausgesetzt hat.

Ultima ratio – zeitweise arg strapaziert

Und auch einem zweiten möglichen Mißverständnis soll hier vorgebeugt werden. Es könnte der Eindruck entstanden sein, als sei die Aussetzung unerwünschter Kinder *der* spezifisch griechische Weg zur Familienplanung gewesen. Das war indes nicht der Fall. Man bemühte sich durchaus, die Zahl der Kinder auf andere Weise zu beschränken. Als besonders probates Mittel, von etlichen Philosophen wärmstens empfohlen, galt der Verzicht auf den Geschlechtsverkehr; in den Schriften des Aristoteles findet sich mehrfach die Warnung, sich mit sexuell allzu rührigen Frauen einzulassen.[63]

Auch der – von den Ehefrauen gewiß nicht sehr geschätzte, aber weit verbreitete – Usus der Griechen, vorzugsweise Hetären zur Befriedigung des Geschlechtstriebes aufzusuchen, sorgte dafür, daß weniger legitime Kinder gezeugt wurden. »Die Hetären haben wir zu unserem Vergnügen . . ., die Ehefrauen aber, um uns Kinder zu gebären und unser Haus getreulich zu verwalten« – auf diese Formel bringt ein Redner des 4. Jahrhunderts v. Chr. das merkwürdige Verhältnis vieler Griechen zu ihren Frauen.[64]

War freilich einmal eine unerwünschte Schwangerschaft eingetreten, so sahen manche Eltern in der Abtreibung der Leibesfrucht einen gangbaren Ausweg aus ihren Schwierigkeiten. Platon und Aristoteles empfehlen die Abtreibung in solchen Fällen sogar,[65] und es kann kein Zweifel bestehen, daß der Schwangerschaftsabbruch in der Antike häufig praktiziert worden ist. Bezeichnenderweise schritt der Staat gegen eine Frau, die abgetrieben hatte, nur dann ein, wenn sie gegen den Willen ihres Mannes gehandelt und ihn dadurch »der Hoffnung auf Nachkommenschaft beraubt« hatte.[66]

Die Aussetzung von Kindern war demnach nur die *ultima ratio* der Familienplanung. Freilich wurde diese *ultima ratio* in manchen Zeiten erschreckend oft in Anspruch genommen. Über die Häufigkeit von Kindesaussetzungen in den griechischen Staaten liegen natürlich keine genauen Angaben vor. Selbst wenn ein antiker Betrachter diese Problematik einer Studie für wert erachtet hätte, so hätte auch er vor den Schwierigkeiten, eine zuverlässige Statistik aufzustellen, rasch kapitulieren müssen. In kaum einem anderen Bereich mußte mit so schwer abzuschätzenden Dunkelziffern gerechnet werden.

Sicher ist: Kindesaussetzungen sind im gesamten Altertum vorgekommen. Ebenso steht freilich fest, daß insbesondere wirtschaftliche und politische Umstände einen großen Einfluß auf die Verbreitung dieser Sitte hatten. So scheinen im »klassischen« Athen des 5. und 4. Jahrhunderts v. Chr., genauer: zwischen 450 und 350 v. Chr., als es den meisten Bürgern vergleichsweise gut ging, nur wenige Neugeborene ausgesetzt worden zu sein.[67] Umgekehrt hat die Zahl der Kindesaussetzungen in Zeiten geringen Wohlstandes erheblich zugenommen.

Die Epoche des Hellenismus – vom Tode Alexanders des Großen (323 v. Chr.) bis zur Eroberung Ägyptens durch die Römer im Jahre 31 v. Chr. – brachte in vielen Teilen der griechischen Welt wirtschaftlichen Niedergang und Verarmung weiter Bevölkerungskreise mit sich. Auf die Ursachen dieser Krise braucht hier nicht eingegangen zu werden. Für unsere Thematik aber ist bezeichnend, daß die Aussetzung von Kindern in diesen Jahrhunderten in bestürzendem Ausmaße zugenommen haben muß.

Nur so erklärt sich ein außerordentlich beliebtes Motiv der Komödiendichter jener Zeit. In zahlreichen Lustspielen entwirrt sich die dramatische Verwicklung dadurch, daß die weibliche Hauptperson plötzlich als einst ausgesetztes, in die Fremde verschlepptes und versklavtes Mädchen von ihren Eltern wiedergefunden und erkannt wird.

Die Verbreitung dieses literarischen Stoffes entsprach keineswegs nur dem Wunsch der Dichter, zunächst möglichst komplizierte Situationen zu gestalten und diese dann mit Hilfe des Aussetzungs-Motivs ohne große Mühe wieder aufzulösen. Vielmehr stand hier die Wirklichkeit des Alltagslebens auf beklemmende Weise Pate. Die nackten Zahlen, die der englische Althistoriker W. W. Tarn aufgrund seiner Untersuchungen von Inschriften der hellenistischen Zeit ermittelt hat, sprechen für sich selbst.

Findet man bei 61 Familien im Athen des 4. Jahrhunderts v. Chr. noch 44 Töchter gegenüber 87 Söhnen, so nimmt das Mißverhältnis in der folgenden Zeit noch beträchtlich zu. 79 Familien in Milet gegen Ende des 3. Jahrhunderts v. Chr. hatten insgesamt 118 Söhne und nur 28 Töchter – die Relation von 4 : 1 zugunsten der männlichen Nachkommenschaft ist durch keinerlei natürliche Gründe erklärbar. Ein noch krasseres Beispiel: Zu der Verwandtschaft einer gewissen Epikteta, die um 200 v. Chr. lebte, gehörten 35 männliche und ganze sieben weibliche Mitglieder!

Nicht nur das zahlenmäßige Verhältnis zwischen Söhnen und Töchtern ist höchst unnormal, auch die *Gesamt*zahl der Nachkommen liegt in vielen Städten außerordentlich niedrig. Von sechshundert Familien in Delphi zogen im 2. Jahrhundert v. Chr. nur 57 mehr als einen Sohn auf, und ganze sechs, also 1 Prozent, hatten zwei Töchter. Ähnliche Beispiele finden sich auch in anderen Gebieten von Hellas. Bei aller Vorsicht gegenüber solchen mehr oder weniger zufällig ermittelbaren Zahlen, die sicher eine Reihe von Unsicherheitsfaktoren aufweisen – an den Schlußfolgerungen Tarns für die Verhältnisse seit ca. 230 v. Chr. geht kein Weg vorbei:

»Die Familie mit einem Kind war am häufigsten, aber man wünschte sich auch zwei Söhne (falls einer im Krieg fiel). Familien mit vier oder fünf Kindern waren sehr selten, mehr als eine Tochter wurde kaum je großgezogen. Die Kindesaussetzung in nicht geringem Ausmaß, besonders von Mädchen, steht außer Zweifel.«[68]

Vom Findelkind zum Sklaven

Wohin der Leidensweg der ausgesetzten Kinder führte, ist schon erwähnt worden: Endstation für die meisten Findlinge war die Sklaverei, soweit sie überhaupt überlebt hatten. Zwar achteten die Eltern (oder die Mutter allein) bzw. die mit der Aussetzung beauftragte Dienerin oder Hebamme meist darauf, daß das Körbchen mit dem Kind frühmorgens an einen später belebten Platz gestellt wurde – beliebt waren die Zugänge zu Tempelbezirken –, doch damit war keineswegs sichergestellt, daß sich ein Passant des ausgesetzten Kindes erbarmte und das Neugeborene nicht starb, bevor sich jemand seiner annahm. Das Risiko, das ausgesetzte Kind dem Tode zu überantworten, muß jedem Vater und jeder Mutter bewußt gewesen sein.[69]

»In den Städten mußten die für Polizeiaufgaben zuständigen Beamten ohne Zweifel regelmäßig ihre Sklaven damit beauftragen, die kleinen Leichname, die man auf den Straßen fand, fortzuschaffen.« Diese Schlußfolgerung eines französischen Forschers[70] klingt abenteuerlich, aber sie dürfte für bestimmte Zeiten in der Geschichte Griechenlands durchaus zutreffen. In Athen haben amerikanische Archäologen innerhalb des Stadtgebietes Urnengräber von Kindern gefunden, die aus dem dritten vorchristlichen Jahrhundert stammten. Die Anlegung von Gräbern *in* der Stadt war etwas ganz Außergewöhnliches. Es wäre denkbar, daß man hier die ausgesetzten, verhungerten oder erfrorenen Kinder bestattet hat.[71]

Ausgesetzte Kinder, die das Glück hatten, von jemandem aufgenommen zu werden, wurden in der Regel zu Sklaven. Der Staat kümmerte sich nicht um solche Findlinge; wer ein ausgesetztes Kind in sein Haus brachte, durfte es behalten und galt als Herr über das Kind – mit allen Rechten, die der Sklavenbesitzer auch gegenüber Kauf- oder Kriegssklaven besaß.

In Theben wurde das juristische Verhältnis zwischen dem aufgenommenen Kind und seinen Pflegeeltern gesetzlich fixiert. Allerdings war Theben – soweit bekannt – die einzige griechische Stadt, in der sich die Behörden um Neugeborene kümmerten, die in Gefahr waren, ausgesetzt zu werden. Die Aussetzung von Kindern war dort verboten. Wollte eine arme Familie aber ein Neugeborenes nicht aufziehen, so konnte sie es einem Beamten übergeben; »unmittelbar nach der Geburt und zusammen mit den Windeln«, heißt es im Gesetzestext. Gegen eine geringe Gebühr überließ die Behörde dann das ihr anvertraute Kind einer Pflegefamilie. Das Kind aber hatte einen hohen Preis an seine Pflegeeltern zu zahlen: Es wurde nach gesetzlicher Vorschrift deren Sklave.[72]

In vielen Fällen mag das Herr-Sklave-Verhältnis durch das lange Zusammenleben gemildert worden sein. Gewannen die Pflegeeltern den Findling lieb, so sprach nichts dagegen, daß sie ihm die Freiheit von sich aus schenkten und ihn wie ihr leibliches Kind behandelten.

Endstation Bordell

Es gab aber durchaus auch üble Geschäftemacher, die Findelkinder im Hinblick auf ihre spätere »Verwendung« in ihr Haus nahmen und großzogen. Besonders gewerbsmäßige Kupplerinnen und Bordellbesitzer kamen auf diese Weise zu notgedrungen willfährigen Sklavinnen, die sie skrupellos ausbeuteten. Die Ausbildung, die sie den Mädchen unter Umständen hatten zukommen lassen, orientierte sich an deren künftigem »Berufsziel«: Flöten- und Lyraspielerinnen, Tänzerinnen und Akrobatinnen waren oft nichts anderes als die Spitzenkräfte im Bereich des Hetärenwesens. Für solchermaßen geschulte, oft auf hohem geistigen Niveau stehende Prostituierte konnten die Bordellinhaber und Kuppler eine wesentlich höhere »Mietgebühr« verlangen als für einfache Straßenhuren.

Die käufliche Liebe war in den griechischen Städten ein außerordentlich wichtiger, kaum zu überschätzender Erwerbszweig. Eine Hetäre zu besuchen, galt keineswegs als Schande. Niemand, der aus der Wohnung einer Prostituierten kam, brauchte sich heimlich davonzuschleichen. Spott oder anzügliche Bemerkungen seitens seiner Mitbürger waren nicht zu erwarten. Ein Bordell galt nicht als Ort der Sünde, sondern diente fremden Besuchern ganz selbstverständlich als Unterkunft. Unter diesen Umständen kann man sich unschwer vorstellen, welche Fülle von Hetären in einer Hafenstadt wie Athen lebte.[73] Und die meisten dieser Damen waren nicht freischaffend, sondern übten ihr Gewerbe als Sklavinnen aus. Sie mußten den Löwenanteil ihrer Honorare den Eigentümern abliefern. Einen beachtlichen Prozentsatz der unfreien Hetären machten zweifelsohne Mädchen aus, die von ihren Eltern ausgesetzt und von ihren »Rettern« später bedenkenlos ausgenutzt und im Geschäft mit der käuflichen Liebe hemmungslos vermarktet worden sind. Die Griechen haben diese Quelle der Sklaverei erfunden; die Römer übernahmen diese Praxis, so daß der Kirchenvater Laktanz noch im 3. Jahrhundert n. Chr. das Schicksal ausgesetzter Kinder auf die Kurzformel zuspitzen konnte: Sklaverei bzw. Bordell.

Ein Schimmer von Hoffnung

Einen einzigen Unterschied gab es allerdings zwischen den Menschen, die auf diese Weise in die Unfreiheit gelangt waren, und ihren Schicksalsgenossen, die einem anderen Fangarm des Molochs Sklaverei zum Opfer gefallen waren. Bereuten die Eltern Jahrzehnte später ihre Tat und stießen sie zufällig auf das einst von ihnen verstoßene Kind, so hatten sie das Recht, es von den Pflegeeltern und Eigentümern zurückzuverlangen. Und das bedeutete unmittelbar die Freilassung des versklavten Kindes, eine Wiedereinsetzung in den Stand eines freien Bürgers bzw. einer freien Bürgerin!

Freilich: Mögen in den Komödien der hellenistischen Zeit diese Wiedererkennungsszenen und die Lösung des dramatischen Knotens durch die Freilassung einer (vermeintlichen) Sklavin ein überaus beliebtes Motiv sein, so dürften solche glücklichen Zufälle realiter nur wenigen Unfreien zugestoßen sein. Immerhin kam es manchmal schon vor, daß der Besitzer eine Sklavin oder einen Sklaven auf diese Weise – ohne Anspruch auf Entschädigung! – in die Freiheit entlassen mußte.[74]

Soviel zur Kindesaussetzung als Quelle der Sklaverei. Die vergleichsweise ausführliche Behandlung dieses Themas steht, dies sei mit allem Nachdruck gesagt, in keinem Verhältnis zur Bedeutung dieser Form der Reproduktion unfreier Arbeitskräfte. Verglichen mit der Gesamtzahl der Sklaven, war es stets nur eine kleine Minderheit, die durch die Aussetzung der Sklaverei zum Opfer fiel.

Dennoch schien es erforderlich zu sein, auch die Hintergründe dieser Praxis ein wenig zu beleuchten. Ohne die Ursachen dafür zu kennen, neigt man dazu, die Kindesaussetzung entweder gleichsam als selbstverständliche Art der Familienplanung anzusehen oder umgekehrt den Griechen und Römern undifferenziert barbarische Grausamkeit vorzuwerfen. Beides wäre zu oberflächlich, würde der komplizierteren Realität nicht gerecht werden. Überdies mag der Aspekt, daß die Kindesaussetzung – im Unterschied etwa zur Schuldsklaverei – im *gesamten* Altertum, wenn auch mit unterschiedlicher Intensität, eine »beständige« Quelle der Sklaverei gewesen ist, die eingehendere Behandlung dieser Thematik rechtfertigen.

Selbstergänzung der Sklavenschaft – das Für und Wider

»Sklaven, die von Sklaven abstammten und die auch οἰκογενεῖς *(oikogeneis,* ›Hausgeborene‹) heißen, wurden früher noch mehr verachtet als die gekauften Sklaven, weil sie von Unfreien abstammten und schon immer Sklaven waren, während die anderen von Freien abstammten und erst später Sklaven geworden waren.«[75]

Mit diesen Worten beschreibt ein byzantinischer Gelehrter das gesellschaftliche Ansehen einer Gruppe von Unfreien, die auf andere Weise zu Sklaven geworden waren als die bislang erwähnten Kategorien. Die Rede ist von hausgeborenen Sklaven, die als Kinder unfreier Eltern vom ersten Tage ihres Lebens an unter das Joch der Sklaverei gerieten.

Sklaverei war im gesamten Altertum erblich. Kinder, die aus der Ehe unfreier Eltern hervorgingen, galten ganz selbstverständlich als unfrei, gehörten dem Sklavenbesitzer ebenso wie ihre Eltern. Anders sah es bei Kindern aus, die von Herren mit ihren Sklavinnen gezeugt worden waren. Sie konnten in Einzelfällen damit rechnen, als frei anerkannt zu werden und das Bürgerrecht zu erhalten. Diese Möglichkeit war allerdings eher die Ausnahme, die aber besonders dann angewendet wurde, wenn die Stadt Mangel an Vollbürgern hatte.[76] In der Regel verfielen auch diese illegitimen Nachkommen des Herrn der Sklaverei.

Diese »Selbstreproduktion« der Unfreien ist sicherlich eine sehr wichtige Quelle der Sklaverei gewesen, im Verhältnis zu der Gesamtzahl der Sklaven ohne Zweifel wesentlich bedeutender als etwa die Kindesaussetzung und auch als die Schuldsklaverei insofern, als diese auf verhältnismäßig kurze Zeiträume in der Geschichte der Alten Welt beschränkt war. Welchen prozentualen Anteil sie konkret an der Gesamtzahl der Unfreien hatte, läßt sich allerdings nicht beantworten. Angaben dazu wären reine Spekulation.

Soviel aber läßt sich sagen: Diese Quelle der Sklaverei sollte zumindest für den griechischen Bereich nicht überschätzt werden. In den ökonomischen Schriften griechischer Autoren erscheint die Fortpflanzung der Sklaven keineswegs als günstige Gelegenheit für den Herrn, die Schar seiner Unfreien ohne große Kosten zu vergrößern. Offenbar war es preisgünstiger, einen Sklaven zu kaufen, als einen im Hause geborenen Sklaven großzuziehen – diese überraschende Schlußfolgerung läßt sich wohl durch die Tatsache beweisen, daß sich nirgendwo eine Empfehlung für derartige »Investitionen« findet.

Im Gegenteil: Die Verfasser ökonomischer Lehrbücher sehen die eheliche Verbindung von Sklaven überhaupt nicht unter dem Blickwinkel des daraus möglicherweise hervorgehenden Potentials an zusätzlichen Arbeitskräften. Für sie ist es vielmehr eine großzügige Geste des Herrn, wenn er den Sklaven die geschlechtliche Vereinigung erlaubt. Nur gute und willfährige Sklaven erhalten die Erlaubnis, eine Familie zu gründen; sie dürfen gleichsam zur Belohnung für ihre Treue und ihre Dienste Kinder zeugen. Normalerweise aber sind die Räume der männlichen und der weiblichen Sklaven voneinander getrennt, die Türen sind abgeschlossen, »damit keine Sklavenkinder ohne unseren Willen zur Welt kommen«.[77]

Allerdings: Nicht ohne Hintergedanken an den eigenen Vorteil durften einzelne Unfreie eine eigene Familie haben.

Nicht Humanität, sondern Berechnung stand oft genug hinter der vermeintlichen Großzügigkeit des Herrn. Verheiratete Sklaven, die mit Frau und Kindern zusammenlebten, waren im allgemeinen loyaler gegenüber ihren Besitzern und damit »unproblematischer«, nicht so »aufsässig« wie andere.[78] Aber nicht nur das. Durch die Gewährung dieses Privilegs konnte man Sklaven besser beherrschen: »Man muß sie an sich fesseln, indem man sie Frau und Kinder haben läßt«, sagt der Verfasser einer ökonomischen Schrift, die fälschlich dem Aristoteles zugeschrieben wurde.[79] Das Verb, das der unbekannte Autor in diesem Zusammenhang verwendet, läßt sich durchaus noch stärker verstehen, als es unsere Übersetzung mit »fesseln« wiedergibt. Ebensogut könnte der Sinn sein: einen Sklaven dadurch an sich binden, daß seine Ehefrau und seine Nachkommen geradezu als Geiseln diente; bei Flucht oder Unbotmäßigkeit müßte der Sklave mit Repressalien gegenüber seiner Familie rechnen![80]

Natürlich war die Familie ein gewaltiger Hemmschuh für Sklaven, die nach Freiheit strebten. Die Rücksichtnahme auf Frau und Kinder zwang dazu, sich stärker mit dem Herrn zu arrangieren, als es sonst vielleicht nötig gewesen wäre. Flucht aus dem Hause der Herrschaft war gleichbedeutend mit dem Verlassen der Familie; Aufbegehren und Arbeitsverweigerung, Widerworte und Ungehorsam *eines* Mitglieds der Sklavenfamilie konnte leicht dazu führen, daß sich der Druck auf die *gesamte* Familie verstärkte und wegen des Verhaltens eines einzelnen allen Angehörigen Vergünstigungen und Vorrechte gestrichen wurden. Kein Zweifel, daß die besondere »Gunst« des Herrn, eine Sklavenehe zuzulassen, in zahllosen Fällen auch auf der Überlegung beruhte, dadurch zusätzlich ein höchst wirksames Mittel der Disziplinierung und der Herrschaft in die Hand zu bekommen.

»Unfreies« Rollenverhalten, früh eingeübt

Sklavenkinder, die im Hause geboren wurden und dort aufwuchsen, wurden in den Augen ihrer Herren später »friedliche« Diener, die weniger »Scherereien« verursachten als Kaufsklaven. Verwunderlich ist das nicht, hatten diese Menschen die Freiheit doch nie kennengelernt. Vom ersten Tage ihres Lebens an wurden sie systematisch in die Rolle von Menschen zweiter Klasse eingewiesen – im Urteil der Sklavenbesitzer ein idealer Sozialisationsprozeß mit dem Ergebnis, daß sich diese Sklaven viel leichter mit ihrem Schicksal abfanden als diejenigen, die, frei geboren und aufgewachsen, erst durch wirtschaftlichen Ruin, Kriegsgefangenschaft oder beim Überfall einer Sklavenjägerbande in die Unfreiheit geraten waren. Die Neigung zur Rebellion war bei den hausgeborenen Sklaven offensichtlich unterentwickelt.

Sie galten deshalb auch als anhänglicher und treuer als andere Unfreie. Man brachte ihnen größeres Vertrauen entgegen als den Kaufsklaven.[81] So sehr all dies den Wünschen der *Besitzer* entgegenkam, so ist doch auch klar, daß mancher hausgeborene *Sklave* durch den jahre- oder jahrzehntelangen engen Kontakt mit der Familie, der er gehörte, bescheidene Vorteile erlangt haben dürfte. Menschen, die man noch in der Wiege hat liegen sehen und mit denen man tagtäglich zu tun hat, schlägt und schikaniert man im allgemeinen weniger als jüngst erworbene wildfremde Sklaven. Die aus dem Ausland verschleppten Unfreien beherrschen die griechische Sprache nur bruchstückhaft, die hausgeborenen Sklaven dagegen sind mit dem Griechischen vertraut, sind von Anfang an in die Lebensweise der griechischen Umwelt hineingewachsen und brauchen sich nicht wie ihre Standesgenossen barbarischen Ursprungs an ganz ungewohnte Sitten und Verhaltensweisen zu gewöhnen.

Das alles erleichtert dieser Gruppe von Sklaven das Leben, macht ihr Verhältnis zu den Herren entspannter, menschlicher. Manche Sklavenkinder wachsen zusammen mit den Kindern des Herrn auf. Sie sind Spielkameraden, ohne daß dadurch allerdings hier wie da das Bewußtsein der gesellschaftlichen Barriere, die zwischen ihnen steht, verlorengeht.

Aber trotzdem: All das baut Vorurteile ab, mindert die Distanz. Manche Sklaven werden zu Vertrauten und Beratern ihrer Herren. Ähnlich wie die klassische Tragödie die Rolle des edlen Sklaven kennt, der das volle Vertrauen seines fürstlichen Herrn genießt,[82] und wie die Neue Komödie den Typus des schlauen, listigen Sklaven porträtiert, der mit seinem jungen Herrn durch dick und dünn geht, hat es auch im Alltagsleben nicht an freundschaftlichen Verhältnissen zwischen Sklaven und ihren Herren gefehlt. Daß den im Hause geborenen Unfreien der Weg zu solch erfreulichen zwischenmenschlichen Beziehungen eher offenstand als anderen Sklaven, scheint sicher.

Lichtblicke fehlen also nicht ganz. Aber trotzdem: Es wäre gewiß falsch, die Lage dieser Gruppe von Unfreien idealisieren zu wollen, zumal es durchaus Anzeichen dafür gibt, daß nicht wenige Freie auf die hausgeborenen Sklaven besonders verächtlich herabgeblickt haben. Das eingangs angeführte Zitat des Photios bezeugt den Hochmut mancher Griechen, die einen hausgeborenen Sklaven gerade deshalb besonders verachteten, weil er niemals in seinem Leben die Chance erhalten hatte, frei zu sein.

Ursprünglich war die Kriegsgefangenschaft die einzige Quelle der Sklaverei gewesen. Die Kämpfer der homerischen Zeit sahen es als natürliches »Recht« des Siegers an, das gesamte Besitztum des Unterlegenen für sich zu nehmen – und damit auch seinen Körper. An dieser Einstellung änderte sich in dem gesamten Zeitraum der Antike nur wenig. Es wurden hier und da zwar Rufe nach mehr Menschlichkeit in der Kriegführung laut, doch vermochten sich diese einzelnen Stimmen nur selten Gehör zu verschaffen. Die Versklavung von Kriegsgefangenen und von Einwohnern eroberter Orte blieb als Gewohnheits-»Recht« stets bestehen.

Was sich allerdings seit der archaischen Zeit Griechenlands ganz entscheidend veränderte, war die quantitative Bedeutung dieser Quelle der Sklaverei. Neue Möglichkeiten kamen hinzu, und damit verlor die Kriegsgefangenschaft allmählich ihren überragenden Rang, unfreie Arbeitskräfte zu beschaffen. Im klassischen Griechenland war sie nur mehr eine unter mehreren Quellen der Unfreiheit, bei weitem in den Schatten gestellt durch die Kaufsklaverei, die sich aus Menschenhandel und Sklavenjagden speiste.

Der Zustrom von menschlichen »Beutestücken« in das Meer der Unfreiheit versiegte jedoch nie ganz. Wie selbstverständlich die Versklavung besiegter Gegner noch in den ersten Jahrzehnten des 6. Jahrhunderts v. Chr. war, zeigt das vorschnelle Verhalten der Spartaner. Sie lagen mit Tegea, einer rund 60 Kilometer nördlich von Sparta gelegenen Stadt, in Fehde. Siegessicher versäumten die Spartaner es nicht, bei ihrem Feldzug gegen Tegea gleich ein großes Kontingent an Fesseln mitzunehmen. Damit sollte der Abtransport der versklavten Tegeaten erleichtert werden. Es kam freilich anders, als die Spartaner erwartet hatten. Nicht sie, sondern ihre Gegner behielten die Oberhand, so daß schließlich die Spartaner selbst die Qualität ihrer mitgeführten Fesseln zu spüren bekamen. Für unseren Zusammenhang ist es letztlich unwichtig, wer damals siegte. Bezeichnend aber ist, daß die Tegeaten ihre Gefangenen ebenso selbstverständlich versklavten und zu Zwangsarbeiten einteilten, wie es umgekehrt die Spartaner für den Fall ihres Sieges fest eingeplant hatten.[83]

Im Laufe des 6. und 5. Jahrhunderts v. Chr. setzten sich allmählich gewisse Humanisierungstendenzen durch. Man erblickte in der Tötung männlicher Kriegsgefangener und der Massenversklavung ganzer Einwohnerschaften, sofern es sich um zwei griechische Kriegsparteien handelte, zunehmend allzu grausame Relikte der Frühzeit. »Mildere« Formen des Sieger-»Rechts« fanden Verbreitung: Manche unterworfene Stadt wurde zwar nach wie vor geplündert und niedergebrannt, aber die Besiegten »durften« auswandern und erhielten die Möglichkeit, ihre Stadt anderswo neu zu gründen.[84]

Mit solcher »Milde« konnten Nichtgriechen allerdings keineswegs rechnen. Rücksichten, die auf dem Gefühl nationaler Zusammengehörigkeit beruhten, fielen gegenüber den Barbaren fort. Sie galten als »natürliche Feinde«,[85] deren Versklavung keinerlei moralische Skrupel entgegenstanden. So trieben die Athener im Jahre 475 v. Chr. die von ihnen besiegten Perser in der thrakischen Stadt Eion in die Sklaverei; nicht besser erging es den nichtgriechischen Bewohnern der Ägäis-Insel Skyros,[86] die zur gleichen Zeit von Athen erobert wurde.

Eine ganz spektakuläre Massenversklavung barbarischer Gegner hatte sich wenige Jahre zuvor (480 v. Chr.) im westgriechischen Raum auf der Insel Sizilien ereignet. Dort hatte der Tyrann Gelon von Syrakus den Angriff einer karthagischen Streitmacht erfolgreich abgewehrt. Der Sieg der Griechen war vollkommen; Zehntausende kriegsgefangener Soldaten der Gegenseite – überwiegend von Karthago bezahlte Söldner – wurden versklavt. Angeblich war die Zahl der »menschlichen Beutestücke« so groß, daß viele Privatleute bis zu fünfhundert Sklaven in ihren Häusern hatten. »Fast schien es, als sei ganz Libyen von der Insel (Sizilien) zu Kriegsgefangenen gemacht worden«[87] – diesen Eindruck mochten nicht wenige Augenzeugen der Massenversklavung gewonnen haben. Übertreibungen, gewiß; aber insgesamt doch beredte Zeugnisse für die brutale Praxis der Massenversklavungen besiegter Gegner nach der Schlacht von Himera.

Griechen versklaven Griechen

Schonung konnten niedergeworfene Feinde griechischer Nationalität vorerst nicht erwarten, nachdem die Tragödie des Peloponnesischen Krieges über Hellas hereingebrochen war. Das erbitterte Ringen, in dem Athen und Sparta um die Führungsstellung in Griechenland kämpften und in das beinahe alle griechischen Städte verwickelt wurden, führte zu zahlreichen Exzessen an Grausamkeit. Stimmen, die nach Humanität und Rücksicht riefen, gingen im Waffenlärm unter.

Das Abschlachten besiegter Gegner kam ebenso wieder in Mode wie die Versklavung ganzer Einwohnerschaften. Für die Athener schien es die natürlichste Sache der Welt, Frauen und Kinder aus den eroberten Städten Torone und Skione zu versklaven, während sie die waffenfähigen Männer im einen Fall als Geiseln nach Athen schafften, im anderen Fall bedenkenlos niedermetzelten.[88] Mit der gleichen Selbstverständlichkeit schickten die Syrakusaner die überlebenden Angehörigen der fatalen Sizilienexpedition Athens unter das Joch der Sklaverei.[89] Sich über diese harte Behandlung zu beklagen, stand gerade den Athenern am allerwenigsten an. Sie hatten kurze Zeit zuvor, nur um ihre Kriegskasse aufzufüllen, die von nichtgriechischen Sikanern besiedelte Stadt Hykkara an der Nordküste Siziliens schnell entschlossen überfallen und die Einwohner für 120 Talente an Sklavenhändler verkauft.[90]

Diese Beispiele illustrieren auf erschreckende Weise die Roheit und Skrupellosigkeit der Kriegsführung während des großen griechischen Bruderkrieges. Opfer dieses Wahnsinns waren nicht nur die ungezählten Toten dieses mörderischen Ringens, sondern auch Abertausende von Menschen, die als Sklaven aus ihrer Heimat verschleppt und in die Fremde verkauft wurden. Unter diesen Umständen war es eine geradezu mutige Geste des spartanischen Feldherrn Kallikratidas, als er sich in einem der letzten Kriegsjahre entschieden weigerte, die Einwohner des besiegten Methymna zu versklaven. Solange *er* den Oberbefehl innehabe, so seine Begründung, werde kein einziger Grieche zum Sklaven gemacht.[91]

Diese Einschränkung bestätigt nur, daß Kallikratidas eine Ausnahmeerscheinung war. Tatsächlich bemühten sich die Spartaner und ihre Verbündeten durchaus, der Gegenseite auch in Sachen Grausamkeit in nichts nachzustehen. Im Jahre 412 gelang es ihnen, die kleinasiatische Küstenstadt Iasos von See her zu überrumpeln und einzunehmen. Sie schämten sich daraufhin nicht, sämtliche Gefangenen an die mit ihnen verbündeten Perser – Barbaren! – auszuliefern. Für jeden versklavten Einwohner kassierten sie von den Persern ein Kopfgeld.[92]

Nach dem Ende des Peloponnesischen Krieges (404 v. Chr.), der ein erschöpftes, verwüstetes, verarmtes Hellas zurückließ, wurde die Versklavung griechischer Bürger seltener. Sicher auch aus dem Rückblick auf die Greuel der vorangegangenen Jahrzehnte fanden sich zunehmend einflußreiche Publizisten, darunter die Philosophen Platon und Aristoteles, die eine Versklavung von Griechen durch

Griechen verwarfen;[93] die Barbaren fielen »natürlich« nach wie vor nicht unter dieses Verdikt.

Schmutziger Lorbeer für Makedonien

So scheinen in der ersten Hälfte des 4. Jahrhunderts nur vergleichsweise wenige Hellenen durch Kriegsgefangenschaft in die Sklaverei geraten zu sein. Um so tiefer wirkte der Schock, den das rücksichtslose Vorgehen der Makedonen in Griechenland auslöste. Das tief zerstrittene, führerlose Griechenland bot dem Makedonen-König Philipp II. bei der von ihm energisch betriebenen Expansion eine breite Angriffsfläche. Und in nur wenigen Jahren gelang es ihm, Hellas zu unterwerfen. Am Ende stand die Begründung eines Bündnissystems unter der Führung Makedoniens, das aber den griechischen Städten keinerlei außenpolitische Entscheidungsfreiheit mehr beließ.

So kurz der Weg Makedoniens zur Herrschaft über Griechenland gewesen war (357–338 v. Chr.), so dornig und tränenreich war er für die unterlegenen Griechen. Als Mann, »der viele Gemeinden versklavte«,[94] ging Philipp II. in die griechische Geschichte ein. Vernichtung und Massenversklavungen waren die traurigen Begleiter des makedonischen Aufstiegs. Philipp setzte diese Mittel bewußt ein, um Terror zu verbreiten und widerspenstige Gegner zum Aufgeben zu zwingen. Der Erfolg blieb auch nicht aus; den Preis dafür aber mußten viele Griechen zahlen, die das Leben oder die Freiheit einbüßten.

Alexander der Große, der Sohn Philipps II., zögerte keinen Augenblick, Unbotmäßigkeit und Autonomiebestrebungen seiner griechischen »Bündnis«-Partner mit den gleichen Methoden zu verfolgen, die sein Vater bei der Errichtung des makedonischen Imperiums angewandt hatte. Als sich einige griechische Städte unter Führung Thebens gegen die Herrschaft der Makedonen auflehnten, eilte Alexander mit seinem Heer nach Griechenland. Er besiegte die Thebaner und eroberte die Stadt. Um seinen »Verbündeten« jede Lust an weiterem Aufbegehren zu nehmen, statuierte Alexander ein furchtbares Exempel. Die Stadt wurde völlig zerstört – allein das Geburtshaus des Dichters Pindar blieb verschont –, die Bevölkerung der traditionsreichen Stadt ließ er in die Sklaverei verkaufen. Die Bilanz des Strafgerichts war erschreckend: Mehr als sechstausend Thebaner getötet, über 30000 versklavt. Alexander freilich war zufrieden. Er hatte sein politisch-militärisches Ziel erreicht, und überdies floß durch den Verkauf der Kriegsgefangenen angeblich die gewaltige Summe von 440 Talenten, d. h. weit über eine Tonne Silber, in seine Kriegskasse.[95]

So brutal das Vorgehen des jungen Makedonenkönigs gewesen war, es stellte gleichwohl allenfalls einen richtungweisenden Auftakt zu den Massenversklavungen der nächsten Jahre dar. Besonderer Erwähnung wert ist das Schicksal der versklavten Thebaner allein deshalb, weil sich das Geschehen im Herzen von Hellas ereignete. Was sich dagegen im folgenden Jahrzehnt in den Weiten Kleinasiens abspielte, wo Hunderttausende von Barbaren durch den unerhörten Vorstoß der von Alexander befehligten Armee umkamen und weitere Hunderttausende von Kriegsgefangenen in die Unfreiheit gestoßen wurden, stellt die Geschehnisse in Hellas in den Schatten.

Damit soll nicht das Elend der versklavten Thebaner geleugnet, nicht das Unglück der vielen von Philipp geknechteten Griechen bestritten werden. Es soll nur deutlich darauf hingewiesen werden, daß jener militärisch-strategisch so brillant angelegte und durchgeführte Siegeszug Alexanders von der Küste Kleinasiens im Westen bis zum Indus im Osten Verderben und Unheil über unzählige Menschen gebracht hat, daß der Weg Alexanders mit Leichen und menschlichem Elend gepflastert war. Wer in weltgeschichtlichen Bahnen denkt, übersieht allzu leicht die Einzelschicksale. Und an sie, die Legion sind, sollte hier wenigstens einmal erinnert werden – auch weil der Ausdruck »Massenversklavungen« schnell dazu verführt, Gedanken an das Leiden des einzelnen zu verdrängen.

Um nur ein Beispiel für die ungeheure Größenordnung mancher Vernichtungs- und Versklavungsaktion auf dem Alexanderzug zu geben: Als die Berglandinder einen Aufstand gegen die makedonische Herrschaft entfesselten, wurden allein in diesem Gebiet über 80 000 Menschen erschlagen.[96] Die Zahl derer, die versklavt wurden, wird ein Vielfaches davon betragen haben.

Eine makabre Versicherung

Der schier unaufhaltsame Siegeszug Alexanders durch Asien sorgte für reichen Nachschub an versklavten Kriegsgefangenen. Auch einfache Soldaten konnten es sich leisten, einen oder mehrere Sklaven zu halten. Infolge des Überangebots muß der Preis eines Unfreien stark gefallen sein. Nur so läßt sich die verhältnismäßig niedrige Prämie für eine der seltsamsten Versicherungen erklären, die jemals erfunden worden sind: Ein gewisser Antimenes aus Rhodos glaubte, eine Marktlücke entdeckt zu haben, wenn er Sklavenbesitzern eine Versicherung gegen das Entlaufen ihrer Unfreien verkaufte. Pro Sklave waren jährlich 8 Drachmen zu entrichten – eine Prämie, die für den Versicherer nur dann Gewinn abwarf, wenn Sklaven als billige »Ware« gehandelt wurden.[97]

Man mag heute über dieses einzigartige Versicherungsunternehmen des Antimenes schmunzeln. Für die betroffenen Menschen waren die Massenversklavungen zur Zeit Alexanders und später alles andere als amüsant. Das wird jedermann einleuchten. Aber manch einer fragt sich vielleicht, ob in einer Welt, in der das Unglück der Versklavung ausnahmslos jeden von heute auf morgen ereilen konnte, der Schrecken der Unfreiheit nicht doch geringer gewesen sein könnte, als es heute den Anschein hat. Konnte nicht zudem gerade die Tatsache, daß man zusammen mit zahllosen anderen Opfern, der ganzen überlebenden Bevölkerung seiner Heimatstadt, versklavt wurde, dem einzelnen Halt und Trost sein?

Wohl nicht. Mit der bitteren Realität, so scheint es, haben solche sehr distanzierten, sehr rationalen Erwägungen wenig zu tun. Wie anders erklärt es sich, daß viele Menschen es vorgezogen haben, den Massenversklavungen mit all ihren schrecklichen Begleitumständen durch den Freitod zu entgehen?

Welche Verzweiflung, welche Furcht vor der drohenden Erniedrigung muß etwa die Verteidiger des kleinasiatischen Isauria erfüllt haben, als sie sich kurz vor der Eroberung ihrer Stadt entschlossen, ihre Frauen und Kinder in den Häusern einzuschließen und sie in Brand zu setzen, um sich daraufhin selbst gegenseitig bis auf den letzten Mann zu töten![98] Ein erschütterndes Dokument der Freiheitsliebe, und beileibe nicht das einzige, von dem antike Autoren berichten![99]

150 000 Menschen in einer Stunde versklavt!

Zur Zeit des Alexanderzuges hatte die Kriegsgefangenschaft als Quelle der Sklaverei ein Gewicht erhalten, das sie seit langer Zeit nicht mehr besessen hatte. In den folgenden Jahrzehnten ebbte die Welle der durch kriegerische Auseinandersetzungen in die Unfreiheit gestürzten Menschen beträchtlich ab. Noch zweimal in der Geschichte der Alten Welt sollten zuhauf durchgeführte Massenversklavungen besiegter Gegner zu einem steilen Anstieg der Zahl der Unfreien führen – womit nicht geleugnet werden soll, daß die Kriegsgefangenschaft bis zum Ende des Altertums gleichsam eine konstant fließende Quelle der Sklaverei geblieben ist. Nur war die Zahl der so versklavten Menschen in »normalen« Zeiten bei weitem niedriger, so daß diese Form der Reproduktion Unfreier hinter den anderen, schon erwähnten Formen zurücktrat. Immerhin sind aber auch, auf die gesamte Dauer der römischen Kaiserzeit gerechnet, ganze Heerscharen kriegsgefangener Barbaren der Freiheit beraubt worden.

Der erste Zeitraum, in dem kriegsbedingte Massenversklavungen zu einem sprunghaften Anwachsen der Sklavenzahlen führten, lag zwischen 180 und 145 v. Chr. In dieser Zeit griff das stürmisch expandierende Rom, nachdem es mit Karthago die Konkurrenz im westlichen Mittelmeergebiet niedergerungen hatte, auch nach Osten aus und brachte den griechisch-kleinasiatischen Raum unter seine Kontrolle. Den Kriegen um die Vorherrschaft im Osten fielen Zehntausende zum Opfer; Hunderttausende gelangten binnen weniger Jahrzehnte in die Sklaverei.

Mancher römische Feldherr wütete derart blind gegen Feind und Freund, ließ derart brutal morden, plündern und versklaven, daß selbst dem römischen Senat nicht mehr wohl dabei war. Das Unbehagen über die Grausamkeit und rücksichtslose Willkür dieser Heerführer hatte in Einzelfällen denn auch ein spektakuläres Nachspiel. Bei allzu großen Exzessen verurteilte der Senat auf die Proteste der betroffenen Städte hin das Vorgehen der Feldherren und machte wenigstens das rückgängig, was noch zu verändern war: Zu Unrecht Versklavte wurden ermittelt und durch Senatsbeschluß freigelassen.[100]

Wo allerdings Massenversklavungen nach anerkanntem Kriegs-»Recht« durchgeführt worden waren, wurde kein Pardon gegeben. So rührte sich in Rom keine Hand, als Aemilius Paullus nach dem Sieg über den Makedonenkönig Perseus (168 v. Chr.) ein furchtbares Strafgericht gegen die Molosser in Szene setzte. Im Gegenteil, der einzige, dem das grauenvolle Schauspiel zuwider war, soll der Feldherr selbst gewesen sein. Der Befehl dazu kam aus Rom; immerhin hat Paullus ihn trotz seines angeblichen Widerwillens mit eiskalter Konsequenz in die Tat umgesetzt. Die Vorgeschichte ist schnell erzählt: Die Molosser hatten den verhängnisvollen Fehler gemacht, im Verlaufe des Kriegs von Rom abzufallen und sich auf die Seite des Perseus zu schlagen. Welche Folgen diese fatale Fehleinschätzung der Kräfteverhältnisse hatte, schildert Plutarch in seiner Aemilius-Biographie:

»In der Absicht, alle Städte dieses Landes (Epirus im nordwestlichen Griechenland) zugleich plötzlich und unerwartet zu überfallen, ließ Aemilius die zehn vornehmsten Männer aus jeder Stadt zu sich rufen und trug ihnen auf, alles Silber und Gold, das sich in Tempeln und Privathäusern finde, an einem bestimmten Tage abzuliefern. Mit jedem schickte er eine Wache von Soldaten und einen Hauptmann ab, unter dem Vorwand, diese sollten das Gold suchen und in Empfang nehmen. Als der festgesetzte Tag kam, brachen die Soldaten zur selben Stunde hervor und begannen mit der Plünderung und Zerstörung der Städte. In einer Stunde wurden etwa 150000 Menschen versklavt und siebzig Städte zerstört. (. . .) Die ganze Welt erschauderte über den Ausgang dieses Krieges, daß ein ganzes Volk . . . gleichsam zerstückelt worden war.«[101]

In einer einzigen Stunde 150000 Sklaven! Das ist in der Tat der traurige Rekord, die höchste Zahl an gleichzeitig versklavten Menschen im gesamten Altertum. Bedenkt man, daß ein Jahrzehnt zuvor rund 20000 Sklaven sardischer Herkunft sowie zwanzig Jahre später etwa 10000 Unfreie spanischer und über 50000 Sklaven aus Karthago nach Italien geströmt sind, [102] so kann man ermessen, von welch riesigen Massen von Kriegsgefangenen das Land damals überschwemmt wurde.

Die von T. Frank für den Zeitraum zwischen 200 und 150 v. Chr. errechnete Gesamtzahl von 250000 Sklaven, die damals nach Italien verschleppt wurden, dürfte unter diesen Umständen eher die untere Grenze darstellen.[103] Daß kurze Zeit später eine Reihe gefährlicher Sklavenaufstände Italien und Sizilien erschütterte, hängt sicherlich mit der ungeheuren Menge von freigeborenen Sklaven zusammen, die – anders als etwa hausgeborene Sklaven – nicht ohne weiteres bereit waren, ihr Schicksal ohne einen Versuch des Aufbegehrens hinzunehmen. Darüber wird später noch berichtet.

Caesars Massenversklavungen

Den zweifelhaften Ruhm, als (neben Alexander) wohl bedeutendster Initiator von Massenversklavungen in die Geschichte der Alten Welt eingegangen zu sein, hat C. Julius Caesar erworben. Generationen von Latein-Schülern haben Teile des »Bellum Gallicum«, in dem Caesar seine Eroberungen in Gallien während der Jahre 58–51 v. Chr. beschrieben hat, gelesen – aber wem ist dabei bewußt geworden (oder deutlich gesagt worden!), daß dieser stilistisch brillante Bericht auch von der unglaublichen Verwüstung und Zerstörung eines Landes handelt?

Als Caesar Gallien als eine nach römischem Sprachgebrauch »befriedete« Provinz verließ, lag das ganze Land völlig erschöpft darnieder – ausgeblutet, zerstört, ausgeplündert. Caesar, der einst mit Schulden in Millionenhöhe zur Eroberung Galliens aufgebrochen war, war zum reichen Mann geworden, der seinen Soldaten üppige Geschenke machen konnte, der Provinzstädte im gesamten Römischen Reich mit kostspieligen Gaben überhäufte.

Damit dies alles möglich wurde, mußte Gallien bis zur Erschöpfung leiden. Wie schon seit Jahrzehnten üblich, hatten die bezwungenen Barbaren die Zeche zu bezahlen – mit einer ungeheuren Zahl an Menschenleben. Und nicht zuletzt waren es die Massenversklavungen und der Verkauf der gefangenen Gallier, die den Feldherrn und seine Soldaten reich machten.

Die Gesamtzahl der versklavten Barbaren wird von antiken Autoren auf nicht weniger als eine Million Menschen beziffert[104] – rund ein Drittel aller Einwohner Galliens! Gegenüber dieser Angabe sind Stimmen der Kritik laut geworden. Es mag sein, daß diese Zahl um einiges zu hoch gegriffen ist, aber die von W. L. Westermann geschätzte Quote von »nur« 150 000 versklavten Galliern ist mit Sicherheit zu niedrig angesetzt. Angesichts der auf das Zusammenraffen größtmöglicher Beute ausgerichteten Kriegführung Caesars erscheinen die überlieferten Angaben keineswegs als unrealistisch, wie auch gute Kenner der Materie, etwa der Caesar-Forscher M. Gelzer, hervorgehoben haben.[105]

Sklaven-»Nachschub« für Griechen und Römer

Soweit ein kurzer Überblick über die Versklavung von Kriegsgefangenen als Quelle der Unfreiheit. Die Schlußfolgerung ist klar. Zu manchen Zeiten, aber doch nur relativ selten, stellten Kriegsgefangene ein erhebliches Kontingent an der Gesamtzahl der Unfreien, doch stand diese Quelle der Sklaverei normalerweise deutlich hinter der Kaufsklaverei zurück.

Damit sind die wichtigsten Reproduktionsformen unfreier Arbeitskräfte erläutert worden. Es gab daneben noch andere Möglichkeiten, in die Sklaverei zu gelangen, so etwa durch Selbstverkauf oder aufgrund eines Gerichtsurteils. Doch soll auf diese wirklich seltenen Ausnahmen hier nicht näher eingegangen werden.

Wenngleich die griechischen Verhältnisse in diesem Abriß im Vordergrund gestanden haben, so dürfte doch deutlich geworden sein, daß die gleichen Quellen der Sklaverei auch für die römische Geschichte weitgehend zutreffen. Zum Teil freilich mit unterschiedlicher Gewichtung: Sicherlich hat sich sowohl in der griechischen als auch in der römischen Welt nach der Konsolidierung des Systems der Unfreiheit die Kaufsklaverei zum wichtigsten Nachschubfaktor entwickelt, aber in der römischen Zeit scheint doch die Zahl der hausgeborenen Sklaven erheblich höher gewesen zu sein als in Hellas. Bei der Schuldsklaverei gab es nur eine zeitliche Verschiebung, die mit der jeweils unterschiedlichen geschichtlichen Entwicklung zu erklären ist. Die Einführung des Münzgeldes und die daraus resultierenden sozialen Veränderungen lagen in Griechenland rund zweihundert Jahre früher als in Rom. Strukturell gesehen handelte es sich aber um das gleiche Phänomen, hatte die Schuldsklaverei doch ihren Höhepunkt auch in der frühen Geschichte Roms, während sie nachher – entsprechend der Entwicklung in Griechenland – sehr stark an Bedeutung verlor.

5.
Beseelte Werkzeuge? – Sklaven im Arbeitsprozeß

Sklavenarbeit im Haushalt – eine Selbstverständlichkeit

»Ein vollständiger Haushalt besteht aus Sklaven und Freien.«[1]

Daß diese Feststellung des Aristoteles zumindest für die Mittel- und Oberschicht in den griechischen Städten stimmt, steht außer Zweifel. Wer sich den Erwerb und den Unterhalt eines oder mehrerer Sklaven leisten konnte, der zögerte nicht, von dieser Möglichkeit Gebrauch zu machen. In den Haushalten war wohl der größte Teil aller Unfreien in Hellas beschäftigt.

Die Aufgaben dieser »dienstbaren Geister« unterschieden sich in der klassischen Zeit Griechenlands nur wenig von den Verrichtungen, die die unfreien Arbeitskräfte in den Palästen der homerischen Helden zu tun hatten. Es waren die typischen, in jedem Haushalt anfallenden Arbeiten, für die Haussklaven eingesetzt wurden.

Schon die griechische Bezeichnung für die im Haushalt ihres Herrn tätigen Unfreien verraten das Aufgabenfeld. Man nannte sie θεράποντες *(therápontes),* »Diener«, ὑπηρέται *(hyperétai),* »Bedienstete«, »Gehilfen«, διάκονοι *(diákonoi),* »Aufwärter«, »Diener«, ἀκόλουθοι (akólouthoi), »Begleiter«, oder auch schlicht παῖδες *(paídes),* »Knaben«. Die treffendste Sammelbezeichnung für diese Art von Unfreien war οἰκέται *(oikétai),* »Haussklaven«, abgeleitet von οἶκος *(oikos),* »Haus«, »Haushalt«.[2]

Tatsächlich gab es keine mit dem Haushalt zusammenhängende Tätigkeit, die nicht auch bzw. vor allem von Unfreien ausgeübt worden wäre. Die Mehrzahl der Hausbediensteten waren weibliche Sklaven. Sie mußten waschen, das Haus putzen, weben und spinnen[3] sowie an der Quelle oder am Brunnen Wasser holen,[4] einkaufen oder die bestellte und ausgewählte Ware vom Markt nach Hause tragen.[5] Mit Taschen und Paketen beladen selbst durch die Stadt zu gehen, hielten viele Athener für unter ihrer Würde.

Auch mit der Zubereitung von Mahlzeiten waren zahlreiche Unfreie beschäftigt. Wer reich war, hielt sich seinen eigenen Koch; wer nur zu besonderen Gelegenheiten, etwa einem Gastmahl oder einer Familienfeier, einen Festschmaus ausrichten wollte, mietete auf dem Markt einen Küchenchef. Diese waren in der Regel auch Sklaven.[6] Getreide zu mahlen, Teig zu kneten und Brot zu backen war Aufgabe von Sklavinnen, die auch bei den Mahlzeiten bedienen mußten.[7]

Besonders »feine« Herren, zumal Angehörige der Jeunesse dorée, machten sich einen Spaß daraus, ihre persönlichen Bediensteten beim Essen zu recht eigenwilligen Diensten in Anspruch zu nehmen. Daß ein Sklave seinem Herrn das Haar zum Abwischen der Hände hinzuhalten hatte, wenn der sich die Nase geputzt hatte, oder beim Trinkgelage aufgefordert wurde, den Nachttopf zu reichen,[8] dürfte zwar nicht besonders oft vorgekommen sein. Trotzdem braucht man angesichts der mitunter recht merkwürdigen Späße und des ausgeprägten Snobismus mancher Stutzer adliger Abstammung nicht daran zu zweifeln, daß diese von Komödiendichtern geschilderten Details ihre Entsprechung in der Realität des Alltagslebens hatten.

Sklaven wurden als Hausmeister eingesetzt und waren für die Verwaltung der Stadtwohnung oder des Landhauses zuständig; sie öffneten Besuchern die Tür,[9] mußten ihre Herrschaft morgens wecken und fungierten auch als Kammerdiener.[10]

Manch ein Sklave hatte eine Art Vertrauensstellung inne, die sich durch besonders engen Umgang mit dem Herrn auszeichnete. Diese persönlichen Bediensteten begleiteten den Herrn, wenn er ausging, und leuchteten ihm im Dunkeln mit einer Fackel den Weg.[11] Mitunter mußten sie den Herrn von einem Gastmahl abholen, weil er allzu betrunken war und den Heimweg allein nicht mehr fand.[12] Nicht selten kam es vor, daß ein Sklave den jungen Sohn zum Turn- oder Schulunterricht begleitete oder daß die Magd zusammen mit der Herrin ausging, um deren Handtasche hinterherzutragen.[13] Auch auf längeren Reisen nahm man besonders vertrauenswürdige Sklaven mit, die das Gepäck tragen, Quartier machen oder den Herrn bei einem auswärtigen Gastfreund anmelden mußten.[14]

Gerade durch diesen engen Kontakt bildete sich vielfach ein wesentlich persönlicheres, »menschlicheres« Verhältnis zwischen Herrn und Sklaven heraus. Je länger er mit dem Sklaven zusammen war, je öfter er sich auf dessen Dienste angewiesen fühlte, um so mehr mußte dem Herrn daran gelegen sein, gute und vertrauensvolle Beziehungen zu seinem Diener zu unterhalten. Mit mürrischen, verärgerten, auf Gelegenheiten zu »kleiner« Rache sinnenden Sklaven eine ohnehin beschwerliche Reise zu unternehmen, konnte nicht im Interesse des Herrn liegen. Und ebensowenig war der junge Herr daran interessiert, daß sein unfreier Diener alle Erlebnisse, Streiche und Verfehlungen sogleich ausplauderte, um sich auf diese Weise für schikanöse Behandlung zu revanchieren. Wenngleich eindeutige Belege dafür fehlen, ist doch anzunehmen, daß es den Typ des treuen, stets zu seinem jungen Herrn haltenden und für ihn intrigierenden Sklaven, wie ihn die Neue Komödie darstellt, auch schon in der Wirklichkeit des 5. Jahrhunderts v. Chr. gegeben hat.

Freilich: Bei aller Vertraulichkeit im Umgang zwischen Herrn und einzelnem Haussklaven blieb doch die soziale Barriere stets bestehen – mit heute vielleicht überraschend anmutenden, für die antike Vorstellung aber ganz selbstverständlichen Folgen. Mochte etwa zwischen dem jungen Herrn und seinem unfreien Diener eine noch so intakte, beinahe kameradschaftliche Bindung bestehen, so hinderte das den Herrn keineswegs, seinem Sklaven übelste Bestrafung anzudrohen, wenn er in Wut geriet oder sich über irgendein (vermeintliches) Versäumnis seines Dieners ärgerte. Gerade noch seinem Gefährten freundlich zugetan, kann die Stimmung jäh umschlagen, und dann ist die Rede von Schlägen, von Fesseln, vom Brandmarken und vom Entsenden zur Arbeit in der Mühle – dies letzte in den Augen jedes Sklaven eine schlimme Strafe.

Dieselbe Barriere, die die Gesellschaft in die zwei Lager der Freien und der Unfreien scheidet, verhindert es normalerweise auch, daß ein Sklave aus Dankbarkeit für seine langjährigen Dienste die Freiheit erhält; ein solcher Gedanke kommt dem Herrn meist nur dann, wenn sein Sklave ihm einen wirklich außergewöhnlichen Dienst erwiesen hat – z. B. indem er die Voraussetzungen dafür geschaffen hat, daß der Herr das heißgeliebte Mädchen endlich heiraten kann.

Sklavinnen an Mutterstelle

Ganz besonders enge Beziehungen bestanden zwischen unfreien Ammen und ihren Zöglingen. Die von Homer besungene Eurykleia, Pflegemutter des Odysseus, führt die Reihe der Sklavinnen an, die sich dieser Aufgabe widmeten. In den begüterten griechischen Familien waren viele Frauen nicht bereit, die mit dem Stillen der Kinder verbundenen Unannehmlichkeiten in Kauf zu nehmen. Entsprechend groß war die Zahl der unfreien Ammen, die in diesem Bereich neben freien Frauen aus armem Hause dienten.

Dabei reichte die Aufgabe der Amme meist über das Säuglingsalter der ihnen anvertrauten Kinder weit hinaus. Auch später waren sie als Aufseherinnen und Kindermädchen tätig. Mancher Grieche – sowie mancher Römer – hat die ersten Fabeln von seiner unfreien Amme erzählt bekommen, und für viele war sie in den ersten Lebensjahren die wichtigste Bezugsperson. Kaum eine andere Tätigkeit bot einer Sklavin einen so menschlichen Arbeitsplatz und gleichzeitig die Chance, als menschliches Wesen voll anerkannt zu werden.

Kein Wunder, daß man vielfach auf Zeugnisse echter Zuneigung zwischen den Ammen und ihren Zöglingen stößt. Gleichsam das Idealbild einer solchen Beziehung zeichnet der griechische Tragödiendichter Aischylos in seinen »Choephoren«: Nicht die Mutter, sondern die unfreie Amme Kilissa weint vor Schmerz und Trauer, als sie vom Tode ihres einstigen Zöglings Orestes erfährt, »den aus der Mutter Schoß ich nahm und aufzog, mit aller Unruhe in der Nacht, wenn das Kindchen schrie, und all den vielen Mühen, die ich vergebens nun ertrug . . .«.[15]

Sicherlich ein literarisch verklärtes Beispiel, das sich aber doch nicht aus hohlem Pathos dichterischer Phantasie speist, sondern ganz der Wirklichkeit des Lebens nachgezeichnet ist. Einfache Grabinschriften, die die »tüchtige Amme« rühmen, Vasenbilder und im Relief gearbeitete Porträts unfreier Kinderfrauen[16]: In diesen Dokumenten schimmert etwas davon durch, das als menschliches Antlitz der Sklaverei gelten könnte.[17]

»Bist du mein Sklave oder ich der deine?«

Von der Obhut der Amme kamen die Kinder aus den wohlhabenden Familien unter die Aufsicht der Pädagogen. Diese »Knabenführer« waren in der Regel Unfreie, die mit im Haushalt lebten. Anders als es der moderne Begriff erwarten läßt, bestand die Aufgabe der Pädagogen nicht in der Unterweisung der ihnen anvertrauten Kinder. Dafür waren der Grammatistés, der Lesen und Schreiben lehrende Elementarlehrer, und im zweiten Teil der Ausbildung der Grammatikós – mitunter auch Philólogos genannt – zuständig.

Die Tätigkeit des Pädagogen beschränkte sich dagegen auf eher »technische« Funktionen. Er begleitete den Knaben überall hin; insbesondere wachte er darüber, daß der Schulunterricht nicht geschwänzt wurde. Um sich gegenüber dem Kind besser durchsetzen zu können, führte mancher Pädagoge einen Stock mit sich. Kein

Wunder, daß einem Knaben angesichts dieser »verkehrten Welt« die Frage entfuhr: »Bist du mein Sklave, oder bin ich der deine?«[18]

Es war in der Tat kein Einzelfall, sondern oft die Regel, daß der Pädagoge seiner Aufsichtspflicht auch mit Schelten und Stockschlägen nachkam. Andererseits zeigte sich seine dienende Stellung deutlich darin, daß *er* seinem Zögling die im Unterricht benötigten Utensilien wie Wachstafel, Griffel und Bücher zur Schule trug.

Während die Kinder mehr oder weniger aufmerksam dem Lehrer zuhören, sitzen die Pädagogen in einem eigens für sie bereitgestellten Aufenthaltsraum, dem Paidagogion. Nicht jedem Pädagogen liegt stundenlanges müßiges Herumsitzen. Dauert der Unterricht zu lange, so kann es vorkommen, daß die Pädagogen zum Ende drängen – von ihren Zöglingen in diesem Fall sicher eifrigst unterstützt. Platon hat eine entsprechende Szene an das Ende seines Dialogs »Lysis« gesetzt. Als Sokrates seinen Unterricht allzu lange ausdehnt, fangen die barbarischen Aufseher der Knaben an zu murren, schimpfen lauthals in ihrem schlechten Griechisch los und fordern den Abbruch der Lehrveranstaltung, um ihre Zöglinge rechtzeitig nach Hause bringen zu können. Dem Philosophen bleibt nichts anderes übrig, als sich dem Druck der Pädagogen zu beugen und seine Zuhörer zu entlassen.[19] Die Charakterisierung der Pädagogen durch Platon als fremdländische, Griechisch radebrechende Aufseher macht deutlich, daß diese Sklaven nicht unbedingt nach besonderen Qualifikationsmerkmalen ausgesucht wurden. »Pädagogische« Erfahrung und »pädagogisches« Geschick in unserem Sinne wurden von den »Knabenführern« offenbar nur selten verlangt. Eher war genau das Gegenteil der Fall, wie die folgende Anekdote zeigt.

Als Perikles einmal einen Sklaven vom Baum fallen sah, soll er ausgerufen haben, nun sei gerade ein Pädagoge aus ihm geworden![20]

Tatsächlich scheinen besonders ältere Sklaven, die man zu anderen Arbeiten nicht mehr einsetzen konnte, mit dem Aufseherposten des Pädagogen betraut worden zu sein. So ließ sich selbst aus sonst arbeitsunfähigen Sklaven noch Kapital schlagen.[21]

Allerdings boten gerade ältere Pädagogen eine bessere Gewähr dafür, daß sie nicht selbst ihre Stellung dazu mißbrauchten, was sie von den Knaben unter allen Umständen abwehren sollten. Sie folgten ihren Zöglingen nämlich nicht nur deshalb auf Schritt und Tritt, um diese von Streichen abzuhalten, sondern auch um die Knaben vor Verführern zu schützen. Bei den starken homoerotischen Neigungen vieler Männer im alten Griechenland war der in der Begleitung durch den Pädagogen liegende Abschreckungseffekt sicherlich mehr als eine erwünschte Nebenwirkung, zumal die Annäherungsversuche mitunter auch von den Knaben selbst ausgegangen zu sein scheinen.[22]

Das Äußere der Pädagogen paßt zu der Verachtung, mit der viele Freie auf sie herabblickten. Als bärtige, glatzköpfige Männer mit »barbarischem« Gesichtsausdruck, in einen struppigen Mantel gehüllt und mit dem Krummstab, ihrem »pädagogischen« Zuchtmittel, ausgerüstet: So begegnen sie einem auf Vasenbildern und in der Kleinplastik.[23] Man fühlt sich, wenn man diese Gestalten sieht, unwillkürlich veranlaßt, in den Chor jener Kritiker einzustimmen, die in der Betrauung nicht ausgebildeter, barbarischer Sklaven mit der Führung junger Menschen einen Schandfleck der griechischen Erziehung erblickt haben.

In vielen Fällen mag diese Skepsis gerechtfertigt sein. Aber es gab doch genügend Gegenbeispiele von Pädagogen, die sich so intensiv und aufopfernd um die ihnen anvertrauten Knaben gekümmert haben, wie es eigentlich Sache der Eltern gewesen wäre, die ihre Zöglinge im besten Sinne des Wortes erzogen und zu ihnen eine enge menschliche Beziehung aufgebaut haben. Ein hervorragender Kenner des antiken Bildungswesens, der französische Althistoriker H. I. Marrou, schätzt die erzieherische Leistung der griechischen Pädagogen sehr hoch ein:

»Ein einfacher Sklave ohne Zweifel, der aber wenigstens zum Hause gehört und der durch das tägliche Zusammensein, womöglich durch das Beispiel, jedenfalls aber durch Vorschriften und aufmerksame Überwachung zur Erziehung, vor allem zur sittlichen Erziehung, unendlich mehr beiträgt als die rein technischen Stunden des Grammatisten.«[24]

Dokumente der Zuneigung

Ebensowenig wie im Falle der Ammen fehlt es an eindrucksvollen Belegen für enge persönliche Bindungen zwischen Pädagogen und ihren Zöglingen, die auch Bestand hatten, nachdem der Knabe erwachsen geworden war. So sollen denn am Ende dieser Zeilen über einen der wenigen Lichtblicke inmitten der Dunkelheit der antiken Sklaverei – die Treue- und Pietätsverhältnisse zwischen einzelnen unfreien Ammen und Pädagogen auf der einen und der ihrer Pflege und Erziehung unterstellten Kinder auf der anderen Seite – zwei Zitate aus Grabinschriften stehen, die solche Verhältnisse in schlichte, aber aussagekräftige Worte gekleidet haben:

»Lyder bin ich, ja Lyder (d.h. versklavter Barbar); und doch hast du im Grab eines Freien
Mich, den Timanthes, deinen Erzieher, o Herr, bestattet.
Lebe lange in leidlosem Glück! Wenn du aber im Alter
zu mir gekommen bist, bin ich, Herr, auch im Hades noch dein.«[25]

»Der kleine Medeios hat dieses Grabmal für seine thrakische Amme
Kleita am Wege gebaut und beschrieben.
So erhält die Frau den Dank dafür,
Wie sie den Knaben aufzog. Mit Recht! Sie war nützlich bis zum Tode.«[26]

Unfreie Konkubinen

Wenn die Funktion der Amme und des Pädagogen sozusagen auf der positiven Seite der Bilanz über die Haussklaven abzubuchen ist, so kommen wir jetzt zu einem Punkt, der nicht gerade zu den Glanzlichtern in den Beziehungen zwischen Unfreien und ihren Herren gehört: die sexuellen Kontakte zwischen Sklavinnen und ihren Herren.

Daß solche Kontakte vorkamen, steht außer Zweifel. Über die rechtliche Stellung der Kinder, die aus solchen Verbindungen hervorgingen, war bereits die Rede. Der wohl berühmteste Sohn einer Sklavin und eines Freien in Griechenland war Themistokles, dessen Mutter Abrotonon eine thrakische Unfreie war.[27] Über die Häufigkeit derartiger Konkubinate gibt es allerdings keinerlei verläßliche Nachrichten.

Auf nicht minder schwankendem Boden bewegen wir uns, wenn wir die Frage nach der Freiwilligkeit sexueller Kontakte zwischen Sklavinnen und ihren Herren stellen. Mag in manchen Fällen auch bei der betroffenen Frau die Bereitschaft zu geschlechtlichen Beziehungen mit dem Herrn dagewesen sein: Ob das der Normalfall war, ist doch stark zu bezweifeln. Wenn beispielsweise der Chor in einer Komödie des Aristophanes als Segnung des Friedens unter anderem preist, daß »man das Glied am Feuer wärmt und zugleich die thrakische Sklavin küßt, während die Ehefrau im Bade ist«,[28] so ist damit keineswegs etwas über das Einverständnis der Thrakerin mit diesen heimlichen Kontakten ausgesagt.

Wie sollte sich eine Sklavin auch wirkungsvoll gegen die Zudringlichkeiten ihres Herrn zur Wehr setzen? Weigerung und Abwehr konnten für sie üble Folgen haben – schlechtere Behandlung, ungerechte Bestrafung und allerlei andere Schikanen. Bedenkt man, wie skrupellos gerade Sklavinnen im Geschäft mit der käuflichen Liebe ausgebeutet wurden, wie wenig auf den Willen der unfreien Frauen geachtet wurde, wenn es darum ging, sie als Prostituierte auszubilden und zu vermieten, dann kann man sich eigentlich kaum vorstellen, daß der Respekt der Herren gegenüber den Sklavinnen im eigenen Hause wesentlich größer gewesen wäre – zumal nicht wenige Griechen gerade hinsichtlich ihres Sexuallebens selbst auf ihre Ehefrauen keinerlei Rücksicht nahmen. Nicht nur der Besuch von Bordellen und die Teilnahme an Trinkgelagen mit orgienhaftem Charakter galten als »Recht« verheirateter Männer. Wenig feinfühlig brachten manche auch Prostituierte mit ins eigene Haus und ließen sich durch die Anwesenheit der Ehefrau nicht im mindesten am beabsichtigten Vergnügen hindern.[29]

Noch skeptischer hinsichtlich der Neigung von Sklavinnen, sich mit ihrem Herrn aus eigenem Willen einzulassen, muß eine Empfehlung Plutarchs stimmen. Er preist gleichsam als Allheilmittel gegen eine zänkische, keifende Ehefrau den Kauf einer Sklavin an: Man erwirbt sie auf dem Sklavenmarkt und macht sie zu seiner Konkubine. Das Einverständnis der Sklavin ist dabei offensichtlich nicht vonnöten.[30] Das ist zwar der Ratschlag eines Schriftstellers aus dem zweiten nachchristlichen Jahrhundert, aber er bestätigt im Grunde nur Nachrichten aus der klassischen Zeit Griechenlands. Schon damals war es üblich, daß ein Jüngling eine Sklavin kaufte oder eine Hetäre mietete, um seinem alten Vater die Nachtstunden zu versüßen.[31]

Demnach kann wohl angenommen werden, daß das Herren-»Recht« über die eigenen unfreien Dienerinnen den sexuellen Mißbrauch auch umfaßt hat.

Um kein Mißverständnis aufkommen zu lassen: Selbstverständlich hat es auch echte, von beiden Partnern gewünschte Liebesbeziehungen zwischen Haussklavinnen und ihren Herren gegeben. Gerade die Neue Komödie schildert solche amourösen Bindungen recht gern, und auch für das 5. Jahrhundert gibt es einen entsprechenden literarischen Beleg.[32] Und sicher hat manche Sklavin auch aus Berechnung Liebe geheuchelt, in der gar nicht immer so unberechtigten Hoffnung, so die Gunst insbesondere des verwitweten Herrn zu erringen, auf diese Weise ihre Freilassung zu erwirken und sich schließlich zur Herrin des Hauses aufzuschwingen.[33] Doch sind diese romantischen bzw. vom Gedanken an sozialen Aufstieg bestimmten Verbindungen stets die Ausnahme geblieben.

Knabenliebe mit Sklaven – für Griechen ein Tabu

Ganz anders sieht es mit homoerotischen Kontakten aus. So sehr sich die Knabenliebe in ganz Griechenland großer Beliebtheit erfreute, zumal in den dorischen Staaten wie Sparta, aber auch in den adligen Gesellschaftsschichten anderer Städte, so galt doch ein päderastisches Verhältnis zu Unfreien weithin als ungehörig. In Athen waren homosexuelle Beziehungen zwischen Freien und Sklaven sogar gesetzlich verboten.[34]

Dieses Verbot wurde augenscheinlich weitgehend respektiert, wird doch nirgendwo in der Alten Komödie eine derartige Liebschaft erwähnt. Gerade die bissigen Komödiendichter hätten es sich kaum nehmen lassen, auf solche ungesetzlichen Praktiken aufmerksam zu machen, wenn sie im Athen des 5. Jahrhunderts verbreitet gewesen wären.

Möglicherweise hat sich diese starre Haltung in späterer Zeit gelockert. In den Komödien des Plautus, der seine Stoffe der griechischen Neuen Komödie der hellenistischen Zeit entlehnt hat, erscheinen Sklaven durchaus als Lustknaben ihrer Herren und als professionelle männliche Dirnen.[35] Ob der lateinische Dichter auch dieses Detail griechischen Vorlagen entnommen hat oder ob hier spezifisch römische Bräuche geschildert werden, läßt sich nicht entscheiden.

Haussklaven – eine wirtschaftliche Größe?

Wie groß war die Zahl der Haussklaven? Wie viele unfreie Diener standen den Familien zur Verfügung? Gab es tatsächlich in *jedem* Haushalt mindestens einen Sklaven, oder existierten – im Sinne des Aristoteles-Zitats – auch »unvollständige« Haushalte?

Eine schlüssige Beantwortung dieser Fragen ist unmöglich. Das Quellenmaterial ist zu karg, als daß man über einige grob gezogene Linien hinauskäme. Wer hier detaillierte Angaben macht, muß sich den Vorwurf unfruchtbarer Spekulation gefallen lassen. Darum im folgenden nur ein paar allgemeine Bemerkungen, die überdies auch nur auf die Verhältnisse im Athen des 5. und 4. Jahrhunderts v. Chr. zutreffen.

Um mit der letzten, noch am sichersten beantwortbaren Frage zu beginnen: Mit Sicherheit gab es zahlreiche athenische Haushalte, in denen *kein* Sklave lebte. Für die weniger begüterten Bauern, sagt Aristoteles einmal, tritt der Ochse an die Stelle des Sklaven; und in anderem Zusammenhang bekräftigt er diese Feststellung nicht minder eindeutig: »Die Armen müssen ihre Frauen und Kinder als Diener verwenden, da sie sich keine Sklaven halten können«.[36]

Die Begründung, so simpel sie klingt, verdient unser Interesse. Sklaven erscheinen hier gleichsam als Stellvertreter; d. h., in wohlhabenden Haushalten nehmen sie die Stelle von Frauen und Kindern ein. Die von den Familienmitgliedern ausgeübten Tätigkeiten sind aber nun keineswegs als Arbeiten zu verstehen, die eine Art zweites oder drittes Gehalt neben den Einkünften des Vaters bedeutet hätten. Vielmehr sind jene im Haushalt anfallenden Verrichtungen gemeint, die als »typische Hausfrauenarbeit« im traditionellen Sinne angesehen werden können.

Mit anderen Worten: Die Haussklaven erbringen Dienstleistungen, die, gesamtwirtschaftlich gesehen, keine Steigerung der Produktivität ausmachen. Mit ihren Arbeiten schaffen die meisten Haussklaven Komfort, ermöglichen sie den freien Mitgliedern der Familie ausgedehntere Freizeit, indem sie ihnen mehr oder minder lästige Haushaltspflichten wie Waschen, Kochen und Putzen abnehmen.

Die Armen können sich diese Bequemlichkeiten nicht erlauben. Ihnen fehlt es sowohl an Kapital, einen Unfreien zu erwerben, als auch an Einkünften, um den Lebensunterhalt des Sklaven zu sichern. Denn dessen Arbeit wirft ja keinerlei materiellen Ertrag ab, so daß sich die für seine Nahrung und Kleidung erforderlichen Ausgaben nicht durch die Tätigkeit des Unfreien selbst wieder einspielen lassen – von den »Investitionskosten« beim Kauf eines Haussklaven ganz zu schweigen.

Haussklaven waren mithin eine Art Luxus-»Ware«. Man konnte durchaus ohne sie auskommen, wenn man bereit war, auf ein Mehr an Lebensqualität zu verzichten. Die armen Familien *mußten* diese Einbuße an Komfort und Bequemlichkeit notgedrungen aus den oben genannten Gründen hinnehmen.

Der allergrößte Teil der Haussklaven stand für den Produktionsprozeß nicht zur Verfügung. Alle diese Unfreien müssen demnach ausscheiden, wenn man die Rechnung aufmacht, ob die Sklavenarbeit das ökonomische Fundament der griechischen Städte dargestellt hat. Ja, mehr noch: Die Haussklaven brachten nicht nur keinen

Produktivitätszuwachs, vielmehr konnte sich die Gesellschaft diese Luxus-»Güter« nur deshalb erlauben, *weil* sie wohlhabend genug dafür war.

Ein Blick auf die Außenhandelsbilanz Athens mag das verdeutlichen. Schon seit dem 6. Jahrhundert mußten die Athener Getreide von auswärts, insbesondere aus dem Pontos-Gebiet und dem südrussischen Raum, importieren. Trotz aller Autarkiebestrebungen reichte die im eigenen Land produzierte Menge an Getreide nie aus, um alle Einwohner Attikas zu ernähren. Je mehr Sklaven in der Stadt lebten, um so höher wurde der Bedarf an Import-Lebensmitteln. Während nun jene Sklaven, die im Handwerk als Waffenschmiede oder Töpfer beschäftigt waren, und die vielen Tausend Unfreien, die sich in den Silberminen von Laureion abquälten, durch ihre Arbeit Produkte herstellten oder Rohstoffe gewannen, die nicht zuletzt auch für den Export bestimmt waren und die die dringend benötigten Devisen einbrachten, trifft dies für die Haussklaven in keinem Falle zu. Sie waren, außenwirtschaftlich betrachtet, eine reine Belastung, sozusagen ein Passiv-Posten in der Außenhandelsbilanz.

Jedermann ein Sklavenhalter?

Wie viele Haushalte überhaupt keinen Sklaven besaßen, ist sehr umstritten. Die Quellen fließen hier so spärlich, daß ernsthaft vermutet worden ist, weniger als ein Viertel der Bevölkerung Athens habe Haussklaven zur Verfügung gehabt.[37] Diese Mutmaßung beruht durchaus auf Argumenten, doch reichen sie wohl nicht aus, um die These akzeptabel zu machen. Es dürfte realistischer sein, etwa die Hälfte aller athenischen Haushalte als »unvollständig« im Sinne des Aristoteles anzusehen.

Die Familien der Theten, die die unterste Vermögensklasse bildeten, hatten nur ausnahmweise einen eigenen Sklaven, und auch unter den Zeugiten, der zweituntersten Einkommensschicht, gab es mit Sicherheit Familien ohne Haussklaven. Die Athener der unteren Mittelklasse hatten selten mehr als drei Sklaven.[38] Im Normalfall waren sie wahrscheinlich froh, wenigstens *eine* unfreie Arbeitskraft im Hause zu haben.

Daß solche »Einzelsklaven« relativ häufig vorkamen, läßt eine von Aristophanes geprägte Sentenz vermuten: »Ein einzelner Sklave ist uneingeschränkter Herr des Hauses«[39] – weil er so unentbehrlich ist, daß er seinen Besitzer »erpressen« und »tyrannisieren« kann!

In den Haushalten wohlhabender Bürger dienten jedenfalls wesentlich mehr Unfreie. Der Redner Aischines und die anderen sechs freien Angehörigen seines Hauses konnten sich auf insgesamt sieben Sklaven stützen,[40] Platon hatte immerhin fünf Unfreie zu seiner persönlichen Bedienung, der Philosoph Theophrast besaß neun Haussklaven, sein Lehrer Aristoteles sogar mindestens dreizehn.[41] Dessen Fall ist übrigens noch in anderer Hinsicht interessant: Aristoteles war zwar freier Grieche, aber kein athenischer Vollbürger, sondern er gehörte als Ausländer zur minderberechtigten Schicht der Metöken.

Diese Philosophen entstammten alle sehr wohlhabenden Familien, die zum Kreise der ersten Vermögensklasse zählten. Die Anzahl der von ihnen beschäftigten Haussklaven kann daher als einigermaßen repräsentativ gelten. Die detaillierten Untersuchungen der amerikanischen Forscherin R. L. Sargent bestätigen diesen Eindruck. Daher geht sie davon aus, daß die reichsten athenischen Familien im 5. und 4. Jahrhundert »nicht mehr als acht oder neun« Sklaven besessen haben »und daß ein großer Prozentsatz von diesen Frauen waren«.[42]

Viel mehr als ein knappes Dutzend Diener im Haushalt zu beschäftigen, wäre ja in der Tat auch wenig sinnvoll gewesen. Mit diesem Personalbestand ließ sich auch ein großes, vornehmes Haus gut verwalten. Und nur um zu protzen und sich zur Schau mit einer Riesenmenge unnötiger Sklaven zu umgeben, wie es später mancher römische Parvenü als schick für sein Image ansah, schaffte sich kaum ein Grieche ein ganzes Heer von Haussklaven an. Sich in der Öffentlichkeit von drei oder vier Unfreien begleiten zu lassen, wurde schon als unfein angesehen und erregte Stirnrunzeln.[43]

Nur wenigen Familien lag überdies daran, für alle Ausnahmefälle genügend eigene Haussklaven zu besitzen, von denen einige im Alltag überflüssig gewesen wären. Trat einmal ein besonderer Anlaß wie z. B. eine Hochzeitsfeier ein, zu der man zusätzliche Arbeitskräfte benötigte, so ging man einfach zum Markt und mietete kurzfristig einige Aushilfssklaven.[44] Insbesondere Köche wurden auf diese Weise engagiert, aber nicht zuletzt auch jene unfreien Flötenspielerinnen und Tänzerinnen, die als Hauptattraktionen für ein Symposion gemietet wurden.

Sklaven waren natürlich auch in der Landwirtschaft tätig. Allerdings können die römischen Zustände nicht mit den griechischen Verhältnissen verglichen werden. Arbeiteten im Italien des 2. und 1. Jahrhunderts v. Chr. riesige Sklavenmassen auf großen Gütern reicher Grundbesitzer, so war Attika in zahllose kleine Parzellen zersplittert, die von Kleinbauern bewirtschaftet wurden. Daneben gab es auch Höfe mittlerer Größe, doch war der Kleinbetrieb in den meisten Teilen Griechenlands die Regel.

Ackerbau und Viehzucht bildeten die wirtschaftliche Grundlage der griechischen Staaten. Das gilt selbst für das 5. Jahrhundert in Attika, als dort das Manufakturwesen blühte und Athen die bedeutendste Handelsstadt von ganz Hellas war, die im Hafen Piräus eine einzigartige Drehscheibe des internationalen Warentausches besaß. Gewerbetreibende, Handwerker und Kaufleute, Bankiers und »Industrie«-Arbeiter mehrten zwar den Wohlstand der Stadt und verliehen ihr eine ökonomische Spitzenstellung im griechischen Raum, die eigentliche Basis des Wirtschaftslebens aber stellte nach wie vor der Agrarsektor dar.

Entsprechend groß war die Zahl der in der Landwirtschaft beschäftigten Arbeitskräfte. Weit mehr als die Hälfte aller Griechen verdienten dort ihren Lebensunterhalt. Es erscheint nötig, diese Tatsache von Zeit zu Zeit in Erinnerung zu rufen, weil das Quellenmaterial ein einseitiges und daher leicht verfälschendes Bild zeichnet.

Das beginnt mit der archäologischen Hinterlassenschaft, die natürlich dort weitaus reicher ist, wo viele Gebäude beieinander standen – also in den Städten –, und es setzt sich fort mit der literarischen Überlieferung, die ja auch wesentlich in den Kulturzentren – also wiederum den Städten – entstanden ist und vielfach von Literaten stammt, die ebendort gelebt und gearbeitet haben. Zwar war die Polis, der »Stadtstaat«, die typische politische Organisationsform für das klassische Griechenland. Aber es wäre ein großer Irrtum, die erste Silbe in der deutschen Übersetzung des Wortes über Gebühr zu betonen. Zu jeder »Stadt« gehörte ein unterschiedlich großes, hauptsächlich agrarisch genutztes Umland, das die Fläche des Stadtgebiets um ein Vielfaches übertraf. Sicher, Attika war mit seinen über zweieinhalbtausend Quadratkilometern eine Ausnahme, aber die Polis Korinth verfügte immerhin über ein Territorium von 880 Quadratkilometern, die Inselstaaten Samos und Aegina über 470 bzw.

85 Quadratkilometer. Wesenszug einer Polis war mithin nicht die Beschränkung auf ein Stadtgebiet, sondern das Vorhandensein eines städtischen Zentrums, auf das sich der »Rest« des Landes »konzentrierte«. Wozu diese (vermeintlich) selbstverständlichen Bemerkungen? Um deutlich zu machen, wie wichtig der Agrarbereich innerhalb der Ökonomie auch der griechischen Stadtstaaten gewesen ist. Entsprechend groß war die Zahl der in diesem Wirtschaftszweig tätigen Arbeitskräfte – freier wie unfreier.

Unfreie Arbeitskräfte auf den Feldern

In der intensiv betriebenen Landwirtschaft fehlten technische Hilfsmittel fast ganz. Zwar fiel zur Erntezeit die meiste Arbeit an, zu deren Bewältigung einige Bauern denn auch Saisonarbeiter einstellten.[45] Aber es gab auch eine Fülle von Tätigkeiten, die fast das ganze Jahr über anfielen: Ausweitung der Anbaufläche durch Schaffung von Terrassen und Entfernen von Steinen, Düngung und Auflockerung des Bodens, Schaffung und Unterhaltung von Bewässerungssystemen, Jäten des Unkrauts und Säen. Zumal in Attika, wo sich wegen des für den Getreide- und Gemüseanbaus wenig geeigneten Bodens zahlreiche Bauern auf Olivenbaumkulturen und den Weinanbau spezialisiert hatten, fiel eine Menge Arbeit an. Noch heute ist ja der Weinanbau besonders personalintensiv.

Unter diesen Umständen erstaunt es nicht, wenn sich selbst ärmere Bauern einen oder sogar mehrere Sklaven hielten.[46] Diese Unfreien werden zwar auch des öfteren als *oikétai* bezeichnet, doch standen sie anders als ihre in der Stadt lebenden Standesgenossen in erster Linie der Produktion zur Verfügung. Daneben erbrachten sie noch Dienstleistungen, die für Haussklaven typisch waren. Ihre Funktion im Haushalt war aber meist eine Mit-Hilfe; leisten konnten sich weniger wohlhabende Bauern diese Unfreien nur deshalb, weil sie durch ihre Arbeit auf den Feldern (oder auch als Viehhirten) die »Investitions«- und Unterhaltskosten wieder einbrachten.

So abstoßend eine vergleichende Rechnung sein mag, für die Entscheidung eines Bauern kam ihr höchste Bedeutung zu: War ein fachlich nicht ausgebildeter, unfreier Arbeiter im 4. Jahrhundert schon für 150 bis 200 Drachmen zu kaufen, so kosteten ein Paar Maultiere immerhin schon 550 bis 800 Drachmen.[47] Der Anreiz, vergleichsweise billige menschliche Arbeitskraft in Anspruch zu nehmen, war demnach nicht gering.

Die von Aristophanes geschilderten Szenen spiegeln sicher das Alltagsleben der Sklaven auf dem Lande wider. Dort heißt es, daß sie die Felder pflügen und die Rebstöcke beschneiden. Aber auch von ausgelassenen Landfesten ist die Rede, an denen die Unfreien mit teilnehmen.[48] Auf der anderen Seite fehlen auch Hinweise auf Bestrafung von Sklaven nicht. Ein anderer Autor berichtet, daß ein Landwirt, um sich gegen den Vorwurf zu verteidigen, er habe einen heiligen Ölbaum abgehackt, seine Sklaven quasi als Beweismittel für seine Unschuld anbietet; er hat nichts dagegen, daß seine Entlastungszeugen auch gefoltert werden. Nach weitverbreiteter Meinung war es nur so möglich, die Wahrheit aus den Sklaven herauszubekommen.[49]

Sklaven-Hierarchie auf Gütern

Auf kleinen und mittelgroßen Bauernhöfen arbeiteten Herren und Sklaven gemeinsam. Eine Unterscheidung in »mindere«, den Sklaven vorbehaltene, und »edlere« Tätigkeiten existierte hier praktisch nicht – ganz im Gegensatz zu den größeren Gütern. Dort legte der Sklavenbesitzer nicht selbst Hand mit an; allerdings arbeiteten hier offenbar auch freie Landarbeiter und unfreie Arbeitskräfte nebeneinander.

Die Zahl der Unfreien war auf solchen Gütern wesentlich höher. Außerdem gab es hier deutliche Unterschiede in der Stellung der Sklaven zueinander. Die einfachen Arbeiter wurden von Aufsehern und Vorarbeitern überwacht, die selbst unfrei waren. Damit wurde die Sklavenschaft in Privilegierte und Unterprivilegierte auseinanderdividiert – eine Hierarchie der Unfreiheit, die schon in den homerischen Dichtungen beschrieben wird.

Als Aufseher kommen nur Sklaven in Frage, die ihrem Herrn gegenüber besonders loyal gesinnt sind. Sie müssen bereit sein, scharf durchzugreifen, wenn es erforderlich ist. Kein Zweifel, daß sie notfalls die Interessen des Herrn vertreten! Das Kriterium ihrer Qualifikation ist weiterhin der wirtschaftliche Sachverstand; nach Möglichkeit sollen sie ein geradezu erotisches Verhältnis zum Profit haben.[50]

Der Vorarbeiter wacht über den Arbeitseifer seiner Untergebenen. Ein geschickt abgestuftes Straf- und Prämiensystem bietet ihm dabei eine wirkungsvolle Handhabe. Seine Aufgabe besteht, auf eine kurze Formel gebracht, darin: »Er soll fähig sein, die Arbeiter zu Eifer, Anpassung und Ausdauer anzuhalten – das sind die Männer, die Wohlstand und reichlichen Profit bringen.«[51]

So liest man es im »Oikonomikos« des Xenophon. Daß diese Vorstellungen eng mit der Realität zusammenhängen, bedarf keiner Frage. Das Vorhandensein einer Hierarchie unter den auf großen Landgütern arbeitenden Unfreien steht außer Zweifel. Und damit drängen sich zwei Folgerungen auf. Genausowenig wie in homerischer Zeit kann im klassischen Griechenland von einer wahren Solidarität aller Unfreien die Rede sein. Offensichtlich hat es genügend Sklaven gegeben, die bereit waren, ihre persönliche Lage zu verbessern, sogar auf Kosten der ihnen unterstellten Standesgenossen. Diese Aussage ist nicht abwertend gemeint; es soll nur vor allzu romantischen, nicht selten ideologisch bedingten Vorstellungen von einer Art solidarischer »Internationale« innerhalb der Sklavenschaft gewarnt werden.

Die zweite Schlußfolgerung: Man kann sich vorstellen, daß die Lage der Sklaven, die auf den Feldern von Großgrundbesitzern arbeiteten, viel schlechter war als die Lebensverhältnisse der »Haussklaven« von Kleinbauern. Diese nahmen am Familienleben teil und hatten ständig mit der Herrschaft, den Nachbarn[52] oder Gastfreunden Umgang, waren mithin trotz aller Standesunterschiede menschlich akzeptiert und integriert; jene dagegen schufteten im anonymen Kollektiv, wurden von unfreien Aufsehern, die ihrerseits dem Gutsbesitzer gegenüber verantwortlich waren, überwacht und verbrachten den größten Teil ihrer Freizeit in verriegelten Quartieren.[53]

Ein ansehnlicher ökonomischer Faktor

Kurz noch eine Zusammenfassung über die Rolle der unfreien Arbeiter im landwirtschaftlichen Bereich.

In einigen Gegenden Griechenlands, darauf muß in diesem Zusammenhang noch einmal hingewiesen werden, stellten die Nicht-Freien unter den in Ackerbau und Viehzucht Beschäftigten die überwältigende Mehrheit; nämlich überall dort, wo eine breite ländliche Unterschicht vorhanden war, deren Ursprünge auf die Dorische Wanderung und ähnliche Eroberungsakte zurückgingen. Gemeint sind jene in einer Grauzone zwischen Unfreiheit und Freiheit angesiedelten »Hörigen« wie die Penesten in Thessalien, die Klaroten auf Kreta und die Heloten im spartanischen Bereich (siehe zweites Kapitel).

Anders sah es in den Stadtstaaten aus. Hier dominierte die unfreie Arbeit im Agrarbereich keineswegs. Zwar war sie in beträchtlichem Umfang vorhanden, doch beruhte die landwirtschaftliche Produktion nicht auf der Grundlage der Sklavenarbeit. Dazu gab es zu viele Freie, die sich meist zusammen mit Unfreien – in einigen Fällen aber auch allein! – auf den Äckern, in den Gemüsefeldern, den Ölbaum- und Weinplantagen abmühten.

Nur sehr wenige Grundbesitzer konnten es sich erlauben, die meiste Zeit in ihren Stadthäusern zu leben und nur gelegentlich aufs Land zu fahren, um nach dem Rechten zu sehen. Der einfache Bauer kannte solchen Müßiggang nicht. Und auch die Vorstellung, seinen Sklaven lediglich Anweisungen zu geben und sich allenfalls um die Verwaltung und das Rechnungswesen des Betriebes zu kümmern, war für die meisten ein bloßer Wunschtraum.

Prozentuale Angaben über die Zahl der in der Landwirtschaft beschäftigten Unfreien lassen sich nicht machen. Wer solche Rechnungen aufstellt, ist unseriös. Ebenso gefährlich wäre es, aus zwei inschriftlich überlieferten Verzeichnissen, die Berufe bestimmter Sklavengruppen angeben, allzu weitreichende Schlüsse zu ziehen. Als Beispiel diene die Liste von 85 Freigelassenen aus dem letzten Drittel des 4. Jahrhunderts v. Chr.[54] Unter den ehemaligen Sklaven befinden sich elf *georgoí* (»Bauern«); hinzu kommen zwei *ampelourgoi* (»Weingärtner«). Ihnen stehen nicht weniger als 74 in Handwerksbetrieben und im Manufakturwesen beschäftige Unfreie gegenüber.

Auf den ersten Blick eine recht geringe Zahl von unfreien Arbeitskräften in der Landwirtschaft! Aber Vorsicht, denn der erste Blick ist ziemlich trügerisch. Wahrscheinlich sind unter den *georgoí* ausgesprochene Fachkräfte zu verstehen, also speziell geschulte Vorarbeiter und Aufseher. Die einfachen Landarbeiter dagegen scheinen in diesem Verzeichnis gar nicht vorzukommen.[55]

Zugegeben, auch dies ist bloß eine Hypothese. Sie muß nicht richtig sein. Aber eines ist doch gewiß: Anhand des verfügbaren Quellenmaterials lassen sich genaue Zahlen über den Anteil der Unfreien im Agrarbereich nicht ermitteln. Immerhin steht fest, daß er sicher nicht unbedeutend war. Betrachtet man die allgemeinen Rahmenbedingungen, die am Anfang dieser Thematik kurz angesprochen wurden, so hat es eher den Anschein, daß die Bedeutung der Sklavenarbeit auf diesem Felde häufiger unter- als überschätzt wird.

Harter Schlag für Athens Wirtschaft

Im Jahre 413 v. Chr. erlitt die Stadt Athen einen schmerzlichen finanziellen Verlust. Einige Zeit zuvor war der große griechische Bruderkrieg nach kurzem Friedensschluß wieder entbrannt. Auf beiden Seiten wurden neue Strategien erprobt. Während Athen auf einen neuen Kriegsschauplatz setzte, indem es den Waffengang auch nach Sizilien verschleppte und dort eine furchtbare Niederlage erlitt, hatten die Spartaner wesentlich mehr Glück. Auf Anraten des Alkibiades eroberten sie Dekeleia, eine rund 20 Kilometer nördlich von Athen gelegene Stadt, und bauten es zur Festung aus. Fortan kontrollierte die dort liegende spartanische Garnison weite Teile des attischen Binnenlandes.

Die Athener bekamen die Auswirkungen dieser neuen spartanischen Strategie sehr rasch zu spüren. Die unmittelbare Gefährdung durch die gleichsam im Nacken Athens lauernde Truppe der Spartaner führte zu einem starken Rückgang von Handel und Wandel. Unsicherheit machte sich breit, Angst lähmte die wirtschaftlichen Aktivitäten.[56]

Nur *einer* Gruppe von Landesbewohnern kam die spartanische Quasi-Blockade gelegen: Allein im Jahre 413, so berichtet Thukydides, im allgemeinen ein mit Zahlen vorsichtig umgehender und deshalb verläßlicher Gewährsmann, liefen mehr als 20 000 Sklaven zum Feind über. Und er fügt noch eine außerordentlich wichtige Angabe hinzu: »Der größte Teil von ihnen waren Handwerker.«[57]

Ein gewaltiger Aderlaß für die Wirtschaft Athens! Mit einem Schlage waren den Athenern Tausende handwerklich ausgebildeter Sklaven entlaufen. Für manchen Sklavenbesitzer bedeutete das einen herben Verlust, aber auch auf die gesamte Ökonomie der Stadt wirkte sich diese Massenflucht mindestens ebenso negativ aus wie der Verlust unzähliger Viehherden, den Thukydides im gleichen Zusammenhang als Folge der spartanischen Besetzung von Dekeleia anführt.

Dieser Bericht zeigt, welche Bedeutung der unfreien Arbeit in den Bereichen Handwerk und Manufakturwesen zugekommen sein muß – jedenfalls in wirtschaftlich so hoch entwickelten und differenzierten Stadtstaaten wie Athen, Korinth, Aegina und vergleichbaren Poleis.

EUBOIA
Euripos
Asopos
BOIOTIA
Kithairon
Amphiaraion
Rhamnus
Aphidnai
Parnes
Phyle
Dekeleia
Kephisos
Marathon
Kynosura
Thriasische Ebene
Acharnai
Pentelikon
Eleusis
MEGARIS
Megara
Pharmakussai
Kephissos
Athen
Hymettos
Phaleron
Salamis
Salamis
Piräus
Brauron
Sphettos
Erasinos
Prasiai
Myrrhinus
Aixone
Kedoi
Saronischer Golf
Lamptrai
Kephale
Aigilia
Laureion
Thorikos
Aigina
AIGINA
Anaphlystos
Sunion
Attika
Siedlungen
Landesgrenzen im 5. Jh. v. Chr.
Bezirksgrenzen
0
10
20
30
km

Eine merkwürdige Facharbeiter-»Ausbildung«

Und wirklich lehrt schon ein flüchtiger Blick in die Quellen, daß Sklaven in allen handwerklichen Berufen, als Manufakturarbeiter, im Baugewerbe und in der industriellen Produktion tätig waren. Da begegnen uns Unfreie als Gold- und Eisenschmiede ebenso wie als Sandalenmacher und Schuster, als Eimermacher wie als Bronzearbeiter, als Graveure wie als Bettenmacher.[58] Sklavinnen arbeiten als Wollspinnerinnen und als Näherinnen.[59] Aber auch als Bäcker und Mantelzuschneider,[60] als Barbiere und Leimsieder waren Unfreie tätig.[61]

In all diesen Berufen sind sie im Laufe der Zeit zu ausgesprochenen Facharbeitern herangewachsen. Die meisten waren ehemals Barbaren ohne spezielle Ausbildung. Der Betriebsinhaber erwarb sie einfach auf dem Sklavenmarkt und »steckte« sie in seine Werkstatt, »zwang sie, etwas Ordentliches zu arbeiten« – so heißt es einmal in schöner Offenheit bei Xenophon.[62] Allmählich entwickelten sie sich aber trotz des eher primitiven Anlernverfahrens zu geübten Mitarbeitern.

Mancher Besitzer mag sich auch etwas mehr Mühe mit der Ausbildung seiner Arbeitskräfte gegeben haben. Regelrechte Lehrlingsverträge aber kamen erst einige Jahrhunderte später auf. Nicht viele solcher schriftlichen Vereinbarungen zwischen einem Lehrmeister und einem Sklavenhalter über die Ausbildung eines Unfreien sind erhalten geblieben. Aber immerhin: Sie kamen vor, was angesichts der »klassischen« Anlernmethode einen bedeutenden Fortschritt darstellte.[63]

Von unfreien »Industrie«-Arbeitern

Bisher war von handwerklichen Berufen die Rede, die zum großen Teil in Kleinbetrieben ausgeübt wurden. Von derartigen Familienbetrieben, die bis zu einem halben Dutzend Sklaven beschäftigten, gab es in Athen eine beeindruckende Fülle.

Daneben existierten aber auch schon größere Betriebseinheiten, die als Manufakturen bezeichnet werden können, als Vorstufe mithin zu einer industriellen Produktionsform. Viele Forscher scheuen sich jedoch keineswegs, auch hier schon direkt von industrieller Fertigung zu sprechen.

Es waren vor allem reiche Fabrikanten, die ihr Kapital in unfreie

Arbeiter investierten. Aus dem 4. Jahrhundert v. Chr. sind einige Beispiele solcher Produktionsstätten mit einer großen Zahl von Sklaven überliefert.

Die Gebrüder Lysias und Polemarch hatten ihr Kapital in die Rüstungsindustrie gesteckt. Sie beschäftigten in ihrer Schildfabrik 120 Sklaven.[64] In der gleichen Branche war Pasion tätig, der durch die Schildfabrikation einen jährlichen Gewinn von einem Talent machte.[65] Die Zahl seiner unfreien Angestellten muß demnach ungefähr sechzig betragen haben.

Dieser Pasion hatte, nebenbei bemerkt, eine unglaubliche Karriere hinter sich. Einst selbst Sklave, war er von seinen Herren freigelassen worden, hatte sich daraufhin erfolgreich im Bankgeschäft engagiert und wurde zu einem der reichsten Männer in ganz Griechenland. Er erhielt schließlich für seine Verdienste sogar das attische Bürgerrecht verliehen[66] – ein beispielloser Vorgang in der Sozial- und Wirtschaftsgeschichte Athens. Zum Dank für die Verleihung des Bürgerrechts spendete er dem Staat tausend Bronzeschilde, die seine unfreien Arbeiter gefertigt hatten ...[67]

Ein Wirtschaftsimperium besonderer Art hatte Euktemon errichtet. Er besaß neben einem Landgut, einer Badeanstalt, einem Bordell und einem Weinladen auch einige unfreie Handwerker.[68] Weniger breit gefächert, dafür aber mit einer größeren Zahl von Sklavenarbeitern ausgestattet waren die Manufakturbetriebe, die der Vater des Redners Demosthenes besaß. Um 360 v. Chr. beschäftigte er 32 unfreie Messer- und Schwertmacher sowie zwanzig in der Möbelindustrie tätige Bettenmacher.[69]

Bescheidener waren die Unternehmungen zweier anderer Sklavenbesitzer. Der Vater des Isokrates brachte es durch die Arbeit einiger unfreier Flötenmacher zu erheblichem Wohlstand, und ein gewisser Timarchos war um das Jahr 345 v. Chr. Besitzer von neun oder zehn im Schuhmacherhandwerk ausgebildeten Sklaven.[70]

Selbstverständlich wurden Sklaven auch im Bauwesen und im Transportgewerbe eingesetzt: Von Maultiertreibern sowie Kupfererzträgern[71] wird berichtet, und in dem oben erwähnten Verzeichnis von Freigelassenen aus dem letzten Drittel des 4. Jahrhunderts werden immerhin zehn von 79 Männern als Arbeiter im Transportwesen aufgeführt.

Überblickt man diese Fülle von Berufen, in denen Sklaven arbeiteten, so erstaunt es nicht, daß auch am Bau der großartigen Heiligtümer auf der Akropolis Athens Unfreie mitgewirkt haben.

Kurz nach 450 v. Chr. faßte die athenische Volksversammlung auf Antrag des Perikles den Beschluß, den Burgberg der Stadt nach der von Perikles und seinen künstlerischen Beratern entworfenen Konzeption neu zu bebauen. Daß sich hier die attische Demokratie ein unsterbliches Denkmal geschaffen hat, ist bekannt. Weniger bekannt ist die Tatsache, daß die Demokraten die Akropolis-Bauten nicht nur als Huldigung an die Gottheiten der Stadt verstanden haben, sondern daß es ihnen dabei ganz bewußt um einen repräsentativen Baukomplex ging, der Ausdruck des Selbstbewußtseins und der wirtschaftlichen wie künstlerischen Potenz der Stadt sein sollte. Daher geriet das Akropolis-Bauprogramm voll ins Parteien-Gezänk, weil die Konservativen sich heftig dagegen sträubten, so gewaltige Geldsummen auszugeben, damit sich die Stadt »wie ein eitles Weib mit kostbaren Steinen, Bildern und Tempeln von 1000 Talenten behängt«.[72]

Neben dem Repräsentationsbedürfnis stand aber noch eine weitere Überlegung. Perikles verstand dieses Bauvorhaben auch als gewaltiges Arbeitsbeschaffungsprogramm, das zahlreichen Athenern über Jahrzehnte hinweg sichere Arbeitsplätze versprach.[73] (Daß man zur Finanzierung der ehrgeizigen Baupläne auch in die Kriegskasse des Delisch-Attischen Seebundes griff, focht die dadurch gut versorgten Arbeiter und Unternehmer Athens nicht an, sondern zog »nur« wütendes Protestgeschrei der Bundesgenossen nach sich.)

Ein glücklicher Zufall hat eindeutige Beweise dafür überliefert, daß nicht nur freie Arbeitskräfte beim Bau der Akropolis-Heiligtümer tätig waren, sondern daß auch Sklaven bei diesem Riesenprojekt beschäftigt wurden. Zum Komplex der bedeutendsten Tempel gehörte das Erechtheion, eine Art kultischer »Mehrzweckbau«, der mit seiner berühmten Korenhalle zu den ungewöhnlichsten, ganz sicher auch zu den schönsten griechischen Tempeln zählt. Von diesem Erechtheion sind Bauabrechnungen aus dem Jahre 409/408 v. Chr. erhalten.[74]

Die in Stein gemeißelten Aufstellungen verzeichnen zwanzig athenische Bürger, daneben 35 Metöken (im Lande wohnende Fremde griechischer Nationalität) und sechzehn Sklaven. Der Lohn wurde den Arbeitern bzw. den Unternehmern entweder nach Arbeitseinheiten, z.B. der Fertigstellung eines Stückes Decke und dergleichen, oder als Tagespauschale ausgezahlt. Das Kriterium für das leistungsbezogene Entgelt steht bei der ersten Art der Bezahlung ganz im Vordergrund. So erhält ein Steinmetz für eine normal große Skulptur, etwa die Darstellung eines erwachsenen Mannes oder eines Pferdes mit Wagen, 60 Drachmen pro Einheit; dagegen bringt ihm das Ausmeißeln einer Kindergestalt nur 20 Drachmen.

Viel überraschender ist das zweite Entlohnungssystem. Zwischen Meistern, Gesellen und Hilfsarbeitern wird nicht unterschieden. Alle erhalten den gleichen Tagesverdienst. Simias, athenischer Bürger und Steinmetzmeister, bringt fünf Sklaven mit; aber sein Verdienst ist nicht höher als der jedes einzelnen Gesellen. Ebensowenig können die Kleinunternehmer Phalakros und Laossos, die mit drei bzw. zwei Unfreien in den Listen erscheinen, mit besserer Entlohnung rechnen als ihre Mitarbeiter.

Löhne unter dem Druck billiger Sklavenarbeit?

Und damit sind wir bei einem äußerst wichtigen Punkt. In der brisanten Diskussion um die Bedeutung der antiken Sklaverei haben marxistische Historiker des öfteren behauptet, die unfreie Arbeit sei eine ernste Konkurrenz für die freien Lohnarbeiter gewesen. Hat es hier tatsächlich eine Art Verdrängungswettbewerb gegeben? Mußten freie Arbeiter um Lohn und Brot bangen, weil der preiswertere Einsatz von Sklaven ihre Arbeitsplätze gefährdete?

Theoretisch sind solche Fragen gewiß nicht unberechtigt. Schaut man sich aber die Praxis – zumindest im klassischen Griechenland – an, so erweisen sich derartige Vermutungen als haltlos. Freie und Unfreie erhielten den gleichen Lohn. Sicher, die Sklaven durften ihren Verdienst nicht behalten, sondern hatten ihn ihrem Besitzer abzuliefern. Den Auftraggeber interessierte das aber herzlich wenig. Für ihn war es einerlei, ob er die Arbeit durch Freie oder durch Sklaven tun ließ – seine Kosten blieben die gleichen. Von seiten der Sklavenbesitzer ist demnach nicht versucht worden, die freie Konkurrenz mit Billigangeboten aus dem Auftragsgeschäft zu verdrängen.

Tatsächlich findet sich auch nirgendwo die Klage eines freien Arbeiters, daß Sklaven ihm den Arbeitsplatz weggenommen hätten. Lediglich *eine* Äußerung könnte aufhorchen lassen: »Um wieviel besser ist es doch«, klagt da ein athenischer Arbeiter, »einen ordentlichen Herrn zu bekommen, als niedrig und schlecht als Freier zu leben!«[75]

Bei näherem Hinsehen stellt sich aber auch hier heraus, daß diese Klage bestenfalls gar nichts besagt. Es handelt sich nämlich um ein isoliertes Fragment aus einer Komödie. Die Umstände und Absichten, die mit der Aussage verbunden sind, kennen wir nicht. Damit fällt sie als ernstzunehmender Beleg fort.

Sklavenarbeit – Faulheit plus Sabotage?

Wenn nun freie und unfreie Arbeit gleich teuer waren, dann bestand für den Auftraggeber wohl eher Anlaß, die Dienste *freier* Arbeiter und Handwerker in Anspruch zu nehmen. Zumindest wäre das anzunehmen, wenn eine zweite These, die von marxistischen Historikern verschiedentlich geäußert wurde, zutreffen sollte.

Danach habe der Sklave seine Arbeit ohne jedes Engagement vollbracht; mehr noch, er habe, da er ja nur unter Zwang arbeitete, desinteressiert, gleichgültig und lustlos vor sich »hingewerkelt«, sogar bewußt Sabotage betrieben! Als besonders naive Kostprobe für diese – an sich bedenkenswerte – These erneut ein Zitat aus der »Geschichte des Altertums«, herausgegeben von A.W. Mischulin:

»Der Grund dafür, daß man ihm (= dem Sklaven) kein kompliziertes Gerät in die Hand geben konnte, war, daß er an seiner Arbeit kein Interesse hatte und daher mit den Werkzeugen grob umging, sie zerbrach und verdarb.«[76]

Man wüßte zu gern, woher die Verfasser dieses »Lehr«-Buches ihre intimen Kenntnisse über die unfreien »Maschinenstürmer« des 5. Jahrhunderts v. Chr. bezogen haben. Wie gesagt: Die These vom Desinteresse der Sklaven an ihrer erzwungenen Arbeit ist an sich keinesfalls abwegig. Nur mangelt es an entsprechenden Nachrichten; unsere Quellen geben nichts her, das diese Vermutungen bestätigen könnte. Und das hängt wohl damit zusammen, daß den Sklaven im Altertum einfach das kämpferische Bewußtsein gefehlt hat, das einer solchen Arbeitshaltung zugrunde liegen müßte.

Man sieht: Die Thesen, die Sklavenarbeit habe einerseits die freie Arbeit systematisch verdrängt, andererseits hätten die Sklaven ihre natürliche Arbeitskraft nicht voll entwickelt, kollidieren heftig miteinander. Wenn überhaupt, so kann gewiß nur eine von beiden richtig sein.

Bleiben wir deshalb noch einen Moment lang bei der zweiten Behauptung. Warum, so fragt man sich, hat die Stadt Athen bei der Auftragsvergabe dann nicht freie Lohnarbeiter bevorzugt? Wieso wurde eine so überraschend große Zahl von unfreien Arbeitskräften akzeptiert und ihnen überdies der gleiche Lohn wie freien Arbeitern gezahlt, wenn bei ihnen nicht mit gleichwertigem Einsatz zu rechnen war? Hat der athenische Staat hier Faulheit und Arbeitsverweigerung finanziert?

Wer weiß, wie vorsichtig gerade die attische Demokratie in Gelddingen gewesen ist und wie wenig sie allen anderen Bevölkerungsgruppen außer den freien Bürgern gegönnt hat, der wird diese Frage sehr rasch verneinen. Und das bedeutet dann aber doch, daß die Sklaven durchaus anständig und zuverlässig gearbeitet haben müssen.

Tatsächlich gab es für die Sklaven durchaus triftige Gründe, sich bei ihrer Arbeit zu bewähren. Zunächst waren da ganz einfach die Strafandrohung und das Züchtigungs-»Recht«, mit dem die Besitzer die unfreien Arbeitskräfte unter Druck setzen konnten. Wer nicht vernünftig arbeitete und durch Aufsässigkeit und Trägheit auffiel, mußte damit rechnen, empfindlich bestraft zu werden oder zumindest bestimmte Vergünstigungen gestrichen zu bekommen.

Bestimmt keine schöne Motivation, die aus diesen Zwängen resultierte! Daneben gab es allerdings auch noch so etwas wie eine positive Variante. Wer sich durch besondere Leistungen auszeichnete, wer seine Arbeit gewissenhaft und fleißig verrichtete, konnte mit Belohnungen rechnen, die in Form besseren Essens, längerer Freizeit und der Erlaubnis, eine Familie zu gründen, gewährt wurden. Ein entsprechendes Prämiensystem ist recht anschaulich in Xenophons Schrift »Oikonomikos« beschrieben.

Als ganz spezieller Anreiz winkte tüchtigen Sklaven die spätere Freilassung. Man sollte sich freilich davor hüten, diese für viele in unerreichbarer Ferne liegende Aussicht als Motiv für hervorragenden Arbeitseinsatz überzubewerten. Wenn überhaupt, so ging dieser Wunsch ja nicht von heute auf morgen in Erfüllung, sondern erst nach Jahren und Jahrzehnten der Bewährung; nicht selten erst aufgrund des Testaments des Sklavenbesitzers. Deshalb soll hier kein simpler »Tellerwäscher-Mythos« verbreitet werden, der sozusagen als Regelfall die Freilassung eines tüchtigen unfreien Arbeiters nach einer gewissen Zeitspanne propagiert. Wichtiger für eine in den Augen des Herrn untadelige Arbeitshaltung der Sklaven war gewiß die Aussicht auf kurzfristig erreichbare Vorteile, weniger die langfristige Perspektive einer möglichen Freilassung.

Grundsätzlich läßt sich daher die These von der Minderwertigkeit unfreier Arbeit nicht aufrechterhalten. In Einzelfällen wird es natürlich vorgekommen sein, daß sich die schlechte soziale Stellung und die allgemeine gesellschaftliche Verachtung, harte Behandlung durch den Herrn und daraus resultierende Unzufriedenheit in schlampiger, bewußt lustloser Arbeit von Sklaven niedergeschlagen haben. Niemand, der mit offenen Augen durch die Welt geht, wird das abstreiten wollen, wirken sich doch auch heute schlechte Arbeitsbedingungen, ein gespanntes Betriebsklima und persönliche Frustrationen auf die Qualität der Arbeitsleistung aus. Es sei auch zugestanden, daß diese Fälle bei unfreien Arbeitskräften häufiger vorgekommen sein könnten – obwohl es eindeutige Beweise dafür nicht gibt.

Aber darum geht es nicht. Was zur Diskussion steht, ist die These, daß all dies *fast notwendig* aus der Tatsache der Unfreiheit eingetreten sei. Und für diese verallgemeinernde Behauptung, die Arbeit der Sklaven sei *prinzipiell* unproduktiver, langsamer und qualitativ minderwertig gegenüber der freien Lohnarbeit gewesen, gibt es keinerlei Anhaltspunkte.

Natürlich kann man sich aufs hohe ideologische Roß setzen, kann bejammern, daß die Sklaven entgegen ihren eigentlichen Interessen gehandelt hätten, indem sie ihre Besitzer nicht durch Arbeitssabotage kräftig zu schädigen versuchten; man kann ihnen ihr »falsches Bewußtsein« vorwerfen, kann sein Mitleid für die »verblendeten« ausgebeuteten Sklaven ausdrücken, die das System der Sklavenhaltung nicht durch Arbeitsverweigerung ad absurdum geführt haben. Aber all das sind wirklich nur akademische Überlegungen, gewiß auf einem tiefen humanistischen Denken und Mitgefühl basierend. Historisch aber sind sie bedeutungslos. Da bleibt einem, sofern man Fakten anzuerkennen bereit ist, allenfalls das hilflose Unverständnis und Bedauern darüber, daß der weitaus größte Teil aller Sklaven *kein* prinzipielles Verweigerungsbewußtsein entwickelt hat.

Philosophen empfehlen Verzicht auf Arbeit – für Freie!

Von einem erbitterten Konkurrenzkampf zwischen unfreier und freier Arbeit im klassischen Griechenland kann nicht die Rede sein. Mancher Tagelöhner und Hilfsarbeiter konnte nicht immer damit rechnen, daß er an jedem Tag eine neue Arbeit fand, und es kam vor, daß seine Familie dadurch auch einmal auf die eine oder andere Mahlzeit verzichten mußte. Aber von wirklich existenzbedrohender Arbeitslosigkeit hören wir nichts. Tausende von Menschen, die aufgrund »struktureller« Arbeitslosigkeit infolge eines brutalen Verdrängungswettbewerbs durch die Sklavenarbeit ins Unglück gestürzt worden wären: Das hat es nicht gegeben.

Aber haben die Freien es denn überhaupt nötig gehabt, selbst zu arbeiten? Konnten sie nicht einfach mit dem durch die Ausbeutung der Sklaven erzielten Mehrwert vorliebnehmen? Wie sah denn der Alltag eines freien Atheners aus? Bestand sein Lebensrhythmus nicht darin, morgens aus dem Hause zu gehen, über die Agora zu schlendern, mit Nachbarn und Freunden zu schwatzen, im Theater den Stücken eines Aristophanes oder eines Sophokles zu lauschen, die Volksversammlung zu besuchen, als Geschworener oder Mitglied des Rates zu fungieren und abends nach Hause zurückzukehren, um dort in Symposien über Gott und die Welt zu diskutieren und sich mancherlei Sinnengenüssen hinzugeben?

Zu oft ist dieses Bild vom Leben des griechischen Durchschnittsbürgers gemalt worden, als daß man nicht kurz dazu Stellung nehmen müßte. Die einzelnen »Stationen« in diesem Abriß stimmen; in ihrer Aneinanderreihung und ihrer Schilderung als tagtäglicher Gewohnheit aber werden sie zur bloßen Karikatur, haben sie mit der historischen Realität nichts mehr zu tun.

Gewiß, körperliche Arbeit war im klassischen Hellas nicht sehr geachtet, und auch geistige Tätigkeit galt als verfehlt, wenn sie um ihrer selbst willen betrieben wurde und nicht im Zusammenhang mit den Aufgaben als Bürger stand. Auf die *banausoi*, die sich mit gemeiner handwerklicher Arbeit abgaben, mochte man gleichfalls herabschauen und ihnen gleichsam moralische Unfreiheit ob ihrer wenig edlen Beschäftigung attestieren.[77]

Auf diese Weise ließ sich ein sehr vornehmes, sehr schönes und auch nach Auffassung vieler späterer Betrachter sehr bewunderungswürdiges Idealbild vom wirklich freien Menschen entwerfen. Die Herren Aristokraten und Großgrundbesitzer, die arbeiten ließen, die Herren Fabrikanten, die ebenfalls arbeiten ließen, und die Herren Philosophen, die immerhin selbst noch geistig arbeiteten, waren sich da sehr einig. Und da nun einmal auch in demokratischen Staatswesen wie Athen die geistigen Grundlagen von einer aristokratisch gesinnten Elite gelegt wurden, ist es kein Wunder, daß sich derartige Wertvorstellungen allgemein durchsetzten und zu Idealen einer Polis-Gemeinschaft avancieren konnten. Das Ganze ist ein Musterbeispiel dafür, wie »öffentliche Meinung« gemacht werden kann.

Eine Bewertung dieses Vorgangs ist an dieser Stelle nicht beabsichtigt. Ideologiekritik, mag sie auch noch so sehr in Mode gekommen sein, ist hier fehl am Platze. Es wäre ganz einfach vermessen, in wenigen Sätzen ein Verdikt über diese Form der Bildung öffentlicher Meinung, geschweige denn über ihre Inhalte, fällen zu wollen.

Worauf es ankommt, ist etwas ganz anderes. Vergegenwärtigen wir uns, daß es sich bei diesen Vorstellungen vom Leben eines wahrhaft freien Polis-Bewohners um die idealtypische Ausweitung der aristokratischen Lebensform auf die gesamte Bevölkerung handelte. Das waren im besten Falle Empfehlungen, wie es in Zukunft besser gemacht werden könnte, im schlechtesten Falle reine Utopie.

Außer Sklaven nur Rentiers?

Mit dem wirklichen Leben hatte dieses Idealbild herzlich wenig gemein. Wer es für bare Münze nimmt, es gleichsam als ein Abbild der tatsächlichen Verhältnisse ansieht, verwechselt Anspruch und Realität. Ohne Zweifel war die Kultur des Perikleischen Zeitalters in allen sozialen Schichten der athenischen Bevölkerung tief verwurzelt, waren große Teile der Einwohnerschaft auch für die gewiß nicht immer leichte Muse des Theaterspiels empfänglich, und zweifellos wäre es eine geradezu beleidigende Herabsetzung dieser Menschen, ihnen das wahrlich nachahmenswerte politische Engagement, das vergleichweise hohe sachliche Niveau im Diskutieren und Entscheiden oder die große Aufgeschlossenheit im kulturellen Leben absprechen zu wollen. Nein, dieser Glanz ist zweifellos echt.

Nur eben ging der Durchschnittsbürger *nicht jeden Tag* zur Volksversammlung, saß er *nicht ständig* im Theater, hatte *nicht stundenlang* Zeit zum Diskutieren und Flanieren. Die überwiegende Mehrheit der Freien übte einen Beruf aus, der einen großen Teil ihrer Zeit in Anspruch nahm.

Dafür gibt es eine Fülle von Belegen. Am eindrucksvollsten ist wohl eine Stelle aus der Komödie »Ploutos« des Aristophanes. Dort tritt Penia, die Verkörperung der Armut, auf und stellt Wunschbild und Realität einander sehr schön gegenüber:

> »Denn wenn Ploutos (der Reichtum) sein Augenlicht wiedergewönne und sich selbst gleich (auf alle) verteilen würde,
> Dann würde sich kein Mensch mehr um ein Handwerk oder eine Kunst kümmern.
> Wer aber wird, wenn ihr diese beiden verloren habt, arbeiten wollen
> Als Schmied oder Schiffsbauer, als Schneider oder Rädermacher,
> Als Schuster oder Ziegelstreicher, als Wäscher oder Ledergerber,
> Wer wird das Land mit Pflügen aufbrechen und die Ernte der Demeter einbringen,
> Wenn es uns freisteht, untätig zu leben und dies alles zu vernachlässigen?«[78]

Hier ist wohlgemerkt nicht vom »Alternativleben« *Unfreier* die Rede, sondern von einer vielleicht wünschenswerten, aber eben nicht realisierbaren Lebensweise der *freien* Bürger. Ein Wirtschaftsleben ohne die Arbeit der Bürger ist offensichtlich unvorstellbar. Und das zeigt aufs anschaulichste, wie sehr die Arbeit und Berufsausübung auch zum Leben der freien Politen gehört haben.

Die Hektik der morgendlichen Rush-Hour im klassischen Athen unterschied sich vermutlich kaum von derjenigen in der heutigen griechischen Hauptstadt. Sobald der Hahn kräht, »springt alle Welt auf und eilt zur Arbeit: die Töpfer, die Schmiede, die Gerber, die Schuster, Friseure und Mehlhändler, die Leierdrechsler und die Schildmacher. In die Schuhe fahren sie im Dunkeln schnell und rennen . . .«[79] Keine Rede davon, daß nur die Sklaven zu dieser frühen Stunde aus den Betten gejagt würden und die freien Athener friedlich weiterschlummerten . . .

Daß nur Müßiggänger und Rentiers, die von der Arbeit ihrer Sklaven lebten, die Volksversammlung besucht hätten, ist ebenso ein Märchen wie die Vorstellung, hier seien vorrangig einfache Arbeiter anzutreffen gewesen, denen es um die Auszahlung der Diäten als Entschädigung für ihren Lohnausfall gegangen wäre. Als Teilnehmer von Volksversammlungen nennt Sokrates einmal Walker, Schuster, Zimmerleute, Schmiede, Bauern und Kaufleute von der Agorá.[80]

Wie unrichtig und verzerrt das Bild vom *dolce far niente* der freien Bürger griechischer Poleis ist, läßt sich schon an einer gesetzlichen Bestimmung ablesen, die von Solon im Jahre 594 v. Chr. erlassen wurde und die jahrhundertelang in Kraft blieb. Danach hatten Eltern nur dann Anspruch auf Unterhalt durch ihre Kinder im Alter, wenn sie diese eine τέχνη *(téchne)*, ein Handwerk, hatten erlernen lassen.[81] Alle einschlägigen Quellen bestätigen, daß diese Vorschrift sehr ernst genommen worden ist. Hätte der größte Teil der freien Bürger seine Einkünfte aber nur aus Sklavenarbeit bezogen, welchen Grund hätte es dann gegeben, die Heranwachsenden entsprechend ausbilden zu lassen – und das bei der geringen gesellschaftlichen Anerkennung handwerklicher und gewerblicher Tätigkeit?

Ein letztes Beispiel, das alles bisher Gesagte nachdrücklich unterstreicht: Wir haben bereits gehört, daß das von Perikles durchgesetzte Akropolis-Bauprogramm nicht zuletzt auch der Schaffung und Sicherheit von Arbeitsplätzen dienen sollte. Perikles' politische »Klientel« waren aber nun beileibe nicht die reichen Aristokraten, Großgrundbesitzer und Großunternehmer, die Dutzende von Unfreien für sich arbeiten ließen. Vielmehr stellten der gewerbliche Mittelstand und die Lohnarbeiter ein für den athenischen Staatsmann außerordentlich wichtiges Wählerpotential dar. Natürlich freuten sich auch jene Handwerksmeister über Aufträge, die ein paar Sklaven beschäftigten. Entscheidend war jedoch, daß hier eben nicht nur für Unfreie, sondern auch für etliche Freie sichere Arbeitsplätze geschaffen wurden.

Dafür gibt es kein besseres Zeugnis als die eindrucksvolle Aufzählung der beteiligten Arbeitskräfte in der Perikles-Biographie des Plutarch:

»Perikles wollte, daß auch die vielen nicht kriegspflichtigen Bürger, die sich mit ihrer Hände Arbeit durchbringen mußten, von den Einkünften nicht ausgeschlossen seien. Da sie ihnen aber auch nicht unverdient und ohne Arbeit zukommen sollten, legte er dem Volk großartige Pläne für Unternehmungen und Bauten vor, die viele Handwerker für lange Zeit beschäftigen konnten . . .

Die erforderlichen Materialien waren Steine, Erz, Elfenbein, Gold, Eben- und Zypressenholz. Und zu ihrer Bearbeitung brauchte man mancherlei Handwerker wie Zimmerleute, Bildhauer, Kupferschmiede, Steinmetzen, Färber, Goldarbeiter, Elfenbeinschnitzer,

Maler, Sticker und Graveure, dazu für alle Baustoffe Aufseher und Transporteure. Die Transporte zur See brachten den Reedern, Matrosen und Steuerleuten Beschäftigung; die zu Lande den Wagenbauern, Pferdehaltern, Fuhrleuten, Seilern, Leinwebern, Sattlern, Straßenbauern und Bergleuten.

Jedes Handwerk hatte noch, wie ein Feldherr, ein eigenes Heer von einfachen Lohnarbeitern unter sich, die bei der Arbeit als Handlanger dienten. Und so verteilten die Erfordernisse der Arbeit reichen Gewinn sozusagen auf jedes Alter und jeden sozialen Stand.«[82]

Das Schlaraffenland Athen, in dem die Freien sorglos und ohne Arbeit in den Tag hineinleben konnten, weil die Sklaven alle Waren produzierten und alle Dienstleistungen erbrachten, hat es nie gegeben. Die breite Masse der Griechen, von der sozial niedrigsten Schicht der Theten bis hin zum wohlhabenden Mittelstand, hat ohne Zweifel selbst gearbeitet. Die Privatiers und Rentiers, die ihren Lebensunterhalt allein aus dem Ertrag der Arbeit ihrer Sklaven bestritten, bildeten eine kleine Gruppe privilegierter Bürger. Sie waren absolut nicht repräsentativ für das Gesamtvolk.

Zwar hielten sich nicht wenige Bürger unfreie Mitarbeiter – und diese Form der Ausbeutung soll überhaupt nicht wegdiskutiert oder beschönigt werden. Doch hinderte dies die Sklavenbesitzer nicht daran, selbst einen Beruf auszuüben. Oder, anders ausgedrückt: Der Wohlstand Athens (und anderer vergleichbarer Stadtstaaten) speiste sich nicht nur aus der erzwungenen Sklavenarbeit, sondern gründete sich zum großen Teil auch auf den Gewerbefleiß und den Arbeitseinsatz freier Bürger.

Das Geschäft mit der Vermietung von Menschen

In *einem* Bereich der athenischen Produktion waren allerdings zum allergrößten Teil Sklaven tätig, während freie Lohnarbeiter eher die Ausnahme darstellten: In Laureion, der Schatzgrube im Süden Attikas, wo neben Blei, Quecksilber und Zinnober vor allem Silber gefunden und verhüttet wurde, waren überwiegend Unfreie beschäftigt; in den Bergwerken ebenso wie in den Aufbereitungskomplexen über Tage.

Um es gleich am Anfang in aller Schärfe zu sagen: Dies waren, insgesamt gesehen, mit Abstand die unter den schwersten Bedingungen lebenden Sklaven in Attika, ja wahrscheinlich in ganz Hellas – mit Ausnahme der Heloten und anderer Bergwerkssklaven. Die hier schufteten, waren schon arme Teufel, »Sklaven« eigentlich erst recht in der schärfsten Bedeutung des Wortes: völlig unfreie Menschen, die sich in härtester Arbeit verzehrten, während der »Freizeit« einkaserniert in großen Wohnkomplexen von Tag zu Tag dahinlebten, viele in anonymer Umgebung, manche gefesselt und angekettet und fast alle ohne den Funken Hoffnung, eines fernen Tages einmal freigelassen zu werden.

Lichtblicke wie im Leben der Haussklaven und der in anderen Teilen der gewerblichen Produktion beschäftigten Unfreien gab es für die Laureion-Sklaven kaum. Ihr Leben war praktisch nur von Schwerstarbeit bestimmt.

Das gilt zumindest für die Scharen von Mietsklaven, die von reichen Sklavenbesitzern an Grubenpächter vermietet wurden. Es erstaunt wenig, daß in diesem für freie Arbeitskräfte unattraktiven Bereich das Geschäft mit der Vermietung von Sklavenarbeit blühte. Hier engagierten sich in der Tat einige reiche Rentiers, die ihr Kapital in den Kauf Hunderter von Sklaven gesteckt hatten und den Zinsgewinn in Form der Ausleihe dieser Arbeitskräfte an Bergwerksunternehmer kassierten.

Die Vermietung unfreier Arbeiter gab es auch sonst, aber nur in sehr bescheidenem Rahmen. Im Geschäft mit der Erzförderung und -verarbeitung aber war dieses schmutzige Gewerbe weit verbreitet. Hier wurden Mietverträge über menschliche »Produktionsmittel« in Größenordnungen abgeschlossen, wie sie sonst nicht vorkamen.

Ein einziges konkretes Beispiel für einen derartigen Mietvertrag ist überliefert. Der im 5. Jahrhundert v. Chr. lebende athenische Feldherr Nikias war Herr über nicht weniger als tausend Sklaven. Dieses Heer unfreier Arbeitskräfte vermietete Nikias an den Grubenbesitzer Sosias. Dieser wiederum war vertraglich darauf festgelegt, für jeden Sklaven pro Tag einen Obolos an den Eigentümer seiner Arbeiter zu entrichten. Ferner verpflichtete er sich, die Zahl der geliehenen Unfreien auf tausend zu halten.[83] Mit anderen Worten: Verunglückte ein Sklave tödlich oder starb er an einer Krankheit oder aus einem anderen Grund, so mußte Sosias Ersatz leisten, indem er Nikias einen neuen Sklaven kaufte.

Das Geschäft mit der Verpachtung unfreier Arbeiter warf offensichtlich einen gehörigen Profit ab. Das erklärte, warum sich auch andere Besitzer größerer Sklavenscharen darin engagierten: Hipponikos mit seinen sechshundert, Philomenides mit seinen dreihundert Unfreien. Allerdings: Rentiers vom Schlage eines Nikias, Hipponikos oder Philomenides waren absolute Ausnahmeerscheinungen. Wenn ihre Namen in diesem Zusammenhang überliefert sind, so spricht das eine deutliche Sprache. Selbst für antike Begriffe waren diese Sklavenhalter – die zu den reichsten Männern Griechenlands zählten – alles andere als repräsentativ.

Es wäre aber falsch, die normalen Produktionsverhältnisse von Laureion an diesen Zahlen messen zu wollen. Großbetriebe, die Hunderte von Sklaven beschäftigten, waren in der Minderzahl. Es überwogen Mittelbetriebe mit einigen Dutzend Arbeitern; für die unterschiedlichen Arbeitsgänge benötigten die Durchschnittsunternehmer etwa fünfzig Arbeitskräfte.[84]

De profundis – Die Ausbeutung der Bergwerkssklaven

Da Grube, Erzwäscherei und Schmelzhütte meist unmittelbar nebeneinander lagen und vielfach eine einzige Unternehmenseinheit bildeten, fiel in jedem Betrieb eine Reihe von Arbeitsgängen an, die sehr unterschiedliche Schwierigkeitsgrade hatten. Die einzelnen Tätigkeiten erfreuten sich bei den Sklaven natürlich einer unterschiedlichen Beliebtheit. Der Dresdner Forscher H. Wilsdorf hat mit Recht vermutet, daß sich »sehr wohl eine Skala der ›Verhaßtheitsgrade‹ für die im laurischen Montanwesen erforderlichen Arbeitsverrichtungen aufstellen« lasse.[85]

Zu den schlimmsten Plackereien gehörten das Hauen und Fördern des Erzes. In den engräumigen, nur etwa 90 Zentimeter hohen Stollen mußten die Säcke von Hand zu Hand weitergereicht werden. Niemand hatte Bedenken, diese Tätigkeit teilweise auch von Sklavenkindern verrichten zu lassen. Es sei allerdings – nicht zur Entschuldigung, wohl aber um die Maßstäbe zurechtzurücken – hinzugefügt, daß Kinderarbeit unter Tage bis weit ins 19. Jahrhundert gang und gäbe war. Eine lange traurige Tradition, die von der Ausbeutung der Förderjungen in den laurischen Gruben bis zu dem in Deutschland erst 1869 erlassenen Verbot der Beschäftigung jugendlicher Arbeiter unter dreizehn Jahren im Bergbau[86] reicht!

Die Arbeitsbedingungen der Hauer waren alles andere als beneidenswert. Selbst im modernen Bergbau gehört ihre Arbeit zu den härtesten und gefahrvollsten Berufen überhaupt. Das trifft erst recht für die antiken Bergwerkssklaven in Laureion zu, die sich stundenlang in hockender Stellung abmühen mußten. Die Schicht dauerte zehn Stunden, wie aus der Brenndauer von Grubenlampen zu errechnen ist, die in Laureion gefunden wurden. Angesichts dieser Umstände ist es verständlich, wieso die Freien vor der Arbeit im Montanbereich zurückschreckten und diese Tätigkeiten weitgehend Sklaven »überließen«.

Immerhin war für die Sicherheit der Grubenarbeiter einigermaßen gesorgt. In einer detaillierten Untersuchung hat der Münchner Althistoriker S. Lauffer nachweisen können, daß auf jeden Fall Mindestanforderungen an den Arbeitsschutz gestellt und meist auch eingehalten wurden. Die Schächte und Stollen waren durch Lampen in regelmäßigen Abständen beleuchtet, die Bewetterung war für antike Verhältnisse gut; einige Luftschächte konnten im 19. Jahrhundert, als der Bergbaubetrieb in Laureion wiederaufgenommen wurde, noch verwendet werden. Die von Spezialisten errichteten Grubenanlagen zeichneten sich nach dem übereinstimmenden Urteil von Fachleuten durch eine Qualität aus, die im Altertum sonst nirgendwo erreicht worden ist.

Um die Bergbausklaven vor dem Erstickungstod zu bewahren, bestand ein gesetzliches Verbot der Grubenverräucherung durch falsches Feuersetzen. Der Verschüttungsgefahr beugten ebenfalls gesetzlich fixierte Vorschriften über das Stehenlassen von Sicherheitspfeilern in größeren Hohlräumen vor; schließlich bemühte man sich nach Möglichkeit, gefährliche Wassereinbrüche zu verhindern, indem in Küstennähe weniger tief als im Landesinneren gegraben und nirgendwo unter den Meeresspiegel heruntergegangen wurde.[87]

Daß freilich alle diese Sicherheitsvorkehrungen aus purer Menschenfreundlichkeit getroffen wurden, ist ganz unwahrscheinlich. Sorge um die Gesundheit und um das Leben der Minenarbeiter war schon dabei im Spiel, aber die beruhte auf ganz nüchternem Kalkül: Nicht einsatzfähige oder tödlich verunglückte Sklaven bedeuteten eine Einkommens- bzw. Vermögenseinbuße für den Sklavenbesitzer oder den Grubenpächter. Schon aus ureigenstem Interesse mußte ihnen deshalb daran gelegen sein, das Risiko von Arbeitsunfällen möglichst gering zu halten.

Ein harter Vorwurf an die Adresse der Sklavenhalter! Tatsächlich sollten derartige egoistische Motive nicht von vornherein unterstellt werden, wenn nicht ausdrückliche Zeugnisse dafür vorliegen. Dieser Einwand trifft sicherlich für viele andere Bereiche des Arbeitseinsatzes von Sklaven zu; im Falle der Bergbausklaven von Laureion aber verraten die allgemeinen Arbeits- und Lebensbedingungen deutlich genug, wie hier allein der Aspekt der Wirtschaftlichkeit und der Profitmaximierung im Vordergrund stand. Humanitäre Erwägungen galten hier nichts.

Qualvolle Arbeit in der Erzmühle

So nahm auf der Skala der »Verhaßtheitsgrade« das Erzmahlen sicherlich auch einen Spitzenplatz ein. Vor dem Waschen des Erzes kam es im Aufbereitungsprozeß darauf an, die Auslese zwischen erzhaltigen Brocken und taubem Gestein zu treffen. Die erzhaltigen Brocken wurden sodann in mühseliger Arbeit im Mörser oder in einer Erzmühle zerkleinert.

Überreste solcher Erzmühlen aus festem Trachyt, den die Insel Melos lieferte, sind in Laureion gefunden worden. Sie erlauben eine Rekonstruktion. Ob der Drehstangenantrieb der Erzmühlen von nur zwei oder von vier bis sechs Sklaven in Gang gesetzt wurde, ist umstritten.[88] Sicher ist, daß es sich dabei um eine qualvolle Tätigkeit gehandelt haben muß. Sahen Sklaven schon die Arbeit in einer Kornmühle als furchtbare Strafe an, so war ihnen verständlicherweise erst recht die Bedienung einer Erzmühle mit dem damit verbundenen stundenlangen Laufen im engen Kreis – womöglich noch unter praller Sonne – verhaßt.[89] Um so unbarmherziger erscheint die Praxis der Unternehmer, auch ältere Sklaven und sogar Frauen diesen Strapazen auszusetzen.[90]

Die Arbeitsgänge, die auf das Zermalmen und Zerkleinern der Erzbrocken folgten, waren zum größten Teil bedeutend leichter. Das Waschen der Erze stellte die Unternehmer wegen des großen Wassermangels in Attika, besonders in den Sommermonaten, vor ernste Schwierigkeiten. Die Sklaven jedoch, die zum Waschen des Materials und dann zum Aussortieren und Einsammeln des gewaschenen Erzes eingeteilt waren, hatten – verglichen mit ihren Standesgenossen unter Tage und den bei der Mahlarbeit Beschäftigten – ein gutes Los gezogen.

Die Verhüttung des Erzes erfolgte in Schmelzöfen, die ebenfalls hauptsächlich von unfreien Arbeitskräften bedient wurden. Das Geschäft des Erzschmelzens galt als schwer erlernbare, anspruchsvolle Tätigkeit,[91] die qualifizierte Fachkräfte erforderte. Ob den unfreien »Schlackenleuten« (κίβδονες, *kibdones)* von Laureion entsprechend ihrem großen Können und ihrer relativ langen Ausbildung eine bessere Behandlung zuteil geworden ist als den anderen im Montanwesen tätigen Sklaven, läßt sich nicht sagen.

Es scheint aber fast so, als habe man für die mit den körperlich leichteren Arbeitsgängen betrauten Sklaven ein Mittel ersonnen, das auch ihnen ihr bedauernswertes Los ständig vor Augen hielt.

Ein grausiger Fund

In Kamariza, auf dem Boden des antiken Bergbaugebietes von Laureion, haben Archäologen einen grausigen Fund gemacht: Man stieß dort auf ein Paar stark oxydierter Fußringe, von denen der eine mit einem 18 Zentimeter langen, starren Stiel verbunden war. An dessen Ende konnte eine Kette befestigt werden.

Daß der Fund eindeutig als Fußfessel identifizierbar ist, liegt an einem weiteren bemerkenswerten Detail: In der Mitte des einen Rings stecken noch Reste von Fußknochen.[92] Der arme Kerl, der hier einst angekettet war, scheint einem Arbeitsunfall, vielleicht einem Bergbruch, zum Opfer gefallen zu sein; sonst hätte man wohl wenigstens dem Toten die Fesseln abgenommen.

Offensichtlich, das lehrt dieser Fund, war die Fesselung von Bergwerkssklaven nichts Unbekanntes. Tatsächlich gibt es auch literarische Hinweise, die in die gleiche Richtung weisen. Daß »die unbekannten attischen Sklaven, viele Zehntausende, gefesselt in den Bergwerken arbeiteten«, weiß Athenaios, ein um 200 n. Chr. lebender Schriftsteller, zu berichten.[93] Wenngleich nicht alle im Montanwesen beschäftigten Unfreien angekettet gewesen sein können – bei Förderleuten war das von ihrem Einsatz her unmöglich – und wenngleich einiges dafür spricht, daß die Fesselung erst in hellenistisch-römischer Zeit stärkere Verbreitung gefunden hat, so werfen doch die entsprechenden Nachrichten auch schon auf die Verhältnisse der »klassischen« Zeit ein bezeichnendes Licht – oder, angemessener ausgedrückt: einen tiefen Schatten.

Nicht nur die Arbeitsbedingungen sehr vieler in den Silberbergwerken von Laureion eingesetzter Sklaven waren hart und in nicht wenigen Fällen unmenschlich. Auch die Freizeit brachte ihnen wenig Erleichterung, vermochte in gar keinem Falle so etwas wie ein Ausgleich für die Plackerei im Betrieb zu sein.

Die Arbeiter waren regelrecht kaserniert. Aus dem 4. Jahrhundert v. Chr. existieren Überreste eines Wohnkomplexes, der von einer rund zweieinhalb Meter hohen Mauer umgeben war. Aufsichtspersonal sorgte zusätzlich dafür, daß die Sklaven nicht fortliefen.

Menschliche Kontakte, wie sie die im Haushalt und in der Landwirtschaft tätigen Unfreien tagtäglich hatten, blieben den meisten Bergwerkssklaven versagt. Sie waren von der Außenwelt nahezu abgeschnitten; entsprechend wenig geistige Anstöße gelangten in die Wohnblocks der Laureion-Arbeiter, und entsprechend gering waren gesellschaftliche Berührungspunkte jedweder Art. Der einzige Lichtblick für viele Bergwerkssklaven mag die Erlaubnis zu einer Heirat und Familiengründung gewesen sein.

Es bedarf nur einer mittelmäßig ausgeprägten Phantasie, um sich die Lebensverhältnisse der in ihre Wohnkomplexe eingesperrten Arbeiter auszumalen. Es muß dort eine dumpfe Atmosphäre geherrscht haben, die allenfalls durch Explosionen aufgestauter Erbitterung und Akte der Aggression dann und wann »gestört« wurde.

Daß es unter den Sklaven zu menschlicher Wärme und Annäherung kam, verhinderte schon die bunte Zusammensetzung der unfreien Arbeiter. Die Mehrzahl stammte aus »Barbaren«-Ländern, wobei Sklaven aus traditionellen Bergbaugebieten wie Thrakien, Bithynien und Zypern von den Grubenbesitzern besonders gern erworben wurden. Die wenigsten von ihnen sprachen fließend Griechisch, die meisten kannten wahrscheinlich nur einige wichtige Begriffe des täglichen Lebens und ein paar Termini aus ihrem Arbeitsbereich. Für eine Kommunikation, die diesen Namen verdient, reichten solche Sprachkenntnisse nur selten aus.

Während die große Masse der unfreien Arbeiter von Laureion unter deprimierenden Arbeits- und Lebensbedingungen litt, genoß eine kleine Minderheit von Sklaven eine bevorzugte Behandlung: Aufsehern und Spezialisten haben die Unternehmer sicherlich Privilegien eingeräumt, um sie stärker an sich zu binden und Solidaritätsbestrebungen mit den ihnen unterstellten Standesgenossen möglichst im Keim zu ersticken.

Eine Besserstellung dieser Gruppe legte schon der wesentlich höhere Kaufpreis nahe. Für einen einfachen Bergwerkssklaven mußte man im 5. Jahrhundert v. Chr. auf den Sklavenmärkten von Athen und Sunion zwischen 150 und 200 Drachmen bezahlen;[94] ausgebildete Fachkräfte im Montanwesen – wie auch in den übrigen Wirtschaftsbereichen – kosteten dagegen erheblich mehr. Der höchste Preis, der wohl jemals für einen Sklaven entrichtet worden ist, belief sich auf ein Talent (6000 Drachmen). Nikias, der steinreiche Feldherr und Eigentümer von tausend Unfreien, erstand für diesen exzeptionellen Kaufpreis den Thraker Sosias. Dieser Sosias wurde jedoch nicht irgendwo im normalen Produktionsprozeß eingesetzt, sondern erhielt eine Spitzenstellung im Management des Unternehmens.[95]

Das Heil in der Flucht?

Der Durchschnittsarbeiter in Laureion konnte von solch einer Karriere nur träumen. In der Trostlosigkeit seines Daseins hatte nur ein einziger Traum Aussicht darauf, in Erfüllung zu gehen: die Freiheit durch Flucht wiederzugewinnen. Wie viele Sklaven versucht haben, diesen gefährlichen Weg zu beschreiten, verraten die Quellen nicht. Es scheint aber, daß Fluchtversuche nicht besonders häufig waren – was wohl weniger für doch erträgliche Verhältnisse spricht als für die Perfektion des Sicherheitssystems, mit dem die Unternehmer die Bergbauzone von Laureion umgeben haben.

In klassischer Zeit gelang den Sklaven nur ein einziges Mal eine spektakuläre Massenflucht: Unter den 20000 Sklaven, die nach der Besetzung von Dekeleia zu den Spartanern überliefen,[96] waren bestimmt auch einige tausend Bergwerkssklaven. Sie hatten es verstanden, die Gunst der Stunde zu nutzen, nachdem in Athen wegen der unerwarteten Aktion des Gegners Aufregung und Kopflosigkeit herrschten.

Von Unruhen, Revolten und Aufständen unter den Laureion-Sklaven hören wir in klassischer Zeit sonst nichts. Dies als Argument für die relative Zufriedenheit der Arbeiter mit ihren Lebensbedingungen anzuführen, ist einigermaßen gewagt. Viele Faktoren wirkten zusammen und erschwerten jede Aktion des Aufbegehrens: Die scharfe Überwachung und die Abschirmung der Sklaven von äußeren Einflüssen, die eingeschränkten Kommunikationsmöglichkeiten infolge der Sprachbarrieren, die schwere körperliche Arbeit, die nicht wenige dieser Menschen innerlich gebrochen hat, schließlich die vergleichsweise schnell funktionierenden Mechanismen, Unruhen zumindest in den Bergwerken zu unterdrücken. Dort brauchten die Aufseher nur die Leitern hochzuziehen, und schon war den Sklaven jede Möglichkeit genommen, sich zusammenzurotten und ihre schweren Arbeitsgeräte als Waffen zu benutzen.

Hinzu kam, daß es kaum eine Perspektive für eine Revolte und der dadurch erzwungenen Selbstbefreiung gab. Ein in Attika umherirrender Thraker oder Bithynier konnte sich von seiner Flucht wenig erhoffen.

Die Chance nämlich, ins Heimatland zurückzukehren und dort wieder als freier Mann leben zu können, war denkbar gering; die Aussicht, ergriffen und mit Folterung und Brandmarkung bestraft zu werden, war ungleich größer.

Zumal, wenn sich herumgesprochen hatte, wie die Spartaner mit den nichtgriechischen Sklaven umgegangen waren, die sich zu ihnen abgesetzt hatten, dürfte mancher Laureion-Arbeiter den Gedanken an Aufstand und Flucht aufgegeben haben. Die Spartaner schenkten den barbarischen Sklaven zur Belohnung für ihre Flucht keineswegs die Freiheit, sondern machten statt dessen ein glänzendes Geschäft mit den Überläufern, indem sie sie sehr preiswert an die Thebaner verkauften![97] Wenn die Flucht auf diese oder jene Weise endete, dann mußte sich Resignation ausbreiten; und auch deshalb blieb es in klassischer Zeit ruhig unter den Sklaven von Laureion.

Revolten aus Verzweiflung

Erst als die Verzweiflung der unfreien Arbeiter durch verschärfte Ausbeutungsmethoden und brutalere Unterdrückung einen Höhepunkt erreicht hatte und gleichzeitig die Kunde von erfolgversprechenden Sklavenaufständen in anderen Gebieten durchgesickert war, brachen auch in Laureion bewaffnete Revolten unter den Bergbausklaven aus. Zweimal im 2. Jahrhundert v. Chr., als nach der römischen Machtergreifung im griechischen Osten auch Kaufleute aus Italien sich im laurischen Montanwesen engagierten und die in ihrer Heimat praktizierten rigoroseren Repressionsmaßnahmen nach Griechenland übertrugen, kam es zu Sklavenerhebungen in Laureion.

Viel ist über diese Revolten nicht bekannt. Sicher ist, daß sie in Zusammenhang mit den größeren Sklavenaufständen in Sizilien standen. Die Nachricht vom Losschlagen bewaffneter Sklaventrupps auf der Mittelmeerinsel führte auch in Laureion zur gewaltsamen Eruption.[98]

Der erste Aufstand ereignete sich wahrscheinlich im Jahre 134

v. Chr. Er scheint auch andere Teile von Attika erfaßt zu haben; der Unruheherd und Hauptschauplatz der Auseinandersetzungen war aber Laureion. Die Erhebung wurde offenbar ziemlich rasch unter Kontrolle gebracht und blutig niedergeschlagen.[99]

Gefährlicher war dagegen die zweite Revolte, die sich zwischen 104 und 102 v. Chr. abspielte. Damals gelang es den aufständischen Sklaven, die Wachmannschaften zu töten und die Festung Sunion zu besetzen. Von da aus plünderten und verwüsteten sie Teile des südlichen Attika.[100] Aber trotz ihrer Anfangserfolge war auch diese Erhebung zum Scheitern verurteilt. Über die Niederschlagung des Aufstandes liegen kaum Nachrichten vor, doch hat es den Sklavenhaltern augenscheinlich große Mühe bereitet, wieder die Oberhand zu gewinnen.

Ohne die Verhältnisse des 5. und 4. Jahrhunderts, die schon schlimm genug waren, verniedlichen zu wollen, muß man dennoch einräumen, daß etwa seit dem 3. Jahrhundert v. Chr. ein neuer, noch schärferer Wind im Bereich des antiken Montanwesens wehte. Von daher ist es kein Zufall, daß die einzigen bewaffneten Aufstandsbewegungen der Laureion-Sklaven in die hellenistisch-römische Zeit fielen.

Der Tod wünschenswerter als das Leben . . .

Über die Arbeitsbedingungen in anderen Bergbaugebieten des Altertums sind wir nur ganz unzureichend informiert. Fest steht, daß auch dort Sklavenarbeit vorherrschte. In den Silberminen von Carthago Nova in Spanien arbeiteten im 2. Jahrhundert v. Chr. nicht weniger als 40 000 Sklaven,[101] und noch rund 300 Jahre später war der Anteil der unfreien Arbeiter im spanischen Montanwesen beträchtlich hoch.[102]

Genaueres ist über die Verhältnisse in den nubischen Goldminen überliefert, in denen die ptolemäischen Könige Verbrecher und Strafgefangene, aber auch »normale« Sklaven schuften ließen. Die Brutalität und Unmenschlichkeit der Zustände in diesen Bergwerken ist einer der übelsten Schandflecke in der Epoche des Hellenismus.[103] Hier Auszüge aus einem erschütternden Bericht des griechischen Historikers und Geographen Agatharchides:

»Die Zahl der in die Goldbergwerke verbannten Menschen ist sehr groß, und alle sind an den Füßen gefesselt und müssen ohne Unterbrechung Tag und Nacht arbeiten. Es gibt für sie kein Ausruhen und keine Möglichkeit zur Flucht. Denn die Wachmannschaften stammen aus barbarischen Stämmen und sprechen andere Sprachen, so daß keiner durch ein freundliches Gespräch oder Gefälligkeiten bestochen werden kann. (. . .) Das durch Feuer gelockerte Gestein wird von Zehntausenden dieser Unglücklichen mit dem Brecheisen bearbeitet. (. . .) Indem sie ihre Körperhaltung jeweils der Lage des Gesteins anpassen, werfen sie die losgehauenen Gesteinsbrokken auf den Boden. Diese Arbeit verrichten sie ununterbrochen und unter der unbarmherzigen Peitsche des Aufsehers . . .

Keiner findet Nachsicht oder Erholung, mag er krank, gebrechlich, alt oder eine schwache Frau sein. Alle werden in gleicher Weise durch Schläge zur Arbeit angetrieben, bis sie schließlich, von den Strapazen gebrochen, an ihren Leiden zugrunde gehen. Ihr Elend ist so groß, daß sie künftiges Leid noch mehr als das gegenwärtige fürchten, und die Strafen sind so hart, daß ihnen der Tod wünschenswerter als das Leben erscheint.«[104]

Diese Schilderung macht deutlich, daß die Behandlung von Bergwerkssklaven in hellenistischer Zeit noch grausamer, die Arbeitsbedingungen noch unerträglicher geworden waren. Die »tausend Mühen«, die nach einem Wort des römischen Naturforschers Plinius mit der Grubenarbeit ohnehin verbunden waren,[105] wurden damals durch die Willkür und Profitgier der Sklavenhalter noch vervielfacht.

Das Fazit der letzten Seiten ist so eindeutig wie niederschmetternd. Die im Montanbereich eingesetzten unfreien Arbeiter gehörten ganz sicher zu den am schlimmsten drangsalierten, den am rohesten unterdrückten Sklaven des gesamten Altertums. Dieses Urteil trifft auch dann zu, wenn man sich vergegenwärtigt, daß der Grad der Repression nach Zeit und Ort deutlich verschieden war. Es ist ziemlich sicher, daß sich die Verhältnisse, wie wir sie für die Silbergruben und die angeschlossenen Aufbereitungs- und Verhüttungskomplexe von Laureion im 5. und 4. Jahrhundert v. Chr. kennengelernt haben, noch durch vergleichsweise große Rücksichtnahme gegenüber den Sklaven auszeichneten. Um so erschreckender ist das Maß an unmenschlicher Roheit in diesem gesamten Bereich, der mit Abstand zu den düstersten Kapiteln in der Geschichte der antiken Sklaverei gehört.

Um noch einmal kurz auf die Verhältnisse in Attika zurückzukommen: Es waren beileibe nicht wenige Sklaven, die in der laurischen Silberproduktion beschäftigt waren. Wie groß ihre Zahl genau war, ist seit Jahrzehnten eine von den Althistorikern heiß diskutierte Streitfrage. Wirklich zuverlässige Anhaltspunkte fehlen; man ist auf Schätzungen angewiesen. Und die divergieren zum Teil sehr stark.

So glaubte A. Boeckh für das 4. Jahrhundert mit rund 60 000 Bergwerkssklaven rechnen zu müssen. E. Speck kam demgegenüber nur auf fünftausend Unfreie.[106] Mittlerweile haben sich die zwischen den Extremen liegenden Schätzungen von rund 20 000 unfreien Laureion-Arbeitern durchgesetzt. Allerdings bestehen zwischen den Urteilen der beiden wohl besten zeitgenössischen Kenner der Materie doch noch erhebliche Differenzen. Während der Münchner Althistoriker Siegfried Lauffer für das 5. Jahrhundert eine Zahl von 10 000 bis 20 000 und für das 4. Jahrhundert einen Anstieg auf 30 000 bis 35 000 Laureion-Sklaven ansetzt, rechnet der Freiberger Bergingenieur H. Wilsdorf mit einer konstanten Zahl von 30 000 Unfreien im 5. und 4. Jahrhundert v. Chr.[107]

Bei aller Unsicherheit in der exakten Gesamtzahl ist doch die Größenordnung unstrittig. Die Bergbaubetriebe von Laureion waren zusammen genommen der bei weitem größte industrielle Komplex Attikas, in dem Sklaven eingesetzt waren. Mehr noch: Nirgendwo sonst lag die Produktion so sehr in den Händen unfreier Arbeitskräfte wie im Montanbereich. Die wenigen freien Arbeiter in den laurischen Silberminen fallen demgegenüber kaum ins Gewicht.

Infolgedessen gibt es wohl nur eine Schlußfolgerung: Dieser Wirtschaftszweig beruhte ohne Zweifel fast völlig auf der Sklavenarbeit. Hier stellte sie ganz sicher das ökonomische Fundament dar. Das heißt zugleich: Einen nicht unwesentlichen Teil der Wirtschaftskraft und des Wohlstandes ihrer Stadt verdankten die Athener den anonymen Sklavenmassen in Laureion.

Die Silberbergwerke im Süden Attikas waren für den attischen Staat eine bedeutende Einnahmequelle. Die Gebühren, die die Unternehmer für ihre Konzessionen und Schürfrechte zu entrichten hatten, machten einen beachtlichen Teil des Staatsbudgets aus.

Seit den Tagen des Tyrannen Peisistratos (2. Hälfte des 6. Jahrhunderts v. Chr.) finanzierte Athen fast alle seine Großprojekte zu nicht geringem Teil mit den Einkünften der laurischen Bergwerke. Geradezu weltgeschichtliche Bedeutung erhielten die Erträge der Silberminen in den Jahren 483 bis 481, als Themistokles durchsetzte, daß man sie zum Bau einer starken Flotte verwandte.[108] Und nicht zuletzt trugen die so gebauten zweihundert Kriegsschiffe dazu bei, daß die Griechen im Kampf gegen die persischen Invasoren (480/479) die Oberhand behielten.

Gingen die Erträge gegen Ende des 5. Jahrhunderts auch vorübergehend stark zurück, so erreichte die Förderung in den dreißiger und zwanziger Jahren des 4. Jahrhunderts einen neuen Höhepunkt. Damals betrieb der athenische Finanzexperte Lykurgos energisch sein Programm zur Verschönerung Athens. Zu den zahlreichen öffentlichen Baumaßnahmen gehörte auch die Steinausführung des Dionysos-Theaters am Fuße der Akropolis. Das Geld für die aufwendigen Bauten stammte erneut großenteils aus den laurischen Bergwerken, die dem Staat zu jener Zeit die gewaltige Summe von 200 Talenten jährlich einbrachten.[109]

»Niemals soll es euch an laurischen Eulen fehlen« – so verspricht es Aristophanes den Zuschauern seiner »Vögel«.[110] Laurische Eulen: das war der Inbegriff von Athens Wohlstand. Die Eule schmückte die attischen Münzen, Athens berühmte, im ganzen mittelmeerischen Wirtschaftsraum geschätzte Währung. Geprägt wurden diese Münzen aus Silber, das im Süden des Landes, in den Bergwerken von Laureion, gewonnen wurde. Es ist gut, beim Anblick der Symbole attischer Wirtschaftsmacht und Prosperität auch an jene zu denken, die zum Glanz und Reichtum der griechischen Metropole nicht nur dadurch beigetragen haben, daß sie der Erde den Rohstoff der »Eulen« entrangen.

Bankiers in Unfreiheit

Sklaven wurden auch in den Bereichen des Handels und Bankenwesens von ihren Besitzern eingesetzt.

Besonders häufig vertrauten Kleinhändler die Führung ihres Geschäfts – das oft nicht mehr war als eine Bude, ein einfacher Verkaufsstand – einem Sklaven an, oder sie beschäftigten ihn dort als Angestellten. Es gab keine Branche, in der nicht auch Sklaven die Waren verkauft hätten. Das reichte von unfreien Brot-, Fleisch- und Fischverkäufern über Honig- und Gemüsehändler bis hin zu Sklaven, die Weihrauch oder Seile feilboten.[111]

Noch selbständiger konnten Sklaven arbeiten, die im Groß- und

Fernhandel tätig waren. Es kam vor, daß Importkaufleute in der Fremde unfreie Agenten beschäftigten, die ihre Interessen vertraten und die notwendigen Geschäfte abwickelten.[112] Weniger gute Arbeitsbedingungen hatten freilich jene Sklaven, die ihre Herren als Ruderer auf den Geschäftsreisen »begleiten« mußten.[113]

Ganz besondere Vertrauensstellungen hatten einige Unfreie im Bank- und Geldwechslergeschäft inne. Da das Kreditgewerbe im alten Griechenland ziemlich unterentwickelt war, kann die Zahl der dort eingesetzten Sklaven nicht groß gewesen sein. Um so besser waren allerdings die Aufstiegschancen der im Bankwesen tätigen Sklaven. Wer sich hier als tüchtiger Angestellter erwies, konnte es bis zum Bankdirektor bringen oder sogar die Freilassung erreichen – wobei der schon erwähnte kometenhafte Aufstieg das Pasion, der sich vom einfachen unfreien Bankangestellten zu einem der reichsten Männer Griechenlands hocharbeitete[114], eine ganz singuläre Ausnahmeerscheinung gewesen ist.

Aber immerhin: Schon zwischen den Sklaven, die im Geschäftsleben keine Karriere machten und zeitlebens Buchhalter oder Geldwechsler blieben, und den im Bergwerk schuftenden Unfreien lagen Welten.

Gerade dieser scharfe Kontrast zeigt nochmals mit aller Deutlichkeit, wie irreführend und sachlich unzulässig jede verallgemeinernde Aussage über die Lage *der* Sklaven im Altertum wäre.

Sklaven im öffentlichen Dienst

Am Ende des Überblicks über den Arbeitseinsatz griechischer Sklaven muß die Rede auf ein höchst interessantes Phänomen kommen, das ebenfalls geeignet ist, Klischeevorstellungen und Vorurteile über den Charakter der antiken Sklaverei nachdrücklich zu widerlegen.

Gemeint ist die Verwendung von Sklaven in beamtenähnlichen Stellungen. Neben den Unfreien, die im Besitz von Privatleuten waren, gab es in den meisten griechischen Städten einige hundert sogenannter δημόσιοι δοῦλοι *(demósioi doúloi),* »Gemeindesklaven«. Sie gehörten dem Staat und wurden in hoheitlichen Funktionen eingesetzt. Wieder ist es nur Athen, für das sich detaillierte Nachrichten über die Beschäftigung von Staatssklaven erhalten haben. Daß es sie aber auch in anderen Poleis gegeben hat, ist unstrittig.

Beginnen wir mit der untersten Ebene! Eine Reihe von Behörden, deren Leiter von der Volksversammlung meist für ein Jahr gewählte politische Beamte waren, beschäftigte Sklaven als regelrechte Gemeindearbeiter. Sowohl die Hodopoioi, die für die Ausbesserung öffentlicher Wege zuständig waren, als auch die Astynomoi, denen die Marktaufsicht und andere straßenpolizeiliche Aufgaben oblagen, verfügten über unfreie Arbeiter. Die Beamten gaben die notwendigen Anweisungen und Aufträge, die Sklaven waren für deren praktische Durchführung verantwortlich.

Unfreie Amtsdiener standen auch gewählten Beamten im Gewichtswesen und in der Finanzverwaltung zur Verfügung. In der Münze taten Gemeindesklaven ebenfalls Dienst, und auch mit der Aufbewahrung offizieller Normmaße und Gewichte waren Unfreie betraut.[115]

Schon damals bot der öffentliche Dienst seinen Angehörigen manche Vorteile. Das trifft auch auf die Gemeindesklaven zu, die sicherlich zu den bestbehandelten Unfreien überhaupt gehörten. Je höher ein Unfreier in der Hierarchie der Staatsverwaltung stieg, um so größere Vergünstigungen räumte man ihm ein. Höher gestellte Gemeindesklaven, die eine Vorgesetztenfunktion gegenüber einfachen Arbeitern, Schreibern oder Rechnungsführern ausübten, erhielten sogar eine Besoldung. Einige wohnten im eigenen Haus und verfügten über ein persönliches Vermögen.[116]

Solche Privilegien genoß natürlich nur eine kleine Minderheit der Staatssklaven. Umgekehrt gab es unter den *demósioi doúloi* auch einige, die jene »schmutzigen« Arbeiten verrichten mußten, die Freien offenbar nicht zuzumuten waren. Sie versahen die Posten von Gefängniswärtern, Folterknechten und Henkern.[117] Diese Folterknechte erhielten sogar die widerliche Aufgabe, insbesondere ihre Standesgenossen zu quälen, um aus den Gepeinigten »gerichtsverwertbare« Aussagen herauszupressen.[118]

Sklaven als Arbeiter und Angestellte im öffentlichen Dienst der Polis Athen anzutreffen, ruft schon Verwunderung hervor. Noch größeres Erstaunen erregt aber gewiß die Existenz einer aus Unfreien zusammengesetzten Polizeitruppe im klassischen Athen.

Athens unfreie Polizeitruppe

In der Tat ein bemerkenswertes Faktum, daß sich die freien attischen Bürger eine von Sklaven ausgeübte Exekutivgewalt geschaffen hatten und sich rund ein Jahrhundert lang – wie es scheint: ohne Murren oder Empörung – deren Anordnungen beugten. Hinzu kam: In dieser wahrscheinlich dreihundert Mann starken Polizeitruppe dienten nicht etwa Unfreie griechischer Nationalität, sondern Barbaren! Sie entstammten dem auf dem Boden der heutigen Ukraine lebenden Volksstamm der Skythen, die als exzellente Bogenschützen galten – daher die Bezeichnung »skythische Bogenschützen« für die athenischen Polizisten.

Allerdings stand diese Truppe unter dem Befehl freier Beamter. Nur auf deren Anweisung hin durften die Skythen einschreiten. Gleichwohl zeichnete sich ihr Vorgehen keineswegs durch Zimperlichkeit oder ängstliche Zurückhaltung gegenüber den Bürgern aus. Mußte in der Volksversammlung die Ruhe wiederhergestellt werden oder waren Menschenaufläufe auf Straßen und Plätzen aufzulösen, so griffen die Skythen unter Umständen durchaus zur Peitsche und brachten die betroffenen Bürger auf diese Weise zur Raison.[119] Meistens reichte es freilich aus, wenn sie Ruhestörer oder Querulanten, die sich in der Volksversammlung ungebührlich benahmen, hart anpackten und sie mit festem Griff nach draußen beförderten.

Mochten die skythischen Polizisten auch wegen ihres gebrochenen Griechisch und ihres ungeschliffenen Benehmens eine dankbare Zielscheibe des Spottes sein,[120] so wurden sie durchaus respektiert. Ihre Anordnungen wurden befolgt, und niemand nahm Anstoß, wenn freie Bürger von unfreien Polizisten zurechtgewiesen, grob angefaßt oder in Gewahrsam genommen wurden.

Im weiteren Sinne waren auch die Hierodoulen im öffentlichen Dienst Sklaven. Diese »heiligen Sklaven« waren Unfreie, die als Tempeldiener religiöse Zeremonien und kultische Riten, insbesondere in kleinasiatischen Heiligtümern, verrichten mußten. Sie »gehörten« der jeweiligen Gottheit.

Der Begriff Hierodoúloi kam erst sehr spät auf, nicht vor dem 3. Jahrhundert v. Chr., obwohl es diese Diener schon wesentlich länger gab. Euripides schildert Tempelsklaven, die unter anderem auch für die Reinigung des Heiligtums zuständig waren.[121] Auch die Tempelprostitution war in Griechenland bekannt. Ein Zentrum dieser Prostitution im griechischen Mutterland war das Aphrodite-Heiligtum in Korinth. Dort sollen in hellenistischer Zeit nicht weniger als tausend Frauen ihren Körper zu Ehren der Göttin der Liebe preisgegeben haben.[122] Eine erstaunlich hohe Zahl, die aber von modernen Gelehrten für durchaus zutreffend gehalten wird, da Korinth als bedeutende Wirtschaftsmetropole viele Reisende und Seeleute beherbergte.[123]

Vom städtischen Arbeiter bis zur Tempelhure, vom Henker bis zum hohen Verwaltungs- und Finanzbeamten reichte die breite Skala der Gemeindesklaven. Damit war ihr Einsatzgebiet angesichts des beschränkten Rahmens der öffentlichen Aufgaben genauso breit gefächert, wie es bei denjenigen Unfreien der Fall war, die als menschlicher »Besitz« in der Verfügungsgewalt von Privatleuten standen.

»Typische« Sklaventätigkeiten: Ein typisches Klischee

Lassen wir nochmals die Berufe und Tätigkeiten Revue passieren, in denen Sklaven in den griechischen Staaten – wie übrigens auch im römischen Bereich – eingesetzt waren, so stellt sich eine Erkenntnis ein, die manchen auf den ersten Blick vielleicht überraschen mag: Es gab kein Gewerbe, keine berufliche Funktion, in der nicht auch Sklaven gearbeitet hätten. Um es mit modernen Begriffen auszudrücken: Sklaven waren sowohl als »Arbeiter« wie auch als »Angestellte« und letztlich auch in beamtenähnlichen Positionen tätig. Diese Unterscheidung gab es in der Antike nicht. Abgesehen von diesem Anachronismus, ergibt sich doch zweifellos diese Schlußfolgerung: Im Baugewerbe oder auch in den Minen waren »Arbeiter«-Sklaven tätig, im Handwerk oder auch als Verkäufer unfreie »Angestellte«, und als staatliches Exekutivorgan fungierten unfreie Polizei-»Beamte«.

Und damit ist einem weit verbreiteten Vorurteil der Boden entzogen: Der Meinung, Sklaven hätten im Altertum ausschließlich »typische« Sklavendienste leisten, d.h. die dreckigsten und schwersten Arbeiten verrichten müssen, während die Freien sich, wenn überhaupt, die Rosinen aus dem Arbeitskuchen herausgepickt hätten.

Wenn kürzlich noch ein deutscher Sachbuchautor ohne differenzierende Einschränkung, sozusagen frei von der Leber weg, aber von ausreichender Sachkenntnis unbelastet, zu formulieren wagte: »Die wahren Lasttiere in der Antike waren die Sklaven«,[124] so mag er damit seiner Empörung und wohl auch seinem ideologischen Gewissen Genüge getan haben. Richtig ist diese Aussage deshalb noch längst nicht. Im Gegenteil. Durch derart kesse »Aphorismen« wird erneut viel Geschirr zerschlagen, das die Wissenschaftler in den letzten Jahren und Jahrzehnten mühsam zusammengekittet hatten – darunter übrigens auch viele marxistische Forscher, die sich von ihren journalistischen und pseudogebildeten Hilfstruppen angenehm dadurch unterscheiden, daß sie analysieren, argumentieren und Fakten gegenüber aufgeschlossen sind.

Es sei daher noch einmal mit allem Nachdruck betont: Eine prinzipielle Unterscheidung der Arbeiten in eine Gruppe, die nur von Sklaven hätten ausgeübt werden können, und eine zweite, die auch der Freien würdig gewesen wären, hat es im klassischen Hellas nicht gegeben. Unbestritten ist, daß Sklaven unter den Schwerstarbeitern erheblich überrepräsentiert gewesen sein dürften. Diese Vermutung läßt sich aber nur hinsichtlich der im laurischen Montanwesen beschäftigten Unfreien strikt beweisen; für alle übrigen Tätigkeiten liegen keine konkreten Anhaltspunkte vor.

Aber selbst in Laureion haben eben auch freie Lohnarbeiter ihr Brot verdient, und erst recht in handwerklichen Berufen haben Freie und Unfreie nebeneinander gearbeitet.

»Wer es sich erlauben kann, kauft sich Sklaven, um Arbeitsgenossen zu haben«,[125] sagt Xenophon. Er verwendet dabei den Ausdruck συνεργοί *(synergoí)*, der in seiner etymologischen Zusammensetzung genau unserem Wort »Mit-Arbeiter« entspricht. Prägnanter läßt sich die These, daß eine prinzipielle Arbeitsteilung zwischen Freien und Unfreien unbekannt war, wohl kaum belegen!

Worin besteht die Unfreiheit der unfreien Arbeit?

Besteht demnach keinerlei Unterschied zwischen der Arbeit eines Sklaven und der eines Freien? Hinsichtlich der »Verwendbarkeit« und Vielseitigkeit des Arbeitseinsatzes sicher nicht.

Die Unterschiede liegen anderswo. Zum einen war Sklavenarbeit stets dienend und unselbständig, weil der Sklave immer nur im Auftrag seines Herrn wirkte und auch das Ziel seiner Tätigkeit auf die Mehrung des Wohlstands oder des Komforts seines Besitzers ausgerichtet war. Verglichen mit einem selbständigen Bauern oder Inhaber eines Gewerbebetriebes, war der Sklave also unfrei, weil er sich fremden Entscheidungen zu unterwerfen hatte, während jene ihre eigenen Herren waren.

Nun trifft aber gerade diese Fremdbestimmung der Arbeit ebensogut auch auf die freien Lohnarbeiter zu; auch sie – und daran hat sich bis heute ja nichts geändert – führten aus, was der Unternehmer und Kapitalseigner bzw. das von ihm eingesetzte Management verlangte. So gesehen waren unfreie und freie Arbeit-»Nehmer« gleichgestellt.

Nur ein einziger Unterschied – der allerdings von größter Tragweite war – trennte die beiden Gruppen der freien Lohnarbeiter und der Sklaven. Er bestand, wie schon ein antiker Philosoph erkannt hat, in der verschiedenen Kündbarkeit des Arbeitsverhältnisses.[126] Sehr klar hat S. Lauffer die entscheidende Differenz formuliert:

»Im Gegensatz zum freien Lohnarbeiter kann der Sklave sein Arbeitsverhältnis in der Regel nicht selbst kündigen; nur durch Willensentscheidung seines Herrn oder durch Gesetz wird sein Abhängigkeitsverhältnis gewechselt oder beendet. Hier kommt der Grundcharakter der Sklaverei, das einseitige Gewaltverhältnis, unverhüllt zum Vorschein.«[127] Mit anderen Worten: Anders als ihre freien Arbeitskollegen hatten die Sklaven keine Möglichkeit zu wählen. Kündigungsrecht und Freizügigkeit standen ihnen nicht zu. Darin lag der fundamentale Unterschied zwischen einem freien und einem unfreien Arbeitsverhältnis.

Marxismus und Sklaverei

»Erst die Sklaverei machte die Teilung der Arbeit zwischen Ackerbau und Industrie auf größerem Maßstab möglich und damit die Blüte der alten Welt des Griechentums. Ohne Sklaverei kein griechischer Staat, keine griechische Kunst und Wissenschaft, ohne Sklaverei kein Römerreich.«[128]

In diesem Zitat aus dem »Anti-Dühring« hat Friedrich Engels es auf den Punkt gebracht. War die Antike eine Sklavenhaltergesellschaft, war – spezieller – die prächtige Entfaltung des griechischen Geistes, wie sie sich in den ersten und nach wie vor in vielen grundlegenden Schöpfungen der Literatur und der bildenden Kunst, der Philosophie und der Wissenschaft manifestierte: War all dies nur auf der Grundlage der Sklavenarbeit möglich? Und weiter: War die Produktionsweise der Antike, die hauptsächlich auf der Ausbeutung von Unfreien beruht haben soll, tatsächlich, wie Marx und Engels glaubten, eine geradezu notwendige Form zwischen dem Urkommunismus einerseits und dem mittelalterlichen Feudalismus andererseits?[129]

Hier wird deutlich: Es konnte gar nicht ausbleiben, daß der ganze Komplex der antiken Sklaverei in den Sog ideologischer Frontstellungen hineingezogen wurde. Für viele war dies die Gretchenfrage; es gab Zeiten – die erst ein gutes Jahrzehnt her sind –, als einem in althistorischen Universitätsseminaren fast eine Art Glaubensbekenntnis für oder gegen die These von der antiken Sklavenhaltergesellschaft abverlangt wurde.

Natürlich ist die antike Sklaverei ein sehr wichtiges sozialgeschichtliches Phänomen, und ohne Frage gehört dieses Phänomen in die Spitzengruppe einer Rangfolge von besonders dringlichen Fragestellungen auf dem Gebiet der Alten Geschichte. Tatsächlich hat die Erforschung der antiken Sklaverei in den letzten Jahrzehnten auch erhebliche Fortschritte gemacht. Dabei ist eines unverkennbar: Erst die intensive Sklavereiforschung marxistischer Wissenschaftler hat dazu geführt, daß das Problem auch in der »bürgerlichen« Geschichtswissenschaft eingehender behandelt wurde.

Ost und West im wissenschaftlichen Dialog

Der westdeutsche Beitrag zur besseren Erforschung der antiken Sklaverei ist dabei sehr beachtlich. Es ist das Verdienst des Tübinger Althistorikers Joseph Vogt, diese »Neuorientierung« angeregt und energisch vorangetrieben zu haben. Auf seine Initiative hin entstand seit 1953 in einem Projekt der Mainzer Akademie der Wissenschaften eine Reihe von Einzeluntersuchungen zur antiken Sklaverei, darunter, um nur einige herauszugreifen, Monographien über die Religion der Sklaven, eine aus Vogts eigener Feder stammende Untersuchung über Sklavenaufstände sowie Arbeiten über das Verhältnis zwischen Sklaverei und technischem Fortschritt und den Einsatz von Unfreien im Militärdienst. Insgesamt liegt inzwischen knapp ein Dutzend Einzeluntersuchungen zu derartigen unterschiedlichen Aspekten der antiken Sklaverei vor. Damit aber nicht genug. Gerade bei dem Mainzer Akademie-Projekt bestand Einigkeit darüber, daß der Dialog mit der marxistischen Geschichtsforschung über die Sklavenproblematik unbedingt vertieft werden müsse. Den sichtbarsten Ausdruck hat dieses Bemühen, die gegenseitigen Argumente und Positionen besser kennenzulernen, in der Gründung einer Publikationsreihe unter dem Titel »Übersetzungen ausländischer Arbeiten zur antiken Sklaverei« gefunden. Bislang sind drei Werke sowjetrussischer Autoren in dieser Reihe erschienen.[130]

Selbstverständlich haben sich auch englische und französische, amerikanische und ostdeutsche, tschechoslowakische, holländische und italienische Althistoriker an der regen wissenschaftlichen Diskussion über die verschiedenen Aspekte der Unfreiheit im Altertum und ihre Rolle im ökonomischen System der Antike beteiligt.[131] Gewiß bleibt noch viel Arbeit zu tun, sind noch mancherlei neue Erkenntnisse und Ergebnisse auf diesem Gebiet zu erwarten. Gleichwohl ist die antike Sklaverei in den vergangenen Jahrzehnten vergleichsweise so gründlich und systematisch erforscht worden, daß von wirklich bedeutsamen Fortschritten gesprochen werden darf.

Fortschritte auch hinsichtlich des Dialogs zwischen marxistischen und nicht-marxistischen Historikern? Ganz sicher ja. Und wenn man auch von einer Harmonisierung der Standpunkte noch weit entfernt ist, so ist – zumindest auf der wissenschaftlichen Ebene – eines passé: die ideologische Scheuklappenmentalität, die auf der einen Seite zur Verteufelung, auf der anderen Seite zur Verharmlosung und Bagatellisierung der Sklaverei geführt hat.

Blindwütige, weltanschaulich bedingte Verbohrtheit ist fast überall einem genaueren Hinsehen, einer unvoreingenommeneren Deutung der Quellen gewichen – mit dem bezeichnenden Ergebnis einer stärkeren Differenzierung.

Sklaverei: Die *Grundlage der antiken Staaten?*

Und damit sind wir wieder bei unserer »Gretchenfrage«. Waren die Staaten des Altertums nun wirklich auf der wirtschaftlichen Ausbeutung von Sklaven gegründet, so daß die These von der Sklavenhaltergesellschaft ohne weiteres unterschrieben werden kann?

Gerade hier bedarf es der Differenzierung. Daß eine Gesellschaft wie die der Spartaner ganz von der Arbeit Zehntausender von unterprivilegierten Staatsangehörigen, den freien Periöken und vor allem den unfreien Heloten, gelebt hat, ist schlechterdings nicht zu bestreiten. Ihr aristokratisches Ideal eines bloßen Kriegerdaseins konnten die Spartiaten nur verwirklichen, weil die Arbeit von den anderen getan wurde. Infolgedessen kann Sparta unbedenklich als Sklavenhalterstaat bezeichnet werden.

Was Athen angeht, so liegen die Dinge offensichtlich komplizierter. Der Durchschnittsathener war ja eben nicht jener angebliche »Schmarotzer«, der von morgens bis abends alles mögliche trieb, wenn es nur nicht mit Arbeit verbunden war. Das Märchen, die Athener, Korinther, Syrakuser oder Milesier hätten sich auf der Ausbeutung ihrer Unfreien ausruhen können, gehört schon lange auf die große Abfallhalde historischer Legenden.

Andererseits war die Sklavenarbeit natürlich ein gewichtiger wirtschaftlicher Faktor, dessen Bedeutung sich nicht wegdiskutieren läßt. Das zeigt allein schon ein Blick auf die Sklavenzahlen.

Wie viele Sklaven lebten in Attika? Die Schätzungen der Gelehrten schwanken beträchtlich. Trotz zahlreicher Unbekannter, die in dieser Rechnung stecken, dürfte aber die allgemeine Größenordnung von 80 000–100 000 Unfreien bei einer Gesamtbevölkerung Attikas von ungefähr 300 000–350 000 Köpfen in etwa der Wirklichkeit des 5. und 4. Jahrhunderts v. Chr. entsprechen. In diesen Bahnen bewegen sich – mit Abweichungen von 20 000–30 000 – die teilweise minuziös durchgeführten Berechnungen mehrerer Forscher.[132]

Einigkeit besteht heute darüber, daß die einzigen genauen Angaben über die Gesamtzahlen von Unfreien in einigen griechischen Poleis, die aus der Antike selbst stammen, extrem übertrieben sind. Sie finden sich bei Athenaios (um 200 n. Chr.), der sich allerdings auf ältere Quellen beruft und die folgenden unglaublichen Zahlen angibt: »Die Polis der Korinther blühte durch den Besitz von 460 000 Sklaven.« Auf der Insel Aegina gar, die heute rund 13 000 Einwohner hat, sollen nicht weniger als 470 000 Sklaven gelebt haben! Nun war das antike Aegina zweifellos eine bedeutende Handelsmetropole, im Konzert der griechischen Mächte ungleich wichtiger als die heutige Insel im Vergleich mit dem übrigen Hellas – aber sie bot ganz bestimmt nicht mehreren hunderttausend Menschen Platz und Nahrung. Athen müßte, in Relation zu diesem extremen Beispiel, nach Athenaios' Angaben geradezu »unterversorgt« mit Sklaven gewesen sein: Hier gibt er für die Zeit um 309 v. Chr. »nur« die Zahl von 400 000 Unfreien an.[133]

Wie es zu diesen Übertreibungen kommen konnte, haben etliche Forscher zu ergründen versucht. Die entsprechenden Sätze des Athenaios gehören sicherlich zu den meist behandelten und untersuchten Stellen aus dem ganzen erhaltenen Schrifttum der Antike; Dutzende, wenn nicht Hunderte von Veröffentlichungen haben sich, beginnend mit David Humes kritischer Kommentierung aus dem Jahre 1752,[134] dieser Passage angenommen.[135] In unserem Zusammenhang mag es ausreichen, die allgemeine Ansicht der Wissenschaftler wiederzugeben, daß die Athenaios-Angaben nicht verläßlich sind.

Eines aber könnten sie immerhin aufzeigen. Es ist keineswegs selbstverständlich, daß die relative Sklavenzahl in Athen am höchsten gewesen sein muß. An bedeutenden Sklavenmärkten wie Chios in hellenistischer Zeit, aber vielleicht auch in Aegina und Korinth im klassischen Griechenland, kann die Relation zwischen Freien und Unfreien durchaus »sklavenintensiver« gewesen sein als 3:1 oder »nur« 4:1, wie man sie für Athen annimmt. (Sparta stellte auch hier eine absolute Ausnahme dar: dort herrschte das Verhältnis von etwa 10:1 – aber zugunsten der *Heloten*!)

Mögen auch die von Athenaios überlieferten Angaben hoffnungslos überzogen sein, so ist doch die Zahl von 80000 bis 100000 Unfreien in Attika alles andere als eine *quantité negligeable*! Wenn vielleicht gut die Hälfte dieser Sklaven im Produktionsprozeß eingesetzt war, so liegt es auf der Hand, daß die Sklavenarbeit als wirtschaftlicher Faktor nicht unterschätzt werden darf.

Mithin war die Sklavenarbeit, was hoch entwickelte und ökonomisch differenzierte Handels- und Gewerbemetropolen wie Athen und Korinth angeht, ohne Zweifel ein grundlegendes Element griechischer Zivilisation.[136] Aber war sie tatsächlich auch das grundlegende Element?

Drastischer formuliert, stellt sich die Frage, ob die Wirtschaft Athens zusammengebrochen wäre, wenn sie auf die Ausbeutung Unfreier hätte verzichten müssen.

Ohne Sklaven der wirtschaftliche Zusammenbruch?

Gegenüber einer solchen Kollaps-Theorie sind Zweifel angebracht. Was wäre geschehen, wenn ein Gesetz erlassen worden wäre, das den Besitz von Haussklaven verboten hätte? Zwar wäre kein Grieche auf einen so »abwegigen« Gedanken gekommen, doch spielen wir den hypothetischen Fall trotzdem kurz durch!

Ohne die Haussklaven hätten die Freien sich so »unangenehmen« Tätigkeiten wie Putzen, Kochen, Waschen, Einholen und all den anderen typischen Hausarbeiten zuwenden müssen. Einige Damen aus wohlhabendem Hause hätten ihre Säuglinge selbst stillen, Eltern sich mehr um die Erziehung ihrer Kinder kümmern müssen. In unserem heutigen Sprachgebrauch heißt das: Der Verzicht auf die Beschäftigung von Haussklaven hätte eine beträchtliche Einbuße an Lebensqualität zur Folge gehabt, ein Manko an Bequemlichkeit und Komfort.

Erhebliche Rückwirkungen auf die Wirtschaft Athens hätte der Verzicht auf Haussklaven aber nicht gehabt. Im Gegenteil. Rein ökonomisch gesehen, stellten die nicht in der Produktion eingesetzten Unfreien sogar eine Belastung des Staates dar. Die von ihnen erbrachten Dienstleistungen waren ohne weiteres verzichtbar, dagegen mußten sie mit Nahrung und Kleidung versorgt werden. Und bei der hohen Importquote Athens im Bereich von Grundnahrungsmitteln, besonders Getreide, standen die Haussklaven sozusagen auf der Passiv-Seite der Außenhandelsbilanz. Es bleibt dabei: Die Haussklaven trugen zum ökonomischen Fundament der griechischen Staaten nichts bei; vielmehr zeigt ihre Existenz sogar umgekehrt, wie tragfähig die wirtschaftliche Basis war, die einen solchen »Luxus« überhaupt gestattete.

Freilich hatten alle jene Sklaven einen gehörigen Anteil an der Erwirtschaftung des attischen Bruttosozialprodukts, die nicht als Hausbedienstete tätig waren, sondern im Produktionsprozeß standen. Wären diese unfreien Arbeiter nicht gewesen, so hätte die Wirtschaft gewiß anders ausgesehen.

Aber hätte dies, um das gedankliche Experiment fortzusetzen, zwangsläufig zu einer ökonomischen Katastrophe geführt, hätte es die Gesellschaft derart umgekrempelt, daß die politische und kulturelle Entwicklung in völlig anderen Bahnen verlaufen wäre?

Die Frage ist leichter gestellt als beantwortet. Derartige hypothetische Überlegungen sind im Grunde unhistorisch. Der Historiker soll sich mit dem beschäftigen, was war, nicht mit dem, was hätte sein können. Andernfalls ist der Spekulation Tür und Tor geöffnet.

Was wäre gewesen, wenn . . .?

Setzen wir uns aber einmal über diese methodischen Vorbehalte hinweg, dann erhalten wir folgendes Ergebnis: Der Verzicht auf eine Beschäftigung Unfreier hätte eine spürbare Minderung des Wohlstandes mit sich gebracht; der einzelne Gewerbetreibende, Fabrikant und Händler hätte sich mit einem niedrigeren Gewinn bescheiden müssen. Allgemein hätte man, wie es heutige Politiker auszudrücken pflegen, »den Gürtel enger schnallen« müssen.

Die Produktivität wäre geringer gewesen, auch die Spezialisierung und Differenzierung der Wirtschaft sowie die von einigen Handelsstädten betriebene wirtschaftliche Expansion wären dann wohl in dieser Form nicht möglich gewesen.[137] Manches wäre auf einen kleineren Maßstab reduziert geblieben, und mancher Freie hätte zusätzlich körperliche Strapazen auf sich nehmen müssen. Einige Kapitalisten wie Nikias, die von der Vermietung ihrer Sklaven lebten, hätten Konkurs anmelden müssen. Aber auch ihnen hätte nichts Schlimmeres passieren können, als daß sie gezwungen gewesen wären, ihr Brot mit ihrer Hände Arbeit zu verdienen.

Daß aber das gesamte Wirtschaftssystem bei einem Verzicht auf Sklavenarbeit von Grund auf revolutioniert worden wäre – und das mit unüberschaubaren Auswirkungen auf politischem, gesellschaftlichem und kulturellem Gebiet: Davon kann wohl keine Rede sein. Strukturell hätte sich vermutlich wenig geändert, wohl aber wäre der Gesamtumfang der wirtschaftlichen Produktion beträchtlich zurückgegangen.

Wenn dies für ausgesprochene Gewerbemetropolen wie Athen, Aegina, Korinth oder Milet zutrifft, so erst recht für wirtschaftlich weniger entwickelte Gegenden, in denen fast nur Ackerbau und Viehzucht betrieben wurden. Von Sonderfällen wie Sparta und Kreta abgesehen, war die Zahl der Unfreien im Agrarbereich nicht allzu groß. In ländlichen Gebieten hätte sich demnach eine Abschaffung der Sklavenarbeit noch weit weniger auf das Wirtschaftsleben ausgewirkt.

Abschließend sei aber nochmals in aller Deutlichkeit gesagt: Alle diese Schlußfolgerungen unter der Rubrik »Was wäre gewesen, wenn ...« sollen weder eine Apologie der Sklavenausbeutung sein, noch sollen sie die tatsächliche Bedeutung der Sklavenarbeit für die Wirtschaft der griechischen Staaten herunterspielen und bagatellisieren.

Die – oft genug mühselige, manchmal sogar unmenschlich harte – Arbeit, die freie Griechen von ihren unfreiwilligen »Mitarbeitern« verlangten, war eine wichtige Säule der griechischen Wirtschaft und brachte den Sklavenhaltern nicht geringen Gewinn, Wohlstand und Komfort. Aber sie war doch eben nur *eine* Säule dieser Wirtschaft, und so darf man annehmen, daß das darauf errichtete ökonomische Gebäude auch beim Wegfall dieser Stütze zwar ein weniger sicheres Fundament bekommen hätte, aber doch nicht in sich zusammengestürzt wäre.

6.
Leben in Unfreiheit

Sklavenparadies Athen?

Athen zu Anfang der zwanziger Jahre des 5. Jahrhunderts:

»Die Sklaven führen ein zügelloses, ausschweifendes Leben. Sie werden von niemandem geschlagen. Begegnet man ihnen auf dem Weg, so weichen sie keineswegs aus. Sie tragen die gleiche Kleidung wie das Volk, leben üppig, einige sogar auf großem Fuße. Die Sklaven sind reich. Angst vor freien Bürgern kennen sie nicht. Auch können sie ebensooffen ihre Meinung äußern wie jeder Freie.«

Die mächtigste Stadt Griechenlands – über Nacht zum Sklavenparadies geworden? Die ehernen sozialen Barrieren zwischen Frei und Unfrei – sind sie unversehens gefallen? Die Zweiteilung der athenischen Gesellschaft – ist sie endlich überwunden?

Oder handelt es sich bei dieser Vorstellung nur um eine Vision? Eine vom Wunschdenken ihres unfreien Urhebers diktierte Utopie, die Beschreibung wünschenswerter, aber kaum erreichbarer Zustände? Stammen diese Gedanken am Ende aus der Kampfschrift eines unfreien Autors, der endlich die Gleichberechtigung für sich und seine Standesgenossen fordert?

Vielleicht auch nur die Schilderung des Sklavendaseins im Athen des 5. Jahrhunderts durch einen schönfärbenden modernen Historiker, durch die rosa Brille gesehen, um den »Schandfleck« Sklaverei aus der griechischen Klassik zu wischen?

Nichts von alledem trifft zu. Entnommen sind diese Sätze vielmehr der Schrift eines unbekannten Verfassers, die zu Beginn des Peloponnesischen Krieges in Athen zirkulierte und die durch einen Zufall unter den Werken des Historikers Xenophon überliefert worden ist.[1]

Mithin ein durchaus authentischer, zeitgenössischer Bericht? Das schon; allerdings eine verzerrende, einseitige, auf Effekthascherei abzielende Schilderung. Dem Verfasser, einem eingeschworenen

Gegner der attischen Demokratie, einem Aristokraten, dem die »Gleichmacherei« des demokratischen Systems ein Dorn im Auge war, kam es darauf an, die Auswüchse der ihm verhaßten Staatsform zu geißeln. Seine Abrechnung mit der Demokratie Athens ist sarkastisch und ironisch, nicht selten von analytischer Schärfe und nachdenklicher Intelligenz, aber sie ist vor allem polemisch und voller Entstellungen und gefährlicher Halbwahrheiten.

Man kann ihm sogar glauben, daß er subjektiv von der »Zügellosigkeit« und dem übermäßig »freien« Lebenswandel der attischen Sklaven überzeugt gewesen ist. Nur war das bloß eine Frage des Vergleichsmaßstabes – und der war für ihn das spartanische System mit seiner brutalen Repression und rücksichtslosen Ausbeutung der Heloten. »In Sparta dagegen«, so bekennt er denn auch in aller Offenheit, »fürchtet mein Sklave dich!«[2]

Berücksichtigt man die einseitige Blickrichtung des »Alten Oligarchen«, wie ihn die angloamerikanische Forschung treffend nennt, und stellt man sein Bestreben in Rechnung, das ganze System Athens gegenüber dem verehrten spartanischen »Kosmos« abzuwerten, dann kann der Verfasser dieses Pamphlets nur sehr bedingt als verläßliche Quelle für die Lage der athenischen Sklaven herangezogen werden.

Prügeln, fesseln, foltern . . .

Da er trotzdem gelegentlich noch bemüht wird, um die »Sonnenseiten« des Sklavendaseins in Athen zu beschreiben, sei nun eine Schilderung von ganz anderem Tenor angefügt, die sich ebenfalls auf literarisch überlieferte zeitgenössische Texte stützt:

Für jedes noch so läppische Widerwort erhält der Sklave einen mächtigen Fußtritt von seinem Herrn; ständig wird er geschlagen und ausgepeitscht.[3] Selbst wenn seine Schuld nicht nachgewiesen ist, spürt er dennoch den Ärger des Herrn: »Hat der Koch das Essen verdorben, so erhält der Flötenspieler Prügel.«[4]

Prügeln und Schlagen ist aber noch das Angenehmste – so alltäglich, daß es kaum der Rede wert ist. Das Sortiment der Quälwerkzeuge reicht von einfachen Ruten über Lederpeitschen bis zu Knüppeln und Treibstacheln. Ist das (vermeintliche) Vergehen des Sklaven etwas schwerwiegender, so greift der Herr zu anderen Mitteln. Da bekommt der Unfreie Ketten um Füße, Hände, Nacken und Hals gelegt, wird in einen Block eingespannt und fürchterlich geprügelt.

Ebenso selbstverständlich sind körperliche Strafen, die dauernde Beeinträchtigungen zur Folge haben. Man bricht dem Sklaven die Knöchel, schlägt ihm die Zähne aus, hackt ihm die Hände ab oder bohrt ihm die Augen aus[5] – all das kurzentschlossen, aus momentanem Ärger über eine Fehlleistung des Unfreien.

Kein Wunder, daß viele Sklaven deutliche Spuren der Mißhandlung aufweisen. Des einen Rippen »gleichen dem schwielenbedeckten Fell der Esel«, bei dem anderen sind »die Lenden noch bunter geschlagen als gemusterte Teppiche aus Alexandria«.[6]

Fürwahr eine eindrucksvolle Aneinanderreihung von Brutalitäten, wie sie der Sklave beinahe Tag für Tag über sich ergehen lassen muß. Offenbar besteht das Leben selbst von Unfreien, die ihren Herren treu dienen und sich die größte Mühe geben, ihnen von Vorteil zu sein, aus ständiger Drangsalierung und körperlicher Züchtigung!

Zumindest muß derjenige diesen Eindruck bekommen, der seinen Aristophanes gelesen oder, noch besser, die Neue griechische Komödie des 3. Jahrhunderts v. Chr. und ihre lateinischen Nachdichtungen studiert hat. In diesen Stücken ist auf Schritt und Tritt von derartigen Strafen die Rede, wenn auch meist in der Form von Straf*androhungen*.

Natürlich spiegelt die Komödie hier nicht ungebrochen die Wirklichkeit wider. Derartige Szenen gehören zum komischen Repertoire der Dichter. Oft genug weiß sich der intellektuell unterlegene Herr seinem pfiffigen, intriganten Sklaven gegenüber nur durch verbale Kraftmeierei und durch das Pochen auf sein Züchtigungsrecht durchzusetzen. Außerdem wirken gerade Massierung und Übertreibung im Bereich tätlicher Auseinandersetzungen komisch und bringen das Publikum zum Lachen.

Man muß sich daher hüten, jenes Verhältnis zwischen Herrn und Sklaven, wie es in zahlreichen Lustspielen insbesondere der Neuen Komödie geschildert wird, ohne weiteres als Abbild des täglichen Lebens zu interpretieren. Daß jemand, der das Los der Sklaven in denkbar düsteren Farben malen will, vor allem auf die Sklavenfiguren der Komödie zurückgreifen wird, ist klar. Ebenso klar ist freilich, daß er sich damit auf Quellen beruft, die sich einer geradlinigen Auswertung wegen der Besonderheiten der literarischen Fiktion entziehen.

Natürlich ist gar nicht zu bestreiten, daß einerseits in der Darstellung des »Alten Oligarchen« ein Körnchen Wahrheit liegt – auch unverdächtige Zeugen betonen die relativ große »Freiheit« der Sklaven in Athen gegenüber anderen griechischen Städten[7] – und daß andererseits auch die Komödiendichter nicht bloße Phantasie-Strafen ersonnen haben, um dann allerdings oft genug den Ausnahmefall zur Regel hochzustilisieren. Wäre das alles erfunden und erlogen, dann hätten die Althistoriker in gewisser Weise sogar einen leichteren Stand. So aber sind sie in der mißlichen Lage, abwägen und interpretieren zu müssen – mit dem Ergebnis, daß die Bandbreite der Meinungen naturgemäß entsprechend groß ist, weil es an eindeutigen Fakten und Daten mangelt.

Ungleichheit vor dem Gesetz

Vorab empfiehlt sich deshalb eine Bestandsaufnahme der rechtlichen Situation der Sklaven. Hierbei ist der Interpretationsspielraum bedeutend enger, wenngleich allerdings auch sofort die Frage auftaucht, wie sehr man sich an den allgemeinen juristischen Rahmen in der Praxis überhaupt gehalten hat. Aber dazu später.

Der Sklave stand völlig außerhalb der Gemeinschaft der Staatsbürger. Daher besaß er keinerlei politische Rechte. Teilhabe von Unfreien an den Staatsgeschäften in irgendeiner Form war völlig undenkbar. Die einzigen Sklaven, die in Athen nicht sofort aus einer Volksversammlung entfernt wurden, waren die skythischen Bogenschützen. Sie waren aber gewissermaßen beruflich, als Vertreter der Polizeigewalt, dort, um für den ungestörten Ablauf der Versammlung zu sorgen.

Allenfalls wenn es besonders gefährlich wurde, wenn beispielsweise eine krisenhafte außenpolitische und militärische Situation entstanden war, besannen sich die freien Bürger darauf, daß auch Sklaven mit im Staate lebten. Ihr Anteil an den Angelegenheiten der Allgemeinheit war dann freilich recht unangenehmer Natur: Man zog Sklaven zum Militärdienst heran. Weniger aus Dankbarkeit und Menschenliebe als aus der konsequenten Überlegung heraus, daß solch eine Maßnahme einen eklatanten Systembruch bedeutete, entließ man Unfreie, die sich im Krieg bewährt hatten, in die Freiheit. So sollte wenigstens im nachhinein der Eindruck verwischt werden, Sklaven an Staatsdingen beteiligt zu haben, die doch allein den Bürgern vorbehalten waren.

Immerhin: Der Ausschluß aus dem Kreise der politisch Entscheidungsberechtigten traf ja keineswegs nur die Sklaven. In diesem Punkte erging es den Frauen und den im Lande ansässigen Fremden nicht anders als den Unfreien. Selbst in der sogenannten radikalen Phase der attischen Demokratie hat niemand ernstlich daran gedacht, diese Gruppen an der politischen Diskussion zu beteiligen.

Mochten die Sklaven sich über ihre politische Ohnmacht noch leicht mit dem Gedanken hinwegtrösten, daß auch große Teile der freien Bevölkerung ihnen hierin gleichgestellt waren, so mußte ihnen ihre Lage bedeutend schmerzlicher bewußt werden, wenn sie sich ihre juristische Stellung klarmachten. Unfreie waren keine Rechtspersönlichkeiten; sie waren Objekt, nicht Subjekt des Rechts.

Und das hatte empfindliche Folgen. Wurde einem Sklaven von Außenstehenden ein Unrecht zugefügt, so hatte er selbst keine Möglichkeit, vor Gericht zu gehen. Er konnte lediglich seinen Herrn bitten, stellvertretend für ihn Klage zu erheben.

Der umgekehrte Fall ist entsprechend. Für Rechtsverletzungen, die ein Sklave begangen hatte, wurde zunächst nicht er selbst, sondern sein Besitzer zur Verantwortung gezogen. Der mußte in vollem Umfang für die von seinem Unfreien verursachten Schäden haften.

Im Grunde also geradezu eine Ermunterung für Unfreie, sich über Recht und Gesetz hinwegzusetzen und dadurch dem eigenen Herrn noch übel mitzuspielen? Natürlich nicht, denn der Bestrafung des Sklaven durch seinen Herrn stand nichts im Wege. Zwar sozusagen erst auf Umwegen, aber dafür vermutlich mit größerer Heftigkeit und einer durch keinerlei gesetzliche Vorschriften eingeengten Willkür ereilte den Sklaven die Strafe für seine Rechtsverletzung.

Der Mensch als Sache

Ein »ktéma émpsychon« (κτῆμα ἔμψυχον) oder »émpsychon órganon« (ἔμψυχον ὄργανον) nennt Aristoteles den Sklaven: einen »beseelten Besitz«, ein »beseeltes Werkzeug«.[8] Diese geradezu klassisch gewordene Definition macht auf zweierlei aufmerksam. Zum einen, daß der Sklave eben doch ein besonderes »Ding« ist, eine lebende »Sache«, die sich von »anderen« Sachen, die man besitzt, erheblich unterscheidet.

Andererseits läßt diese Definition keinen Zweifel daran, daß zumindest juristisch gesehen, der Sklave ein »Stück« Besitz bedeutet, ein Werkzeug, das man nach Lust und Laune handhaben, mit dem man nach Belieben verfahren kann, ohne ihm selbst ein Mitbestimmungsrecht einzuräumen. Etwas überspitzt, aber doch ganz im Sinne der juristischen Logik formuliert: Genauso absurd, wie einem Hammer oder einer Töpferscheibe irgendeine Entscheidung über ihre Verwendung zu überlassen, wäre es, einem Sklaven die Mitsprache darüber einzuräumen, was man mit ihm zu tun gedenkt.

Das klingt schlimm, und in der Tat waren die rechtlichen Konsequenzen dieser Auffassung gravierend. Sklaven konnten von ihren Besitzern ohne weiteres verkauft, verschenkt oder testamentarisch vermacht werden. Sie durften an andere vermietet oder auch in Zahlung gegeben werden. Auch ein Darlehen war mit Sklaven als Pfandobjekten abzusichern. Die Unfreien gingen dann für die Laufzeit des Kredits in die Verfügungsgewalt des Gläubigers über; ihr Arbeitsertrag galt als Zins für das erhaltene Darlehen.[9] Ebenso sicherten sich Privatleute, aber auch der Staat mit Vorliebe den »menschlichen Besitz«, wenn es zur Pfändung oder zur Konfiskation des Vermögens ihres Herrn kam.[10]

Diese nüchternen juristischen Vorgänge scheinen folgerichtig, selbstverständlich, undramatisch. Die Bemerkung, der Sklave XY sei verkauft oder vermietet, vererbt oder verpfändet worden, geht einem leicht über die Lippen; man denkt sich kaum etwas dabei.

Sklaven-Psychologie

Aber gerade an diesem Punkt ist es wichtig, sich die Lage des *einzelnen* Unfreien einmal zu vergegenwärtigen. Erst wenn man das Schicksal des Individuums aus der Anonymität des allgemeinen Rechtsstatus herausnimmt, wird schlagartig klar, welches ungeheure Maß an menschlicher Tragik die Formel vom »beseelten Besitz« einschließt – oder sollte man besser sagen: verdeckt?

Wenn er auf einer erhöhten Plattform auf dem Markt stand, den Blicken der Neugierigen ausgesetzt, spärlich bekleidet, von Kaufinteressenten begutachtet und betastet, wenn er ringsum das Feilschen um seinen Marktpreis hörte: War der Sklave in diesem Augenblick nicht ein sehr einsamer, ein sehr unglücklicher Mensch, seiner menschlichen Würde beraubt, zum bloßen Handelsobjekt degradiert? Wie mag es in der Brust eines Unfreien ausgesehen haben, wenn er mit ängstlicher Spannung darauf wartete, daß ein Wildfremder ihn kaufte, jemand, von dem er nichts wußte, als daß er bereit war, den geforderten Kaufpreis für ihn zu bezahlen?

Welche Gefühle mochten die Unfreien eines Hauses bewegen, wenn ihr Herr gestorben war? Selbst wenn er kein besonders angenehmer Zeitgenosse gewesen war, so hatten sie sich doch mit ihm und seinen Launen arrangiert, kannten seine Eigenarten und hatten sich darauf einstellen können. Der Erbe dagegen war möglicherweise überhaupt nicht bekannt, oder, fast noch schlimmer: Gerüchte wiesen ihn als argen Sklavenschinder aus, von dem nichts Gutes zu erwarten war. Eine quälende Ungewißheit, in der Spekulationen und Gerüchte bestens gediehen, lag über der Zukunft der Sklaven.

Vermietung: Auch das hört sich vergleichsweise harmlos an. Werden nicht auch heutzutage Arbeitnehmer bisweilen an andere Betriebe ausgeliehen, mithin »vermietet«? Müssen nicht Fußballprofis damit rechnen, von ihrem Verein zeitweise an einen anderen Club »vermietet« zu werden? Was also ist so schlimm daran?

Auch über diese moderne Vermietung von Arbeitnehmern gehen die Meinungen bekanntlich auseinander. Gerade gegenüber dem Fußballgeschäft wird ja oft genug – und mit einigem Recht – der Vorwurf des Menschenhandels laut. Immerhin aber werden Arbeitnehmer heute *in ihren Berufen* »vermietet«. Niemand kann einen technischen Zeichner an die Müllabfuhr »vermieten« oder einen Fußballspieler als Portier eines Nachtclubs einsetzen.

Der Sklave aber konnte sich nicht dagegen wehren, wenn er von heute auf morgen mit einer völlig anderen Tätigkeit betraut wurde. Verpachtete sein Besitzer ihn an einen Bergwerksunternehmer, dann mußte er sich damit abfinden, fortan als Hauer oder Fördermann unter Tage zu schuften. Und wenn der berufsmäßige Kuppler seine Sklavinnen an zahlungskräftige Kunden vermietete, dann blieb den Frauen gar keine andere Wahl, als die Wünsche der »Mieter« zu befriedigen. Gerade im Bereich der erzwungenen Prostitution von Sklavinnen zeigt sich der »Sachencharakter« des unfreien Menschen mit seiner ganzen schonungslosen Brutalität. Oder will man die – schon bei der modernen Prostitution höchst problematische – Behauptung, die in diesem Gewerbe tätigen Frauen kämen ihrer Arbeit ohne besonderen Widerwillen nach, auf die antiken Verhältnisse übertragen? Daß nicht jede unfreie Hetäre mit Gewalt zur Prostitution gebracht worden ist, steht außer Zweifel. Aber wie viele unglückliche Sklavinnen mögen diesem Beruf mit Abscheu und dem Gefühl totaler Selbsterniedrigung nachgegangen sein?

Wie schließlich das Bewußtsein, Teil einer Konkursmasse zu sein oder als Pfandobjekt hin- und hergeschoben, als Geschenk von heute auf morgen einem Gastfreund des Besitzers übereignet oder als menschliche Siegestrophäe bei fröhlichem Spiel auf feuchtem Gelage ausgesetzt zu werden, den Sklaven in seiner Selbstachtung beu-

1 Sklaven bei der Arbeit auf einem Baukran. (Haterier-Grabmal, Rom, 1. Jh. n. Chr.)
Aufnahme: Deutsches Archäologisches Institut, Rom

2 Statue des Spartacus, vom französischen Bildhauer D. Foyatier im 19. Jh. geschaffen. Aus dem Altertum gibt es keine Darstellungen des berühmten Sklavenführers. Zu Spartacus: S. 278ff. (Paris, Louvre)
Aufnahme: Arch. Phot., Paris/S.P.A.D.E.M.

3 *Oben:* Kampf zwischen Gladiatoren und wilden Tieren. Zu unfreien Gladiatoren: S. 317ff. (Mosaik, Rom, Villa Borghese)
Aufnahme: Deutsches Archäologisches Institut, Rom

4 *Unten:* Detail: kämpfender Gladiator
Aufnahme: Deutsches Archäologisches Institut, Rom

5 Speiender Zecher mit seinem Sklaven. Die Begleitung ihrer Herren zu Gastmählern gehörte zu den Aufgaben unfreier Diener; vgl. dazu S. 148f. (Attische Rundschale, um 490 v. Chr., Antikenmuseum Berlin)
Aufnahme: Antikenmuseum. Staatl. Museen Preuß. Kulturbesitz, Berlin (West)

6 *Oben* links: Erzgießerei; rechts: Handwerker beim Zusammensetzen einer Statue; vgl. dazu S. 164ff. (Attische Trinkschale, 490/80 v. Chr., Antikenmuseum Berlin)
Aufnahme: Antikenmuseum. Staatl. Museen Preuß. Kulturbesitz, Berlin (West)

7 *Unten:* Töpferwerkstatt. Die dargestellten Handwerker könnten Sklaven, aber auch Freie sein; vgl. dazu S. 192ff. (Attischer Krater, um 430 v. Chr., Ashmolean Museum)
Aufnahme: Ashmolean Museum, Oxford

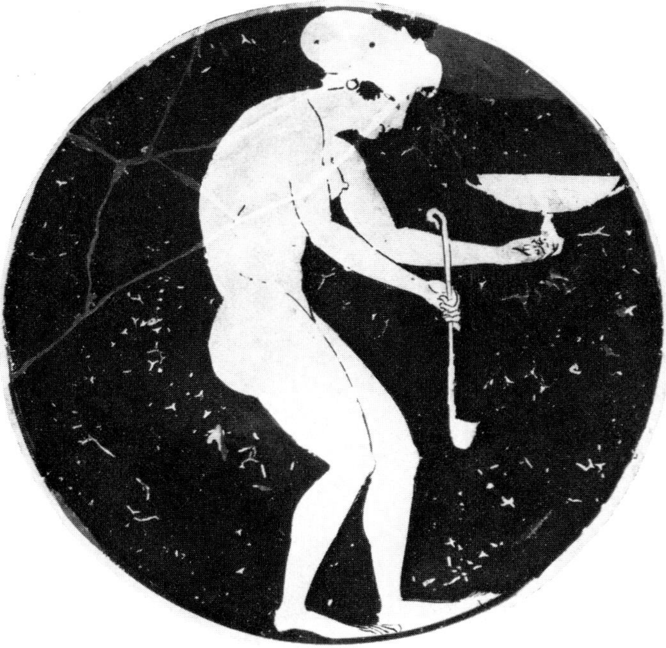

8 *Oben:* Nacktes Sklavenmädchen, das bei einem Gelage bedient, mit Trinkgefäß und Schöpfkelle; vgl. dazu S. 153ff. (Attische Vase, um 510 v. Chr., Ashmolean Museum)
Aufnahme: Ashmolean Museum, Oxford

9 *Unten:* Szenen der Landarbeit und Jagd. Der Einsatz von Sklaven auf großen Landgütern war in der römischen Welt gang und gäbe; vgl. dazu S. 251ff. (Mosaik, Musée du Bardo, 4. Jh. n. Chr.)
Aufnahme: Musée du Bardo, Tunis

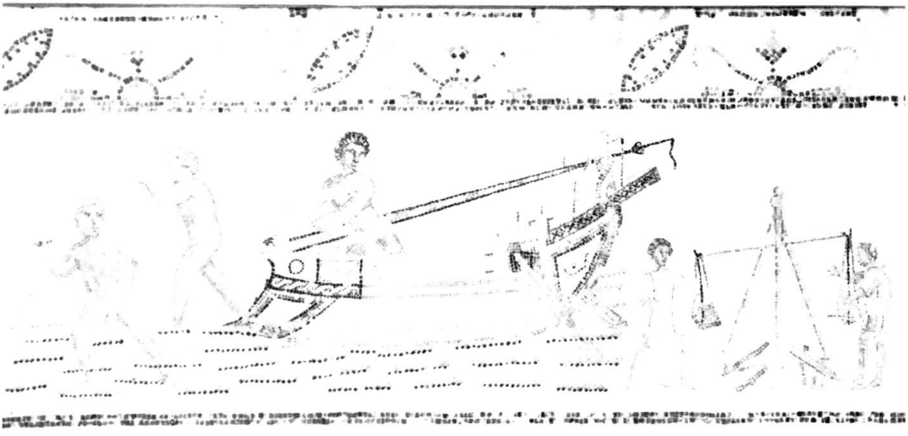

10 *Oben:* Sklaven bei der Arbeit in einer Tongrube. (Korinthisches Tontäfelchen, Berlin)
Aufnahme: Staatl. Museen zu Berlin, Berlin (Ost)

11 *Unten:* Entladung eines Schiffes. Zur Beschäftigung von Unfreien im Bereich des Transportwesens; vgl. S. 167. (Mosaik, Musée du Bardo, 4. Jh. n. Chr.)
Aufnahme: Musée du Bardo, Tunis

12 Schuhmacherwerkstatt. Ein Schuster, vielleicht ein Sklave, schneidet ein Stück Leder um den Fuß eines Kunden. Unfreie Schuster; vgl. S. 167. (Attische Pelike, frühes 5. Jh. v. Chr., Ashmolean Museum)
Aufnahme: Ashmolean Museum, Oxford

13 *Oben:* Fußfesseln aus Kamariza bei Laureion, Attika. Im rechten Eisenring sind noch Knochenreste erhalten; vgl. dazu S. 182. (Treptow-Sammlung der Bergakademie, Freiberg)
Aufnahme: Hochschulbildstelle der Bergakademie Freiberg, DDR

14 *Unten:* Eisenfesseln aus Bengel. Die Fesselung von Sklaven war vor allem als Strafmaßnahme und in größeren Produktionseinheiten üblich; vgl. dazu S. 248, 252. Aufnahme: Rhein. Landesmuseum, Trier

15 Bestrafung eines Sklaven (Komödien-Szene). Das Prügeln von Unfreien gehörte zu den Herren-»Rechten« und war eine der üblichsten Strafen; vgl. dazu S. 203ff. (Lukanischer Kelchkrater, spätes 5. Jh. v. Chr.)
Aufnahme: Staatl. Museen zu Berlin, Berlin (Ost)

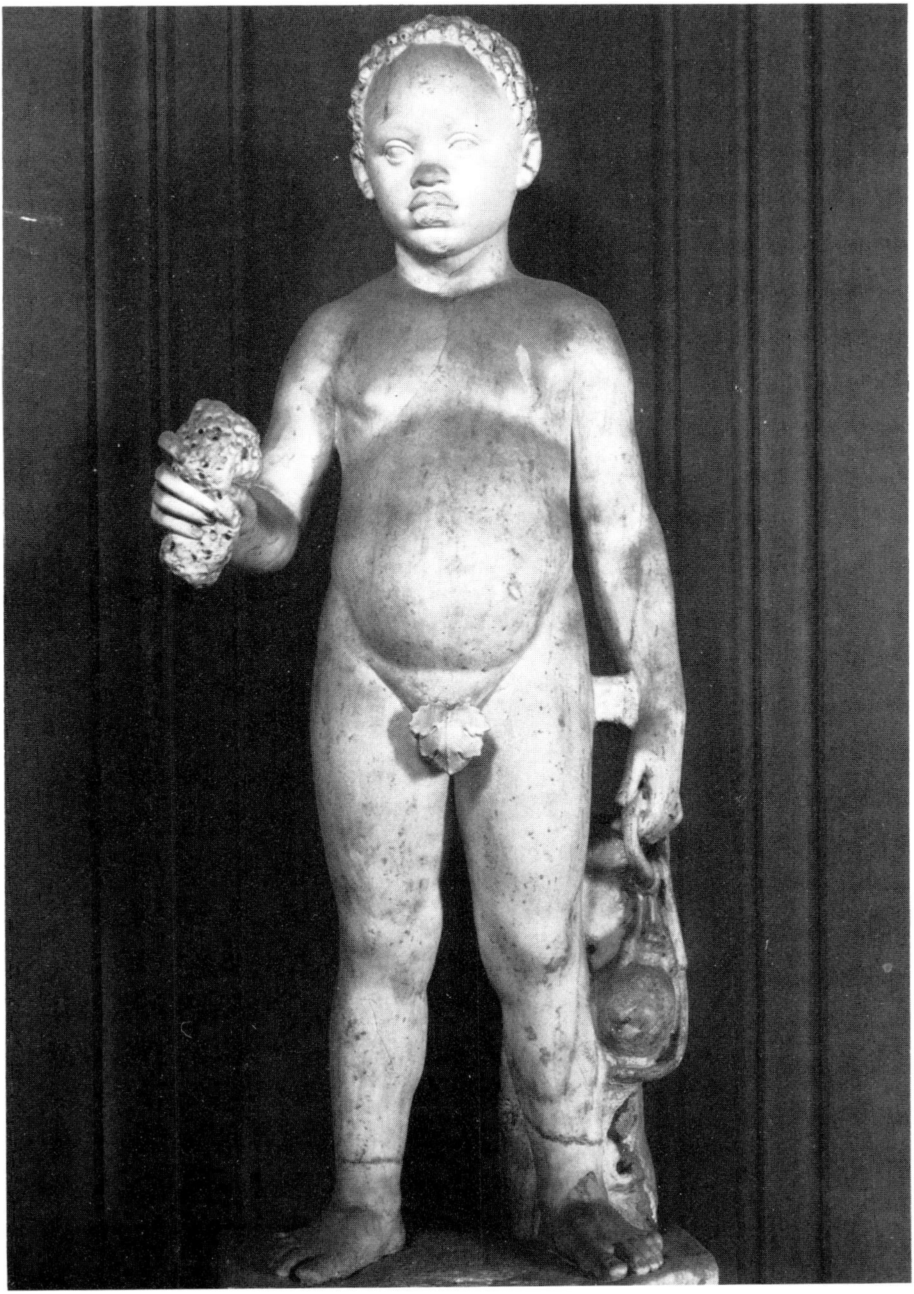

16 Statue eines Sklavenknaben, der seinem Herrn Geräte für Bad und Gymnastik trägt. Der Kopf eines Äthiopiers ist später aufgesetzt worden; er gehörte ursprünglich wohl zur Darstellung eines exotischen Lieblingssklaven; vgl. dazu S. 325f. (Körper: 3. Jh. n. Chr., Rom, Vatikan)
Aufnahme: Musei Vaticani

17 *Oben:* Das Erechtheion auf der Akropolis. Aus inschriftlich erhaltenen Bauabrechnungen geht hervor, daß am Bau der berühmtesten Tempel Athens auch Sklaven mitgearbeitet haben; vgl. S. 168f.
Aufnahme: Archiv des Verfassers

18 *Unten:* Blick auf den Berg Ithome in Messenien. Von dort aus lieferten die aufständischen Messenier den Spartanern in zwei Kriegen heftigen Widerstand; zu den Heloten-Kriegen; vgl. S. 71f. und S. 78ff.
Aufnahme: Archiv des Verfassers

19 Hippomedon stützt sich auf seinen Sklaven Tranion, der seinem Herrn den Fuß massiert oder ihm einen Dorn auszieht. (Attischer Kelchkrater, um 500 v. Chr., Antikenmuseum, Berlin)
Aufnahme: Antikenmuseum. Staatl. Museen Preuß. Kulturbesitz, Berlin (West)

20 Komischer Schauspieler, wahrscheinlich Sklave, mit Kleinkind. Vermutlich handelt es sich um die Darstellung eines beliebten Motivs der Neuen Komödie: Aussetzung oder Auffindung eines (ausgesetzten) Kindes. Zur Kindesaussetzung als Quelle der Sklaverei; vgl. S. 120ff.
Aufnahme: Akadem. Kunstmuseum, Bonn

21 Bronzekanne aus den Gruben von Laureion. Zu den Arbeits- und Lebensbedingungen der unfreien Minenarbeiter von Laureion; vgl. S. 179ff. (Treptow-Sammlung der Bergakademie Freiberg)
Aufnahme: Hochschulbildstelle der Bergakademie Freiberg, DDR

22 *Oben:* Via Appia; Schauplatz der spektakulärsten Massenhinrichtung von Sklaven. 6000 Unfreie wurden entlang der Via Appia zwischen Rom und Capua nach dem Ende des Spartacus-Krieges ans Kreuz geschlagen; vgl. dazu S. 293.
Aufnahme: Archiv des Verfassers

23 *Unten:* Grabinschrift für die ehemaligen Sklaven des M. Aurelius Asclepiades und der Aurelia Salvia, die selbst Freigelassene waren; vgl. dazu S. 316. (Rom, Thermenmuseum)
Aufnahme: Archiv des Verfassers

gen, ihn psychisch und moralisch ruinieren konnte: Auch dies gilt es einen Augenblick lang zu erwägen, bevor die allgemeinen juristisch-formalen Gegebenheiten des Sklavenschicksals mit allzu großer Nonchalance als selbstverständlich hingenommen werden.

Selbst wenn nur ein verhältnismäßig kleiner Teil der Sklaven tatsächlich von derart harten Schicksalsschlägen, wie sie gerade angedeutet wurden, getroffen worden ist, so lastete doch auf fast allen die *Furcht,* daß ihnen dergleichen geschehen *könne.* Und das hat sicher das Lebens- und Eigenwertgefühl unzähliger Sklaven erheblich beeinträchtigt.

»Die Hälfte seines Wertes«, sagte Homer, »entreißt der weithin donnernde Zeus dem Menschen, sobald ihn der Tag der Knechtschaft ereilt.«[11] Setzt man dies in Verbindung mit jenem Damokles-Schwert der Ungewißheit, das über jedem Sklaven schwebte, so wird aus der scheinbar leicht dahingesagten, oberflächlichen Feststellung eine in ihrem psychologischen Tiefgang geradezu gnomische Erkenntnis.

Einzelschicksale und Kollektiv

Warum diese Ausführungen über die Erwähnung der allgemeinen Konsequenzen aus dem »Sachencharakter« unfreier Menschen hinaus? Weshalb der Exkurs ins Emotionale? Der Vorwurf, daß hier Gefühle mobilisiert würden, daß hier, wie es in der Umgangssprache heißt, »auf die Tränendrüse gedrückt« werden sollte, liegt nahe. Mancher wird ihn erheben und fragen, ob diese Passage wirklich zu einem ausgewogenen Bericht über die Lage der Sklaven in Griechenland paßt.

Ich meine ja.

Und zwar nicht deshalb, um die Darstellung mit *human touch* und phantasievoller Ausschmückung anzureichern, sondern um die Wirklichkeit des Sklavenalltags anschaulicher zu dokumentieren, plastischer vor Augen zu führen. Wer lediglich gesetzliche Bestimmungen und juristische Tatbestände aufführt, der stellt nur *einen* Teil der Wirklichkeit dar. Auf das anonyme Kollektiv der Sklavenschaft angewandt, verlieren die Bestimmungen über Verkauf, Verpfändung und Vermietung der Unfreien an Konturen, werden sie allzu schnell als zwar bedauerlich, aber doch eben als systembedingt und damit »natürlich« aufgefaßt. Erst der Blick auf das Schicksal des *einzelnen* Menschen und die Einbeziehung der Begleitumstände eines Verkaufs oder einer Vermietung vermögen deutlich werden zu lassen, was in solchen Momenten wirklich vor sich ging – aus der Sicht des Betroffenen heraus, nicht aus der kühlen Distanz des außenstehenden Betrachters.

Manchmal reicht bloße Abstraktion nicht aus; gerade die allgemeine Aussage, so unmißverständlich und schroff sie auch formuliert sein mag, lenkt unter Umständen sogar ab, schiebt die Dinge in eine unerreichbare Ferne. Ohne irgendwelche Parallelen in der *Sache* andeuten zu wollen, kann man das *Phänomen* am Holocaust-Effekt aufzeigen. Da haben Dutzende von Fernsehsendungen, Hunderte von Büchern, Tausende von Artikeln und Aufsätzen die Massenvernichtungsaktionen im Dritten Reich dargestellt und beschrieben. Da wurden unvorstellbar hohe Zahlen von Opfern genannt und belegt. All das hatte nicht im mindesten den Effekt, der von der Schilderung eines konkreten Einzelschicksals, des Leidensweges einer einzigen jüdischen Familie, ausging. Erst die Illustration eines sozusagen mit Händen greifbaren Einzelfalles löste eine Betroffenheit aus, wie sie alle Dokumentationen der Gesamtverbrechen zusammengenommen nicht bewirkt hatten.

Nochmals: Die antike Sklaverei hat absolut nichts mit dem Holocaust nationalsozialistischer Machart gemein. Die hier gezogene Parallele betrifft lediglich die *Perspektive*. Und da scheint es in der Tat geboten, auch einmal auf Einzelschicksale hinzuweisen.

Wenn die Historiker führenden Staatsmännern und herausragenden Politikern Biographien widmen und sich nicht damit begnügen, allein die Lebensweise der führenden *Schicht* zu porträtieren, dann muß ein analoges Vorgehen auch gleichsam am unteren Ende der gesellschaftlichen Rangskala erlaubt sein.

Sicher, über Perikles, Alkibiades, Leonidas und Epameinondas gibt es ganz konkrete Nachrichten, die es erlauben, ihre Lebensumstände und ihre Gedankenwelt einigermaßen zuverlässig zu rekonstruieren. Aus dem großen anonymen Heer der Sklaven ragen dagegen, bis auf ganz wenige Ausnahmen, keine namentlich bekannten Individuen heraus. Das ist jedoch keine Rechtfertigung dafür, Sklaven immer nur im Kollektiv zu sehen und nicht auch zu fragen, wie sich dieses oder jenes Allgemeine auf den Lebensweg und das Bewußtsein einzelner Unfreier ausgewirkt haben mag.

»Das Schicksal läßt einen Sklaven nicht Herrn über seinen Körper sein; sondern darüber bestimmt der, der ihn gekauft hat.«[12] Daß diese von Aristophanes stammende Charakteristik hinsichtlich der Möglichkeit eines Verkaufs, einer Vermietung oder Vererbung des Sklavenkörpers zutrifft, ist deutlich geworden. Aber stimmt sie auch in dem spezielleren Sinne, daß die Verfügungsgewalt über den Körper des Sklaven auch die körperliche Züchtigung bis hin zur physischen Vernichtung einschloß?

Kein Zweifel: Wer seinen Sklaven schlagen oder prügeln, ihn in Fesseln legen oder auf andere Art mißhandeln wollte, hatte das Recht dazu. Kein Nachbar und schon gar nicht ein Vertreter der staatlichen Gewalt konnte ihn deshalb anklagen, kein Richter ihn deswegen verurteilen. Wer seinen Sklaven tagelang hungern ließ, wer ihn durch brutalen Arbeitseinsatz in der Mühle bis zum Äußersten quälte und ihn außerhalb der Arbeitszeit in menschenunwürdigen Quartieren dahinvegetieren ließ – auch der war gerichtlich nicht zu belangen. Er tat nichts anderes, als von seinem »Recht« als Eigentümer Gebrauch zu machen.

Sogar ausgesprochene Folterungen und sadistische Quälereien blieben unbestraft. In bestimmten Fällen deckten staatliche Organe solche Folterungen nicht nur, sondern sie empfahlen sie geradezu. Vor Gericht galt eine Sklavenaussage, die ohne Folter zustande gekommen war, als nicht besonders glaubwürdig.[13] In den erhaltenen attischen Prozeßreden aus dem 4. Jahrhundert v. Chr. wird die Tortur von Unfreien immer wieder als Beweismittel vom Beklagten angeboten oder vom Kläger verlangt.[14]

Erteilte allerdings der Besitzer die Einwilligung zur Folterung seines Sklaven nicht, so mußte auf dieses Beweismittel verzichtet werden. Nur der Staat hatte in besonders schwerwiegenden Angelegenheiten das Recht, Unfreie auch gegen den Willen ihrer Herren hochnotpeinlich zu verhören.[15]

Das Recht zur Inquisition unter Folterung war demnach unbestritten. Allerdings ist es nur in den wenigsten Fällen auch wirklich angewandt worden. Nachforschungen über die entsprechenden Angebote und Forderungen in den Gerichtsreden hinsichtlich ihrer Realisierung bringen ein erstaunliches Ergebnis zutage: In keinem einzigen Fall ist es dann tatsächlich zur Tortur gekommen.

Folterung im Rahmen der Hausjustiz

Wesentlich häufiger, wenngleich sicher trotzdem aus dem Rahmen des Alltäglichen fallend, waren Folterungen im Rahmen der Hausjustiz. Wollte der Herr des Hauses einen Diebstahl, einen Ehebruch oder einen anderen Vorfall aufklären, so durfte er sich ohne weiteres der Sklavenfolterung bedienen, um die Wahrheit herauszufinden. Entsprechende Beispiele sind überliefert; darunter eines, das gewiß untypisch war, das aber sehr gut illustriert, wieweit diese Form der Privatjustiz gehen konnte.

Es handelt sich um einen Mordfall, der sich um das Jahr 415 v. Chr. ereignete. Herodes, ein in Mytilene wohnender Athener, war auf einer Schiffsreise spurlos verschwunden. Nachforschungen über das Schicksal des Vermißten blieben zunächst ohne Erfolg, bis die Verwandten des Herodes sich zu einem ungewöhnlichen Schritt entschlossen. Sie kauften einen Sklaven, der wahrscheinlich zur Besatzung des Schiffes gehörte, auf dem Herodes das letzte Mal gesehen worden war – und zwar allein deshalb, um durch die Folterung des Unfreien Aufklärung über das vermutete Verbrechen zu erhalten. Tatsächlich gab der Sklave unter der Tortur den Namen des angeblichen Mörders preis. Der Gefolterte selbst überlebte die Inquisition nicht. Ob er an den Folterungen starb oder ob seine neuen Herren ihn wegen des Verdachts einer Mitschuld am Tode des Herodes in Lynchjustiz abgeurteilt haben, geht nicht eindeutig aus der Prozeßrede Antiphons hervor.[16]

Mit dem letzten Satz ist eine weitere wichtige Frage berührt, und zwar, ob selbst die Entscheidung über Leben und Tod des Sklaven in der Hand seines Herrn lag.

Tötung eines Sklaven: ein Delikt?

Die Rechtshistoriker sind sich in dieser Frage nicht einig. In der Tat fließen die Quellen allzu spärlich, als daß man das Problem schlüssig entscheiden könnte.

Soviel aber ist sicher: Der Mord an einem Sklaven war ganz gewiß kein Kavaliersdelikt; er war auf keinen Fall so unumstritten wie etwa das Recht, Unfreie körperlich zu züchtigen und sie wirtschaftlich auszubeuten. Ob der *Staat* den Herrn für die Tötung seines Sklaven bestrafte, ist umstritten. In *religiösem* Sinne aber lud jeder Schuld auf sich, der einen Menschen tötete. Und in diesem Punkt bestand kein

Zweifel, daß auch Sklaven zu den Menschen gehörten. Zumindest bedurfte also der Mörder eines Unfreien der sakralen Reinigung.[17]

Alles andere ist ungewiß. Vorsicht vor der allzu apodiktisch aufgestellten Behauptung, der Herr habe in Griechenland auch das Tötungsrecht gehabt, ist jedenfalls angebracht. Auf der anderen Seite war das Leben des Sklaven sicher schlechter geschützt als das des Freien, und es mag durchaus vorgekommen sein, daß man den Mantel des Schweigens um die Tötung eines Sklaven hüllte, anstatt juristische Schritte einzuleiten.

Aber auch hier darf ein Hinweis auf die praktische Seite des Problems nicht fehlen. Fahrlässige oder vorsätzliche Tötung eines Sklaven kam nicht häufig vor. Dem standen schon ganz nüchterne wirtschaftliche Erwägungen entgegen. Ein toter Sklave war verlorenes Kapital, bedeutete einen Vermögensverlust für den Besitzer. Wer seinen Unfreien tötete, schädigte sich, so gesehen, selbst: eine menschenverachtende Schlußfolgerung, die aber der Logik vom »beseelten *Werkzeug*« entspricht.

In der gleichen Logik liegt es begründet, daß die gerade skizzierte Behandlung der Sklaven nur durch den Besitzer erfolgen durfte. Außenstehenden war die Bestrafung von Unfreien nicht erlaubt. Ein konsequenter Ausfluß des Besitzrechtes: Wer dem Sklaven eines anderen ein Leid tat, griff in dessen Rechte ein und konnte zumindest wegen »Sachbeschädigung«[18] verklagt werden. Speziell in Athen konnte man jemanden, der einen fremden Sklaven schlug, auch wegen Überheblichkeit belangen (γραφὴ ὕβρεως, *graphé hýbreos)* – daher wohl auch der Ärger des »Alten Oligarchen« darüber, daß man dort einen Sklaven nicht hauen dürfe und Unfreie den Freien keineswegs bescheiden aus dem Wege gingen![19]

Dritten gegenüber waren die Sklaven also nicht ohne rechtlichen Schutz (den sie sich allerdings nur mittelbar – über die Anzeige eines Freien – einfordern konnten). Wie aber, wenn sie den Schikanen und Strafen eines ungerechten, gewalttätigen Herrn ausgeliefert waren?

Asylrecht – Humanität mit Hintergedanken

Ein Widerstandsrecht für Sklaven gab es nicht. Prinzipiell galt: »Der Sklave muß Unrecht erdulden und hat niemanden, an den er sich um Hilfe wenden kann.«[20] Mit einer Ausnahme allerdings: Wer eine allzu grausame Behandlung nicht mehr ertrug, konnte sich der schützenden Obhut der Götter anvertrauen.

In der Praxis hieß das: Der Sklave suchte an einem Altar oder in einem Tempel Zuflucht. Einem Menschen, der sich religiösem Schutz anvertraute, galt es zu helfen. Und hier, wiederum, *war* der Sklave Mensch.

In Athen kamen für einen verzweifelten Sklaven hauptsächlich zwei Asyle in Frage: Zum einen der Altar der Eumeniden, zum anderen der heilige Bezirk des legendären Stadtgründers Theseus, das sogenannte Theseion.[21] Aber auch für andere griechische Städte ist die Existenz solcher Sklavenasyle gesichert. So gewährte der Hera-Tempel in Phleius (südwestlich von Korinth gelegen) Unfreien Schutz, ebenso das Mysterienheiligtum im messenischen Andania und der Hain der Paliken auf Sizilien.[22]

»Für mich ist es das Beste, zum Theseion zu laufen und dort zu bleiben, bis sich ein Käufer für mich findet.«[23] So beschreibt ein Sklave in einer Komödie des Aristophanes seinen Wunsch nach einem besseren Herrn. In der Tat zeichnete sich damit ein tragfähiger Kompromiß ab. Der Herr erhielt sein Kapital zurück und hatte – anders als bei einer Flucht, deren Ziel nicht das Asyl war – materiell keine Einbuße; der Sklave dagegen durfte hoffen, künftig rücksichtsvoller behandelt zu werden. Als Vermittler in den notwendigen Verhandlungen zwischen altem und neuem Besitzer traten vermutlich Priester oder Beamte auf. Sie wachten auch darüber, daß der Schutz der Sklaven am Asyl gewährleistet war und daß sie in der Zwischenzeit die zum Leben notwendigen Dinge erhielten.

Näheres über den Instanzenweg, der sozusagen zur Anerkennung »echter« Asylsuchender führte, ist nicht bekannt. Bestimmt durfte sich nicht jeder Sklave auf die Hilfe des Asyls verlassen, ohne den Nachweis über unverhältnismäßig schlechte Behandlung geführt zu haben. Wie allerdings Mißbrauch der Asyle vermieden werden konnte, darüber berichten die Quellen nichts.

Die Institution der Asyle gründete sich freilich nicht nur auf Menschenfreundlichkeit. Sie hatte vielmehr auch für das Kollektiv der freien Bürger eine wichtige Funktion: Haß und Erbitterung von Sklaven, die sich gegenüber einzelnen Herren aufgestaut hatten, konnten in ungünstigen Fällen zu allgemeinen Revolten führen, die größere Teile der Sklavenschaft in ihren Sog rissen. Die Gesamtheit der Sklavenbesitzer mußte deshalb darauf bedacht sein, die Unmäßigkeiten einzelner Herren sozusagen zu neutralisieren und allzu große Erbitterung und Haßgefühle gewissermaßen zu kanalisieren und damit unter Kontrolle zu halten.

Insofern hatten Sklavenasyle eine Art Ventilfunktion. Hier gab es eine allgemein anerkannte Institution, wo sich lange aufgestauter Unmut entladen konnte, ohne daß die Herrschaftsausübung über die große Masse der Sklaven dadurch beeinträchtigt wurde.

Das mögliche Spannungsverhältnis zwischen dem fast absoluten Herren-»Recht« des einzelnen Sklavenbesitzers und den Bedürfnissen der gesamten Bürgerschaft wurde auf diese Weise relativ elegant gelöst. Sonst gab es kaum Reibungsflächen dieser Art – zumindest nicht in normalen Zeiten.

Staatliches Prügelverbot in Krisenzeiten?

Anders lag der Fall in Krisenzeiten. Selbst im an sich ruhigen Athen, wo niemals große Sklavenaufstände losgebrochen sind, mußte in gespannten Situationen damit gerechnet werden, daß die Sklaven sich die Lage zunutze machen würden. Tatsächlich nahmen ja auch rund 20000 Unfreie die Gelegenheit zur Flucht wahr, als die Spartaner 413 v. Chr. Dekeleia besetzt hatten.

Um so weitsichtiger im Sinne der Sklavenhalter waren die staatlichen Maßnahmen zu Beginn des Peloponnesischen Krieges (431 v. Chr.) gewesen, mit denen man Unruhen unter den Unfreien hatte vorbeugen wollen. Daß damals den Sklavenbesitzern von Staats wegen offenbar eine milde Herrschaftsausübung befohlen wurde, lassen einige Verse aus der 423 v. Chr. aufgeführten Aristophanes-Komödie »Die Wolken« vermuten. Dort macht ein Athener seiner Empörung mit diesen Worten Luft:

> »Die Sklaven schnarchen. Das gab's zuvor nicht!
> Verdammter Krieg! – verdammt aus vielen Gründen:
> Nicht einmal die Sklaven zu züchtigen, ist mir erlaubt!«[24]

Ob hier nun wirklich auf ein offizielles staatliches Prügelverbot angespielt wird, wie einige Forscher annehmen, läßt sich nicht beweisen. Immerhin wird deutlich, daß Sklaven von allgemeinen Krisensituationen eher profitiert haben, weil die Freien sich scheuten, durch ein Überdrehen der Repressionsschraube auch noch gefährliche soziale Spannungen im Innern zu erzeugen.

Bisher war hauptsächlich die Rede davon, was die Sklaven sich nach Recht und Gesetz gefallen lassen mußten, in welch beklemmender Weise sie nach den juristischen Bestimmungen der Willkür ihrer Herren ausgeliefert waren. Es fragt sich, ob Sklaven denn wenigstens ein Minimum an Rechten zugestanden wurde.

Die Überlieferungslage ist schlecht. Trotzdem ist die Frage mit einem eindeutigen Ja zu beantworten. Allerdings mit Betonung des Wortes »Minimum«.

Auch hier waren die Unterschiede zwischen den einzelnen griechischen Staaten zum Teil beträchtlich. Was die Gruppe der »privilegierten« Unfreien aus Kreta[25] angeht, so gaben die Gesetze von Gortyn den Sklaven eine Reihe von Rechten, die etwa ein Unfreier in Athen nicht hatte: z. B. das Recht auf ein Privatvermögen,[26] das Recht, eine eigene Familie zu gründen, wobei die Zustimmung des Herrn zur Heirat nicht immer vorgeschrieben war,[27] und in bestimmten Fällen sogar das Recht auf einen Platz in der gesetzlichen Erbfolge.[28]

Dies war allerdings der Ausnahmefall. Wenn die Athener in der Behandlung der Sklaven schon als außergewöhnlich liberal galten, dann werden die Rechte der Sklaven in anderen Teilen der griechischen Welt eher noch geringer gewesen sein als in der attischen Metropole. Und dort hatten die Bestimmungen des Rechts von Gortyn, wie gesagt, keine Gültigkeit.

Immerhin konnten die Sklaven sicher sein, nach ihrem Tode ordentlich und menschenwürdig bestattet zu werden. Zu diesem Akt der Pietät war jeder Sklavenbesitzer laut Gesetz verpflichtet.[29]

Ein geradezu zynisches Zugeständnis der Freien an die *toten* Sklaven? Diese Schlußfolgerung ist schnell gezogen; aber sie ist doch nur bedingt richtig. Denn das Prinzipielle, das in dieser Bestimmung verankert ist, wiegt doch schwer: Hier ist das Menschsein des Sklaven voll anerkannt. Mag er zu seinen Lebzeiten wie eine Ware verschachert und verpfändet worden sein, so verliert er doch spätestens mit seinem Tode den künstlich geschaffenen »Sachcharakter« wieder und wird als vollwertiger Mensch behandelt. Hier hören alle Parallelen mit dem Sachenrecht auf.

Der von einem früheren Forscher gezogene Vergleich zwischen Sklaven und Haustieren[30] geht zumindest hier ins Leere. Vasen, die zerbrochen sind, werden achtlos auf den Müll geworfen; Haustiere die ihr Leben ausgehaucht haben, bleiben meistens einfach in der Gasse liegen, bis die städtischen Arbeiter sie fortschaffen; verstorbenen Sklaven aber wird die letzte menschliche Ehre erwiesen. Wenigstens im Tode sind sie wieder als Menschen geachtet.

Aber nicht nur im Tode, auch als Kranke wurden die meisten Sklaven menschlich behandelt, erhielten sie Pflege und ärztlichen Beistand. Gesetzliche Bestimmungen gab es in dieser Hinsicht allerdings nicht. Immerhin erforderte ja schon das Eigeninteresse des Besitzers, einem kranken Sklaven zu helfen und ihn wieder zu Kräften kommen zu lassen, weil er ihm nur so von Vorteil sein konnte. Und selbst wenn abgebrühte Kapitalisten und Großunternehmer manchem älteren, ohnehin kaum noch arbeitsfähigen Sklaven im Falle einer Erkrankung ärztliche Hilfe verweigert haben, so dürfte das doch die Ausnahme gewesen sein.

Zumindest *einen* Berufsstand gab es, der sich die Gleichbehandlung von Freien und Unfreien zur moralischen Pflicht gemacht hatte: die Ärzte. Im Genfer Arztgelöbnis aus dem Jahre 1948 heißt es: »Ich werde nicht zulassen, daß sich ... Klassen-Gesichtspunkte zwischen meine Pflicht und meine Patienten drängen.« Das gleiche Ethos findet sich sinngemäß bereits knapp zweieinhalb Jahrtausende früher im berühmten Eid des Hippokrates, wo der angehende Mediziner unter anderem schwört:

»In alle Häuser, in die ich komme, werde ich zum Nutzen der Kranken hineingehen, frei von jedem bewußten Unrecht und jeder Übeltat, besonders von jedem geschlechtlichen Mißbrauch an Frauen und Männern, *Freien und Sklaven.*«[31]

In einer Gesellschaft, in der ein deutlicher Trennungsstrich zwischen Unfrei und Frei verlief, war dieses Bekenntnis zur Gleichbehandlung aller Patienten ohne Rücksicht auf ihren Rechtsstatus beileibe keine Selbstverständlichkeit. Nicht nur, aber *auch* diesem weitgehend zeitungebundenen, allgemein menschlichen Gelöbnis verdankt der im 4. Jahrhundert v. Chr. entstandene Eid des großen Arztes aus Kos seinen Ruhm und eine Gültigkeit, die weit über die Grenzen der Alten Welt hinausreicht.

Mißtrauen, all dies sei nur rhetorischer Glanz, bloßer theoretischer Anspruch gewesen, scheint unangebracht zu sein. Die Ärzte der Antike – unter ihnen in Rom übrigens sehr viele aus dem Sklavenstande, während in Griechenland nur Freie diesem Beruf nachgehen durften – nahmen es mit ihrem Schwur ernst; Gegenteiliges ist nicht bekannt. Vielmehr sind sogar einige konkrete Beispiele überliefert, daß griechische Ärzte sich unfreier Patienten angenommen haben.[32]

In einem weiteren sehr wichtigen Bereich fanden auch Sklaven volle Anerkennung als Menschen, ja in gewisser Weise als den Freien gleichgestellte Menschen: in der Religion.

Geradezu programmatisch bringt das Aischylos zum Ausdruck, wenn er feststellt: »Auch in der Seele eines Unfreien bleibt der Geist des Gottes erhalten.«[33] Dies gilt ganz sicher für die frühe griechische Zeit, etwa bis zum Beginn der Kaufsklaverei in der zweiten Hälfte des 8. Jahrhunderts. Bis dahin gab es zwischen der Religiosität der Sklaven und der der Freien keinerlei Unterschiede.[34]

Mit dem Aufkommen des Sklavenhandels änderte sich diese Situation. Die Sklavenzahlen stiegen beträchtlich an, mehr und mehr Unfreie aus Barbarenländern wurden nach Griechenland verschleppt. Gleichzeitig bildete sich die Polis als typisch griechische Staatsform heraus. Deren religiöse Grundlage bildete ein Staatskult, an dem nur die »Politen«, die »vollwertigen«, politisch zählenden Bürger teilhaben konnten.

Alle diese Veränderungen führten dazu, daß sich die Wege von Freien und Unfreien auch im Bereich der Religion trennten. Vom staatlichen Kult der großen Olympischen Gottheiten blieben die Sklaven ausgeschlossen. Dagegen nahmen sie an den Hauskulten als vollwertige Mitglieder teil. Und an der Verehrung ihrer eigenen, aus der Fremde mitgebrachten Götter hinderte sie niemand. Die Unterschiede in der Religiosität von Sklaven und Freien beruhten weniger auf einer beabsichtigten Diskriminierung der Unfreien, geschweige denn einer Leugnung ihrer spezifisch menschlichen religiösen Bedürfnisse; sie entsprangen vielmehr beinahe folgerichtig der verschiedenen sozialen und politischen Stellung und der unterschiedlichen geistig-religiösen Umwelt, die Griechen und Barbaren prägte.

Daß Sklaven das Recht auf eigenständige Religionsausübung kaum streitig gemacht wurde, zeigt das Beispiel der Mysterienkulte besonders anschaulich. Im Unterschied zu der offiziellen Staatsreligion war es bei den Mysterienkulten dem einzelnen überlassen, ob er sich in die Geheimnisse eines solchen Kultes einweihen lassen wollte. Nur Eingeweihte durften an den Zeremonien teilnehmen; eine Preisgabe der Kultgeheimnisse an Außenstehende wurde bestraft. Die Mysterienkulte waren zum Teil ausgesprochene Erlösungsreligionen. Sie versprachen den Eingeweihten persönliches Glück – nicht selten durch die Erfüllung transzendentaler Bedürfnisse.

Verständlich, daß derartige »Erlösungs«-Religionen eine besondere Anziehungskraft auf Menschen ausübten, die im Alltagsleben wenig Grund zur Freude hatten. Sie sahen in den oft in orgiastische Verzückung und ekstatischen Rausch mündenden Mysterienkulten eine Chance, wenigstens für ein paar Stunden die Sorgen und Nöte ihres Sklavendaseins vergessen zu können.

Das Zugeständnis der Teilnahme an Mysterienkulten als eine Variante der Taktik zu deuten, die vielfach mit dem Schlagwort »Opium für das Volk« beschrieben wird – diese Schlußfolgerung wäre allzu oberflächlich. Denn die Mysterienkulte waren alles andere als typische Sklavenreligionen.

Die berühmten Eleusinischen Mysterien beispielsweise standen unter der Oberaufsicht eines staatlichen Beamten, des Archon Basileus, und waren von ihrem ganzen Gepränge und Aufzug her eindeutig ein Kult *freier* Griechen. Hier hatten nicht etwa Unfreie einen Kult gegründet und ihn auch für Freie geöffnet. Eher war das Gegenteil der Fall: Man »gestattete« auch Sklaven die Teilnahme an den Mysterien, und das hatte gewichtige Folgen. Zumindest hier im religiösen Bereich verlief der Trennungsstrich nicht mehr zwischen Freien und Unfreien, sondern zwischen Eingeweihten und Nicht-Eingeweihten. Im Kult waren Freie und Unfreie gleichsam Brüder.

Vom »Sachcharakter« der Sklaven kann hier also keine Rede sein, hier sind sie in ihrem Menschsein ohne jede Einschränkung anerkannt.

In der Zeit des Hellenismus, in der die Staatsform der Polis zugrunde ging, verlor auch die mit ihr eng verbundene spezifische Staatsreligion an Bedeutung. Für die Sklaven bedeutete dies eine zusätzliche »Normalisierung«. Sie konnten seitdem auch an jenen Religionen Anteil haben, die vorher den freien Staatsbürgern vorbehalten gewesen waren. Ohne Zweifel werfen die Möglichkeiten, die man Unfreien auf religiösem Gebiet eingeräumt hat, einen Lichtblick auf die Gesamtsituation der Sklaven – vorausgesetzt, man erkennt Religiosität als wichtigen Bestandteil der menschlichen Natur an.

Soviel zur allgemeinen, durch Gesetze und gesellschaftliche Normen bestimmten Lage der Sklaven in Griechenland. Wie sah es nun aber im Alltag der Unfreien aus? Inwieweit machten die Herren von den rechtlichen Möglichkeiten Gebrauch? Bis zu welchem Grade schöpften sie ihre Macht aus?

Eines ist klar: Eindeutige, verbindliche Feststellungen auf diese Frage sind unmöglich. Die Behandlung der Sklaven war ganz unterschiedlich, selbst wenn etwa die Bergwerkssklaven von Laureion hier nicht berücksichtigt werden. Die Lage der Sklaven hing ganz wesentlich von der Persönlichkeit und den Launen der Herren ab. Die Charaktere der Menschen sind bekanntlich sehr verschieden; das trifft auch auf die Sklavenhalter der Antike zu.

Entsprechend breit war die Skala ihrer Verhaltensweisen gegenüber den Unfreien. Wenn man dazu überhaupt Beobachtungen allgemeinen Charakters machen kann, so mit allem Vorbehalt diese: Neureiche und soziale Aufsteiger scheinen sich gegenüber ihren Unfreien durch besondere Härte ausgezeichnet zu haben. Diese wohl auch von psychologischer Seite bestätigte Erfahrung bringt der griechische Dichter Aischylos in eine geradezu apodiktische Form:

> »Doch die unerwartet zu Reichtum gelangten,
> Sind gegenüber ihren Sklaven immer hart und ungerecht.«[35]

Sofern überhaupt entsprechende Details überliefert sind, bekräftigen sie diese Beobachtung. Das beginnt schon mit der Zurschaustellung der Herrenposition in der Öffentlichkeit. Den Unterschied zwischen der griechischen und der römischen Mentalität hat Victor Ehrenberg einmal treffend so charakterisiert: »Die reichen Athener zeigten im Gegensatz zu den Römern nur sehr wenig von der parvenühaften Protzerei mit dem Besitz möglichst vieler Sklaven.«[36]

Ein besonders krasser Fall, der aber im Sinne der vorhin zitierten »Maxime« symptomatisch zu sein scheint, wird aus dem Rom der augusteischen Zeit berichtet. Vedius Pollio, ein steinreicher römischer Ritter, hatte einst den Kaiser Augustus zum Essen eingeladen. Dabei kam es zu einem kleinen Zwischenfall. Ein Sklave, der die Gäste bediente, zerbrach ein wertvolles Glas. Der Gastgeber reagierte, sei es um Augustus etwas »Besonderes« zu bieten, sei es aus spontanem Jähzorn, mit unglaublicher Brutalität. Er befahl, den »schuldigen« Sklaven den Muränen vorzuwerfen, die er in seinem künstlichen Fischteich hielt. Erst die Intervention des Augustus verhinderte die Ausführung des grausamen Befehls. Um deutlich zu machen, was er von dem Auftreten seines Gastgebers hielt, tat der Kaiser ein Übriges: Er ließ dessen sämtliche kostbaren Gläser herbeischaffen, in Scherben werfen und damit den Fischteich auffüllen.[37]

Der hier sein Herren-»Recht« in derart brutaler Weise ausüben wollte und der »nur wegen seines Reichtums und seiner Grausamkeit, nicht aber wegen herausragender Taten einen Platz in der Geschichte erhielt«, wie ein antiker Historiker kritisch anmerkt,[38] war *der Sohn einst unfreier Eltern* – ein Aufsteiger, der seine Herkunft vergessen hatte oder wohl eher vergessen machen wollte!

Einen ähnlich gelagerten Fall hat Plinius überliefert. Er berichtet über den Mord an Larcius Macedo, den dessen Sklaven mit einer beispiellosen Roheit verübt hätten. Das Tatmotiv war die äußerst grausame Behandlung der Unfreien. Die Erbitterung über die zahllosen Peinigungen, die sie hatten erleiden müssen, brachte die Sklaven zu ihrem Entschluß. Dabei war auch der Vater des Larcius Macedo Sklave gewesen![39]

Natürlich wäre es falsch, diese Extremfälle verallgemeinern zu wollen. Sie sollten lediglich die schon im Altertum selbst – wie es scheint: mit einigem Recht – aufgestellte These unterstreichen, daß Parvenüs ihre Unfreien im allgemeinen schlechter zu behandeln pflegten als Angehörige anderer sozialer Schichten.

Tatsache bleibt, daß es gute und schlechte, milde und strenge Herren gegeben hat und daß sich die Lage des einen Sklaven von der des anderen schon deswegen unterschied. Hinzu kamen weitere Momente der Differenzierung wie zum Beispiel das des beruflichen Einsatzes und der Fähigkeiten des einzelnen Unfreien. Daß qualifizierte Fachkräfte, wie z. B. unfreie Verwalter großer Landgüter, sich einer angenehmeren Behandlung erfreut haben, liegt in der Natur der Sache und bedarf keiner ausführlichen Darlegung.

Kleidung, Nahrung, Behandlung

Versuchen wir trotzdem, einen Überblick über die Situation *der* Sklaven zu gewinnen, so muß klar sein, daß es sich dabei gleichsam um einen konstruierten Normalfall handelt. Aufgrund der Quellenlage steht wiederum Athen im Vordergrund.

Eine Diskriminierung der Sklaven vom äußeren Erscheinungsbild her hat es nicht gegeben. Die Unfreien trugen meist die gleiche Kleidung wie freie Bürger der unteren sozialen Schichten.[40] Allerdings gab es hier wie dort Unterschiede, und mancher Sklavenbesitzer hielt sich etwas darauf zugute, seine Unfreien besonders gut ausgestattet zu haben.[41]

Die Nahrung der Sklaven bestand im wesentlichen aus Gerstenbrot, billigem Salzfisch, Feigen und Wein.[42] Sie entsprach damit ungefähr der Kost, die sich arme Bürger leisten konnten. Damit wurde zwar der Hunger, nicht aber der Appetit auf edlere Verpflegung gestillt. An Fleisch dachten viele Sklaven mit Sehnsucht;[43] Wein und Naschwerk besorgten sie sich dann und wann auch durch einen heimlichen Besuch der Vorratskammer.[44]

Körperliche Züchtigungen kamen recht häufig vor. Oft allerdings blieb es bei groben Beschimpfungen und wüsten Drohungen. Immerhin konnte man auf Kosten der Sklaven einen feinen etymologischen Witz dadurch machen, daß man den Ausdruck *pais* (Knabe, Sklave) vom Verb *paiein,* »schlagen«, ableitete:[45] Schläge und Ohrfeigen können demnach absolut nichts Ungewöhnliches gewesen sein.

Auch härtere Körperstrafen waren nicht unbekannt. Welche Art von Quälereien vorkamen, darüber ist bereits berichtet worden. Wie oft sie *tatsächlich* verübt wurden, ist schwer zu sagen. Sicher ist, daß entlaufene und wieder aufgegriffene Sklaven keine Schonung erwarten durften. Ihre Bestrafung bestand in der Brandmarkung durch ein glühendes Eisen.[46] Besonders aufsässige Sklaven und Unfreie, die fluchtverdächtig waren, mußten damit rechnen, gefesselt oder in Ketten gelegt zu werden.[47]

In der Frage, ob Prügel, Fesseln und Marterblock die geeigneten Mittel waren, die Sklaven in Zucht zu halten, gingen die Meinungen offensichtlich weit auseinander. Platons Äußerung in den »Gesetzen« darf wohl in gewisser Weise als Spiegel der Wirklichkeit gelten:

»Die einen trauen den Sklaven in nichts; sie behandeln sie wie Tiere mit Stacheln und Geißelhieben und machen ihre Seelen so nicht nur dreifach, sondern vielfach sklavisch. Andere dagegen tun von diesem allen das genaue Gegenteil.«[48]

Daß zumal in Athen, wohl aber auch in den meisten anderen Poleis, diejenigen, die »das genaue Gegenteil« davon taten, die große Mehrheit der Sklavenbesitzer darstellten, kann als einigermaßen sicher gelten. Gewiß, daß es im klassischen Griechenland keine großen Sklavenaufstände gab, muß nicht unbedingt ein Indiz für eine überwiegend anständige Behandlung der Unfreien sein. Auf der anderen Seite fällt aber doch auf, daß ausgerechnet derjenige griechische Staat, der seine Unfreien am unmenschlichsten behandelte, in ständiger Furcht vor Sklavenunruhen und Aufständen gelebt hat und in der Tat mehrmals durch Sklavenerhebungen erschüttert, einmal (464 v. Chr.) sogar bis an den Rand des Abgrundes gedrängt worden ist. Gemeint ist Sparta, wo nach einem Wort des Thukydides »der Sinn fast aller Maßnahme vom Sicherheitsdenken gegenüber den Heloten diktiert war«.[49]

Dergleichen war in Griechenland ganz singulär. Aber natürlich sind immer wieder Sklaven geflohen; und auch wenn wir ihre genauen Beweggründe nicht kennen, so war sicher in sehr, sehr vielen Fällen ungerechte, schikanöse oder brutale Behandlung das Fluchtmotiv.

Andererseits wird von tätlichen Übergriffen Unfreier gegenüber ihren Herren nur sehr wenig berichtet. Zweifellos kamen sie vor, und in solchen Situationen konnte sich der Angegriffene meist darauf verlassen, daß ihm Nachbarn rasch zu Hilfe eilten.[50] Mochten Sklaven oftmals in momentaner Erbitterung den Tod ihres Herrn wünschen, so war es bis zur Ausführung einer Mordtat noch ein weiter Weg. Aus dem 5. und 4. Jahrhundert ist nur ein einziger Fall von Mordversuch eines Sklaven an seinem Herrn bekannt. Ein elfjähriger Sklavenjunge scheiterte mit seinem Anschlag, verlor den Kopf und lief davon – und rettete damit seine Mitsklaven vor der Todesstrafe, die allen auf den bloßen Tatverdacht hin gedroht hätte, wenn man den wirklichen Täter nicht ausfindig gemacht hätte.[51]

Wie behandle ich meine Sklaven? – Die Empfehlungen der Theoretiker

Versuchen wir noch auf einem letzten Wege, etwas über den Alltag der Sklaven zu ermitteln! Zumindest wichtige Anhaltspunkte liefern auch theoretische Schriften über die richtige Behandlung von Sklaven. Die dort angestellten Überlegungen müssen zwar nicht unbedingt die Wirklichkeit widerspiegeln, aber sie dürften sich doch wenigstens an ihr orientiert haben.

Platon empfiehlt, »nicht hochmütig gegenüber den eigenen Sklaven zu sein und ihnen nach Möglichkeit noch weniger Unrecht zu tun als Menschen des eigenen Standes«.[52] Eine bemerkenswert liberale Haltung, die aber auch zur anderen Seite hin begrenzt wird. Da heißt es dann ausdrücklich, daß Sklaven zu bestrafen seien, wenn das

Recht es so verlange, daß jedes an einen Sklaven gerichtete Wort im Befehlston gesprochen werden solle und daß man mit Sklaven nicht scherzen dürfe, um sie nicht ihrerseits übermütig werden zu lassen.[53]

Der Verfasser der unter den Schriften des Aristoteles überlieferten »Oikonomika« (4. Jahrhundert v. Chr.) äußert sich ganz ähnlich. Die Sklaven sollen nicht frech werden, aber andererseits soll man sie nicht hart behandeln. Die Zucht muß mit Maßen aufrechterhalten werden, und die Sklaven haben hart zu arbeiten. Dafür sollen sie ausreichende Kost erhalten: »Der Lohn des Sklaven ist seine Nahrung.«[54]

Dem widerspricht auch Xenophon in seinem »Oikonomikos« nicht. Allerdings weisen seine Überlegungen, wie man Sklaven am besten zum Gehorsam erziehen könne, in eine sehr bedenkliche Richtung. Für einfache Arbeitssklaven – ausgenommen sind also die mit qualifizierten Tätigkeiten betrauten Unfreien – hält Xenophon die *Dressur* für die geeignetste Methode. Unter anderem finden sich in seiner Schrift folgende ungeheuerlichen Gedanken:

»Menschen kann man auch durch ein vernünftiges Wort gehorsamer machen, indem man ihnen aufzeigt, daß es für sie nützlich ist zu gehorchen. Bei den Sklaven jedoch erzielt auch die Erziehung, die man bei Tieren für angemessen hält, in der Unterweisung zum Gehorsam gute Ergebnisse.«[55]

Immerhin sind die praktischen Überlegungen wesentlich moderater als dieser erschreckende theoretische Ansatz. Xenophon hält ein ausgewogenes System von Prämien für Wohlverhalten und gute Arbeitsleistung sowie von abgestuften Strafen, je nach Schwere des (vermeintlichen) Vergehens, für eine praktikable Mischung hinsichtlich der Behandlung von Unfreien.

Man sieht: Die Empfehlungen der Theoretiker sind einigermaßen milde – vorausgesetzt, die Sklaverei wird als solche akzeptiert. Mit dieser – freilich gewichtigen – Einschränkung kann man immerhin allen übertriebenen Vorstellungen und maßlosen Phantasien von allgemeiner grausamer Behandlung der Unfreien entgegentreten.

Zwischen den Extremen

Zweifellos war die Sklaverei eine schlimme Sache; und selbst in der Antike hat niemand das Gegenteil davon behauptet.

Auf der anderen Seite gebietet es die historische Wahrheit, Schauermärchen auch als solche zu bezeichnen. Denn wer die Lage der Sklaven im Athen des 5. Jahrhunderts unterschiedslos als miserabel und unerträglich hinstellt, verbreitet ein Schauermärchen, dem das verfügbare Quellenmaterial entschieden widerspricht.

Zumal Haussklaven hatten oft genug ein gutes Verhältnis zu ihren Herren-Familien. Sie standen nicht unter ständiger Aufsicht, wurden nicht allzeit von der Peitsche eines Antreibers zur Arbeit angehalten. Sie konnten genauso wie die freien Bürger miteinander schwatzen, konnten dann und wann bei hellem Tageslicht in aller Öffentlichkeit ein Nickerchen halten oder über den Marktplatz flanieren, sich einen Liter Wein gönnen und irgendwelche Streiche aushekken.

Eine »kleine Freiheit«, gewiß, ein beengter Freiraum in genau abgesteckten Grenzen – aber eben doch die Möglichkeit, auch einmal selbst über sein Tun und Lassen zu entscheiden.

Nicht alle Sklaven hatten diesen Freiraum, und es ist in diesem Buch auch mit aller Deutlichkeit auf das Schicksal etwa der Bergwerkssklaven hingewiesen worden. Aber die Ablehnung der Sklaverei darf niemanden blind für die Wirklichkeit des Sklavenalltags machen. Und der war für einen Teil der Sklaven nun einmal nicht identisch mit der Hölle auf Erden. Ebensowenig war Athen ein Sklavenparadies, wie es der »Alte Oligarch« die Leser seines Pamphlets glauben machen wollte. Das Bewußtsein, nicht Herr über sich selbst zu sein, lastete schwer auf jedem Unfreien und beeinträchtigte sein Lebensgefühl. Aber es gab doch für viele Sklaven Momente des Lichtblickes, in denen sie ihr hartes Los zumindest für eine Zeitlang vergessen konnten.

Wege in die Freiheit

Ziel und geheimer Wunsch jedes Unfreien mußte die Freilassung sein – ein Traum jedoch, der sich für viele niemals erfüllte.

Erst seit dem 5. Jahrhundert scheinen Freilassungen öfter vorgekommen zu sein, in einigen Fällen auf Initiative des Staates. Der Besitzer wurde dann für seinen Verlust entschädigt. Doch einiges Glück gehörte schon dazu, an einer staatlich verordneten Emanzipation teilzuhaben.

Im Prinzip gab es zwei Wege, die dorthin führten. Der eine stand Sklaven offen, die sich in kritischen Situationen zum Kriegsdienst meldeten und sich im Kampf bewährten. Die Heranziehung von Unfreien zum Dienst in der Flotte oder im Heer war indes nicht unproblematisch und stellte eine reine Notmaßnahme dar. Immerhin hat zum Beispiel nach der Schlacht von Marathon (490 v. Chr.) und nach den Kämpfen bei den Arginusen (406 v. Chr.) eine Anzahl unfreier athenischer Kombattanten die Freiheit erhalten.[56] Ähnliche Vorgänge sind auch aus anderen griechischen Staaten bekannt, doch waren derartige Sklavenbefreiungen immer nur Ausnahmen.

Das trifft erst recht für den zweiten, sozusagen offiziellen Weg zur Freilassung zu. Der Unfreie, der zufällig das Glück hatte, Übeltäter bei strafbaren Handlungen auf frischer Tat zu ertappen, und der sie dann anzeigte, hatte dadurch in bestimmten Fällen einen Rechtsanspruch auf Freilassung erworben. In Athen erhielten Sklaven diese Belohnung, wenn sie jemanden denunzierten, der einen heiligen Ölbaum abgehackt oder einen Tempelraub begangen hatte.[57]

Freilich: Realistischer war es allemal, auf einen Gnadenakt des eigenen Herrn zu hoffen und ihn durch gute Dienste für sich einzunehmen. Es blieb nicht aus, daß das Bemühen um die Gunst des Herrn in manchen Häusern zu Spannungen innerhalb der Sklavenschaft führte. Oft genug durchbrach einer die Solidarität der Unfreien um seines persönlichen Vorteils willen und scheute sich nicht, seine Mitsklaven bloßzustellen, zu verraten oder auf andere Weise in Mißkredit zu bringen.[58]

Sollte sich ein Herr wirklich einmal *spontan* zur Freilassung entschließen, so mußte der Sklave ihm zuvor schon einen wirklich großen Dienst erwiesen haben. Üblicher als diese Art der Emanzipation war die testamentarische Verfügung, Sklaven nach dem eigenen Tode in die Freiheit zu entlassen.[59]

Neben der Emanzipation durch einen Gnadenakt des Herrn bestand für manche Sklaven die Möglichkeit, sich freizukaufen. Das setzte allerdings voraus, daß der Unfreie eine ausreichende Geldsumme gespart hatte. Und die Bildung eines eigenen Vermögens wiederum konnte sich nur eine Minderheit unter den Unfreien erlauben.

Eine Kurtisane kauft sich frei

Ein geradezu klassischer Fall eines derartigen Freikaufs ist aus dem 4. Jahrhundert v. Chr. bekannt. Neaira galt als die berühmteste Kurtisane ihrer Zeit. Wer sich ihrer Gunst erfreute, durfte sich glücklich schätzen. Aber sie war nicht frei, sondern gehörte einer Kupplerin. Des ständigen Feilschens mit der Kupplerin überdrüssig, entschlossen sich zwei junge Korinther, Neaira für 3000 Drachmen zu kaufen, um sie ganz für sich haben zu können. Das war gleichsam der erste Schritt Neairas in die Freiheit.

Den entscheidenden zweiten Schritt konnte sie tun, als ihre jungen Herren heirateten und ihr anboten, sich von ihnen freizukaufen. Von dem Kaufpreis schenkten sie selbst ihr ein Drittel; den Rest sollte Neaira allein finanzieren. Das gelang ihr teils mit Hilfe ihrer eigenen Ersparnisse, teils durch die Großzügigkeit ehemaliger Verehrer, die zusammenlegten und ihr die fehlende Summe zur Verfügung stellten.[60]

Dieses Beispiel zeigt schon deutlich, daß beileibe nicht jeder Sklave, nicht jede Sklavin die Chance hatte, sich freizukaufen. Zwar scheint der Freikauf im 4. Jahrhundert an Bedeutung gewonnen zu haben, doch blieb der Kreis derer, die die dazu notwendigen finanziellen Mittel aufbringen konnten, immer sehr klein. Im übrigen hatte der Sklave keinerlei Rechtsanspruch auf Freikauf. Wenn der Herr ihn nicht freilassen wollte, half ihm kein Vermögen der Welt, ihn dazu zu zwingen.

Fraglich bleibt allerdings, ob die Hoffnung, irgendeines fernen Tages zu den Glücklichen zu zählen, für die der schöne Traum in Erfüllung ging, über die Erniedrigungen und Nöte eines langen Sklavendaseins hinwegtrösten konnte.

7.
Vom Sklavenasyl zum »Sklavenhalterstaat« – Unfreiheit in Rom von der Frühzeit bis zum 1. Jahrhundert v. Chr.

Entlaufene Sklaven erhalten römisches Bürgerrecht

Das Jahr 753 v. Chr. war, zumindest der antiken Tradition zufolge, von größter weltgeschichtlicher Bedeutung. Damals – so lautet die Sage – soll Romulus am Unterlauf des Tibers, einige Kilometer vom Tyrrhenischen Meer entfernt, Rom gegründet haben – jene Stadt, die rund siebenhundert Jahre später als *caput mundi* (Beherrscherin der Welt) gefeiert und erstmals als »Ewige Stadt« gerühmt werden sollte.[1]

Im Jahre 753 wurde aber nicht nur der Grundstein für eines der mächtigsten Imperien gelegt, das die Welt jemals gekannt hat. Es schien sich auch eine Entwicklung anzubahnen, die geradezu den Charakter einer totalen sozialen Revolution trug: Es war die erste historisch faßbare Gesellschaft des Altertums entstanden, die auf die Institution der Sklaverei verzichtete.

In diese Richtung jedenfalls mußten damals die Weichen gestellt sein, wenn man den römischen und griechischen Geschichtsschreibern Glauben schenken darf. Sie betonen nämlich, daß am Anfang der Geschichte Roms eine klassenlose Gesellschaft gestanden habe.

Romulus habe nämlich aus Mangel an Bürgern für sein neu gegründetes Gemeinwesen einen bemerkenswerten Kunstgriff angewandt: Er erklärte die neue Stadt kurzerhand zum Asyl. Und damit war die Bahn frei für Heimatlose und Flüchtlinge, aber auch für Verbrecher und entlaufene Sklaven – am Tiber fanden alle Zuflucht. Angelockt durch das Versprechen, daß man »weder die Sklaven ihren Herren noch die Gläubiger ihren Schuldnern oder die Mörder den Behörden ausliefern werde«,[2] strömten allerlei verkrachte Existenzen nach Rom.

Noch Jahrhunderte später mußten sich die Römer von ihren Feinden vorhalten lassen, wie wenig wählerisch der Stadtgründer einst mit dem Geschenk des Bürgerrechts umgegangen sei. Eingefleischte

Gegner Roms machten sich einen Spaß daraus, die Asyl-Geschichte propagandistisch auszuschlachten. Da höhnte man, die Römer seien »einst ein zusammengelaufenes Volk ohne Vaterland und Eltern, geschaffen zum Unheil der Welt«,[3] und argwöhnte, die Bezeichnung »Patrizier« für die vornehmsten römischen Familien sei zunächst nur auf jene kleine Zahl unter den frühen Bewohnern angewandt worden, die ihren Vater (lateinisch *pater*) namentlich hätten angeben können. Die Mehrheit unter den ersten Generationen von Römern dagegen sei unfreier Herkunft gewesen, hätte nicht einmal einen Freien zum Vater gehabt![4]

Lassen wir die antirömischen Töne, die hier laut werden, einmal beiseite. Was bleibt, ist eine vielversprechende Asyl-Konzeption des frühen Rom. Der Weg zu einer Gesellschaft ohne Diskriminierung schien geebnet.

Hinzukommt, daß ein Teil der römischen Tradition Unerhörtes über Servius Tullius, den sechsten in der Reihe der römischen Könige, zu melden weiß. Dieser angeblich von 578 bis 534 regierende Herrscher soll Sohn einer nichtrömischen Sklavin gewesen sein. Ja, er selbst habe seine Jugend im Ausland unter dem Joch der Sklaverei verbringen müssen.[5]

Und dieser Mann erhielt in Rom die Chance, die höchste Stelle im Staate einzunehmen?! Mithin, so ließe sich folgern, kannte man in Rom auch zweihundert Jahre nach der Gründung der Stadt noch keine Sklaverei, sondern öffnete sich nach wie vor Verfolgten und flüchtigen Sklaven?

Indes der Schein trügt. Die Vision einer antiken Gesellschaft, die nicht in Frei und Unfrei geteilt war, verfliegt rasch, wenn man sich der gesellschaftlichen Wirklichkeit zuwendet. Nur *eine* Schlußfolgerung hält der historischen Realität stand: Was immer sich hinter den Erzählungen vom frühen Rom als Zufluchtsstätte auch für Sklaven und der unklaren Abstammung des Servius Tullius verbergen mag, *eine* mögliche Konsequenz daraus haben die Römer jedenfalls nicht gezogen. Auch sie haben auf die extremste Form der Herrschaft von Menschen über Menschen, wie die Sklaverei sie darstellt, *nicht* verzichtet.

Tatsächlich wäre es auch höchst verwunderlich gewesen, wenn die Sklaverei nicht auch in Rom Einlaß gefunden hätte. Als städtisches Zentrum war Rom eine Gründung der Etrusker, die um 600 einige dörfliche Siedlungen auf den dortigen Hügeln zusammenschlossen und zielstrebig urbanisierten. Knapp eineinhalb Jahrhunderte bestimmten etruskische Adelsgeschlechter die Geschicke Roms. Von einer eigenständigen römischen Politik kann bis in den Anfang des 5. Jahrhunderts keine Rede sein.

Abgesehen von den zahlreichen kulturellen und organisatorischen Errungenschaften, machten die etruskischen Herren die einheimische römische Bevölkerung auch mit dem sozialen und gesellschaftlichen Gefüge ihres Landes bekannt. Es konnte nicht ausbleiben, daß manche Strukturen in Rom übernommen wurden, darunter auch – sofern sie nicht den Latinern selbst schon bekannt gewesen war – die Sklaverei. Die etruskische Gesellschaft war eine ausgesprochene Klassengesellschaft mit einer breiten Skala unterschiedlicher Grade von Unfreiheit; und so ist es keineswegs erstaunlich, wenn zumindest die grobe Klassifizierung in frei und unfrei sich auch in Rom durchsetzte.

Einmal eingeführt, blieb diese Zweiteilung der Gesellschaft bis zum Ende der römischen Welt fest zementiert. An eine Aufhebung der Sklaverei hat ja im Altertum ohnehin niemand gedacht. Und wieso ausgerechnet die Römer, als der Einfluß der Etrusker seit etwa 474 v. Chr. immer weiter schwand, auf die Idee hätten verfallen sollen, die Sklaverei abzuschaffen, ist nicht einzusehen.

Rom war in jener Zeit eine ganz unbedeutende Macht und hatte nicht einmal die Kontrolle über ganz Latium inne. Von seiner Struktur her war es ein Stadtstaat, durchaus den zahllosen griechischen Stadtstaaten in Unteritalien und Sizilien vergleichbar, die dort im Laufe der großen griechischen Kolonisation zwischen 750 und 550 v. Chr. fast wie Pilze aus dem Boden geschossen waren. Und auch in diesen Poleis, die teilweise bedeutend mächtiger, wirtschaftlich stärker und kulturell höher entwickelt waren als Rom in den ersten Jahrzehnten des 5. Jahrhunderts, fiel es keinem Menschen ein, die Sklaverei in Frage zu stellen.

Nein, schon aufgrund seiner geographischen Lage zwischen den beiden bedeutenden, überdies einander verwandten Zivilisationen der Etrusker und der Griechen wäre ein »sklavenfreies« Gebiet im

Herzen Italiens ein historischer Widerspruch gewesen. Jene ehemaligen Sklaven, die im frühen Rom Zuflucht und eine neue Heimstätte als freie Bürger gefunden hatten: Ihnen blieb, so gesehen, gar keine Wahl, als die überkommenen gesellschaftlichen Strukturen zu übernehmen und gleichsam aus Unterdrückten zu Unterdrückern zu werden. Die umwälzende soziale Revolution in der Frühzeit der »Ewigen Stadt« hat nie stattgefunden.

Bescheidene Sklavenzahlen im frühen Rom

Freilich war von den Dimensionen her das Rom des 5. und 4. Jahrhunderts mit Athen oder Korinth, der kleinasiatischen Metropole Milet oder Syrakus, der Vormacht des westlichen Griechentums, absolut nicht vergleichbar. Die Römer lebten damals überwiegend von Ackerbau und Viehzucht, der kleine Grundbesitz herrschte vor. Die Wirtschaft konnte mit großen Sklavenmassen nichts anfangen.

Die Adligen mögen über ein paar Unfreie verfügt haben, mancher Kleinbauer, Handwerker und Kleinhändler hatte vielleicht einen oder zwei Sklaven, viele sicherlich gar keinen. Noch im Jahre 258 v. Chr. besaß Regulus, ein bedeutender Politiker und erfolgreicher Feldherr, nicht mehr als einen einzigen Unfreien[6] – für einen Mann seines Ranges damals gewiß eine Ausnahme, jedoch hundert Jahre früher keineswegs.

Woher hätten die Römer des 5. und 4. Jahrhunderts auch eine Vielzahl von Sklaven bekommen sollen? Zwar begann die Expansion Roms in dieser Zeit, doch hielt sie sich sehr im Rahmen. Gelegentliche Überfälle auf das Gebiet benachbarter Völkerschaften, dann und wann auch ernsthafte Schlachten mit einigen tausend Kriegern auf beiden Seiten: Im Verlauf dieser Auseinandersetzungen gab es wohl schon Gefangene, die nach allgemeiner Praxis versklavt wurden. Jedoch blieben die Zahlen einigermaßen bescheiden. So bedeutend waren die militärischen Aktionen in jener Zeit noch nicht, daß die römischen Sieger unübersehbare Massen gefangengenommener Gegner zu Paaren hätten treiben können. Überdies behielt Rom ja keineswegs immer die Oberhand, so daß auch Römer in der Fremde das harte Brot der Sklaverei essen mußten ...

Für einen schwunghaften Sklavenhandel fehlten den Römern damals einfach die Mittel. Sie hatten kaum eigene Produkte anzubieten, die die Begehrlichkeit von Sklavenhändlern geweckt hätten. Erst im Laufe des 4. Jahrhunderts intensivierte sich das Geschäft mit der

»menschlichen Ware«. Die erste größere Transaktion in diesem Bereich wird für das Jahr 307/306 gemeldet. Damals sollen nicht weniger als siebentausend gefangene Samniten, Angehörige eines rauhen Bergstammes, gegen die die Römer jahrzehntelang erbittert gekämpft hatten, in die Sklaverei verkauft worden sein.[7]

Als die Kaufsklaverei in Rom überhaupt erst richtig einsetzte – übrigens fast ein halbes Jahrtausend später als in Griechenland! –, war eine andere Quelle der Unfreiheit beinahe schon gänzlich versiegt. Gemeint ist die Schuldsklaverei, der offenbar schon im 5. Jahrhundert eine Reihe von Menschen zum Opfer gefallen ist.

Roms hartes Schuldrecht

Dafür gibt es ein äußerst wertvolles Dokument. Als Zugeständnis an die Plebejer, die weder politische Rechte genossen noch die Normen der adligen Rechtsprechung irgendwo schwarz auf weiß einsehen konnten, stimmten die Aristokraten Roms im Jahre 451 v. Chr. der Einsetzung einer Zwölfmännerkommission zu. Ihr Auftrag: Das bestehende Recht schriftlich zu fixieren und damit die Rechtsprechung für die Zukunft transparenter zu machen.

Noch vor Ablauf ihres Amtsjahres legte die Kommission ihr Ergebnis vor. Vor der Verabschiedung wurden noch einige Korrekturen und Ergänzungen eingearbeitet, und dann war es soweit: Das berühmte römische Zwölftafelgesetz – so genannt, weil die Gesetze in zwölf Erztafeln eingegraben waren – war entstanden. Ein Markstein in der europäischen Rechtsgeschichte, nahm doch die gesamte spätere römische Rechtsentwicklung ihren Ausgang von diesen zwölf Tafeln.

Noch Jahrhunderte später mußten römische Schulkinder die Bestimmungen des Zwölftafelgesetzes auswendig lernen. Cicero hält sie trotz ihrer Knappheit für wichtiger als ganze philosophische Bibliotheken.[8] Bis ins dritte nachchristliche Jahrhundert standen die Originaltafeln auf dem Forum Romanum. In den Wirren der Krisenzeit gingen sie verloren, und nicht einmal eine Abschrift des Gesetzes hat das Ende der Alten Welt überdauert.

Wohl aber finden sich bei mehreren Autoren, besonders bei den juristischen Fachschriftstellern, Auszüge aus dem Zwölftafelgesetz, darunter auch Bestimmungen aus dem Schuldrecht. Danach war folgender Rechtsweg vorgesehen, wenn ein Schuldner nicht in der Lage oder nicht willens war, ein Darlehen zurückzuzahlen:

Sobald der Anspruch des Gläubigers gerichtlich anerkannt war, begann eine Frist von dreißig Tagen anzulaufen, innerhalb derer die Schuld zurückzuzahlen war. Geschah dies in der vorgesehenen Zeit nicht, so durfte der Gläubiger den säumigen Zahler in eine Art privater Beugehaft nehmen, d. h., er durfte »ihn mit sich führen, ihn fesseln – entweder mit einem Strick oder mit Fußfesseln im Gewicht von 15 Pfund«[9] – und maximal sechzig Tage in Gefangenschaft halten. Innerhalb dieser Frist hatten Angehörige und Freunde die Möglichkeit, den Festgehaltenen auszulösen. Aus diesem Grunde wurde dessen Haft auch mehrmals öffentlich durch einen Herold bekanntgegeben.

War das Verfahren bislang schon nicht gerade zimperlich gewesen, so traf den Schuldner nach Ablauf der Sechzig-Tage-Frist die volle Gewalt des archaischen Schuldrechts. Damit war sein Schicksal besiegelt. Er hatte die Verfügung über sich selbst endgültig eingebüßt, und zwar in einer Radikalität ohnegleichen. Dem Gläubiger stand es frei, ihn zu töten oder aber ihn als Sklaven zu verkaufen.

Im Normalfall wurde der Schuldner sicherlich zum Sklaven, denn nur durch einen Verkauf hatte der Gläubiger die Möglichkeit, wenigstens einen Teil seines Darlehens wiederzubekommen. Auffällig ist allerdings die Bestimmung, daß der Schuldsklave nur »nach jenseits des Tibers« – und das heißt für die Zeit um 450 v. Chr.: ins Ausland – verkauft werden durfte.[10] Wahrscheinlich sollte dadurch vermieden werden, daß sich unnötiger sozialer Zündstoff anhäufte. Ehemals Freie als Sklaven im eigenen Lande zu haben, führte leicht zu Unzufriedenheit und Unruhe.

Viele muß das harte Los der Schuldsklaverei getroffen haben, und noch wesentlich mehr römische Bürger lebten in ständiger Furcht, daß auch sie sich in die Fänge dieses habgierigen Ungeheuers verwikkeln könnten. Mehrfach versuchten die unteren sozialen Schichten, eine Aufhebung der harten Schuldrechtsbestimmungen zu erreichen. So etwa im Jahre 380, als die Wogen der Empörung hochgingen und der Ruf nach größerer Freiheit erscholl. Die Plebejer weigerten sich, »weiterhin zu dulden, daß irgendein römischer Bürger wegen einer Geldschuld zum Sklaven gemacht werden« könne.[11] Trotz des energischen Protests der Plebs setzten sich die finanzstarken Adligen, die auch über die größte politische Macht verfügten, durch. Und sie dachten gar nicht daran, Schonung und Milde zu üben. Im Gegenteil: In den nächsten Jahren stieg die Zahl der Schuldsklaven noch beträchtlich an.[12]

Allerdings haben es die römischen Aristokraten nie auf die Spitze getrieben. Mit sicherem Gespür erkannten sie immer wieder, wenn eine bestimmte Grenze überschritten zu werden drohte, und dann lenkten sie ein – gerade noch rechtzeitig, bevor die Lunte sozusagen das soziale Pulverfaß erreicht hatte. So auch im Falle der Schuldsklaverei. Als der Widerstand gegen das überkommene Schuldrecht allzu massiv wurde, gaben sie nach: Im Jahre 326 v. Chr. wurde die *lex Poetelia* erlassen. Ihr Inhalt: Die Haftung für Kredite mit dem Körper wurde für ungesetzlich erklärt, mithin die Schuldknechtschaft offiziell aufgehoben – für den Historiker Livius Grund genug, von einem gleichsam neuen Beginn der Freiheit für das römische Volk zu sprechen.[13]

Kindesverkauf als Quelle der Unfreiheit

Das Zwölftafelrecht kennt übrigens noch eine weitere Möglichkeit, wie jemand in die Sklaverei geraten konnte. Wenn ein Vater seine Tochter oder seinen Sohn in die Sklaverei verkaufte, so hatten diese keinerlei Handhabe dagegen. Die *patria potestas,* die »väterliche Gewalt«, war bei den Römern eine nicht zu unterschätzende Einrichtung. Sie räumte dem Vater eine absolute, auch vom Staat nicht eingeschränkte Verfügungsgewalt über seine Kinder ein, bis hin zur Tötung und eben auch zum Verkauf in die Sklaverei!

Nicht viele Väter, so wird man vermuten, haben von diesem Recht Gebrauch gemacht. Das ist sicher richtig, und in der römischen Kaiserzeit war die *patria potestas* kaum noch mehr als ein rein papierner Rechtstitel, der ohne Bedeutung im Alltagsleben war. Doch war das nicht immer so. Aus der Zeit der Republik sind einige Fälle bekannt, in denen Väter mit aller Härte gegen ihre Kinder vorgegangen sind. In manchen Lateinbüchern wird dergleichen leider immer noch mit einem unterschwelligen Ausdruck der Bewunderung als Musterfall echt römischer Disziplin geschildert – als ob dieses Verhalten uns heute noch irgend etwas zu sagen hätte.

Es kam also durchaus vor, daß Kinder – übrigens auch erwachsene Kinder! – von ihren Vätern verschachert wurden; aus welchen Gründen auch immer. Manch einer scheint daraus ein makabres Spielchen gemacht zu haben. Fehlte ihm gerade einmal Geld, so verkaufte er den Sohn flugs in die Sklaverei. War er einige Zeit später wieder flüssig, so kaufte er ihn zurück. Das Ganze wiederholte sich, wenn er erneut in finanzielle Bedrängnis geriet.

Nur eine belächelnswerte Konstruktion? Davon kann wohl keine Rede sein, denn wie soll sonst jene Bestimmung im Zwölftafelgesetz gedeutet werden, in der es heißt: »Wenn ein Vater seinen Sohn dreimal verkauft hat, dann soll der Sohn von der väterlichen Gewalt frei sein.«[14] Auf den ersten Blick möchte man ungläubig den Kopf schütteln, ist man geneigt, dies im Fach mit dem Etikett »archaische Skurrilitäten« abzulegen. Macht man sich aber klar, welch bittere Realität sich hinter dieser »großzügigen« Regelung verbirgt, so wird einem das Lächeln sehr schnell auf den Lippen erstarren.

Quellen der Sklaverei gab es also auch schon im frühen Rom in »ausreichender« Fülle. Trotzdem war die Zahl der Unfreien bis ins 4. Jahrhundert vergleichsweise gering. Und auch die Behandlung der Sklaven scheint einigermaßen erträglich gewesen zu sein.

Milde Behandlung, juristischer Schutz

Mit dem Attribut »patriarchalisch« für ein Herrschaftsverhältnis zwischen Freien und Unfreien sollte vorsichtig umgegangen werden. Allzu leicht setzt man sich sonst dem Vorwurf der Verharmlosung aus. Wenn aber überhaupt, so trifft diese Bezeichnung für die Frühzeit Roms durchaus zu. Man arbeitete gemeinsam mit seinem oder seinen Sklaven auf den Feldern, nahm zusammen mit ihm bzw. ihnen die Mahlzeiten ein und verbrachte auch einen großen Teil der Freizeit gemeinsam.

Der Sklave war ein geradezu vollwertiges Mitglied der *familia* – die allerdings nach römischem Verständnis bedeutend mehr Personen umfaßte als unser engerer Begriff der »Familie«. Angesichts der dominierenden Gestalt des Hausvaters verwischten sich die Unterschiede zwischen den Sklaven und den anderen, freien, Mitgliedern der *familia* leicht; was nicht heißt, daß Sklaven nicht auch ab und zu deutlich zu spüren bekamen, daß sie weit unterhalb jedes Freien rangierten. Im ganzen aber scheint der Unfreie damals auch als Mensch ohne große Abstriche anerkannt und behandelt worden zu sein.

Das bestätigen die einschlägigen Bestimmungen des Zwölftafelgesetzes denn auch einigermaßen. Der Sklave war in gewissen Fällen kein juristisches Freiwild. Wenn etwa ein Erblasser seinen Sklaven unter der Bedingung freigelassen hatte, daß er dem Erben eine bestimmte Geldsumme gebe, und der Sklave sich daran hielt, dann galt sein Rechtsanspruch auf Freilassung auch gegenüber einem Käufer, an den ihn der Erbe veräußert hatte.[15]

Ebensowenig durfte man einem Unfreien ungestraft die Knochen brechen. Wer das trotzdem »mit der Hand oder mit einem Knüppel« tat, der bekam eine kräftige Geldstrafe zudiktiert – wenn auch nur die Hälfte der Buße, die jemand zahlen mußte, der sich in gleicher Weise an einem Freien vergriffen hatte.[16]

Körperverletzung war im frühen römischen Recht noch fast ein Kavaliersdelikt. Wesentlich härter waren die strafrechtlichen Bestimmungen bei Eigentumsdelikten, und da waren auch die Unterschiede in der Behandlung freier und unfreier Täter gravierender.

Wurde ein freier Bürger bei einem Diebstahl auf frischer Tat ertappt, so drohte ihm zunächst die Geißelung. Anschließend wurde er dem Bestohlenen als Sklave zugesprochen – eine weitere Quelle der Sklaverei. Handelte es sich bei dem Dieb jedoch um einen Sklaven, so fiel die Strafe wesentlich grausamer aus. Auch er wurde zuerst mit Geißelhieben traktiert, danach aber vom Tarpejischen Felsen, einem Abhang des Kapitols, in die Tiefe gestürzt.[17]

Durch »gerechte Kriege« zur Weltmacht?

> *Tu regere imperio populos, Romane, memento –*
> *hae tibi erunt artes – pacique imponere morem,*
> *parcere subiectis et debellare superbos.*
> »Du, Römer, sei bedacht, die Völker mit deiner Herrschaft zu lenken –
> dies wird deine Kunst sein: dem Frieden deine Norm zu geben,
> Unterworfene zu schonen und Hochmütige niederzukämpfen.«[18]

Mit diesen berühmten Worten schildert Vergil im römischen Nationalepos »Aeneis« das Selbstverständnis der römischen Herrschaft. Verse, die, in den zwanziger Jahren des 1. Jahrhunderts v. Chr. im Zeitalter des »Augustus-Friedens« geschrieben, gleichermaßen Rückblick auf die Geschichte der Römer und Verpflichtung für die Zukunft ausdrücken. Damals war Rom unbestrittene Großmacht, die über den größten Teil der bekannten Welt gebot.

Sind die Römer wirklich zu Herren der Welt geworden, indem sie nur die Hochmütigen unterwarfen, die Unterworfenen aber schonten? Die offizielle römische Lesart, von vielen Römern kritiklos akzeptiert und verinnerlicht, war in der Tat so. Danach hätte Rom das Kunststück fertiggebracht, nur »gerechte Kriege« zu führen und allein dadurch zur Herrin der Welt zu avancieren.

Besonders Cicero hat sich in seiner Schrift »Über den Staat« Gedanken über den Charakter der römischen Herrschaft gemacht. Er kam zu dem Ergebnis, daß die These von den »gerechten Kriegen« durchaus zutreffe. Wörtlich: »Unser Volk hat sich der Weltherrschaft dadurch bemächtigt, daß es seine Verbündeten verteidigte.«[19] Und daß den Unterworfenen ihr freier Wille genommen wurde, verteidigt Cicero mit einer Begründung, die den Kolonisatoren der Neuzeit alle Ehre gemacht hätte: »Solchen Leuten (gemeint sind die von Rom besiegten Völker, einerlei, ob Griechen oder Barbaren) ist die Knechtschaft nützlich, und all das geschieht zu ihrem Vorteil, wenn es richtig gemacht wird.«[20]

So einfach, fast unbedarft lautete also die propagandistische Wahrheit der römischen Weltherrscher. Die unmittelbar Betroffenen sahen das doch ein wenig differenzierter. Deren Stimmungen wenigstens auszugsweise für die Nachwelt überliefert zu haben, ist das Verdienst einiger weniger römischer Schriftsteller wie z. B. Tacitus. Der läßt den britannischen Freiheitshelden Calgacus einmal so sprechen: »Wegnehmen, abschlachten und rauben münzen die Römer in falsche Begriffe um und nennen das ›Herrschaft‹; und wo sie Menschenleere schaffen, da nennen sie das ›Frieden‹.«[21]

Ein von scharfer Polemik bestimmter Zerrspiegel der Wirklichkeit? Sicher wird nicht jeder Untertan der Römer zu so radikaler Kritik geneigt haben, aber es stimmt schon bedenklich, wenn das lateinische Wort für »befrieden« *(pacare)* durchaus die völlige *Vernichtung* des »befriedeten« Gegners einschließen kann ...[22]

Was haben diese Überlegungen zur Ideologie der römischen Herrschaft mit dem Thema »Sklaverei« zu tun? Auf den ersten Blick finden sich da nur schwache Bezugspunkte. Bei näherer Betrachtung aber wird eine Parallelität offenkundig: Mit dem Aufstieg Roms zur weltbeherrschenden Macht geht ein geradezu atemberaubend steiler Anstieg der Sklavenzahlen einher.

Massenvernichtungen und Massenversklavungen – markante Wegweiser zum Aufstieg Roms

Ein wesentliches Ergebnis der »auf Frieden gerichteten« römischen Eroberungspolitik war der Zustrom besiegter und versklavter Gegner nach Italien und in die Hauptstadt selbst. Daß damals »die Unterworfenen geschont« worden wären, wie Vergil dichtet, kann nur behaupten, wer die Augen vor dem oftmals brutalen Hegemoniestreben Roms und den nicht minder furchtbaren Begleiterscheinungen wie Massenvernichtungen und Massenversklavungen verschließt.

Gewiß, es gibt Beispiele dafür, daß die Römer nicht in jedem Fall von ihrem Sieger-»Recht« Gebrauch gemacht, daß sie die besiegten Gegner nicht immer zusammen mit ihren Frauen und Kindern zur Sklaverei verdammt haben. Doch geschah das meist um eines politischen Vorteils willen, wenn man sich etwa von der Schonung einer Stadt positive Rückwirkungen auf die Bereitschaft eines ganzen Volksstammes zur Unterwerfung unter die römische Herrschaft versprach.

Im übrigen aber galt die Faustformel: Je weiter Rom expandierte, je mehr Völker gewaltsam unterworfen wurden, um so größer war die »menschliche Beute«, die Rom unter das Joch der Sklaverei zwang.

Die erste konkrete Angabe über eine Massenversklavung in Italien liegt für das Jahr 346 v. Chr. vor. Damals eroberten römische Truppen die rund 60 Kilometer südlich von Rom am Meer gelegene Stadt Satricum. Viertausend Einwohner wurden zunächst in Ketten im Triumphzug mitgeführt und anschließend in die Sklaverei verkauft, wobei die Staatskasse einen erheblichen Gewinn erzielte.[23]

Ein paar Jahrzehnte später machte dieses Beispiel Schule. Zum dritten Mal war ein erbitterter Krieg zwischen Römern und Samniten entbrannt. Die Samniten, die große Teile Zentral- und Süditaliens bewohnten, hatten die römische Expansion gegen Ende des 4. Jahrhunderts noch einmal wirkungsvoll stoppen können. Bei diesem Waffengang jedoch, der sich von 298 bis 290 v. Chr. hinzog, standen sie auf ziemlich verlorenem Posten. Die römischen Erfolge haben sich in einer langen Liste von Massenversklavungen im Anschluß an die Eroberung samnitischer Orte niedergeschlagen. Im Jahre 297 machten die Römer 8900 Sklaven, im darauffolgenden Jahr 2100, wieder zwei Jahre später 4700 und im Jahre 293 nicht weniger als 25 000.[24] Das ergibt eine Gesamtzahl in der Größenordnung von 40 000 Unfreien in einem Zeitraum von fünf Jahren. Die Sklaverei in Italien war auf dem Vormarsch.

Diese Tendenz verstärkte sich noch, als die Römer nach der faktischen Eroberung Italiens – rein rechtlich gesehen, waren die anderen italischen Völker völlig »autonome« Bundesgenossen *(socii)* – ein neues ehrgeiziges Expansionsziel ins Auge faßten. 264 v. Chr. brach der Erste Punische Krieg aus. Rom legte sich mit der reichen nordafrikanischen Handelsstadt Karthago an; der Kampf ging im wesentlichen um die Herrschaft auf Sizilien. Über zwei Jahrzehnte lang wogte der Krieg hin und her. Beide Kontrahenten fochten bis zur totalen Erschöpfung. Am Ende des Kampfes (241 v. Chr.) hatte Rom zwar die Oberhand gewonnen, doch war dieser Sieg mit gewaltigen finanziellen Aufwendungen und vor allem mit einem riesigen Aderlaß der italischen Bevölkerung erkauft worden. Unzählige Soldaten waren in den Kämpfen umgekommen.

Auf der Haben-Seite konnten die Römer allerdings einen erneuten Zustrom von versklavten Kriegsgefangenen verbuchen. Rund 60 000 Menschen sind damals nach einer Schätzung des Kölner Althistorikers Hans Volkmann römischen Massenversklavungen zum Opfer gefallen.[25]

Ströme versklavter Menschen überschwemmen Italien

Mindestens die gleiche Zahl von Sklaven gelangte nach Volkmanns Berechnungen im Laufe des 2. Punischen Krieges (218–201 v. Chr.) nach Italien. Daß die Zahl nicht noch größer war, lag sicher auch daran, daß die Römer jahrelang selbst in der Defensive waren, weil Hannibal seine Truppen überraschend nach Italien geführt und damit den Krieg lange Zeit gleichsam vor die Haustür der Römer getragen hatte.

Von den 60 000 versklavten Menschen stammte etwa die Hälfte allein aus dem süditalischen Tarent. Die Einwohner der griechischen Stadt hatten den folgenschweren Fehler begangen, zu Hannibal abzufallen. Sie mußten für diese Entscheidung teuer bezahlen, als Tarent wenige Jahre später von einem römischen Heer eingenommen wurde. Die Römer rächten sich, indem sie gewaltige Mengen von Gold und Silber aus der Stadt wegschleppten und 30 000 Gefangene in die Sklaverei verkauften.[26]

Gleichwohl war mit diesen Massenversklavungen erst ein bescheidener Anfang gemacht. Als Rom im 2. Jahrhundert Griechenland und den kleinasiatischen Osten unterwarf, Karthago endgültig dem Boden gleichmachte (146 v. Chr.) und in einem mächtigen Ringen die Oberhand über die nach Süden vorgestoßenen Scharen der germanischen Kimbern und Teutonen behielt, stieg die Zahl der als Sklaven nach Italien gebrachten Einwohner eroberter Städte und Dörfer sprunghaft an. Die Bilanz allein des nach *genauen* Angaben antiker Historiker errechenbaren Umfangs ausgedehnter Versklavungsaktionen im 2. Jahrhundert v. Chr. ist erschreckend:[27]

Griechenland	197 v. Chr.:	5000	in die Sklaverei verkaufte Gefangene
Sardinien	177 v. Chr.:	20000	
Istrien	177 v. Chr.:	5630	
Ligurien	173 v. Chr.:	10000	
Böotien	171 v. Chr.:	2500	
Epirus (Nordwestgriechenland)	167 v. Chr.:	150000	
Spanien	147 v. Chr.:	10000	
Karthago	146 v. Chr.:	55000	
Kimbern und Teutonen	102/1 v. Chr.:	140000	

In dieser Aufstellung sind Versklavungen, über die keine exakten Zahlenangaben vorliegen, nicht einmal erwähnt. Um so weniger kann es verwundern, daß Italien im 2. Jahrhundert v. Chr. von Unfreien geradezu überschwemmt worden sein muß. Auch im 1. Jahrhundert v. Chr. geriet der kriegsbedingte Zustrom unfreier Menschen keineswegs ins Stocken. Insbesondere Caesar sorgte in seinem Gallierkrieg dafür, daß beinahe unübersehbare Massen von »Barbaren« in die Unfreiheit fielen – möglicherweise nicht weniger als eine Million Menschen![28]

Bei all diesen Massenversklavungen kann natürlich von Milde und Schonung überhaupt nicht die Rede sein. Die Maßnahmen wurden mit aller Härte durchgeführt, ob es sich nun um Strafexpeditionen gegen rebellierende Völkerschaften handelte oder ganz einfach um die Ausübung des normalen Sieger-»Rechts« nach der Niederwerfung eines Gegners.

Immerhin konnten die Römer sich dabei trotz aller Exzesse noch auf das überkommene, in allen Teilen der Alten Welt anerkannte »Recht« des Siegers berufen. Die römischen Juristen sahen denn auch in der Versklavung von Kriegsgefangenen eine Einrichtung des Völkerrechts *(ius gentium)*, und sie waren so konsequent, das gleiche Recht den Feinden der Römer zuzubilligen und demnach auch die Versklavung eines Römers als völkerrechtlich einwandfrei zu dulden.[29]

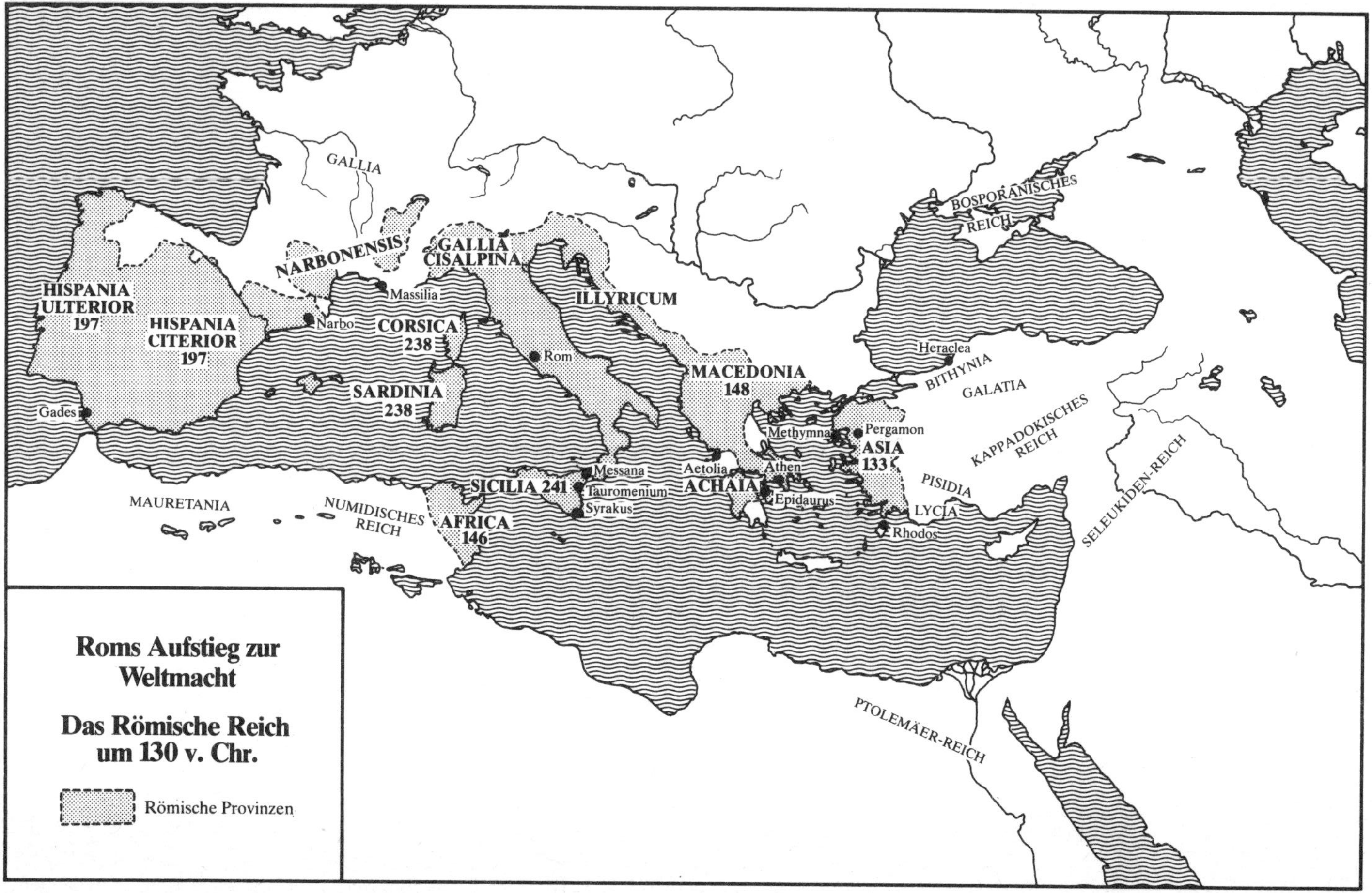
Roms Aufstieg zur Weltmacht
Das Römische Reich um 130 v. Chr.
Römische Provinzen
GALLIA
NARBONENSIS
GALLIA CISALPINA
ILLYRICUM
HISPANIA ULTERIOR 197
HISPANIA CITERIOR 197
Massilia
Narbo
CORSICA 238
SARDINIA 238
Rom
Gades
MACEDONIA 148
BOSPORANISCHES REICH
Heraclea
BITHYNIA
GALATIA
KAPPADOKISCHES REICH
SELEUKIDEN-REICH
Pergamon
Methymna
ASIA 133
PISIDIA
LYCIA
Rhodos
Aetolia
Athen
ACHAIA
Epidaurus
Messana
Tauromenium
Syrakus
SICILIA 241
AFRICA 146
MAURETANIA
NUMIDISCHES REICH
PTOLEMÄER-REICH

Juristisch nicht mehr abgedeckt war dagegen das Verhalten mancher römischer Statthalter und anderer Beamten in den Provinzen. Fast die gesamte Provinzialverwaltung der republikanischen Zeit war ein einziger Skandal. Kaum ein Statthalter, der nicht in der Absicht in die Fremde ging, sich schamlos zu bereichern. Und auch sein Gefolge, seine Offiziere und Soldaten durften sich bei der Ausplünderung der meist völlig wehrlosen Bewohner der römischen Provinzen eine ansehnliche Vermehrung ihres persönlichen Vermögens erhoffen.

Dabei begnügte man sich keineswegs mit dem Raub von Gold und Silber, Gemälden und erlesenen Kleidern, sondern machte ebenso Jagd auf Menschen. Symptomatisch ist eine Szene, die der Dichter Catull ganz beiläufig in einem seiner Gedichte beschreibt. Eine Zeitlang hat er sich im Gefolge des Statthalters Memmius in der kleinasiatischen Provinz Bithynien aufgehalten. Wieder in Rom, trifft er einen Bekannten, der sich ganz selbstverständlich erkundigt, ob denn beim Dienst in der Provinz auch gehörig Geld für Catull herausgesprungen sei. Um der Freundin des Bekannten zu imponieren, behauptet Catull, er habe sich »acht stramme Kerle« leisten können, die seine Sänfte trugen.[30]

Wie mancher Statthalter in seiner Provinz ungestraft wüten durfte, hat Cicero exemplarisch in seinen »Reden gegen Verres« geschildert. Als der über Sizilien gebot (73–71 v. Chr.), war es gleichsam an der Tagesordnung, daß hochgestellte römische Beamte den Provinzialen gut ausgebildete, schöne Sklaven einfach wegnahmen oder, wenn sie ein Seeräuberschiff aufgebracht hatten, die Beute der Korsaren ihrerseits untereinander aufteilten, wobei wiederum Musiker oder andere Künstler sowie besonders hübsche Frauen kurzerhand der Sklaverei verfielen.[31]

Verres hatte es freilich allzusehr auf die Spitze getrieben, so daß die Beschwerden der ausgebeuteten Syrakusaner in Rom einmal nicht auf taube Ohren stießen. Cicero erhob im Namen der Provinzialen Anklage. Er hatte es nicht schwer, erdrückendes Beweismaterial zusammenzutragen. Noch ehe eine Verurteilung ausgesprochen wurde, setzte sich Verres aus Rom ab. Er begab sich ins »freiwillige« Exil nach Massalia (Marseille), wo er trotz der ihm auferlegten riesigen Schadenersatzzahlungen sein Leben in Reichtum und Luxus beschloß.

Der Skandalprozeß des Verres hatte das erpresserische, korrupte Wesen der römischen Provinzialverwaltung enthüllt. Und doch war hier nur die Spitze eines Eisberges sichtbar geworden. Mindestens ebenso schlimm wie die Statthalter und ihre Günstlinge raubten die römischen Steuerpächter die Provinzen aus. Der Mißbrauch ihrer Tätigkeit war schon im System begründet. Der Staat machte es sich nämlich mit der Eintreibung der Steuern denkbar leicht. Anstatt einen kostspieligen eigenen Verwaltungsapparat aufzubauen, verpachtete man den Steuerbetrag einer Provinz für eine genau festgelegte Frist an private Geschäftsleute. Das Ganze erfolgte in einer Versteigerung; die meistbietende Steuerpächtergesellschaft erhielt den Zuschlag. Die Staatskasse war damit praktisch ohne Nebenkosten und ohne jedes Risiko wieder aufgefüllt.

Die Verwaltungsrationalisierung wurde natürlich auf dem Rükken der Einwohner der Provinzen ausgetragen. Denn diese Steuerpächter gingen nun energisch daran, ihre Ausgaben wieder hereinzuholen und darüber hinaus einen möglichst hohen Gewinn zu erzielen. Die Provinzialen waren dem erbarmungslosen Eintreibersystem der Kapitalisten schutzlos ausgeliefert. Die offiziellen Vertreter des römischen Staates in den Provinzen verteidigten meist die Interessen der Steuerpächter. Eine unerhörte Ausblutung ganzer Landstriche war die Folge. Wenn kein Geld und keine Wertsachen mehr zu holen waren, dann hielten sich die Kapitalisten an die Menschen selbst. Die unglaublichen Zustände in der einst reichen Provinz Asia in den ersten Jahrzehnten des 1. Jahrhunderts v. Chr. schildert Plutarch:

»Die Provinz wurde von den Steuerpächtern und Wucherern völlig ausgesogen und versklavt. So sahen sich nicht nur einzelne Bürger genötigt, ihre schön gestalteten Söhne und Töchter zu verkaufen. Ganze Gemeinden mußten Weihgeschenke, Gemälde und heilige Statuen verkaufen. Und doch wurden die Schuldner am Ende den Gläubigern als Sklaven zugesprochen. Noch ärger war das Verfahren, das dem vorausging. Man wandte gegen die Unglücklichen alle Arten der Folter an, ließ sie im Sommer in der brennenden Sonne stehen und bei Kälte in Schlamm und Eis treten. Dagegen schien selbst die Sklaverei noch eine Erleichterung und Wohltat zu sein.«[32]

Man kann sich unschwer vorstellen, daß diese illegalen, aber nur selten bestraften Praktiken dazu führen mußten, daß viele freie Provinzialen unter dem Druck der Geldsauger der Sklaverei zum Opfer fielen. Die Plünderung der Provinzen durch skrupellose Geschäftemacher aus Rom und Italien war im 2. und 1. Jahrhundert v. Chr. eine nicht zu unterschätzende Quelle der Unfreiheit.

Weitere Ströme unfreier Menschen gelangten auf eine nicht minder ungesetzliche und willkürliche Weise nach Italien. Bis zum Jahre 67 v. Chr. blühte im östlichen Mittelmeer das Seeräuberunwesen. Die Provinzbehörden bekämpften diese Seuche nur ungenügend; zum Teil arbeiteten sie sogar mit den Piraten Hand in Hand. Tausende von Reisenden, deren Schiffe von den Seeräubern überfallen worden waren, wurden zu den großen Sklavenmärkten gebracht und dort verkauft. Bis die entschlossenen Aktionen des Pompejus dem Korsarenspuk ein plötzliches Ende bereiteten (67 v. Chr.), hatten ungezählte Menschen aufgrund der Unfähigkeit und Korruptheit der römischen Provinzialverwaltung ihre Freiheit verloren. Viele von ihnen waren nach Italien verkauft oder verschleppt worden.[33]

Trotz des gewaltigen Anstiegs der Sklavenmassen blieb der Preis für einen »normalen« Arbeitssklaven im 2. und 1. Jahrhundert v. Chr. einigermaßen stabil. Er lag bei etwa 500 Drachmen. Wurde aber der Markt ganz plötzlich durch einen unerwartet großen Zustrom von Unfreien überschwemmt, kam es zu Preisstürzen; das erste Mal, als im Jahre 177 v. Chr. 20000 aufständische Sarden versklavt wurden. Damals entstand die Redewendung »billig wie ein Sarde«.[34] Das zweite Mal sackte der Preis für Sklaven ins Bodenlose, als der Siegeszug des Lucullus in Bithynien große Mengen »menschlicher Ware« auf die Sklavenmärkte brachte. Ein einfacher Unfreier wurde für nicht mehr als 4 Drachmen gehandelt.[35]

Prämien für kinderreiche Sklavenfamilien

Weil aber im allgemeinen das Preisniveau relativ hoch blieb, sahen römische Sklavenbesitzer – im Unterschied zu vielen griechischen – in der natürlichen Fortpflanzung ihrer Unfreien einen höchst willkommenen Zuwachs ihres Vermögens. Das Großziehen der im Hause geborenen Sklavenkinder *(vernae)* »lohnte« sich trotz der damit verbundenen Aufwendungen für Nahrung und Kleidung.

Der alte Cato (234–149 v. Chr.) schämte sich nicht, seinen Sklaven und Sklavinnen den Beischlaf miteinander gegen ein an ihn zu zahlendes Entgelt zu gestatten. Nutznießer dieser sexuellen Kontakte war allemal Cato selbst, zum einen, weil die Sklaven ohne Gewährung dieses »Privilegs« nach seiner Meinung wegen unbefriedigter

Wollust die größten Leichtfertigkeiten verübt hätten,[36] zum zweiten wegen der von ihm geforderten »Gebühren« und schließlich, weil die aus solchen Verbindungen hervorgehenden Sklavenkinder wie ihre Eltern Eigentum des Herrn waren.

Insbesondere Verfasser landwirtschaftlicher Lehrschriften empfehlen die Fortpflanzung der auf dem Gut beschäftigten Sklaven als ausgezeichnete Möglichkeit, billige neue Arbeitskräfte zu erhalten.[37] Columella, der in den sechziger Jahren des ersten nachchristlichen Jahrhunderts einen solchen Traktat verfaßte, ging sogar noch einen Schritt weiter. Er hält ein Prämiensystem zur Belohnung besonders gebärfreudiger Sklavinnen für einen guten Anreiz. Die Prämien staffeln sich von längerer Freizeit bis zur Freilassung. Die Begründung: Solch eine Unfreie vermehre das Vermögen ihres Herrn in nicht unbeträchtlicher Weise.[38]

Außer den wirtschaftlichen Erwägungen führte noch eine andere Überlegung zu diesem Kalkül. Hausgeborene Sklaven waren durch mannigfache Bande an die Familie gefesselt, sie waren im allgemeinen treuer als Kaufsklaven. Jedenfalls konnte man sie leichter »formen« und erziehen – ähnlich wie junge Hunde und Füllen, pflegte der alte Cato zu erklären.[39] Aus diesem Motiv, aber auch aus Gründen der Sparsamkeit hatte der reiche römische Ritter Atticus ausschließlich in seinem eigenen Hause geborene Sklaven.[40]

Schattenseiten einer Weltmacht

Ein Vergleich zwischen dem Rom des 4. und dem des 2. Jahrhunderts v. Chr. macht deutlich: In rund zweihundert Jahren hatte die Sklaverei im römischen Westen die im griechisch-hellenistischen Osten gewohnten Ausmaße nicht nur erreicht, sondern bei weitem übertroffen. »Niemals vorher hatte es solche Sklavenmassen gegeben«, konstatiert der Münchner Althistoriker S. Lauffer, »nie ein so umfassendes System der persönlichen Freiheitsberaubung.«[41]

Der Weg, der zu dieser Konzentration von Unfreien auf dem Boden Italiens und Siziliens geführt hatte, war beileibe kein Pfad der Tugend und der Gerechtigkeit gewesen. Es war ein Weg, der von brutaler Unterdrückung, schamloser Ausbeutung und eiskalter Berechnung des eigenen Vorteils geprägt war. Von *bella iusta*, »gerechten Kriegen«, konnte dabei wirklich nur jemand sprechen, der das allein auf die *Art und Weise* der Kriegserklärung und andere juristische *Formalia* bezog. Heinrich Heine hat die Römer der republikanischen Zeit einmal eine »kasuistische Soldateska, Mischlinge von roher Raubsucht und feinem Advokatensinn« genannt.[42] Eben dieser Eindruck entsteht bei einem Vergleich zwischen der Propaganda der spätrepublikanisch-augusteischen Zeit einerseits und der Wirklichkeit des Aufstiegs der Römer zur Weltmacht und zum »Sklavenhalterstaat« andererseits.

Unfreie Dienerschaft – in Rom ein Statussymbol

Was geschah mit den Hunderttausenden von Unfreien, die seit dem 3. Jahrhundert v. Chr. in mächtigen Schüben nach Italien gelangten?

Mit dem Anwachsen des Wohlstandes, der sich dank der römischen Eroberungspolitik von Jahrzehnt zu Jahrzehnt vermehrte, stiegen auch die Ansprüche. Nutznießer der Entwicklung waren besonders die senatorische Oberschicht und die Ritter. Auch der gewerbliche »Mittelstand« profitierte davon, weniger die den unteren sozialen Schichten angehörigen Römer.

In den Kreisen, die sich selbst für die »besseren« hielten, gehörte eine große *familia urbana* mit etlichen Sklaven bald zum guten Ton. Sklaven wurden vielfach zu regelrechten Statussymbolen. Mit dieser Protzerei unterschieden sich die reichen Römer von ihren griechischen Standesgenossen erheblich.

Schon der alte Cato klagt über jene Verschwender, die Unsummen für einen Buhlknaben ausgaben. Der Niedergang eines Staates, so wetterte er, ist am besten daran zu erkennen, daß schöne Sklaven einen höheren Kaufpreis erzielten als ein Landgut.[43] Um dieser Entwicklung Einhalt zu gebieten, führte Cato als Zensor eine Luxussteuer auf junge Sklaven ein, die mehr als 10000 Asse gekostet hatten. Freilich: Genützt hat diese Steuer nur der Staatskasse, nicht aber der Moral. Eine abschreckende Wirkung ging von ihr nicht aus. Und das wohlgemerkt schon im Jahre 184 v. Chr.!

In der Tat waren die Zeiten vorbei, da führende Senatoren nur einen oder wenige Sklaven in ihrem Hause beschäftigten und sich von ihnen in der Öffentlichkeit begleiten ließen. Und wenn es auch nicht gerade die phantastischen Zahlen von 10000 und 20000 Sklaven gegeben hat, die nach einer antiken Quelle vornehme Römer in bestimmten Fällen mit sich geführt haben,[44] so konnte die unfreie Dienerschaft in bestimmten Fällen durchaus mehrere hundert Köpfe umfassen – dies zumindest schon in den Jahrzehnten kurz vor der Zeitenwende. Horaz schildert einen etwas unausgeglichenen Zeitgenossen, der bald zweihundert, bald nur zehn Haussklaven beschäftigte.[45]

Cicero, der seinen politischen Gegner Piso als Geizhals und Egoisten entlarven will, wirft ihm auch die geringe Zahl seiner unfreien Hausbediensteten vor. Es lohnt sich, den Passus im ganzen zu zitieren:

»Nichts ist bei diesem Menschen sauber, nichts elegant, nichts auserlesen. Der Tisch ist nicht mit Muscheln oder Fischen gefüllt, sondern mit einer großen Menge ranzigen Fleisches. Ungepflegte Sklaven warten bei ihm auf, einige von ihnen sogar Greise. Derselbe Unfreie dient als Koch und als Türwärter. Er hat keinen eigenen Koch im Hause, keinen Keller. Brot und Wein läßt er vom Kleinhändler und Kneipenwirt holen. Fünf Griechen stopft er auf ein Speisesofa, oft noch mehr; er selbst dagegen liegt allein auf seinem. Getrunken wird so lange, bis direkt vom Faß eingeschenkt wird. Wenn er den Hahnenschrei hört, glaubt er, sein Großvater sei wieder zum Leben erwacht. Dann hebt er die Tafel auf.«[46]

Bei aller Ironie und Polemik in diesen Sätzen: Sein Ziel, Piso mit dieser Beschreibung der Lächerlichkeit preiszugeben, versuchte Cicero auch mit dem Hinweis auf dessen Dienerschaft zu erreichen. Und Cicero war nicht gerade jemand, der die Wirkung seiner Rhetorik überschätzte. Offenbar gehörte es in seinen Kreisen wirklich zum guten Ton, sich mit einer großen Zahl von Sklaven zu umgeben.

So gab es auch für alle möglichen Funktionen und Verrichtungen im Haushalt eigens zuständige Sklaven. Zu einer umfangreichen *familia urbana* konnten Köche, Konditoren und Bäcker gehören, Hausverwalter und Lebensmitteleinkäufer, Masseure und Gärtner, Sänftenträger und Aufräumer, Garderobieren und Küchengehilfen, Portiers, die mitunter nach altem Brauch wie Hunde an der Kette lagen,[47] und Nomenclatoren, die ihrem Herrn bei Besuchen oder zufälligen Begegnungen auf der Straße die Namen der Gesprächspartner nennen mußten.[48]

Ein unfreier Gelehrter für 700 000 Sesterzen

Wer kulturell auf sich hielt, hatte seine eigenen unfreien Schreiber und Vorleser, Bibliothekare und Musiker, Sänger und Dichter. Es ist erstaunlich, wie viele bedeutende Philologen, Rhetoren und Dichter als Sklaven von reichen Römern erworben, gefördert und schließlich in die Freiheit entlassen worden sind.[49] Um für die vielen Merkwürdigkeiten, die gerade in diesem Bereich gehäuft vorkamen, nur ein Beispiel anzuführen: Der Rhetor L. Voltacilius Pilutus war zunächst einer jener unglücklichen Portiers, die an einer Kette gebunden am Eingang des Hauses ihres Herrn saßen. Wegen seiner literarischen Kenntnisse erhielt er später die Freiheit. Der ehemalige Sklave gab sogar dem berühmten Pompejus Stunden in Rhetorik und verfaßte das erste – leider nicht erhaltene – Geschichtswerk in lateinischer Sprache, das nicht von einem Adligen geschrieben war.[50]

Wie weit die banausische Renommiersucht mancher römischen Aristokraten ging, zeigt das Beispiel des Q. Lutatius Catulus, der, selbst kein literarisch ungebildeter Mann, den Grammatiker Daphnis zu Beginn des 1. Jahrhunderts v. Chr. für 700 000 Sesterzen kaufte.[51] Das war der höchste Preis, den jemals ein Römer für einen Unfreien bezahlt hat – erfreulich immerhin, daß ein Grammatiker in dieser fragwürdigen »Bestenliste« vor einem Eunuchen rangierte, für den jemand »nur« 500 000 Sesterzen lockergemacht hatte.[52]

Abgesehen von solchen Luxus-Sklaven, über die später noch einmal ausführlicher zu sprechen sein wird,[53] waren die in den Haushalten der Römer tätigen Unfreien durchaus mit den griechischen »Oiketai« vergleichbar – freilich mit dem Unterschied, daß die Zahl dieser Sklaven in den entsprechenden römischen Haushalten im Durchschnitt bedeutend höher und die Spezialisierung demgemäß größer war.

Sklaven in allen Berufen

Natürlich konnte selbst bei üppigen Ansprüchen nur ein Teil aller Sklaven in den Haushalten beschäftigt werden. Zunehmend arbeiteten Unfreie auch im Bereich von Handwerk und Handel. Die Analogie zu den Verhältnissen in Griechenland ist dabei wiederum gegeben. Hier eine (unvollständige) Liste von Berufen, die nach inschriftlichen Dokumenten im 2. und 1. Jahrhundert v. Chr. auch von Sklaven ausgeübt wurden: Schuhmacher, Fleischer, Perlenhändler, Köche, Schmiede, Netzknüpfer, Purpurfärber, Ringmacher, Altwarenhändler, Messermacher, Töpfer.[54]

Auch als Arbeiter in Werften und Rüstungsbetrieben wurden zunehmend Sklaven beschäftigt,[55] ebenso im Bauwesen. In dieser Branche machte Marcus Crassus im 1. Jahrhundert v. Chr. großen Profit mit Hilfe seiner unfreien Bauarbeiterkolonnen. Mehr als fünfhundert einschlägig ausgebildete Sklaven kaufte er im Laufe der Zeit zusammen, und dann brauchte er nur noch zu warten, bis irgendwo in Rom ein Brand ausbrach. Solche Feuersbrünste gehörten dort fast zum Alltag; daher schlug die üble Spekulation des Crassus selten fehl. Er kaufte in Brand geratene und zerstörte Häuser sowie benachbarte Bauten, deren baldiges Zusammenbrechen die Besitzer fürchteten, für einen Spottpreis auf und ließ von seinen Sklaven neue Häuser errichten. So wurde er zum bedeutendsten Immobilienbesitzer Roms – wobei dies nur *ein* Teil des riesigen Wirtschaftsimperiums war, dem Crassus seinen zweifelhaften Ruhm als reichster Mann seiner Zeit verdankte.[56]

Die Zahl der im Manufakturwesen, im Handwerk und Handel eingesetzten Unfreien stieg seit dem 2. Jahrhundert merklich an. Das heißt aber nicht, daß die freie Arbeit in diesen Bereichen weitgehend verschwunden wäre. Ebenso wie in Griechenland arbeiteten auch in Italien Sklaven und Freie neben- und miteinander. Zumindest bis zum Ende der republikanischen Zeit stellten die Freien dabei die Mehrheit.

Die Katastrophe des italischen Kleinbauerntums

Dies trifft für einen anderen Bereich jedoch *nicht* zu: die Landwirtschaft. Hier vollzog sich in den beiden letzten Jahrhunderten vor der Zeitenwende ein grundlegender Strukturwandel, der ein folgenschweres Ergebnis zeitigte: Die Arbeit auf den Feldern und Weiden wurde mehr und mehr zu einer Domäne der Sklaven, die Zahl der dort tätigen freien Arbeitskräfte ging rapide zurück.

Wie lassen sich diese in rasantem Tempo ablaufenden Veränderungen erklären? Eine der wichtigsten Ursachen dafür lag in der römischen Expansion, genauer gesagt: in der Art und Weise, wie sich Rom in wenigen Jahrzehnten zur weltbeherrschenden Macht entwikkelte.

Den Kern des römischen Heeres bildeten keine Berufssoldaten, sondern Wehrpflichtige. Unter ihnen wiederum stellten die Bauern lange Zeit den größten Anteil: Die von Cato formulierte Erkenntnis, daß »aus dem Bauernstand die tapfersten Männer und tüchtigsten Soldaten hervorgehen«,[57] war nicht nur Selbstbeweihräucherung des überzeugten Agrariers, sondern entsprach durchaus der Erfahrung und einer jahrhundertealten Praxis.

Lange Zeit ging es gut mit jener Form der Einberufung, die den Bauern sozusagen direkt vom Pflug weg in die Armee brachte und ihn nach Beendigung des Feldzuges wieder auf seinen Hof entließ. Mit der Ausweitung der römischen Herrschaft und der immer längeren Dauer der erbitterten militärischen Auseinandersetzungen – der 1. Punische Krieg dauerte 23, der 2. 17 Jahre – geriet dieses System arg ins Wanken. Nicht selten war der Kleinbauer jahrelang nur im Winter zu Hause. Unübersehbar ist auch der ungeheure Blutzoll, den die römische Expansion den Bewohnern Italiens abverlangte, denn Zehntausende kamen aus den Kriegen nicht mehr zurück.

Kein Wunder, daß immer mehr Felder brachlagen, mancher Hof verödete und verkam. Gerade auch der 2. Punische Krieg (218–201 v. Chr.), der jahrelang in Italien selbst tobte, vernichtete viele Güter. Die ständigen Requisitionen durch Freund und Feind bluteten einen erheblichen Teil des Bauernstandes förmlich aus.

Nutznießer dieser katastrophalen Entwicklung waren die Großagrarier. Sie hatten das zum Wiederaufbau zerstörter Gehöfte erforderliche Kapital; sie verfügten auch über ausreichende Finanzmittel, um Liegenschaften aufzukaufen. Wer wollte es den durch fortwährenden Kriegseinsatz von ihrer Arbeit auf den Höfen fortgerissenen Bauern verübeln, wenn sie einfach keine Neigung mehr verspürten, dieses unsichere, beschwerliche Dasein fortzusetzen? Die Alternative war verlockend, die Entscheidung schien leicht; denn auf der anderen Seite winkte das Angebot des Großgrundbesitzers, den Hof aufzukaufen.

Viele machten von diesen Offerten Gebrauch, verschleuderten ihren ganzen Besitz oftmals für einen Spottpreis und zogen dann mit der ganzen Familie in die Hauptstadt. Dort konnten sie eine Zeitlang von dem Erlös leben. War das Vermögen aufgebraucht, so versuchten sie, sich mit Gelegenheitsarbeiten über Wasser zu halten, oder stellten sich als »Stimmvieh« für Politiker zur Verfügung, die ihrer Dankbarkeit wiederum mit Spenden und Almosen Ausdruck verliehen. Von daher nahm letztlich auch jener Ruf nach »Brot und Zirkusspielen« *(panem et circenses)* seinen Ausgangspunkt, der immer lauter erscholl. Er dokumentiert das Vorhandensein eines großen städtischen Proletariats auf eindrucksvolle Weise. Mit einem Worte: Seit dem späten 3. Jahrhundert v. Chr. kam es zu einer ungeheuren Verelendung und Entwurzelung eines großen Teils der Landbevölkerung. Die ursprüngliche Agrarkrise weitete sich noch in der zweiten Hälfte des 2. Jahrhunderts zu einer eminent politischen Krise aus, die schließlich in die Aufrichtung ganz neuer Herrschaftsstrukturen einmündete.

Wie sollte das Vakuum, das der Exodus zahlloser freier Bauernfamilien auf dem Lande hinterlassen hatte, aufgefüllt werden? In den Augen der Großgrundbesitzer war das keine ernsthafte Frage. Man hatte ja genügend unfreie Arbeitskräfte zur Verfügung, und die ließen sich gerade auf großen Gütern rationell einsetzen. Tatsächlich ging der Trend deutlich zu immer größeren landwirtschaftlichen Betriebsformen. Das hing einmal mit der zunehmenden Einverleibung kleinerer und mittlerer Höfe durch die kapitalstarken Großagrarier zusammen. Zudem hatten sich diese im Laufe der Zeit eine noch preiswertere Möglichkeit erschlossen, zusätzliche Ländereien zu gewinnen. Sie okkupierten kurzerhand nicht genutztes öffentliches Land, den sogenannten *ager publicus,* und ließen es von ihren Arbeitskräften bebauen.

Welche Größe hatten die seit dem 3. Jahrhundert immer zahlreicher werdenden Großgrundbesitze? Noch vor einigen Jahrzehnten wurden sie als riesige Latifundien eingestuft, die den Plantagenwirtschaften in den amerikanischen Südstaaten zu entsprechen schienen; doch seit einiger Zeit gehen die Wissenschaftler deutlich vorsichtiger mit diesem Begriff um. Viele westliche und sowjetische Althistoriker sind sich darin einig, daß die Vorstellungen von unendlich weiten Feldern mit Hunderten oder gar Tausenden unfreier Arbeiter an der Wirklichkeit Italiens im 2. und 1. Jahrhundert v. Chr. vorbeigehen. Mag es besonders im Süden Italiens große zusammenhängende Weideflächen in der Hand eines einzigen Besitzers gegeben haben, so waren das doch eher Ausnahmen. Der Normalfall sah anders aus: Man spricht dabei von der sog. Villenwirtschaft, d. h. überschaubaren Produktionseinheiten mit maximal einigen Dutzend Arbeitskräften. Großagrarier, die mehrere solcher Villen besaßen, legten diese Betriebe meist nicht zusammen; teilweise war das auch unmöglich, grenzten sie doch gar nicht aneinander.

Eines allerdings steht fest: Die Bedeutung der Sklavenarbeit in der Landwirtschaft wuchs seit dem 3. Jahrhundert v. Chr. ungeheuer schnell; die Zahl der Unfreien auf dem Lande nahm in beklemmender Weise zu.

Die Gutsbesitzer stellten sich auf diese Veränderungen rasch ein; vielfach förderte die Neustrukturierung der Landwirtschaft den vermehrten Einsatz von Sklaven sogar, verlangte ihn geradezu. Arbeitskräfte gab es in Hülle und Fülle, noch dazu billige. Unter diesen Umständen war eine Verlagerung der agrarischen Produktion auf personalintensive, aber gleichzeitig höchst profitable Zweige ein Gebot der Stunde.

Man setzte verstärkt auf Spezialisierung und breitere Fächerung der landwirtschaftlichen Erzeugnisse. Getreideimporte waren billig; also gingen viele Agrarier davon ab und verlegten sich auf Wein- und Ölbaumkulturen. Seit dem Ende des 2. Jahrhunderts v. Chr. setzte mancher auf das gestiegene Luxusbedürfnis seiner Landsleute. Der Erfolg rechtfertigte diesen Schritt. Der Anbau von Frühobst, aber auch Geflügel- und Wildzucht, Fischteiche und die Produktion anderer aus dem bisherigen Rahmen fallender Spezialitäten warfen beträchtliche Gewinne ab.[58]

Cato über Sklaven in der Landwirtschaft

Den Sklavenbesitzern ging es offenbar immer besser. Das Los der Sklaven dagegen, die zusammen mit freien Lohnarbeitern das Vermögen ihrer Herren mehrten, verschlechterte sich zusehends. In der Mitte des 2. Jahrhunderts waren zumindest überall dort, wo die Villenwirtschaft mit zahlreichen Unfreien florierte, fast alle Züge des einst patriarchalischen Charakters der römischen Sklaverei in den Hintergrund getreten. Ihre Stelle nahmen mehr und mehr brutale Unterdrückung und Ausbeutung ein.

Symptomatisch für den Wandel in der Behandlung der Sklaven in der Landwirtschaft war das Verhalten des alten Cato. Er hat um 155 ein Lehrbuch »Über die Landwirtschaft« *(de re rustica* oder *de agricultura)* verfaßt. Darin geht er auch ausführlich auf die Sklavenfrage ein. Zudem gibt es andere Quellen, die Catos Stellung zu seinen Sklaven beschreiben.

Cato führt in seinem Buch genau auf, welche Verpflegungssätze für Unfreie gelten sollen. Die Aufseher und Schäfer erhalten rund ein Viertel weniger Getreide als Unfreie, die schwere körperliche Arbeit leisten müssen. Im Winter werden die Portionen für alle gekürzt. Einen bemerkenswerten Bonus bei der Weinzuteilung bekommen die Sklaven, die an den Beinen mit Ketten gefesselt sind. Statt der jährlichen 182 Liter für »normale« Sklaven erhalten sie bis zu 260 Liter: ein Zugeständnis an ihre schlechten Arbeits- und Lebensbedingungen?[59]

Daß die Sklaven hart arbeiten mußten, ist unbestritten. Cato selbst macht deutlich, welche Arbeitsleistung er von seinen Unfreien verlangt. Für die Pflege einer Ölbaumpflanzung von 240 *iugera* (60 Hektar) hält er dreizehn Sklaven für ausreichend: einen Aufseher, eine Hausverwalterin, fünf Arbeiter, drei Ochsenknechte, einen Eseltreiber, einen Schweinehirten und einen Schafhirten. Für einen Weinberg von 100 *iugera* (25 Hektar), der ungleich mehr Pflege verlangt, berechnet er eine Sollstärke von sechzehn Sklaven: wiederum einen Aufseher und eine Hausverwalterin, zehn Arbeiter, einen Ochsenknecht, einen Eseltreiber, einen Aufseher über die Weiden und einen Schweinehirten.[60] In der Erntezeit soll der Gutsbesitzer dann zusätzlich Tagelöhner und freie Aushilfskräfte engagieren. Sie nur für ein paar Wochen zu bezahlen, kommt billiger, als das restliche Jahr lang »überflüssige« Arbeitskräfte ernähren und kleiden zu müssen.

Es gibt Hinweise dafür, daß Cato zumindest mit einigen seiner Sklaven geradezu kameradschaftlichen Umgang pflegte. So feierte er bisweilen mit ihnen zusammen die ländlichen Feste, trank den gleichen Wein wie sie und veranlaßte seine Frau sogar, Sklavenkinder zu stillen. Nach dem Tode seiner Frau hatte er überdies eine Zeitlang ein Verhältnis mit einer jungen Sklavin, bis sein Sohn von dieser heimlichen Beziehung erfuhr und seinem Vater durch ein Stirnrunzeln klarmachte, was er davon hielt.[61]

Kranke Sklaven: »Überflüssiges Zeug!«

Prinzipiell aber hielt Cato seine Sklaven in eiserner Zucht und beutete sie in unmenschlicher Weise aus. Nicht, daß er sie durch allzu große Überanstrengung rasch zu Tode gequält hätte. Dieser These, die römischen Sklavenbesitzer hätten in möglichst kurzer Zeit die in den Kauf eines Sklaven gesteckten Investitionen amortisieren wollen und dabei den schnellen Tod vieler Unfreier bewußt in Kauf genommen, ist auch die sowjetische Forscherin E. M. Štaerman energisch entgegengetreten.[62] Wohl aber kannte Cato kein Mitleid, wenn ein Sklave zu gebrechlich für die harte landwirtschaftliche Arbeit geworden war. Die Dienste des Unfreien wurden keineswegs durch eine Art »Gnadenbrot« gewürdigt. Im Gegenteil: Cato bemühte sich, alte und kranke Sklaven »wie überflüssiges Zeug« zu verkaufen.[63]

Das war zu seiner Zeit bestimmt ein ganz übliches Verfahren. Zweihundert Jahre später, als sich allgemein eine mildere Behandlung von Sklaven durchgesetzt hatte, wurde Kritik an dieser Praxis laut. Plutarch räsoniert in seiner Cato-Biographie: »Mit beseelten Geschöpfen darf man nicht wie mit Schuhen und anderen Dingen verfahren, die man, wenn sie zerbrochen oder durch den Gebrauch abgenützt sind, einfach wegwirft . . .«[64]

Zu Catos Lebzeiten fand solche »Humanitätsduselei« keinen Anklang, und ebensowenig konnten die Sklaven, sofern es die Arbeit gestattete, in Frieden und Ruhe leben. Mit der ihm eigenen Bauernschläue, aber auch mit der unbarmherzigen Logik des gefühllosen Sklavenhalters hetzte Cato seine Sklaven nach Möglichkeit gegeneinander auf. Eintracht unter seinen Unfreien war ihm suspekt; also tat er sein Bestes, um Zwist und Uneinigkeit unter ihnen zu säen[65] – ein Verhalten, das seine Gemeinheiten bei der Genehmigung zum Beischlaf gegen klingende Münze noch in den Schatten stellte.

Menschen zum bloßen Inventar degradiert

Nach all dem scheint es nur folgerichtig, wie sich gut hundert Jahre später ein anderer römischer Autor über die Sklaven in der Landwirtschaft äußert. Varro, ein auf vielen Gebieten beschlagener Schriftsteller, »der gelehrteste Römer überhaupt«,[66] hat wie Cato eine Art Sachbuch über den Ackerbau verfaßt. Unter anderem erwähnt er auch eine Theorie, der zufolge sich die zur Landwirtschaft erforderlichen Hilfsmittel in drei Kategorien einteilen lassen: das *instrumenti genus vocale, semivocale* und *mutum;* eines, das sich sprachlich artikulieren kann, ein zweites, das nur unartikulierte Töne von sich gibt, und ein drittes, das gänzlich stumm ist.

Alle diese Hilfsmittel gehören geradezu zum *Inventar* eines Gutshofes. Varro gibt auch an, woran bei diesen Kategorien zu denken ist. Die erste besteht aus den Ackerbausklaven, zur zweiten gehören die Ochsen, und unter die dritte Gruppe fallen z. B. Pflüge.[67] Wenn Varro im folgenden Ratschläge zu einer vergleichsweise menschlichen Behandlung der Sklaven gibt, so entspricht der Tenor jedenfalls der Einstellung seiner eigenen Zeit. Die Theorie, nach der Sklaven ein Bestandteil des Bauernhofes im gleichen Range wie Ochsen und Gerätschaften sind, dürfte dagegen älteren Datums sein.

Denn genau nach dieser Devise wurden im 2. Jahrhundert v. Chr. die meisten Unfreien auf dem Lande behandelt. Ohne Zweifel ging es den Ackerbausklaven bedeutend schlechter als den unfreien Angehörigen einer *familia urbana,* die als Dienstboten oder Handwerker, Angestellte oder Händler tätig waren.

Schon auf dem Gut Catos, der vergleichsweise noch zu den »milden« Herren zählte, war ein Teil der Unfreien angekettet. Je größer ein Landgut, um so eingeengter war die Bewegungsfreiheit der Sklaven. Viele wurden in »Werkhäuser« *(ergastula)* eingepfercht, die mehr den Charakter von Zuchthäusern als den von Wohnstätten hatten.

Gnadenlose Unterdrückung

Häufig wurden die neu erworbenen Sklaven gleich nach dem Kauf von ihrem Besitzer wie Vieh gebrandmarkt. Jeder sah sofort, wem diese Menschen gehörten. An eine erfolgreiche Flucht war unter diesen Umständen nicht zu denken. Das Brandzeichen wies den Flüchtigen sofort als Unfreien aus. Wie mußte einem Menschen zumute sein, der durch Zufall Sklavenhändlern in die Hände geraten, auf dem Sklavenmarkt verkauft und noch vor dem Beginn seiner Arbeit mit einem glühenden Eisen gestempelt wurde![68]

Schikanen und Ungerechtigkeiten, Essensentzug und Verweigerung anständiger Kleidung waren auf vielen Gütern ebenso an der Tagesordnung wie grausame Strafen. Peitschen, Fesseln, Ketten und Fußblöcke gehörten zur Standardausrüstung eines Landguts; Karzer und Folter brachen auch aufrechten Sklaven das Rückgrat. Eine ganze Nacht lang am Kreuz zu hängen, überstand kaum jemand ohne physische und psychische Beeinträchtigung,[69] und die Drohung, »aufsässige« Sklaven notfalls in die Gladiatorenarena zu schicken, tat ein Übriges.

In Extremfällen bekamen Sklaven nicht einmal Nahrung und Kleidung von ihren Herren. Sie mußten zusehen, wie sie sich etwas zu essen besorgten, und dienten, wenn sie aus Mangel an Kleidung nackt umherliefen, dem Herrn noch als Zielscheibe des Spotts.[70]

So verfuhr man mit Menschen, die die Freiheit noch selbst kennengelernt hatten, die in ihrer griechischen oder kleinasiatischen Heimat teilweise angesehene Bürger gewesen waren. Sie mußten nun jede Demütigung ertragen, sahen tagtäglich den Luxus ihrer Herren und wurden so aufs grausamste an die Tage erinnert, als sie selbst noch in Wohlstand und Freiheit gelebt hatten.

Zehntausende, Hunderttausende Sklaven in wenigen Jahrzehnten auf den Feldern und Weiden Italiens und Siziliens zusammenzuballen, sie skrupellos auszubeuten und sie wie Vieh – manchmal noch schlimmer – zu behandeln: Das konnte auf die Dauer nicht gutgehen.

Tatsächlich gab es im 2. und 1. Jahrhundert v. Chr. im römischen

Machtbereich eine Folge von gefährlichen Sklavenaufständen, wie sie die Alte Welt in vergleichbarer Intensität weder vorher noch nachher erlebt hat. Zuerst in einzelnen Städten, dann auf ganze Regionen übergreifend und schließlich in den Flächenbrand des Spartacus-Krieges einmündend, erschütterten Rebellionen der Unfreien die römische Welt.

8.
Räuberstücke oder Revolutionen? – Die Epoche der Sklavenerhebungen in der römischen Welt

Mißachtete Warnsignale

Jene Folge von großen Sklavenerhebungen, die in weiten Teilen der römischen Welt die Herrschaft der Sklavenbesitzer in Frage stellen sollte, brach keineswegs wie ein plötzliches Ungewitter los. Schon einige Jahrzehnte vorher hatten sich Unmut und Erbitterung der Sklaven in gewalttätigen Revolten oder Aufstandsversuchen entladen.

Gleich zu Anfang des zweiten vorchristlichen Jahrhunderts kam es in Italien zu gefährlichen Bewegungen, die den Freien als Warnsignale hätten dienen können.

Der erste Vorfall ereignete sich in Setia, einer etwa 70 Kilometer südlich von Rom gelegenen Stadt, die als Weinort einen guten Ruf genoß. Nach dem Ende des 2. Punischen Krieges, der mit der Kapitulation Karthagos abgeschlossen war (201 v. Chr.), hatten die Römer karthagische Geiseln auch in Setia einquartiert. Diese Geiseln waren vornehme, reiche Leute aus Karthago; entsprechend groß war die Zahl ihrer unfreien Bediensteten. Zudem hatten die Setianer selbst viele punische Sklaven aus der Kriegsbeute erworben.

Die Bedingungen für eine Verschwörung der Sklaven waren damit günstiger als anderswo: Eine große Menge von Unfreien einerseits, andererseits eine relativ homogene Gruppe, die sich mühelos untereinander verständigen konnte. Tatsächlich verschworen sich viele dieser Unfreien gegen ihre Herren. Sie schickten sogar Eingeweihte in benachbarte Städte, um auch dort Unruhe unter den Sklaven zu schüren. Ziel ihrer geheimen Beratungen war: An einem bevorstehenden Festtag, wenn die meisten Freien den Schauspielen beiwohnen würden, die Stadt gewaltsam in ihre Hand zu bringen und danach auch noch andere Orte zu besetzen.

Es waren Verräter aus den eigenen Reihen, die die Verschwörung anzeigten und damit zum Scheitern brachten, bevor es überhaupt zu einer Aktion gekommen war. Zwei Sklaven wandten sich an einen

Prätor in Rom und informierten ihn genauestens über die Pläne der Verschwörer.

Der Beamte schätzte die Lage offensichtlich als äußerst bedrohlich ein. Er erstattete dem Senat unverzüglich Bericht und zog mit einer eilig aus Zivilisten zusammengewürfelten Armee von zweitausend Mann nach Setia. Die Sklaven wurden durch die plötzliche Ankunft dieser Truppe völlig überrumpelt; ihre Anführer konnten sich der Verhaftung nicht mehr entziehen. Das einzige, was vielen Unfreien in dieser verfahrenen Situation übrigblieb, war die Flucht. Aber auch diejenigen, die diese Möglichkeit nutzten, wurden später ergriffen. Noch bevor die Sklaven selbst hatten aktiv werden können, war die Verschwörung aufgedeckt worden.

Die Bilanz des Freiheitsstrebens der Sklaven von Setia: 2500 Verschwörer wurden getötet, eine noch größere Zahl ins Gefängnis geworfen und in Ketten »von nicht geringerem Gewicht als zehn Pfund« gelegt. Über das weitere Schicksal der Verhafteten erfahren wir nichts. Wahrscheinlich wurden die meisten nach Beendigung der gerichtlichen Untersuchungen ihren Eigentümern zurückgegeben. Die Freien waren noch einmal mit dem Schrecken davongekommen.[1]

Waren die Sklaven von Setia über das Planungsstadium noch nicht hinausgekommen, so hatten die aufständischen Sklaven in Etrurien zwei Jahre später (196 v. Chr.) zumindest in dieser Hinsicht größeren Erfolg. Wie ihre Erhebung sich im einzelnen abgespielt hat, ist nicht überliefert. Immerhin scheint es ihnen bereits gelungen zu sein, sich zusammenzurotten und zu einer ernsten Herausforderung für die Sklavenbesitzer zu werden. In Rom wurde die Nachricht der Sklavenverschwörung in Etrurien jedenfalls so ernst genommen, daß ein Prätor mit einer ganzen Legion – sechstausend Mann – in das Krisengebiet entsandt wurde. Offenbar gelang es den Sklaven, sich eine Zeitlang zu wehren. Nur so erklärt sich der von Livius gebrauchte Ausdruck, daß der römische Feldherr einen Teil der Sklaven »im Kampf besiegt« habe.[2]

Auch hier eine für die Aufständischen deprimierende Bilanz: Erreicht hatten sie nichts, aber viele von ihnen mußten ihr Aufbegehren mit dem Leben bezahlen. Zumal die Anführer der Verschwörung durften von Rom keinen Pardon erwarten; sie wurden ausgepeitscht und ans Kreuz geschlagen. Weniger »belastete« Sklaven mußten wieder Dienst bei ihren Herren tun.

Im süditalischen Apulien ereignete sich rund zehn Jahre später erneut ein bedeutender Sklavenaufstand (185 v. Chr.). Dort waren es vor allem unfreie Hirten, die das ganze Gebiet durch Übergriffe und räuberische Aktionen unsicher machten. Wiederum wurde in Rom die Gefahr erkannt und ein Prätor mit militärischer Macht gegen die aufständischen Hirten geschickt.

Tatsächlich zeigen die Zahlen, daß die Erhebung große Teile der Sklavenschaft in Apulien erfaßt hatte: Nicht weniger als siebentausend Unfreie wurden verurteilt, viele von ihnen hingerichtet.[3] Überhaupt scheint Apulien damals eine Art Widerstandsnest gewesen zu sein, in dem flüchtige Sklaven, aber auch polizeilich gesuchte Freie aus anderen Gebieten Italiens Unterschlupf gefunden hatten. Bei seinem Unternehmen gegen die aufbegehrenden Sklaven fiel dem römischen Feldherrn damals jedenfalls auch eine ganze Reihe solcher Leute in die Hände.[4]

Die Vorgänge in Etrurien und in Apulien hätten den Sklavenbesitzern die Augen öffnen müssen. Auf der einen Seite der ständige Zustrom neuer Sklavenmassen nach Italien und die harte Behandlung dieser Menschen, auf der anderen Seite gerade im Bereich der Landwirtschaft und vor allem in der Viehzucht ein vergleichsweise großer Spielraum für die Sklaven, die zum Schutz der Herden vor Raubtieren oder Dieben teilweise sogar bewaffnet waren: Diese Kombination führte immer mehr dazu, daß manche Gebiete Italiens gleichsam zu sozialen Pulverfässern wurden, die schließlich durch einen einzigen Funken explodieren konnten.

Wegelagerer aus Not

Die erste dieser großen Explosionen ereignete sich in Sizilien, wo in den Jahren 135–132 ein regelrechter Krieg zwischen aufständischen Sklaven und römischen Truppen tobte.

Der Aufruhr war deshalb von solch elementarer Gewalt und riß folglich Zehntausende von Unfreien – freilich keineswegs die Gesamtheit aller Sklaven auf Sizilien! – mit sich, weil die Herren von unglaublicher Arroganz waren, die Menschenwürde ihrer Sklaven mit Füßen traten und aus falsch verstandenem eigenen Interesse Zustände duldeten, die kaum noch als zivilisiert zu bezeichnen waren.

Das räumen selbst die antiken Autoren ohne Umschweife ein. Und wenn auch der moralisierende Unterton in der Schilderung des Diodor, unserer Hauptquelle für die Ereignisse auf Sizilien, störend wirkt, so sind die von ihm mitgeteilten Fakten sicher glaubwürdig.

Danach war folgendes geschehen. Die sizilischen Grundbesitzer waren zu immer größerem Wohlstand gelangt. Sie kauften riesige Sklavenmengen auf und setzten sie im Ackerbau und in der Weidewirtschaft ein. Jeder gekaufte Sklave erhielt sofort ein Brandzeichen – eine Demütigung, die meistens nur als Bestrafung entlaufener und wieder aufgegriffener Sklaven üblich war.

Auf größtmöglichen Profit bedacht, waren viele Großgrundbesitzer nicht einmal bereit, die Grundbedürfnisse ihrer Sklaven zu erfüllen. Sollten sich die Unfreien ihre Nahrung und Kleidung doch selbst beschaffen! Man faßt es kaum. Aber nicht wenige dachten wirklich so und nahmen die Konsequenzen durchaus in Kauf.

Und die Konsequenzen sahen so aus: Insbesondere unfreie Hirten schlossen sich zu regelrechten Räuberbanden zusammen, die – zunächst aus purer Not, dann wohl auch aus Habgier – Überfälle verübten, Reisende ausplünderten und ermordeten und ganze Gebiete terrorisierten. Es waren rauhe, verwegene Burschen, die da Jagd auf Beute machten, und entsprechend erfolgreich waren ihre Räubereien und Übergriffe.[5]

Das alles geschah notabene mit stillschweigender Billigung der Sklavenbesitzer; ja, es war durch deren Geiz geradezu provoziert worden. Auch von behördlicher Seite erfolgte keine Reaktion auf diese Mißstände. Die römischen Beamten taten gar nichts. Sie schritten nicht ein, weil es zwischen der Exekutive und der Rechtsprechung einerseits und den Großgrundbesitzern andererseits Verfilzungen gab, die jede energische Aktion vereitelten. Denn viele unter den Großagrariern waren römische Ritter, und die besaßen die Mehrheit in den Gerichtshöfen, die gegebenenfalls über Klagen gegen die Amtsführung der Magistrate befanden. Unter diesen Umständen war es für keinen Beamten ratsam, sich mit der einflußreichen Ritterschaft anzulegen ...[6]

»Es ist diese Mischung von Gewalt und Schwäche«, urteilt J. Vogt in seiner grundlegenden Untersuchung über die »Struktur der antiken Sklavenkriege«, »dieses Nebeneinander von Staatlichkeit und Illegalität, was ein revolutionäres Klima geschaffen hat.«[7]

Dies ist der eine Aspekt. Der andere betrifft die tagtägliche Grausamkeit der Herren im Umgang mit ihren Sklaven. Man mißhandelt sie ohne Grund, man verspottet sie und mißbraucht sie als unfreiwillige Komiker, man wirft ihnen »großzügig« Leckerbissen vom Speisesofa aus zu und gibt ihnen auf tausenderlei Arten zu verstehen, daß man sie für »Untermenschen« hält. Kurz, man benimmt sich ihnen gegenüber so, daß geradezu als geflügeltes Wort aufkommen konnte, »man habe so viele Feinde wie Sklaven«.[8]

Die Sklaven schlagen zurück

Genau dieses Klima im Verhältnis zwischen Freien und Unfreien herrschte um 135 v. Chr. auf Sizilien. Viele Sklaven müssen von abgrundtiefen Haßgefühlen und Rachegedanken gegenüber ihren Peinigern erfüllt gewesen sein. Nur so erklärt sich, daß ein vergleichsweise geringfügiger Anlaß ausreichte, um einen gewaltigen Aufstand zu entfesseln.

Ein gewisser Damophiles aus der im Zentrum Siziliens gelegenen Stadt Enna hatte sich in der unmenschlichen Behandlung seiner Sklaven besonders hervorgetan. Höchstens seiner Frau Megallis gelang es, mit ihm darin zu konkurrieren. Schließlich hatte die Erbitterung der malträtierten Unfreien einen Grad erreicht, daß sie Gedanken an Aufruhr und gewaltsame Selbstbefreiung offen untereinander äußerten. Sie beschlossen, zu revoltieren und ihre Herren zu töten. Um schlagkräftiger zu sein, sprachen sie andere Unfreie an. Binnen kurzem hatten sie vierhundert Mann beisammen. Mit Waffen, Knüppeln und allen möglichen Geräten, die im Kampf hilfreich sein konnten, zog der Trupp der Aufrührer nach Enna.

An ihrer Spitze stand Eunus, ein syrischer Sklave, der wegen seiner Zauberkunststücke und vor allem wegen seiner vermeintlichen Sehergabe über großen Einfluß bei seinen Mitsklaven verfügte. Von ihm strahlte offenbar ein gewisses Charisma aus, das ihn zum Anführer der Erhebung qualifizierte.

Das Vertrauen in Eunus war groß. Aufgrund seiner Prophezeiung, die Götter stünden auf seiten der Aufständischen und würden ihnen den Sieg über ihre Herren geben, wagten vierhundert unzulänglich bewaffnete Sklaven den Angriff auf Enna. Eunus war ihr geistiger, nicht ihr »militärischer« Anführer. Für sich selbst hatte er stets – zur großen Belustigung seines Herrn und dessen Bekannten – geweissagt, er werde dereinst König sein. Nun sollte er kurz vor seinem Ziel stehen.

Wahrscheinlich ist den Sklaven das Überraschungsmoment voll zugute gekommen. Jedenfalls ist von einem nennenswerten Widerstand der Sklavenbesitzer nichts überliefert, als sie zu mitternächtlicher Stunde durch den Überfall unsanft geweckt wurden. Die Aufständischen brachten die Stadt rasch unter ihre Kontrolle. Der lang aufgestaute Haß entlud sich in einer Welle von Grausamkeit. Überall floß Blut, selbst Kleinkinder sollen von der Mutterbrust weggerissen und zu Boden geschleudert worden sein. Männer wurden abgeschlachtet, Frauen vergewaltigt. Von überall her erhielten die vierhundert Zulauf, und mancher Sklave nutzte die Gunst der Stunde, um mit seiner Herrschaft abzurechnen.[9]

Der Bericht des Diodor über diese gräßlichen Ereignisse macht nicht den Eindruck bloßer Greuelpropaganda. Er verzeichnet im Gegenteil auch Gesten der Milde und Nachsicht. Daß gleichwohl zumindest in den ersten Tagen nach dem Sieg Terror die Stadt regierte und mancher Sklavenschinder der Rache zum Opfer fiel, liegt ganz in der Psychologie der Situation und bedarf keiner schönfärberischen Umschreibung.

Ein Sklavenstaat im Herzen Siziliens

Doch drängte sich gleich die Frage auf, wie es weitergehen sollte. Eunus findet überraschend schnell eine Antwort darauf. Er läßt sich zum König wählen, nimmt den Herrschernamen Antiochos an und nennt das Volk der Aufständischen »Syrer«.[10] Seine Frau erhebt er zur Königin, und er selbst legt das Diadem und die Insignien des Herrschers an. Er beruft einen königlichen Beraterstab, umgibt sich mit einer Leibgarde von nicht weniger als tausend Mann und unterhält einen Hofstaat, als deren Mitglieder ausdrücklich ein Koch, ein Bader und ein Spaßmacher genannt werden.[11] Auch verzichtet der neue König nicht darauf, eigene Münzen zu prägen. Das Britische Museum und das Museum von Syrakus haben in ihren Sammlungen je eine kleine Bronzemünze mit der Aufschrift BASI ANTI (= Basileus Antiochos, König Antiochos). Experten weisen diese Stücke tatsächlich der Münzprägung des ehemaligen Sklaven Eunus zu.

Mit anderen Worten: Im Herzen Siziliens etabliert sich im Jahre 135 v. Chr. eine typisch hellenistische Monarchie, eine geradezu verblüffende Kopie des kleinasiatischen Seleukidenstaates. Inmitten der römischen Umwelt existiert ein kleines östlich geprägtes »Staatswesen«, dessen Oberhaupt ebenso wie seine Untertanen Sklaven sind, die sich mit Waffengewalt die Freiheit erstritten haben.

Welche langfristigen Ziele die Erhebung ansteuerte bzw. ob es außer der Befreiung und der Verteidigung der errungenen Erfolge überhaupt andere Ziele gegeben hat, wissen wir nicht. Wohl aber ist eines ganz deutlich erkennbar: die Entschlossenheit der Aufständischen,

Sizilien zur Zeit der Sklavenkriege

sich gegen die ihnen bevorstehenden Angriffe der Römer mit allen Mitteln zur Wehr zu setzen.

Darauf zielen alle weiteren Maßnahmen ab, die Eunus mit großer Umsicht und Energie vorantreibt. Nach wenigen Tagen verfügt er schon über sechstausend Krieger, die zwar noch ungenügend ausgerüstet sind, aber trotzdem eine schlagkräftige Truppe darstellen. Der Zulauf wird immer größer. Wieder einige Tage später ist das Heer schon auf 10000 Mann angewachsen. Und auch Waffen stehen jetzt wahrscheinlich schon in ausreichender Zahl zur Verfügung. Eunus' Anordnung, alle in Rüstungsbetrieben beschäftigten Freien von Übergriffen zu verschonen, erweist sich als äußerst sinnvoll, denn sie produzieren für den neuen Staat die dringend benötigten Waffen.[12]

Unerwartete Erfolge

Die Lage dreißig Tage nach Ausbrechen des Aufstandes: Im Südwesten Siziliens tritt ein anderer Sklave gleichsam in die Fußstapfen des Eunus. Kleon, ein gebürtiger Kilikier, schart rund fünftausend Sklaven um sich und erobert Agrigent. Damit ist eine zweite bedeutende Stadt Siziliens in der Gewalt aufständischer Unfreier.

Freilich: Kleon ist von ganz anderem Schlage als Eunus. Seine Welt ist die des Kampfes, der Gewalt. Er galt schon vorher als übler Wegelagerer und Bandit, der vor Raub und Mord nicht zurückschreckte und der bereits in seiner kleinasiatischen Heimat ein Leben als Räuberhauptmann geführt hatte.[13]

Die Spekulationen der Freien richten sich genau auf diese Unterschiede zwischen den beiden mächtigen Männern der Erhebung. Man hofft, daß die beiden in Streit geraten und sich ihre Anhängerschaften gegenseitig umbringen werden – für die Sklavenhalter gewiß die »sauberste Lösung« des Problems.

Aber nichts dergleichen geschieht. Wer mit einem erbitterten Tauziehen zwischen Eunus und Kleon um den Vorrang gerechnet hat, sieht sich bald enttäuscht. Kleon ordnet sich dem König des neuen Staates freiwillig unter. Er ist bereit, seinem Herrscher als Generalissimus zu dienen.[14]

Als Folge dieser Verbrüderung schwillt der Strom der Sklaven von Tag zu Tag mehr an, die ihren Herren davonlaufen und sich auf die Seite der Aufrührer schlagen. Auf dem Höhepunkt der Bewegung sollen nicht weniger als 200000 Unfreie den Fahnen des Eunus gefolgt sein.[15]

Eine gewaltige Zahl. Viele Forscher bezweifeln, daß sie richtig ist. Sie halten diese Angabe für übertrieben. Immerhin dürfte sicher sein, daß die Zahl der Aufständischen mehrere Zehntausend Mann umfaßt hat. Mit seiner Angabe »70 000« dürfte der römische Historiker Livius im Bereich des Realistischen liegen.[16]

Allerdings: Es hat trotzdem noch genug Sklaven gegeben, die *nicht* zu Eunus übergegangen sind. Und ein Zweites: Von einer Solidarität zwischen Sklaven und freien Proletariern der sizilischen Städte kann genauso wenig die Rede sein. Die unterprivilegierten Freien nutzten zwar die Gelegenheit zu Plünderungen und Brandschatzungen auf den Gütern der Reichen, aber sie machten in keiner Phase des Aufstandes gemeinsame Sache mit den Sklaven.[17]

Im Laufe der nächsten Monate brachten die Truppen des Eunus weitere Gebiete Siziliens in ihre Gewalt, unter anderem auch die Stadt Tauromenium (Taormina). Die römischen Legionen, die gegen die Sklaven eingesetzt wurden, waren zunächst machtlos. In mehreren Schlachten behielten die Aufrührer die Oberhand. Man stelle sich die ungeheure Wirkung dieser Erfolge auf die Moral der Sklaven vor, konnten sie sich doch rühmen, selbst den sieggewohnten Heeren der Römer getrotzt zu haben!

Niederlage nach verzweifeltem Widerstand

Die Wende kam im Jahre 132. Damals ging der römische Feldherr P. Rutilius mit verstärktem Aufgebot gegen das von Sklaven besetzte Tauromenium vor. Er umgab die Stadt mit einem undurchdringlichen Belagerungsring. Die Eingeschlossenen wußten, was sie bei einem Erfolg der Römer erwarten würde. Und so hielten sie bis zum bitteren Ende durch. Erst als sich Hungersnot und Kannibalismus in der Stadt ausbreiteten, erlahmte der Widerstand. Durch Verrat konnte Rupilius schließlich auch die Burg der Stadt erobern.

Die überlebenden Sklaven durften nicht auf Schonung hoffen. Man hatte mit aller Brutalität gekämpft. Die »Syrer« hatten gefangengenommene Römer erbarmungslos verstümmelt, hatten ihnen Hände und Arme abgehauen.[18] Entsprechend gnadenlos verfuhren die Römer mit den Gefangenen, die ja in ihren Augen ohnehin nur nichtsnutziges, davongelaufenes Sklavengesindel waren. Man marterte sie und stürzte sie dann von einem Felsen in den Tod.

Den nächsten Schlag führte Rupilius gegen Enna, wo sich die restlichen Truppen der Sklaven verschanzt hatten. Auch hier bestand sein Konzept im Aushungern der Gegner. Nur ein Ausfall hätte die Eingeschlossenen dem Würgegriff der Belagerung entziehen können. Kleon versuchte es mit einer Elitetruppe. Aber er scheiterte. Sein heldenhafter Tod wird gerühmt, doch vermochte er den Belagerten nicht zu nützen.[19]

Wieder war es Verrat, der den römischen Truppen das Eindringen in die sonst hervorragend zu verteidigende Festung ermöglichte. Eunus konnte zwar mit einem Teil seiner Krieger entkommen, doch ihre Lage war hoffnungslos. Viele, die das erkannten, ließen sich von ihren Kameraden töten. Eunus wurde lebendig ergriffen, starb aber kurze Zeit später im Gefängnis an einer Krankheit.

Damit war der Aufstand der sizilischen Sklaven zusammengebrochen. Für die römischen Truppen war es ein leichtes, die versprengten Reste der einst so stolzen Sklaven-Streitmacht im Laufe der Zeit aufzuspüren und gefangenzunehmen.

Und doch: Mehr als zwei Jahre hatte die Monarchie des syrischen Unfreien Eunus existiert. Zwei lange Jahre hindurch hatten die Freien auf der Insel bangen müssen, bis der »Spuk« endlich vorbei war. Waren sie schließlich auch der Übermacht unterlegen und hatten etliche für ihr Aufbegehren mit dem Tode oder schlimmer Bestrafung büßen müssen, so dürfte das Selbstwertgefühl vieler Unfreien durch das Intermezzo des Sklavenstaates von Enna doch großen Auftrieb erfahren haben. Angesichts der sonst im Altertum so verbreiteten Verachtung der Sklaven muß es als großer moralischer Erfolg der Aufständischen gewertet werden, daß antike Historiker ihr Handeln mit vergleichsweise großem Verständnis kommentiert haben.

Natürlich konnten die unmittelbar Betroffenen davon noch nichts wissen. Daß aber ihre Erhebung nicht ganz umsonst war, zeigte das Echo ihrer Aktionen in anderen Teilen der römischen Welt.

Der Funke springt über

Denn dies gehört sicher zu den bemerkenswertesten Begleiterscheinungen und Auswirkungen des 1. Sizilischen Sklavenkrieges: Auch in anderen Städten gärte es unter den Sklaven. Niemand konnte völlig verhindern, daß jene Anfangserfolge der Aufständischen in Sizilien sich auch anderswo in Sklavenkreisen herumsprachen. Gerade die Durchschlagskraft der sizilischen Erhebung ließ auch dort die Hoffnung aufkeimen, daß ähnliche Aufstände glücken könnten.

In Rom selbst wurde eine Sklavenverschwörung relativ schnell unterdrückt. In Minturnae und Sinuessa, Städten im Grenzgebiet zwischen Latium und Kampanien, gelang es den Römern nur durch Einsatz von Militär, Erhebungen der Sklaven blutig niederzuschlagen. Nicht weniger als viertausend Mann zählte das Heer der bei Sinuessa Besiegten. Im benachbarten Minturnae statuierten die Römer zur Abschreckung ein grausames Exempel, indem sie 450 Aufständische ans Kreuz schlugen.[20]

Trotz aller Repression konnten sie es nicht verhindern, daß die Wogen des sizilischen Aufstandes bis nach Griechenland gelangten und auch dort Unruhe unter den Unfreien auslösten. In Delos, dem Zentrum des Sklavenhandels in der damaligen Zeit, rebellierte ein Teil der Unfreien gegen ihre Herren. Und auch in den Silberbergwerken von Laureion brach eine Erhebung aus.

Keine der beiden Aufstandsbewegungen hatte auch nur annähernd so großen Erfolg wie die auf Sizilien. Beide Rebellionen wurden in kurzer Zeit niedergeworfen. Dennoch waren diese an verschiedenen Orten der Alten Welt fast gleichzeitig aufflammenden Sklavenaufstände in ihrer Massivität beeindruckend. Mancher Sklavenbesitzer mag erschrocken registriert haben, von welch unbändigem Freiheitswillen diese Aktionen getragen waren.

Eine »rote Internationale« des Altertums?

Modernen Historikern blieb es vorbehalten, die gewagte These von einer »roten Internationale« der Unfreien aufzustellen. Sollte es wirklich hinter den Kulissen eine bewußte Koordination und Planung der Aufstandsbewegungen gegeben haben?

Eine faszinierende Theorie, gewiß. Aber sie findet in den Quellen keinerlei Stütze. Das einzige Argument, das hier sticht, ist die Gleichzeitigkeit der Rebellion in Sizilien, Italien und Griechenland. Bei genauerer Betrachtung trifft jedoch diese Annahme nicht direkt zu. Es läßt sich einigermaßen sicher rekonstruieren, daß die sizilische Bewegung den Anfang gemacht hat. Sie löste die Aufstände an anderen Orten aus. Erst als die Nachricht vom erfolgreichen Losschlagen der Sklaven in Enna und Agrigent durchgesickert war, griffen auch anderswo die Unfreien zu den Waffen.

Wie dabei die Nachrichtenübermittlung funktionierte, hat J. Vogt anschaulich dargelegt. Zum einen waren die sizilischen Häfen, von denen die Aufständischen einige unter ihre Kontrolle bekommen hatten, wichtige Umschlagplätze im Verkehr zwischen Italien und dem Osten. Daß in diesen Häfen nicht nur Güter gelöscht, sondern auch Nachrichten und Neuigkeiten ausgetauscht wurden, ist nicht verwunderlich. Schon diese Kontakte allein reichen aus, um das Bekanntwerden der Vorgänge auf Sizilien in anderen Städten und Ländern zu erklären. Hinzu kommt ein weiterer speziellerer Gesichtspunkt, den Vogt hat aufzeigen können: »Das Nachrichtenwesen der Griechen und Römer wurde großenteils mit Hilfe von Sklaven gehandhabt. Die Läufer und Briefboten sowohl der Ämter als auch der Privaten waren zumeist Sklaven und Freigelassene, qualifizierte Leute, die lesen und schreiben und sich auf den Wegen zurechtfinden konnten (. . .). Es ist doch selbstverständlich, daß diese Meldegänger auf den belebten Bahnen des Nachrichtendienstes von Rom nach Sizilien, von Rom nach Athen und Asien die Neuigkeiten, die ihren eigenen Stand betrafen, wie wandelnde Zeitungen durch die Länder und Meere trugen. Menschenansammlungen bei Festen, Spielen und Märkten halfen mit, die Nachrichten in die Fabriken und Bergwerke und auf die Gutshöfe zu befördern.«[21]

So anregend und »romantisch« die Vorstellung von einer Internationale der Sklaven als geheim operierende Instanz im Hintergrund auch sein mag – mit der historischen Wirklichkeit hat das alles nichts zu tun. Entsprechend geringe Resonanz haben derartige Theorien heutzutage bei den Wissenschaftlern in Ost und West – wobei nicht verschwiegen werden soll, daß weniger marxistische als vielmehr »bürgerliche« Althistoriker diese Gedanken in den ersten Jahrzehnten unseres Jahrhunderts in Umlauf gebracht haben.

Aristonikos: Vom Kronprätendenten zum Sozialrevolutionär

Die Sklavenerhebungen in Rom, Minturnae und Sinuessa, in Attika und Delos: Das alles waren nach einem Worte des spätantiken christlichen Schriftstellers Orosius Funken gewesen, die aus dem sizilischen Brandherd nach Norden und Osten geflogen waren.[22] Auf eine andere Sklavenerhebung, die fast zur gleichen Zeit große Teile Kleinasiens erschütterte, trifft dieses Bild nicht zu. Dort führten andere Umstände zur Entstehung eines sozialen Krisenherdes, der die Sklavenbesitzer jener Regionen in Angst und Schrecken versetzte.

Gemeint ist der sogenannte Aufstand des Aristonikos. Schauplatz der Ereignisse war das Pergamenische Reich, das sich von der Ostküste der Ägäis bis zum Tauros-Gebirge in Nord-Süd-Richtung erstreckte – um die Mitte des 2. Jahrhunderts ein blühendes Land mit seinem prächtigen Königssitz Pergamon und vielen alten Griechenstädten von großem Namen: Smyrna, Ephesos, Magnesia am Mäander und Sardeis gehörten zum Reich der Herrscher von Pergamon.

Im Jahre 138 v. Chr. gelangte Attalos III. auf den Thron, ein bösartiger Tyrann, der nicht davor zurückschreckte, seine Freunde ermorden zu lassen, und der seine botanischen Experimente mit Giftpflanzen allemal den Regierungsgeschäften vorzog. Das heimtückische Testament, das er hinterließ und das am Anfang der ganzen Wirren stand, paßt hervorragend zu diesem Mann: Den Römern vermachte er nämlich das Königsland; den griechischen Städten auf pergamenischen Gebiet gewährte er dagegen die Autonomie.

Damit wurde der ohnehin schon stark ausgeprägte Gegensatz zwischen Stadt und Land noch weiter verschärft. Nach aller Erfahrung würden sich die Römer als die von Attalos eingesetzten Erben mit den Bürgern der Städte arrangieren – auf Kosten der ausgebeuteten Landbewohner.

Diese Erwägung muß der Mann in seine Überlegungen einbezogen haben, der nun auf den Plan trat. Aristonikos, ein Halbbruder des verstorbenen Königs, aus einer illegitimen Verbindung Attalos' II. mit einer Griechin aus Ephesos hervorgegangen, focht das Testament an und erhob Anspruch auf den pergamenischen Thron. Bei den Bürgern der griechischen Städte stieß er damit auf taube Ohren, zogen sie ihre Autonomie doch der Unterordnung unter einen neuen Herrscher vor.

Sobald er gemerkt hatte, daß er gleichsam auf juristisch-verfassungsmäßigem Wege keine Anerkennung fand, griff Aristonikos zu anderen Mitteln: Er wurde zum Sozialrevolutionär, der Sklaven und Hörige zum Freiheitskampf aufforderte und auch die unterprivilegierten Freien zu seinen Fahnen rief.

Faszination eines »Sonnenbürger«-Staates

Daß Aristonikos sich aus echter Überzeugung an die Spitze aller Unzufriedenen gestellt hat, ist unwahrscheinlich. Es war wohl eher ein kluger taktischer Zug, mit dessen Hilfe er die Herrschaft im Pergamenischen Reich an sich reißen wollte. Immerhin: Nachdem er einmal soweit gegangen war, machte er ernst. Sein Programm ergibt sich zumindest in groben Konturen aus dem Namen, den er seinen Untertanen gab. Er nannte sie Heliopoliten, »Bürger des Sonnenstaates«.[23]

Helios, der Gott der Sonne, galt als Garant für Gerechtigkeit. Und das war sicherlich programmatisch für den neuen Staat des Aristonikos, der auf sozialen Ausgleich, auf Überwindung starrer gesellschaftlicher Strukturen, Befreiung der Sklaven und Verbesserung des Lebensstandards der freien Proletarier gerichtet war. Ob Aristonikos allerdings ein wirklicher kommunistischer Staat mit gleichen Rechten für alle und Nivellierung *aller* sozialen und finanziellen Unterschiede zwischen den Bürgern vorschwebte, darf bezweifelt werden. Der einzige utopische Entwurf des Altertums, in dem derartige Vorstellungen entwickelt werden, der »Sonnenstaat« des Jambulos, läßt sich wohl nicht mit der »Heliopolis« des Aristonikos in Verbindung bringen.

Man kann sich unschwer denken, wie attraktiv die Parolen, die der Thronprätendent auf seine Fahnen geschrieben hatte, auf Zehn- und Hunderttausende von Menschen wirken mußten, die nur die Schattenseiten des Lebens kennengelernt hatten. Aristonikos erhielt ungeheuren Zuzug; die Mächtigen der angrenzenden kleinasiatischen Reiche und Fürstentümer hatten allen Grund zu der Befürchtung, der revolutionäre Funke könne auch auf ihre Länder überspringen.

Im Jahre 133 v. Chr. hatte Aristonikos seinen Kampf begonnen. Noch drei Jahre später fürchteten ihn seine Nachbarn, aber auch die Römer als ernstzunehmenden Gegner. Trotz aller militärischen Erfolge erreichte er sein wichtigstes Ziel nicht: Die meisten Städte waren nicht bereit, gemeinsame Sache mit den »Heliopoliten« zu machen. Die Bourgeoisie versprach sich nichts von einem Paktieren mit dem Prätendenten. Man wollte sich die Römer nicht zu Feinden machen.

Und damit die unteren sozialen Schichten bloß nicht auf den Gedanken kamen, mit Aristonikos zu sympathisieren, eiferte man geradezu um die Wette mit ihm, wenn es um Erleichterungen und Vergünstigungen für diese Gruppen ging. Aus Pergamon ist ein Volksbeschluß aus dem Jahre 133 erhalten, der bisher benachteiligten Gruppen eine deutliche Aufwertung ihres juristischen und gesellschaftlichen Status gewährte. Offensichtlich hatte man blitzschnell auf die Propaganda des Aristonikos reagiert, indem man seinen Versprechungen Tatsachen entgegenstellte.[24]

Die Truppen des Aristonikos waren nun von Feinden umringt. Einige Zeit lang wehrten sie sich tapfer gegen die Übermacht. Was die Heere der anderen Könige Kleinasiens nicht vermocht hatten, brachten schließlich die römischen Legionen unter dem Oberbefehl des Feldherrn M. Perperna zustande. Im Jahre 130 v. Chr. ließ Aristonikos sich überrumpeln, wurde in der Stadt Stratonikeia eingeschlossen und schließlich wegen Wasser- und Nahrungsmangels zur Kapitulation gezwungen.

Der Herrscher über die »Heliopoliten« geriet lebendig in die Hände der Sieger. Sie schafften ihn nach Rom, wo er ein Jahr später im Gefängnis erdrosselt wurde.

Seine Gefolgsleute, Freie wie Unfreie, gaben sich nicht ohne Kampf geschlagen. Noch hatten sie einige Festungen in ihrer Gewalt. Erst ein unglaublich übler Schachzug des römischen Feldherrn Aquilius brach ihren Widerstand. Er ließ kurzerhand das Trinkwasser der von den Aufständischen besetzten Städte vergiften – eine Maßnahme, die der römische Geschichtsschreiber Florus als unerhörte Schande für die römischen Waffen geißelt, als »schmutzigen Trick, der wider göttliches Recht und die Praxis der Vorfahren angewandt wurde«.[25]

Damit war – unter großen Mühen – auch die von Aristonikos begonnene Bewegung der pergamenischen Sklaven blutig unterdrückt worden. Die Vehemenz des Aufstandes, die Erfolge des Aristonikos, der als Sozialrevolutionär einen ungeahnten Zulauf nicht nur von Sklaven, sondern auch von Freien gehabt hatte, und die ungeheure Entschlossenheit der »Sonnenbürger«, für ihre neue Ordnung mit aller Kraft einzustehen: All das waren kaum zu übersehende Warnsignale, die die tiefe Kluft zwischen reich und arm, frei und unfrei anzeigten. Die Römer freilich hatten nichts Eiligeres zu tun, als in die Provinz Asia, die sie aus einem Teil ihres pergamenischen Erbes gebildet hatten, habgierige Beamte und nicht minder profitorientierte Steuerpächter zu schicken. Unterdrückung und Ausbeutung waren damit die einzigen Antworten Roms auf die Herausforderung des Aristonikos.

Nicht viel anders war die Reaktion der Sklavenhalter auf die Erhebungen der Unfreien in Sizilien und Italien ausgefallen. Immer wieder kam es, vor allem in Kampanien, wo die Konzentration von Sklaven besonders hoch war, zu Aufständen, die aber rasch niedergeschlagen wurden.[26] Kaum jemand nahm diese immer wieder in Aktionen der Empörung und Verzweiflung ausbrechende Unruhe unter den Sklaven zum Anlaß, um über das Verhältnis zwischen Freien und Unfreien oder auch über die Wirtschaftsstruktur nachzudenken.

Die Quittung für ihr uneinsichtiges Verhalten und die mangelnde Bereitschaft, aus dem 1. Sizilischen Sklavenkrieg Lehren zu ziehen, erhielten die Sklavenbesitzer im Jahre 105 v. Chr. Wiederum war es Sizilien, wo eine gewaltige Erhebung ausbrach.

Die tieferen Ursachen dieser Sklavenrevolte unterschieden sich kaum von denen des ersten Aufstandes. Unmittelbarer Anlaß war das Verhalten des römischen Prätors. Der Senat hatte allen Statthaltern die Freilassung von Menschen befohlen, die widerrechtlich der Sklaverei zum Opfer gefallen waren. Sobald dieser Erlaß in Sizilien bekannt wurde, meldeten sich etliche Unfreie, die von dieser Regelung betroffen waren. Binnen weniger Tage konnten mehr als achthundert Personen den Nachweis erbringen, daß sie zu Unrecht versklavt worden waren.

Der zuständige Prätor mußte sie freilassen. Von Tag zu Tag aber geriet er unter stärkeren Druck von seiten der Sklavenbesitzer. Entweder aus Furcht vor der Rache der mächtigen Großgrundbesitzer oder aufgrund hoher Bestechungsgelder beendete der Statthalter die Aktion abrupt.[27]

Hunderte von Sklaven sahen sich in ihrer Hoffnung getäuscht. Vor dem Hintergrund schon lange schwelender Unzufriedenheit gab der aktuelle Anlaß den Ausschlag: Erneut verschworen sich in mehreren Gegenden Siziliens die Sklaven gegen ihre Herren. Ihr Ziel: die ihnen vorenthaltene Freilassung nunmehr auf gewaltsamem Wege durchzusetzen. Daß sich dieser Bewegung auch Sklaven anschlossen, die nicht unter den Erlaß des römischen Senats gefallen wären, ist klar. Ihr Weg in die Freiheit konnte ohnehin nur über den bewaffneten Kampf führen.

Die ersten Schritte der Erhebung waren fast die gleichen wie rund dreißig Jahre zuvor. Einige Sklaven rotteten sich zusammen, töteten ihre Herren und riefen andere Standesgenossen zu den Waffen. Die erste Revolte ereignete sich in der Nähe von Syrakus; doch gelang es dem römischen Prätor Nerva dank der ihm eigenen Perfidie und eines schmählichen Verrats durch andere Unfreie, die Aufständischen rasch zu schlagen.[27a]

Größeren Erfolg hatte die Aufstandsbewegung der Sklaven in der Nähe der Stadt Herakleia Minoa. Hier, im Südwesten der Insel, nutzten die Unfreien das Überraschungsmoment voll aus. Bevor Nerva mit einer kleinen Truppe an Ort und Stelle war, hatte die Erhebung schon um sich gegriffen. Taktische Fehler des römischen Feldherrn führten dazu, daß sich weitere Unfreie dem Aufstand anschlossen. Als den Sklaven gar noch ein Sieg über die Truppen Nervas gelang, brachen alle Dämme. Zu Tausenden eilten die Unfreien in das Lager der Aufständischen. Von etwa achtzig Sklaven, die die Revolte entfesselt hatten, war ihre Zahl in wenigen Tagen auf sechstausend hochgeschnellt.[28]

Der nächste Schritt der Aufständischen galt dann der Organisierung des Widerstandes. In einer Versammlung wählten sie Salvius, der bisher als Zukunftsdeuter und Flötenspieler bekannt geworden war, zu ihrem König. Als Herrscher nannte er sich fortan »Tryphon«, möglicherweise in Anlehnung an das Vorbild eines syrischen Usurpators.[29]

Tryphon teilte seine Truppen in drei Teile und ließ sie in verschiedene Richtungen ausschwärmen. Auf diese Weise erreichte er tatsächlich, was er beabsichtigt hatte: Den Sklaven fiel eine immense Beute in die Hände. Überdies erhielten sie zusätzliche Verstärkung.

Daraufhin wähnten sie sich stark genug, die Stadt Morgantina zu erobern. Dieses Vorhaben scheiterte indes. Auch bei dieser Sklavenerhebung gelang es den Aufständischen nicht, die wichtigsten Städte in ihre Hand zu bekommen. Bemerkenswert daran war der Widerstand der städtischen Unfreien, sich ihren Standesgenossen anzuschließen. Die Sklavenhalter versprachen ihnen die Freilassung, falls sie sich loyal verhielten. Die Belagerer von Morgantina konnten somit nicht mit einer »Fünften Kolonnne« innerhalb der Stadtmauern rechnen und mußten ihr Vorhaben schließlich aufgeben. Die Treue der städtischen Sklaven wurde – auch dies wiederum typisch für die Kurzsichtigkeit der Herren – schlecht belohnt: Der römische Prätor verfügte kurzerhand die Nichtigkeit der Versprechungen – eine bittere Erkenntnis, die viele veranlaßte, nun doch zu den Aufständischen überzulaufen. Doch die Chance, Morgantina zu erobern, war bereits verspielt.

Immerhin hatte Tryphon die Schlagkraft seiner Truppen überzeugend unter Beweis gestellt, als er das römische Aufgebot angriff und in die Flucht schlug. Über sechshundert Gegner mußten dabei ihr Leben lassen; weitere viertausend wurden gefangengenommen. Die Lage der Aufständischen war keineswegs schlecht. Zwar war der Angriff auf Morgantina fehlgeschlagen, doch waren sie unbestritten die Herren des flachen Landes. Mochte eine Schlacht verloren sein, der Ausgang des Krieges war nach wie vor offen.[30]

Inzwischen war im Westen der Insel ein neuer, in den Augen der Sklavenhalter höchst gefährlicher Aufstandsherd entstanden. In der Gegend von Segesta und Lilybaeum hatte sich ein weiteres, rund 10 000 Köpfe zählendes Sklavenheer zusammengefunden. Sein Anführer war Athenion, ein aus Kilikien stammender Sklave. Auch er hatte sich zum König ausrufen lassen; auch er hatte mit Magie und Prophetie zu tun. Als bekannter Sterndeuter umgab auch ihn ein gewisses Charisma, und eben das gab – ähnlich wie bei Eunus-Antiochos und Salvius-Tryphon – den Ausschlag dafür, daß ihm das Kommando anvertraut wurde.

Über Athenions Programm weiß man ebensowenig Genaues wie über das des Eunus und des Tryphon. Ob er irgendwelche konkreten Pläne für die Zeit nach einem eventuell entscheidenden Sieg über die Römer gehabt hat, ist fraglich. Aus seinen Unternehmungen läßt sich jedenfalls nichts herauslesen. Sein Prinzip, nur die besten Kämpfer in seine Truppen einzureihen, die übrigen Aufständischen aber an ihren Arbeitsplätzen auf den Feldern und Weiden zu belassen, verrät Umsicht und einen gewissen Weitblick: Das Vorhandensein ausreichender Lebensmittelreserven war eine wesentliche Voraussetzung für einen Erfolg der Sklaven überhaupt. Über irgendwelche Vorstellungen hinsichtlich der künftigen Wirtschaftsstruktur sagen diese Maßnahmen nichts aus.[31]

Keine Aktionseinheit zwischen Sklaven und freien Proletariern

Dem Leser mancher marxistischen Darstellung drängt sich oft die Schlußfolgerung auf, Athenion habe eventuell einen Zusammenschluß von unterdrückten Sklaven und freien Proletariern beabsichtigt. So betont etwa A. W. Mischulin in einer weit verbreiteten Studie, daß »die freien Bauern in Massen zu den Aufständischen überliefen«.[32]

Diese Bemerkung ist, gelinde gesagt, mißverständlich. Von einer Aktionseinheit zwischen aufständischen Sklaven und freien Proletariern kann überhaupt keine Rede sein. Tatsache ist, daß manche armen Freien die Gelegenheit wahrnahmen und sozusagen im Windschatten der Sklavenerhebung ihren eigenen Vorteil suchten.

Ganze Banden von Freien machten einige Landstriche unsicher. Sie plünderten und raubten, vergewaltigten und mordeten. Kaum ein Städter wagte noch, den Schutz der Stadtmauern zu verlassen. Auf dem Lande regierten Willkür und Anarchie. Liest man Diodor – praktisch die einzige Quelle für dieses Geschehen – genau, so gewinnt man den Eindruck, daß zwar auch marodierende Sklaventruppen Schrecken und Furcht verbreiteten, daß aber der größte Terror von Banden freier Proletarier ausging.[33] Keinesfalls jedoch deutet irgend etwas darauf hin, daß auch nur Raubzüge gemeinsam organisiert worden wären, von übereinstimmenden politischen und wirtschaftlichen Zielsetzungen ganz zu schweigen.

Schenkt man Diodor Glauben, so setzten die Sklavenhalter auch in diesem Krieg große Hoffnungen auf eine Entzweiung der Anführer beider Bewegungen. So leicht aber machten es ihnen die Sklaven nicht. Obwohl er davon überzeugt war, die Sterne hätten ihm die Herrschaft über ganz Sizilien geweissagt, unterstellte sich Athenion dem Kommando des Tryphon. In der Folgezeit entbrannte zwar ein Streit zwischen dem König und seinem General, der daraufhin sogar für einige Zeit ins Gefängnis geworfen wurde, doch führten diese Mißhelligkeiten nicht zum Bruch zwischen den beiden Sklavenheeren.

Genau das Gegenteil trat ein. Teile der aufständischen Truppen vereinigten sich bei Triokala, einer kleinen, in der Nähe von Agrigent gelegenen Stadt. Sie eroberten den Ort und bauten ihn, obwohl er schon durch seine natürliche Lage eine gute Festung darstellte, zu einer schwer einnehmbaren Königsburg aus.

Trügerische Ruhe

Von dort aus regierte König Tryphon sein Sklavenvolk, dort schuf er sich einen Hofstaat und Beraterstab und schmückte sich mit Herrschaftsinsignien, die teils hellenistischen Monarchien entlehnt waren, teils auf römische Vorbilder zurückgingen.[34]

Zweifellos war die Erhebung bisher erfolgreich gewesen. Um so dringender stellte sich die Frage, wie es weitergehen sollte. Denn daß die Sklavenhalter nichts unversucht lassen würden, um ihre Herrschaft wiederherzustellen, war selbstverständlich. Das wußten auch die Aufständischen. Und da mußte es jedem klar sein, daß allein die Kontrolle großer Teile des offenen Landes und die Behauptung der Königsburg Triokala auf Dauer *keine* ausreichende Basis für einen wirkungsvollen Widerstand bieten würden.

Dennoch scheint Tryphon nicht an weitere Eroberungen gedacht zu haben. Die Dynamik der Erhebung war erlahmt. Aber lag das nur an der fehlenden Entscheidungsbereitschaft der Anführer?

Wohl kaum; sie mußten sich Sachzwängen beugen, die ihre Manövrierfähigkeit entscheidend einengten. Mehrfach hatten sie versucht, wichtige Städte zu erobern. Alle Unternehmungen aber waren fehlgeschlagen. Und auch mit der Solidarität aller Sklaven konnten sie nicht rechnen. Die imposante Zahl von mehreren Zehntausend »Untertanen« des Tryphon darf nicht darüber hinwegtäuschen, daß die Mehrheit der sizilischen Unfreien ihren Herren treu geblieben war. Vor allem die in den städtischen Haushalten beschäftigten Sklaven verhielten sich zurückhaltend bis ablehnend – ein Beweis für die sehr unterschiedliche persönliche Lage der einzelnen Sklaven.

Unter diesen Umständen war es nur eine Frage der Zeit, daß römische Truppen die Erhebung unterdrücken würden. Es spricht für die gute Organisation und Moral der Aufständischen, daß es Jahre dauerte, bis sie sich der Übermacht beugen mußten.

Blamage der römischen Militärmacht

Die wiederholten Niederlagen der auf Sizilien stationierten Truppen gegen die Sklaven mußten die Politiker in Rom alarmieren. Dort wurden die Vorgänge auf Sizilien denn auch argwöhnisch verfolgt. Trotz der Bedrohung durch die Germanenstämme der Kimbern und Teutonen im Norden wurde Lucius Licinius Lucullus mit einem Heer von 17 000 Mann nach Sizilien in Marsch gesetzt.

In offener Feldschlacht vermochten die Aufständischen den erfahrenen römischen Truppen nicht standzuhalten. Viele kamen im Kampf ums Leben; der größte Teil des Sklavenheeres ergriff schließlich die Flucht. Auch Tryphon selbst gab die Schlacht verloren und setzte sich nach Triokala ab. Die Reihen der Aufständischen waren stark gelichtet; über 20 000 Opfer waren zu beklagen – Grund genug für viele zur Resignation. Die Stimmen derer, die eine freiwillige Rückkehr zu den Herren forderten, mehrten sich.

Die Römer rückten bis Triokala vor, um die Festung ihrer Gegner zu belagern. Das Ende der Erhebung schien in greifbarer Nähe. Wider Erwarten wendete sich aber das Blatt noch einmal. Die Belagerer holten sich bei mehreren Angriffen blutige Köpfe, und Lucullus befahl schließlich den Rückzug. Man munkelte, daß dieser Entscheidung eine handfeste Bestechung zugrunde gelegen habe. In Rom wurde der Feldherr jedenfalls unter Anklage gestellt – und verurteilt. Näheres über das Ausmaß der Bestrafung und die Urteilsgründe ist nicht überliefert.[35]

Für die Sklaven bedeutete der Rückzug der Römer natürlich einen schon nicht mehr für möglich gehaltenen riesigen Erfolg. Die Moral war sofort wiederhergestellt und besserte sich noch zusehends, als im folgenden Jahr Unfähigkeit und Trägheit den neuen römischen Feldherrn daran hinderten, Erfolge gegen die Sklaven zu erringen.

Militärische Niederlage, moralischer Sieg

Das Jahr 101 aber sollte die Entscheidung bringen. Tryphon war inzwischen gestorben. Seine Nachfolge hatte Athenion angetreten, militärisch und organisatorisch wohl der Begabtere der beiden. Es scheint, als habe er sogar versucht, wieder selbst die Offensive an sich zu reißen. Er verübte einen Überfall auf Messana (Messina), der beinahe zur Eroberung der strategisch ungemein wichtigen Hafenstadt an der Straße von Sizilien geführt hätte.[36]

Gleichwohl unterlagen seine Truppen dem römischen Heer unter Führung des Konsuls C. Aquillius. Athenion fiel zusammen mit einem Großteil seiner Krieger. Damit war der Widerstand der Sklaven gebrochen. Aquillius brauchte nur noch kurze Zeit, um die Festungen der Aufständischen zu erobern und die versprengten Reste der Sklavenarmee aufzureiben.

Am Ende des 2. Sizilischen Sklavenkrieges, der die Insel vier Jahre lang – von 105 bis 101 v. Chr. – in Atem gehalten hatte, steht der Bericht über das heroische Ende der letzten tausend Aufständischen. Nach zähem Verteidigungskampf mußten auch sie aufgeben. Aquillius dachte sich eine Maßnahme aus, die die Bestrafung der »Aufrührer« und die Beliebtheitswerbung für den Feldherrn miteinander verbinden sollte. Unmittelbar unternahm er nichts gegen die Gefangenen, sondern schickte sie nach Rom, wo sie im Zirkus gegen wilde Tiere kämpfen sollten.

Die römische Plebs hätte dem »großzügigen« Feldherrn dieses »Vergnügen« gedankt. Die Sklaven aber waren nicht bereit, ihr Sterben zur Unterhaltung der Römer mißbrauchen zu lassen. Sie wählten einen anderen Weg, indem sie sich gegenseitig umbrachten.

In gewisser Weise war dieser Schlußpunkt symptomatisch für die ganze Erhebung. Er verdeutlicht noch einmal die letztlich beklemmende Ausweglosigkeit des ganzen Unternehmens. Er steht aber auch stellvertretend für den Mut und die Opferbereitschaft jener für uns anonymen Sklavenheere, die den Versuch gewagt haben, aus eigener Kraft das Joch der Sklaverei abzuschütteln.

Symbolgestalt für den Kampf der Unterdrückten

Theodor Mommsen, der große deutsche Altertumsforscher des 19. Jahrhunderts, nannte ihn, durchaus anerkennend, einen »großen Räuberhauptmann«, der seine Ziele »mit dem Mut eines Löwen« zu erreichen gesucht habe.[37]

Ein gewiß nicht minder bedeutender Gelehrter aus demselben Jahrhundert, allerdings kein Fachwissenschaftler wie Mommsen, rühmt ihn als den »famosesten Kerl, den die ganze antike Geschichte aufzuweisen hat«.[38] Es war kein Geringerer als Karl Marx, der dieses Urteil fällte.

Wem galten diese Charakterisierungen? Sie treffen bei genauem Hinsehen wirklich nur auf einen zu: Spartacus, Gladiator, Freiheitskämpfer, Feldherr, Organisator des Widerstandes der Sklaven, Räuberhauptmann. Alle diese Attribute kennzeichnen ihn; es kommt nur darauf an, welchen Aspekt seines Lebens und Handelns man gerade meint. Nur knapp zwei Jahre lang, von 73 bis 71 v. Chr., stand er im Rampenlicht der Geschichte – damals, als er an der Spitze eines Zehntausende von Köpfen zählenden Sklavenheeres stand und ganz Italien in Schach hielt.

Zwei Jahre, die ausreichten, um aus ihm eine einzigartige Symbolgestalt werden zu lassen. Spartacus: Dieser Name steht für den

Kampf von Unterdrückten gegen ihre Unterdrücker, für das Aufbrechen der ehernen Fesseln der Sklaverei, für Freiheitsliebe und soziale Revolution.

Spartacus: Dieser Name ließ sich gleichsam als programmatisches Aushängeschild verwenden. Rosa Luxemburg und Karl Liebknecht taten es, als sie ihr seit 1916 illegal erscheinendes linkssozialistisches Organ »Spartakusbriefe« nannten. Am 11. November 1918 konstituierte sich der »Spartakusbund«, eine Keimzelle der späteren KPD. Rosa Luxemburg mag, als sie das Programm dieser Bewegung niederschrieb, auch an die Ziele des antiken Sklavenführers gedacht haben. Den Unfreien des Altertums entsprechen die modernen »Lohnsklaven«, und ähnlich wie sich die Sklavenmassen des Spartacus gewaltsam den Weg in die Freiheit gebahnt haben, soll auch »die millionenköpfige Proletariermasse die ganze Staatsgewalt mit ihrer schwieligen Faust ergreifen, um sie wie der Gott Thor seinen Hammer den herrschenden Klassen aufs Haupt zu schmettern«.[39]

Zwar nicht unbedingt als Indiz für revolutionären Elan zu werten, aber immerhin doch als Ehrenbezeigung gegenüber dem Sklavenführer des Altertums aufzufassen, ist die Bezeichnung »Spartakiade« für Sportwettkämpfe in der sozialistischen Welt, so in der DDR und der UdSSR. (Daß ausgerechnet der dogmatisch-marxistische Studentenbund »Spartakus« diesen Namen usurpiert hat, um sich ein revolutionäres Image zuzulegen, wirkt ein bißchen peinlich. Man sollte Spartacus dagegen in Schutz nehmen.)

Aber nicht nur auf Marxisten, Revolutionäre und Pseudo-Klassenkämpfer erstreckt sich die Wirkungsgeschichte des ehemaligen Gladiators und Freiheitskämpfers. Schon Lessing und Grillparzer haben an einem Spartacus-Drama gearbeitet – von beiden existieren aber nur Entwürfe und Fragmente. Erhalten ist dagegen eine Tragödie »Spartacus« aus der Feder des französischen Dramatikers B.-J. Saurin. Sie wurde 1760 in Paris uraufgeführt und hatte großen Erfolg. Von A. Ruge, der 1844 zusammen mit K. Marx die »Deutsch-französischen Jahrbücher« herausgab, stammt der Text zu einer Oper »Spartacus«. Bildhauer wie Foyatier und Barrias schufen Statuen des Freiheitshelden, Romanautoren bemächtigten sich des Spartacus-Stoffes ebenso wie Dichter.[40]

Vom Zeitalter der Aufklärung an, als erstmals eine intensive Beschäftigung mit den Unterdrückten einsetzte, bis in unsere Tage haben sich Künstler und Theoretiker, Wissenschaftler und Politiker mit der faszinierenden Gestalt des Spartacus befaßt.

Es stellt sich die Frage: Waren die Leistungen des Sklavenführers wirklich so bedeutend, daß er mit Recht zu einer Symbolfigur für den Kampf der Entrechteten und Verachteten avancieren konnte?

Spartacus – Exponent seiner Klasse

Die Antwort darauf ist nicht eindeutig. Sie lautet ja *und* nein. Betont man die Gestalt des Spartacus zu sehr, dann verrutschen die Maßstäbe. Denn was Spartacus erreicht hat, das hat er zusammen mit Tausenden anderer Sklaven erreicht. Ohne deren Freiheitsstreben und Opferbereitschaft im Kampf gegen die Herren, ohne den persönlichen Einsatz eines jeden Aufständischen hätte die Bewegung niemals solche Ausmaße angenommen, hätten die revoltierenden Sklaven nicht ein römisches Heer nach dem anderen besiegt und in die Flucht geschlagen.

Andererseits ist Spartacus der große Organisator des Aufstandes gewesen, ein echter Feldherr, wie auch römische Schriftsteller einräumen müssen. Seine militärischen Fähigkeiten, seine persönliche Integrität, seine Besonnenheit: Das alles waren Eigenschaften, die seine Leistung weit über die irgendeines anderen herausheben. Plutarch attestiert ihm nicht nur einen »kühnen Mut und große Körperkraft«, sondern rühmt auch seine »Einsicht und Sanftheit«, um dann fortzufahren: »Dadurch erhob er sich weit über seinen Stand und verriet mehr griechische Bildung, als sich von seiner Geburt erwarten ließ.«[41] Und dies ist sicherlich ein großes Kompliment des freien, gebildeten Griechen an den unfreien Gladiator thrakischer Herkunft.

So gesehen mag es gerechtfertigt sein, die Gestalt des Anführers so in den Vordergrund zu stellen. Und noch aus einem zweiten Grunde. Spartacus ist natürlich auch eine reine Symbolfigur. Man abstrahiert von der konkreten Persönlichkeit und faßt unter diesem Namen alle jene Motive und Beweggründe, Hoffnungen und Wünsche, Träume und Sorgen zusammen, die den Widerstand der unterdrückten Sklavenmassen bestimmt haben.

Daß ein solcher Symbolgehalt ausgerechnet dem Spartacus-Aufstand zugesprochen wird, liegt an mehreren Superlativen, die sich mit dieser Sklavenerhebung verbinden: Sie war die mächtigste, größte, in den Augen der Aufständischen erfolgreichste, aus der Sicht der Sklavenhalter die gefährlichste, die die Alte Welt gesehen hat.

Dabei hatte alles so »harmlos« angefangen. Zunächst wäre niemand – selbst die Sklaven nicht – auf die Idee gekommen, daß dieser Aufstand kurze Zeit später ganz Italien in Flammen setzen würde.

Erhebung der Gladiatoren

In Capua, der Hauptstadt des reichen Kampanien, unterhielt Lentulus Vatia eine Gladiatorenschule. Irgendwelche »Stümper« und »Feiglinge« in die Arena zum Kampf gegeneinander oder gegen wilde Tiere zu hetzen, damit konnte man dem anspruchsvollen Publikum keinen Gefallen tun. Echter Nervenkitzel stellte sich erst dann ein, wenn gut trainierte, hochqualifizierte Kämpfer aufeinander trafen und sich gegenseitig nach allen Regeln dieser widerwärtigen Kunst nach dem Leben trachteten. Und eben solche Spezialisten bildete auch Vatia in seiner Schule aus.

Die Gladiatoren wußten natürlich, daß die meisten von ihnen über kurz oder lang der Tod in der Arena ereilen würde. Entsprechend groß waren die Sicherheitsvorkehrungen, mit denen die Besitzer eine Flucht ihrer unfreien Kämpfer zu verhindern suchten. Trotzdem kam es immer wieder zu Verschwörungen unter den Gladiatoren, Fluchtpläne wurden geschmiedet, Möglichkeiten eines Ausbruchs aus der Kaserne erwogen.

So auch im Jahre 73 in der Gladiatorenschule des Vatia. Zweihundert Sklaven hatten sich, überdies noch durch schlechte Behandlung erbittert, verschworen. Sie verabredeten, gemeinsam zu fliehen. Aber das Komplott wurde verraten – und doch sollte dieses mißglückte Unternehmen zum Ausgangspunkt für den größten Sklavenaufstand der Alten Welt werden.[42]

Trotz des Verrats gelang es noch etwa siebzig Männern, zu entkommen und aus der Stadt zu fliehen. Als Waffen benutzten sie alles, was in greifbarer Nähe war: Beile und Bratspieße ebenso wie Dolche und Knüppel. Sie hatten Glück. Während ihrer Flucht stießen sie auf einige Wagen, die Fechterwaffen in eine andere Stadt brachten. Sie überfielen den Transport und plünderten ihn aus.

Unbehelligt gelangte der kleine Trupp bis zum Vesuv. Dort setzten sie sich fest. Sie wählten drei Anführer, die beiden Gallier Oinomaios und Krixos sowie Spartacus, der aus Thrakien stammte. Spartacus scheint als eine Art Oberbefehlshaber angesehen worden zu sein; doch hinderte das die beiden anderen nicht, sich mitunter auch offen gegen seine Anordnungen zu wenden.

Von ihrem gut befestigten Lager aus organisierten sie Überfälle in die Nachbarschaft. Kampanien war ein ausgesprochen wohlhabendes Land. Die Beute, die die Ex-Gladiatoren bei ihren Raubzügen machten, dürfte entsprechend groß gewesen sein. Wie ein Lauffeuer hatte sich die Nachricht vom Ausbruch der Gladiatoren aus Capua verbreitet. Bald strömten zahllose Sklaven ins Lager der Aufständischen. Auch eine nicht unbedeutende Zahl von unzufriedenen Freien, hauptsächlich verarmte Bauern und Landarbeiter, schlossen sich dem Aufstand an. Es konnte kaum ausbleiben, daß sich auch zwielichtiges Gesindel und kriminelle Elemente vom Aufstandsnest am Vesuv angezogen fühlten, doch blieb deren Einfluß auf die Bewegung praktisch bedeutungslos.

Die Behörden waren natürlich nicht bereit, dem Treiben der Aufständischen tatenlos zuzusehen. Zunächst versuchte eine örtliche Truppe aus Capua, das Lager des Spartacus anzugreifen. Das Unternehmen schlug völlig fehl. Die Sklaven siegten und erbeuteten eine große Menge von Waffen. Gerade dieser erste Erfolg sorgte dafür, daß die Truppe der Aufständischen von Tag zu Tag größeren Zulauf erhielt.

In Rom nahm man die Ereignisse in Kampanien noch auf die leichte Schulter. Ein dreitausend Mann starkes Aufgebot unter Führung eines Prätors erschien den römischen Politikern ausreichend, um den Aufstand niederzuschlagen. Am Vesuv angekommen, verlegten die Römer sich auf eine kräftesparende Taktik: Sie sperrten die wenigen Zugänge zum gegnerischen Lager und vertrauten darauf, daß die Belagerung bald zum Ziel führen werde.

Sie hatten jedoch den Erfindungsgeist ihrer Gegner nicht einkalkuliert. Wie es Spartacus gelang, die Römer zu täuschen und dadurch seine Truppe und sich selbst zu retten, darüber gibt es zwei unterschiedliche Versionen. Möglicherweise beziehen sich die beiden Berichte auch auf zwei verschiedene Ereignisse, die dann beide noch in die Anfangsphase der Erhebung fallen würden. Welcher Version man auch den Vorrang geben mag, beide sprechen für eine ungewöhnliche Intelligenz und taktische Fähigkeit, aus der höchst unbequemen Lage glücklich herauszukommen.

Plutarch berichtet, die Sklaven hätten von wilden Weinstöcken starke, biegsame Reben abgeschnitten, daraus Leitern geflochten und sich mit Hilfe dieser Leitern von der Spitze eines steilen Felsens bis an den Fuß des Berges abgeseilt – all das völlig unbemerkt von den Römern, die sich allein auf die Bewachung der Wege und Pfade konzentriert hatten.[43]

Die andere Version überliefert Frontin, der Verfasser eines Handbuches über »Kriegslisten«. Er schildert den von Spartacus angewendeten Trick folgendermaßen: »Als Spartacus der Weg versperrt war, ließ er vor dem Tor in kurzen Zwischenräumen Pfähle errichten und an ihnen angekleidete und bewaffnete Leichname aufrecht festbinden, damit es von weitem so aussähe, als ob Wache gehalten würde. Zudem ließ er überall im Lager Feuer machen. Während so der Feind durch dieses Trugbild getäuscht wurde, führte er in der Stille der Nacht seine Truppen hinaus.«[44]

Die Aufständischen begnügten sich nicht damit, der Belagerung entkommen zu sein. Sie gingen selbst zur Offensive über und warfen sich auf die nichtsahnenden Römer. Das römische Heer geriet durch den plötzlichen Überfall in heillose Panik. Die meisten Soldaten flüchteten; fast ohne Gegenwehr konnten die Angreifer das römische Lager einnehmen.

Spätestens dieser Erfolg bedeutete den endgültigen Durchbruch der Aufstandsbewegung. Aus der lokalen Empörung wurde zusehends ein gewaltiger Flächenbrand, der zunächst ganz Kampanien und die südlich angrenzenden Landschaften, daraufhin sogar fast die gesamte italische Halbinsel erfaßte.

Marsch ins Ungewisse

Hinter sich eine breite Spur von Plünderung und Raub lassend, zogen die Aufständischen durch Süditalien. Neue Anhänger verstärkten die Bewegung; in hellen Scharen liefen Unzufriedene, Freie wie Unfreie, zu Spartacus über, der bald über Zehntausende von Anhängern gebot. Einer weiteren römischen Armee unter dem Befehl des Prätors P. Varinius erging es nicht besser als jenem Korps, das die Aufständischen am Vesuv geschlagen hatten. In Rom war man aufs äußerste beunruhigt. Wie sollte es möglich sein, den nunmehr 70 000 Mann starken, gut bewaffneten »Aufrührern« beizukommen, die ganz Unteritalien in Angst und Schrecken versetzten?

Der Ernst der Lage erforderte außergewöhnliche Entschlüsse. Und so entschied man, gleich beide Konsuln des Jahres 72 v. Chr. mit je zwei Legionen in das Krisengebiet zu entsenden – eine ausgesprochene Notstandsmaßnahme, die das Ausmaß der Erhebung und die Furcht der Herrschenden vor dem Aufgebot des Spartacus erahnen läßt.

Gerade in dieser Situation hätten die Aufständischen mehr denn je fest zusammenhalten müssen. Aber genau in diesem Augenblick trat eine dramatische Wende ein, die den Römern unverhofft leichtes Spiel bei der Niederschlagung der Revolte zu versprechen schien. Uneinigkeit machte sich im Lager der Aufständischen breit. Über die genauen Ursachen des Zwistes erfahren wir nichts. Fest steht nur, daß sich etwa 20000–30000 Mann unter Führung des Krixos von der Hauptstreitmacht abspalteten und ihrer eigenen Wege gingen. Spätestens zu diesem Zeitpunkt war klar, daß Spartacus nicht die gleiche unumstrittene Führungsstellung innehatte wie einst die beiden sizilischen Sklavenkönige.

Die Römer mögen erleichtert aufgeatmet haben, als sie von der Teilung des gegnerischen Heeres erfuhren. Sie wandten sich zunächst gegen Krixos und seine Leute, die in Apulien nunmehr auf eigene Faust brandschatzten und plünderten. Am Fuße des Monte Gargano kam es zu einer Schlacht, aus der die Römer als Sieger hervorgingen. Rund zwei Drittel der Aufständischen, unter ihnen ihr Anführer Krixos, blieben auf dem Schlachtfeld. Dies, so mußte es den Freien scheinen, war der Anfang vom Ende der Sklavenerhebung.

Doch wer darauf gehofft hatte, daß die unter Spartacus' Befehl stehende Truppe nun ein ähnliches Schicksal ereilen werde, sah sich bald bitter enttäuscht. Spartacus marschierte nach Norden, ohne daß die Römer ihn hätten aufhalten können. Im Gegenteil: Ein klarer Sieg über einen Teil der römischen Truppen ermöglichte ihm zunächst einen ungehinderten Vormarsch. Er zog durch Samnium und Picenum, östlich an Rom vorbei, und überquerte den Apennin.

Erst in der Poebene stellte sich ihm der Prätor von Gallien mit einem Aufgebot von 10000 Mann entgegen. Bei Mutina (Modena) stießen die beiden Streitmächte aufeinander. Die Schlacht endete mit einer Überraschung: Wieder unterlagen die Römer. Nun gab es niemanden mehr, der die Aufständischen am Verlassen Italiens hätte hindern können.

Der Weg nach Gallien, nach Germanien, nach Thrakien stand den Sklaven offen. Sie hatten die großartige Chance, in ihre Heimatländer zurückzukehren und dort als freie Menschen weiterzuleben, frei von allen Erniedrigungen und Quälereien des Sklavendaseins, erlöst von der Furcht, dereinst in der Gladiatorenarena im grausamen

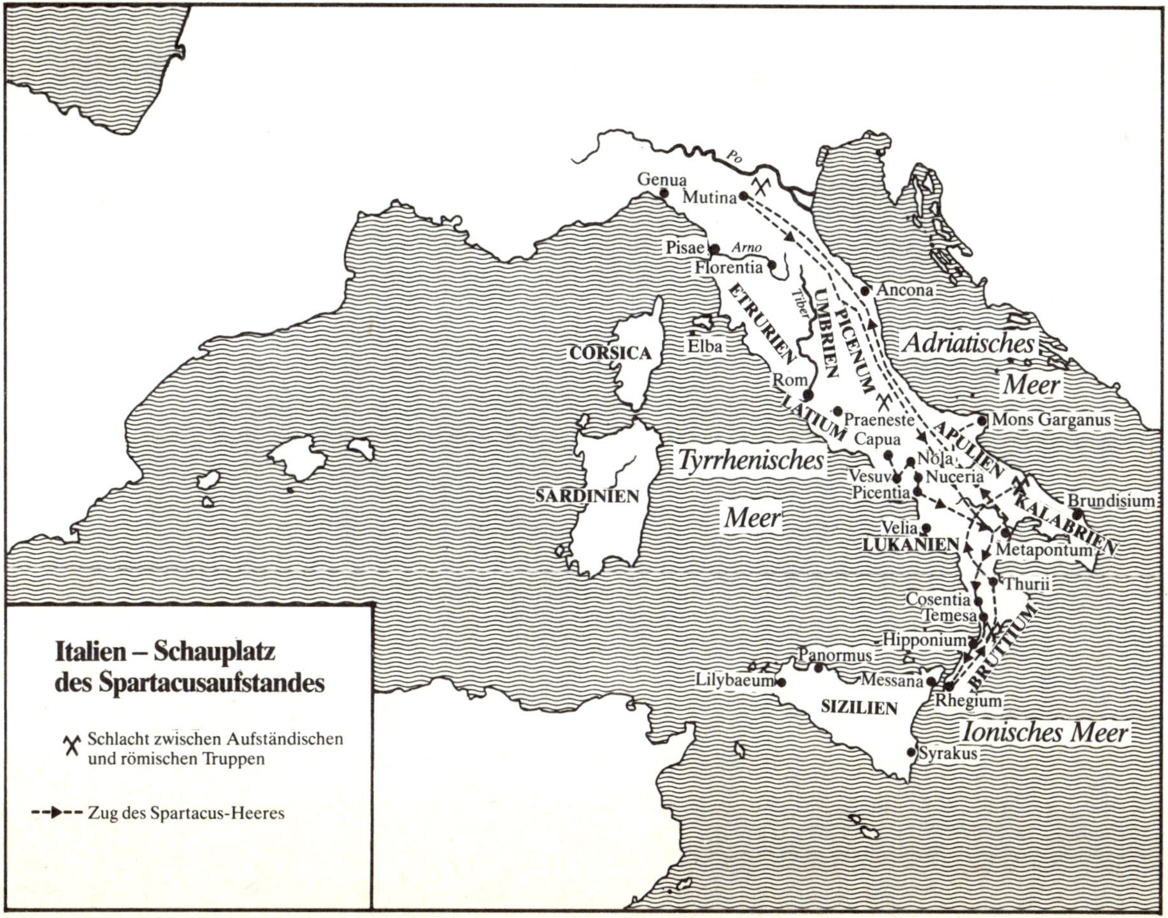
Italien – Schauplatz des Spartacusaufstandes
Schlacht zwischen Aufständischen und römischen Truppen
Zug des Spartacus-Heeres
Po
Genua
Mutina
Pisae
Arno
Florentia
Ancona
Tiber
ETRURIEN
UMBRIEN
PICENUM
Adriatisches Meer
CORSICA
Elba
Rom
LATIUM
Praeneste
Capua
APULIEN
Mons Garganus
Tyrrhenisches Meer
Nola
Vesuv
Nuceria
Picentia
SARDINIEN
Brundisium
KALABRIEN
Velia
LUKANIEN
Metapontum
Thurii
Cosentia
Temesa
BRUTTIUM
Hipponium
Panormus
Lilybaeum
Messana
Rhegium
SIZILIEN
Ionisches Meer
Syrakus

Kampf gegeneinander sterben zu müssen. Die Chance war da, aber sie nutzten sie nicht.

Was wollten die Sklaven?

Spartacus selbst hatte offenbar den Plan gehabt, Italien zu verlassen und seine Anhänger in ihre Heimat zurückzuführen. Dies allein war auf die Dauer die einzige realistische Möglichkeit, die gewaltsam errungene Freiheit zu verteidigen. Die letzten Monate hatten gezeigt, daß es auch dieser Sklavenerhebung nicht gelungen war, sich in den Städten durchzusetzen. Gewiß, im ersten Ansturm war es den Aufständischen geglückt, bedeutende Orte in ihre Gewalt zu bekommen. Nola und Nuceria in Kampanien, Thurii und Metapont in Lukanien hatten sie im Handstreich erobert.[45] Die Plünderung dieser Städte brachte ihnen unermeßliche Beute, aber nur wenig neue Anhänger. Und die Tatsache, daß sich keine Stadt *freiwillig* dem Aufstand anschloß, mußte doch jeden Einsichtigen zu der Erkenntnis gelangen lassen, daß ein weiteres Umherziehen in Italien nur weitere Verwüstungen und Brandschatzungen, nicht aber einen wirklich durchschlagenden Erfolg mit sich bringen würde.

Einiges spricht dafür, daß Spartacus dies ganz klar gesehen hat. Das Wenige, das überhaupt als »programmatisch« gelten kann, weist in diese Richtung. So hat Spartacus sich stets bemüht, die Disziplin der Aufständischen zu festigen. Er verbot den Besitz von Gold und Silber und verwehrte Kaufleuten, die Luxuswaren anboten, den Zugang zum Lager,[46] wohl um Verweichlichungstendenzen vorzubeugen. Auch achtete er darauf, daß alle gleichen Anteil an der Beute erhielten – eine Maßnahme, die die Erhebung gerade am Anfang für viele attraktiv machte.

Nichts deutet darauf hin, daß diese Anordnungen gleichsam die Grundlage für ein neues Staatswesen darstellen sollten. All dies sollte vielmehr helfen, in der Zeit des bewaffneten Kampfes gegen die Römer alles zu vermeiden, was Unzufriedenheit, Neid und Uneinigkeit im Lager der Aufständischen hätte bewirken oder was ihre Kampfmoral hätte mindern können. Angesichts der heterogenen Zusammensetzung der Anhängerschaft des Spartacus – Unfreie und Freie, Sklaven unterschiedlicher ethnischer Herkunft, bloßes räuberisches Gesindel als »Trittbrettfahrer« der Erhebung – waren solche Maßnahmen bitter nötig. Die Geschichte des Spartacus-Aufstandes ist auch ohnedies von einem Maß an Zwietracht und innerer Zerrissenheit geprägt, das die Erfolge der Aufständischen um so erstaunlicher erscheinen läßt.

Arnold Toynbee, der große englische Universalhistoriker unseres Jahrhunderts, hat sich über den Spartacus-Aufstand (und gleichzeitig über die Erhebung des Aristonikos) einmal so geäußert: »Die Rebellen wollten nicht nur einen neuen Staat anstelle des römischen, sondern auch eine neue Gesellschaftsordnung statt der hellenischen, da diese ihr Proletariat unmenschlich behandelte. Das war auch das Ziel des thrakischen Gladiators Spartacus . . .«[47]

Ein krasses Fehlurteil! Von der Vision eines neuen, besseren Staates der unbedingten Freiheit und Gleichheit, einer neuen Gesellschaftsordnung ohne Sklaverei kann beim Spartacus-Aufstand überhaupt nicht die Rede sein. Die Taten der Aufständischen sprechen für sich: Die meisten von ihnen waren auf Rache aus; sie wollten plündern und sich bereichern, wollten ihre Herren einmal so behandeln, wie sie selbst einst von ihnen behandelt worden waren. Symptomatisch war die Totenfeier zu Ehren des am Monte Gargano gefallenen Sklavenführers Krixos. Damals ließ Spartacus neben dem Scheiterhaufen angeblich nicht weniger als dreihundert gefangene Römer gegeneinander kämpfen![48] Die Ex-Gladiatoren weideten sich an dem Schauspiel der vertauschten Rollen.

Um kein Mißverständnis aufkommen zu lassen: Hier soll die Bewegung des Spartacus nicht moralisch verurteilt, ihre Ausschreitungen und Übergriffe nicht als Taten »gleichsam von reißenden, wilden Tieren« – so der römische Historiker Florus[49] – verdammt werden. Ob uns angesichts der Leiden und Ungerechtigkeiten, die viele Sklaven hatten erdulden müssen, ein solches Urteil zusteht, darf man bezweifeln.

Nur muß auf der anderen Seite jeder Idealisierung und Erhöhung der Spartacus-Bewegung entgegengetreten werden. Wenn sich überhaupt etwas zum Programm des Spartacus sagen läßt, dann dies: Es gab eine Art »Kriegskommunismus« (J. Vogt) bei den Aufständischen, aber der stellte nur ein *Mittel* dar, der Bewegung zu einem dauerhaften Erfolg zu verhelfen. Als *Zielprojektion* wird die Errichtung einer neuen Gesellschaftsordnung nirgendwo erwähnt.

Die Althistoriker haben lange versucht, ein »Programm« der Aufständischen zu rekonstruieren. Mittlerweile hat sich – auch in der marxistischen Forschung – die Erkenntnis durchgesetzt, daß sich aufgrund der Quellensituation nichts Wesentliches darüber sagen läßt.

Die sowjetische Althistorikerin E. M. Štaerman urteilt resigniert: »Wir verfügen nicht über Material für eine Charakterisierung der Ideologie der italischen Sklaven auf dem Lande.«[50] Und der tschechische Forscher P. Oliva hebt hervor, daß die Sklaven weder ein Revolutionsprogramm aufgestellt noch an eine radikale Veränderung der Produktionsverhältnisse gedacht hätten.[51] J. Vogt bringt das Ergebnis der »Programm«-Diskussion auf eine griffige Formel: »Italien war nur Kriegsschauplatz, nicht ein Land, das es umzuformen galt.«[52]

Dramatische Wende

Um so wahrscheinlicher ist es, daß Spartacus beabsichtigt hat, seine Anhänger aus Italien herauszuführen. Am Fuße der Alpen angekommen, verweigerte ihm aber die Mehrheit seiner Leute den Gehorsam.

Über die Motive, die dieser dramatischen Wende in der Erhebung des Spartacus zugrunde lagen, ist viel gerätselt worden. Waren die Sklaven nach ihren glänzenden Siegen über die Römer so überheblich geworden, daß sie sogar eine Eroberung der Hauptstadt selbst als möglich ansahen?

Hatte ihnen das Plündern und Zerstören, Töten und Rauben so sehr gefallen, daß sie die Fortsetzung dieses »ungebundenen« Lebens einer »bürgerlichen« Existenz in der Heimat vorzogen?

Oder aber setzte sich die Gruppe der Freien innerhalb der Anhängerschaft des Spartacus durch, deren Heimat ja Italien war und die sich von einer Auswanderung in die »barbarische« Fremde wenig erhoffte?

Hier Genaues zu sagen, verbietet sich wegen der dürftigen Informationen, die die einschlägigen Quellen liefern. Möglicherweise spielten *alle* diese Überlegungen eine Rolle; vielleicht ergaben sich momentane Zweck-Bündnisse zwischen den unterschiedlichen Interessen all derer, die gegen ein Verlassen Italiens waren.

Jedenfalls konnte sich Spartacus mit seinem Plan nicht durchsetzen. Ihm blieb keine andere Wahl, als sich der Mehrheit zu beugen und in Richtung Süden zurückzumarschieren. Eine undisziplinierte, innerlich zerrissene, bunt zusammengewürfelte Truppe schickte sich an, gegen Rom zu ziehen.

Wenigstens dieser abenteuerliche Plan wurde dann aber bald fallengelassen. Ein Sturm auf die Hauptstadt hätte denkbar geringe Erfolgsaussichten gehabt, wenngleich die Aufständischen jetzt 120 000 Mann stark gewesen sein sollen. Was die kriegerischen Scharen der Samniten einst nicht gewagt hatten, wovor selbst Hannibal im Augenblick seiner größten Triumphe auf italischem Boden zurückgeschreckt war, das konnte sich die Armee des Spartacus zumal angesichts ihrer inneren Verfassung erst recht nicht zutrauen. Also hieß die Parole, erneut in den Süden Italiens zu marschieren.

Rom in Bedrängnis

Mochte damit auch die Gefahr eines unmittelbaren Angriffs auf die Kapitale abgewendet sein, so hatten die Römer doch keinerlei Grund zum Frohlocken. Erneut mußten sie mit einer neuen Welle furchtbarer Verwüstungen rechnen, immer noch saßen die Aufständischen ihnen sozusagen direkt im Nacken. Anfangs hatten sie sich über die Erhebung der Gladiatoren sogar noch lustig gemacht.[53] In der Zwischenzeit aber war allen das Lachen vergangen. Nervosität und Angst grassierten unter den Freien. Es schien höchste Zeit, den Gegnern endlich eine wirkungsvolle Streitmacht entgegenzuwerfen.

Die Konsuln hatten kläglich versagt, so daß ihnen das Kommando im Sklavenkrieg entzogen und M. Crassus übertragen wurde. Es entbehrt nicht einer gewissen Folgerichtigkeit, daß damit ein Mann den Oberbefehl im Kampf gegen die aufständischen Sklaven erhielt, der selbst Hunderte von Unfreien besaß und der zudem als reichster Mann von Rom jenes System am sinnfälligsten repräsentierte, dessen Opfer nicht zuletzt auch seine künftigen Gegner waren.

Crassus standen sechs neue und die vier schon vorher im Kampf gegen Spartacus eingesetzten Legionen zur Verfügung. Man muß sich das einmal klarmachen: Da zog ein römischer Feldherr mit einem gleich starken Truppenaufgebot gegen eine »Räuberbande« zu Felde, wie es rund zwei Jahrzehnte später Caesar ausreichen sollte, um ganz Gallien zu unterwerfen! Genauer: Caesar begann seinen Krieg im Jahre 58 v. Chr. mit nur vier Legionen, im nächsten Jahr hatte er sechs, und erst 51 v. Chr. verfügte er über elf Legionen.[54]

Im Gebiet um Ancona ließ sich ein Teil der römischen Truppen unter Führung des Unterfeldherrn Mummius auf den Kampf mit den Aufständischen ein – gegen den ausdrücklichen Befehl des Crassus. Die Schlacht endete mit einer Katastrophe für die Römer. In panischem Schrecken warfen viele die Waffen fort und suchten ihr Heil in der Flucht. Nichts, so schien es, vermochte den Vormarsch der

Spartacus-Streitmacht aufzuhalten. Erneut hatten sich die Sklaven mit Gewalt ihren Weg freigemacht und zogen nach Süden weiter.

Crassus war derart aufgebracht über die Disziplinlosigkeit seiner Truppen, daß er mit eiserner Hand durchgriff und unter jenen Einheiten, die bei der Niederlage als besonders feige aufgefallen waren, ein furchtbares Exempel statuierte: Er ließ jeden Zehnten hinrichten. Kaum zu glauben: Ausgerechnet eine Sklavenerhebung veranlaßte einen römischen Feldherrn, auf den alten, fast schon vergessenen militärischen Usus der »Dezimierung« zurückzugreifen, um die Moral der Truppen wiederherzustellen. Schlaglichtartig macht diese extreme Maßnahme deutlich, welch gewaltige Erschütterungen der Spartacus-Aufstand bei den Freien ausgelöst hat.

Eine riesige Mauer gegen das Sklavenheer

Im Süden Italiens verheerten die Aufständischen derweil ganze Regionen. Spartacus vermied es, mit der Hauptstreitmacht seiner Gegner zusammenzutreffen. Er wich ihnen geschickt aus und gelangte auf diese Weise bis nach Bruttium. Nach dem Scheitern des Auswanderungsplanes hatte er eine neue Strategie entwickelt, die seiner Bewegung auf absehbare Zeit zumindest eine erhebliche Verstärkung verschaffen sollte. Sizilien war in den vergangenen Jahrzehnten ein Zentrum von Sklavenrebellionen gewesen. Was lag näher, als die neue Erhebung auch auf die seit jeher unruhige Insel zu tragen?

Spartacus knüpfte Kontakte zu den auch in den Gewässern um Süditalien und Sizilien operierenden Seeräubern. Die Piraten sollten Schiffsraum zur Verfügung stellen, um die Truppen des Spartacus nach Sizilien hinüberzubringen. Ein Teil der Beute, die die Aufständischen in Italien gemacht hatten, wanderte so in die Taschen der Piraten. Zu spät stellte sich heraus, daß die Seeräuber ihre Auftraggeber betrogen hatten. Sie segelten davon, ohne sich an die Abmachung gehalten zu haben. Überdies sorgten die Behörden auf Sizilien für Ruhe: Sie riegelten die Küsten der Insel so umsichtig ab, daß Spartacus seinen Plan aufgeben mußte.

In Süditalien hatte sich die Situation der Aufständischen in diesen Wochen merklich verschlechtert. Crassus war auf eine Idee verfallen, die fast schon die Limes-Konzeption späterer Zeiten vorwegnahm: Er hatte kurzerhand quer über die kalabrische Halbinsel einen von Meer zu Meer reichenden Sperrwall errichten lassen. Rund 55 Kilometer lang war diese aus einem etwa 5 Meter breiten und

5 Meter tiefen Graben sowie einer »Mauer von ungemeiner Höhe und Stärke« (Plutarch[55]) bestehende Anlage.

Der Zweck dieser Anstrengung ist klar: Man wollte die Aufständischen im Süden der Halbinsel isolieren, sie aushungern oder Spartacus zu einem Angriff provozieren.

Aber auch dieser Aufwand erwies sich letztlich als sinnlos. Als Spartacus tatsächlich von einem spürbaren Mangel an Lebensmitteln zum Handeln gezwungen wurde, gelang es ihm im zweiten Anlauf, die Befestigungslinien zu durchbrechen. Bei Sturm und Schneetreiben nutzte er im Winter des Jahres 72/71 v. Chr. die Dunkelheit der Nacht, um seine Truppen aus der vermeintlichen Falle hinauszuführen. Alsbald verbreiteten sich Schauermärchen über dieses Unternehmen. Aufständischen Sklaven und Freien, die mit ihnen gemeinsame Sache machten, war alles zuzutrauen: Dieser Devise entsprechend entstand das Gerücht, Spartacus habe den Graben mit den Körpern eigens dazu getöteter Gefangener und verendeter Tiere gefüllt.[56] Plutarch dagegen hielt sich an die weniger spektakuläre Version. Danach reichten Schutt, Bauholz und Zweige aus, um einen Teil des Grabens zuzuschütten.[57]

Eingekreist

Crassus war tief enttäuscht, daß seine ingeniöse Strategie in einem deutlichen Fehlschlag geendet hatte. Spartacus hatte seine volle Handlungsfreiheit zurückgewonnen; seine Gegner mußten befürchten, daß er davon ebenso ausgiebig und rücksichtslos Gebrauch machen werde wie in den vergangenen Monaten. Schweren Herzens entschloß der römische Feldherr sich zu einem Hilferuf nach Rom. Seine Forderung: Pompejus, der mit seinem Heer auf dem Rückmarsch aus Spanien war, sollte die Aufständischen von Oberitalien aus angreifen; M. Lucullus, der Statthalter von Makedonien, sollte Truppen über die Adria bringen und in Brundisium (Brindisi) an Land gehen.

Der Senat beschloß, die beiden anderen Heerführer entsprechend den Wünschen des Crassus zu instruieren. Der Ring um die Aufständischen schloß sich von Tag zu Tag enger. Von Süden her waren ihnen die Truppen des Crassus auf den Fersen, von Norden rückte Pompejus mit seinem Heer vor, und vom Osten aus war ein Angriff durch Lucullus zu erwarten.

In dieser überaus kritischen Situation brachen im Lager des Spartacus die Zwistigkeiten wieder voll aus. Wieder stritt man um das weitere Vorgehen, und wieder endete der Streit damit, daß ein Teil der Aufständischen sich vom Gros lossagte und auf eigene Faust weiterzog.

Auf diesen Haufen warf sich Crassus mit seinem Heer zunächst. Er überwältigte die Feinde, wurde aber durch das plötzliche Erscheinen der gegnerischen Hauptstreitmacht unter Spartacus' Führung daran gehindert, den Sieg voll auszunutzen.

Spartacus führte seine Truppen nun geradewegs auf Brundisium zu. Möglicherweise sah er die letzte Chance, der römischen Übermacht zu entgehen, in einem kühnen Plan: das gesamte Heer von der Hafenstadt aus nach Griechenland zu transportieren und so endlich den Boden Italiens zu verlassen.

Lucullus kam ihm aber zuvor. Noch bevor Spartacus Brundisium erreicht hatte, erfuhr er, daß der makedonische Statthalter mit seinem Aufgebot an Land gegangen war. Die Zeit lief für die Römer, deren drei Heere einander immer näher kamen. Unter diesen Umständen entschloß sich Spartacus, alles auf eine Karte zu setzen.[58]

Die letzte Schlacht

Im Frühjahr 71 stießen die Truppen des Spartacus und die des Crassus in Apulien aufeinander. Appian schildert Verlauf und Ausgang des Kampfes in wenigen Worten:

»Die Schlacht war lang und erbittert, wie es in Anbetracht so vieler verzweifelter Männer nicht anders zu erwarten war. Spartacus wurde von einem Speer in den Schenkel getroffen und sank auf die Knie. Er hielt den Schild schützend vor sich und verteidigte sich so gegen seine Angreifer, bis er selbst und die große Masse der um ihn herum Kämpfenden eingekreist und niedergemacht wurden. Der übrige Teil seines Heeres geriet in Verwirrung und wurde in Massen abgeschlachtet. Es fand ein solches Morden statt, daß es unmöglich war, die Zahl der Getöteten festzustellen. Die Römer verloren ungefähr tausend Mann. Der Leichnam des Spartacus wurde nicht gefunden.«[59]

Andere Berichte schildern das Ende des Spartacus und seiner Truppe unterschiedlich, aber alle stimmen darin überein, daß die Aufständischen mit großer Entschlossenheit und großem Mut gekämpft haben. Über Spartacus urteilt der römische Historiker Florus mit einem Unterton der Bewunderung: *Spartacus ipse in primo ag-*

mine fortissime dimicans quasi imperator occisus est.[60] (Spartacus selbst fiel, in vorderster Reihe außerordentlich tapfer kämpfend, beinahe wie ein römischer Feldherr.)

Die Überlebenden setzten sich noch einige Zeitlang zur Wehr oder versteckten sich, in kleine Gruppen zersplittert, im Gebirge. Sie wurden erbarmungslos gehetzt und allmählich aufgerieben. Ein Trupp von fünftausend Mann, der nach Norden hatte durchbrechen können, lief dem Heer des Pompejus in die Arme und wurde ohne Mühe besiegt – zum Ärger des Crassus, der sich damit abfinden mußte, daß Pompejus, der die letzte Schlacht geschlagen hatte, den Ruhm des Siegers im Sklavenkriege ungeniert für sich reklamierte.

Nach fast zwei Jahren des Bangens konnten die Freien wieder erleichtert aufatmen. Der gefährlichste Sklavenkrieg der römischen Geschichte war unter größten Mühen beendet worden. Auf beiden Seiten wurde mit aller Erbitterung gekämpft. Exzesse der Brutalität waren nicht ausgeblieben.[61] Crassus aber blieb es vorbehalten, einen Akt beispielloser Grausamkeit gleichsam als Schlußpunkt zu setzen. Zwischen Rom und Capua ließ er längs der Via Appia sechstausend Kreuze errichten. An jedem dieser Kreuze hing ein aufständischer Sklave, dem das Unglück widerfahren war, seinen Häschern lebendig in die Hände zu fallen.

Ein drastisches Symbol dafür, daß auch diese Erhebung gescheitert war! Wo lagen die Ursachen für den Mißerfolg des Spartacusaufstandes?

Bilanz der Erhebung

Diese Frage hängt eng mit der Problematik der Zielsetzung zusammen. Daß Spartacus und seine Anhänger die bestehende gesellschaftliche Ordnung hätten umstürzen, daß sie einen anderen als den römischen Staat hätten aufbauen können, ist kaum denkbar. Sie haben dergleichen auch gar nicht versucht. Die Zurückhaltung des überwiegenden Teils der freien Bevölkerung, die ablehnende Haltung insbesondere der Städter gegenüber dem Aufstand hätte einen solchen Plan auch zum Scheitern verurteilt. Ein Zusammengehen der freien Proletarier und der Sklaven hat es auch bei dieser Erhebung nicht gegeben. Diejenigen Freien, die sich den Sklaven angeschlossen haben, stellten nur eine kleine Minderheit dar.

Demnach wäre allein das Verlassen Italiens ein realistisches Kriegsziel gewesen. Überheblichkeit und Selbstüberschätzung,

Rachsucht und die engstirnige Fixierung auf das heute Erreichbare, Uneinigkeit und das Fehlen einer wirklich straffen, quasi-monarchischen Führung, wohl auch eine allzu große Begeisterung am Plündern, an der Strategie der »verbrannten Erde«: All das griff ineinander und führte dazu, daß die Erhebung in einem entsetzlichen Blutbad endete.

Jedoch waren auch diese Opfer nicht ganz umsonst gewesen. Es scheint, als hätten die Freien aus dem gewaltigen Aufstand doch einiges gelernt. Daß ihnen diese Erhebung einen gewaltigen Schock verursacht hat, steht außer Zweifel. Noch Jahrzehnte später konnte man einen politischen Gegner aufs übelste beschimpfen, indem man ihn einen »Spartacus« nannte.[62] Spartacus war sozusagen der Inbegriff allen Übels, der Prototyp des Verbrechers, des kompromißlosesten Feindes des römischen Staates – so wirkte der Schrecken, den die Sklavenerhebung der Jahre 73–71 v. Chr. verursacht hatte, noch dreißig Jahre später nach!

Sicherlich änderte sich die Behandlung der Sklaven nach der Niederschlagung der Spartacus-Rebellion nicht von heute auf morgen. Aber man wurde doch vorsichtiger, verringerte die Zahlen der Unfreien und sorgte dafür, daß möglichst wenige Sklaven gleicher Herkunft zusammen lebten und arbeiteten. Die Sprachbarriere war oftmals viel effektiver bei der Verhinderung von Verschwörungen unter den Unfreien als Fesseln und Peitschen.

Auf der anderen Seite verstärkten sich doch seit der späten römischen Republik Tendenzen, die mit allem Vorbehalt als Humanisierungstendenzen bezeichnet werden dürfen. Nicht, daß es keine grausamen Herren, keine gequälten und gefolterten, menschenunwürdig behandelten Sklaven mehr gegeben hätte. Aber, insgesamt gesehen, setzte sich etwas mehr Mäßigung bei den Herren durch, zumal auch die Neigung stark zunahm, im Hause geborene Sklaven zu beschäftigen.

Sklavenverschwörungen hat es hier und da immer wieder gegeben, freilich in lokal begrenztem Rahmen. Auch verschmähten die Mächtigen der ausgehenden Republik oder jene, die erst noch mächtig werden wollten, nicht die Dienste unfreier Banden. Eine »echte« Sklavenerhebung jedoch, die den auf den letzten Seiten geschilderten Aufständen vergleichbar gewesen wäre, ist in der Geschichte Roms nicht mehr vorgekommen.

Abschaffung der Sklaverei – für die Aufständischen kein Thema

Was hatten die Sklaven gewollt? Mit welchen Begriffen sind ihre Aufstände zu bezeichnen? Waren es Rebellionen, Revolten, Räuberstücke oder gar Revolutionen? Alles Fragen, die immer wieder an die Sklavenerhebungen in der römischen Welt des 2. und 1. Jahrhunderts v. Chr. herangetragen werden.

Dabei ist gar nicht einmal klar, ob und inwieweit moderne Begrifflichkeit auf antike Verhältnisse und Vorstellungen angewendet werden kann. Fängt man einmal damit an, so ergeben sich zunächst Definitionsprobleme.

Über die Frage, was eine Revolution sei, haben Historiker und Politologen schon ganze Bibliotheken voll geschrieben. Eine verbindliche, alle Standpunkte befriedigende Definition existiert gleichwohl bis heute nicht. Immerhin dürfte Einigkeit darüber bestehen, daß eine Revolution auf eine grundlegende Veränderung und Umgestaltung bestehender Strukturen abzielt – sei es nun im gesellschaftlich-sozialen Bereich, im Wirtschaftsgefüge, in der politischen Organisationsform oder im kulturellen Bereich. Auch daß sich eine revolutionäre Bewegung an neuen Konzeptionen orientiert, daß sie bestrebt ist, Gegenmodelle zu entwickeln und sie in die Tat umzusetzen, wird von den meisten Forschern nicht bestritten werden. Wesentlich eher gehen die Meinungen darüber auseinander, ob Revolutionen notwendigerweise mit Gewalt verbunden sind oder nicht.

Versuchen wir, die Aufstände der antiken Sklaven im Hinblick auf diese Punkte kurz zu analysieren! Gewalt war stets im Spiele. Aber war das wirklich revolutionäre Gewalt?

Soweit man blickt, man erkennt schwerlich auch nur die Umrisse einer neuen Vorstellungswelt. Das einzige, was wirklich in diese Richtung weisen könnte, ist der »Sonnenbürgerstaat« des Aristonikos. Doch führt allein dieser Anhaltspunkt auch nicht weiter, weil die Quellen keinerlei Einzelheiten mitteilen.

Die beiden sizilischen Erhebungen und der Spartacus-Aufstand zeigen keine revolutionären Perspektiven auf. Man wollte die bestehende Gesellschaftsordnung nicht grundlegend verändern, sondern lediglich einen Rollentausch vornehmen: die ehemaligen Unfreien als Herren, die ehemaligen Herren als Sklaven. Mit einer *prinzipiellen* Ablehnung von Unterdrückung und Sklaverei hatte das alles nichts zu tun. Und daß das Schicksal von heute auf morgen den einen zum Sklaven degradieren, den anderen vom Unfreien zum respektierten

Freien aufsteigen lassen konnte, war eine Erkenntnis, die nicht erst von den aufständischen Sklaven demonstriert zu werden brauchte. Jeder Freie, der eine längere Seereise antrat, mußte sich darüber im klaren sein, daß sein Schiff von Piraten aufgebracht und er selbst sich kurze Zeit später auf dem Verkaufsgerüst eines Sklavenhändlers wiederfinden konnte. Die Kapriolen der Schicksalsgöttin Tyche haben schon die hellenistischen Komödiendichter mit wahrer Begeisterung beschrieben.

Die Organisationsformen der »Sklavenstaaten« boten ebensowenig Neues. Sie waren in der Regel eine Kopie zeitgenössischer Staatsformen und lehnten sich entweder an hellenistisch-östliche Vorbilder oder an das römische Vorbild an. Daß Salvius-Tryphon, der Anführer der 2. Sizilischen Erhebung, hellenistische *und* römische Herrschaftsinsignien miteinander kombinierte, spricht zwar für seine Flexibilität, kann aber wohl kaum als Ausdruck einer revolutionären Ideologie interpretiert werden.

Nein, echte Revolutionen sind diese Erhebungen nicht gewesen. Dafür waren die Aufständischen paradoxerweise zu sehr Kinder ihrer eigenen Zeit, dachten sie zu sehr in den gleichen Bahnen wie ihre Herren. Nicht eine grundlegende Veränderung der gesellschaftlichen und wirtschaftlichen Verhältnisse war ihr Ziel. Ihnen ging es darum, ihre persönliche Freiheit wiederzugewinnen, aus der Klasse der Rechtlosen und Verachteten aufzusteigen oder allenfalls die griechisch-römische Welt ganz zu verlassen und in die eigene Heimat zurückzukehren. Es erscheint fast typisch, daß nicht einmal dieses letzte – wohl erstrebenswerteste – Ziel erreicht worden ist.

Als moderner Begriff paßt hier am ehesten »Revolte«. Die Unterdrückten revoltierten gegen ihr persönliches Schicksal, sie lehnten sich gegen Grausamkeit und Mißachtung, Ausbeutung und Schikanen auf.

Sklaven auf der Anklagebank der Geschichte?

Mitunter gewinnt man den Eindruck, als reiche das nicht, als seien diese »individuellen« Bestrebungen nicht »edel«, nicht »heroisch« genug. Manch einer verlangt von den Sklaven geradezu eine weitergehende Perspektive. Kann es denn wahr sein, daß die meisten »nur« persönliche Vorteile erzielen wollten, daß sie nicht gleichzeitig bei ihrem Aufbegehren an das Los ihrer ungezählten Standesgenossen in der Gegenwart wie in der Zukunft gedacht haben?

Dieser Denkansatz ist gefährlich, denn er versetzt ausgerechnet die Sklaven geradezu auf die Anklagebank. Warum hätte in einer Welt, in der niemand die Institution der Sklaverei prinzipiell in Frage stellte, ausgerechnet die – im Durchschnitt weniger gebildete, unter ständigem Arbeitszwang stehende, emotional in dieser Frage am meisten engagierte – Klasse der Unterdrückten solche über das Wohlergehen des einzelnen hinausreichenden Perspektiven entwikkeln sollen? Das wäre denn doch eher die Aufgabe derer gewesen, die die Muße und Bildung hatten, solche theoretischen Planspiele durchzuführen.

Der gleiche intellektuelle Hochmut, der heute mitunter in der politischen Auseinandersetzung darin zum Ausdruck kommt, daß ganzen Bevölkerungsgruppen kurzerhand ein »falsches Bewußtsein« unterstellt wird: Dieser Hochmut findet sich auch in der (pseudo) wissenschaftlichen Diskussion über die Beweggründe des einzelnen aufständischen Sklaven.

Wenn in der Schilderung der von den Aufständischen durchgeführten Aktionen hier und da von »Räuberstücken« oder ähnlichem die Rede war, so ist das nicht abwertend gemeint. Die Sklaven hatten ja kaum eine andere Wahl, als der Guerillataktik zu vertrauen, als das Leben von Räubern und Plünderern zu führen. Die Städte blieben ihnen meist verschlossen, und angesichts ihrer Ausrüstung, Bewaffnung und Ausbildung wären sie den Römern ins offene Messer gelaufen, hätten sie sich unter allen Umständen auf eine »saubere« Feldschlacht eingelassen.

Daß Scheußlichkeiten und Brutalitäten auch von Sklaven verübt worden sind, braucht nicht eigens hervorgehoben zu werden. Aber die Handlungen der aufständischen Unfreien können sowohl auf Apologeten wie auch auf Ankläger verzichten. Zweitausend Jahre nach den Vorgängen, bei unserem mageren Kenntnisstand und angesichts der – oft vergessenen – Tatsache, daß die Geschichte von den *Siegern* geschrieben wurde, wäre es vermessen, diese Dinge mit dem Anspruch des Moralisten beurteilen zu wollen.

9.
Licht und Schatten

Ländliche Idylle

Spätsommer auf dem Lande. Die Sonne scheint noch warm. Ein Teil des Getreides ist schon geerntet, wird auf der Tenne gedroschen. Die ersten Trauben werden gekeltert. Das Vieh weidet friedlich. Die Herrin des Hauses, die selbst bei der Arbeit mit angefaßt hat, ruht sich aus. Sie sitzt vor dem Hause; auf ihrem Schoß spielt ein kleiner, im Hause geborener Sklave. Unablässig schwatzt und plappert er vor sich hin, gestreichelt und liebkost von seiner Herrin, die ihn liebt, als wäre er ihr eigenes Kind.[1]

Eine zweite Szene: Opferfest im Januar. Die Arbeit auf dem Lande ruht. Man hat die Götter um eine gute Ernte angefleht. Der kultische Teil des Festes ist vorüber. Der Herr des Anwesens sitzt gemütlich im Hause, schiebt dicke Holzscheite ins lodernde Feuer und genießt alten Falernerwein. Draußen spielen derweil Sklavenkinder. Die Schar der hausgeborenen Unfreien trägt Reisig zusammen und baut daraus eine kleine Hütte. Zufrieden schaut der Herr dem munteren Treiben zu – viele Sklavenkinder, davon ist er überzeugt, sind der Stolz des Gutes, ein Zeichen für Wohlstand und Glück des Besitzers.[2]

Ländliche Idylle, beschrieben vom römischen Elegiker Tibull (um 50–19 v. Chr.). Friedliche, stimmungsvolle Bilder einer »heilen« Welt, in die auch die Sklavenkinder mit einbezogen sind. Täuschen sie über die Realität hinweg? Oder schildert Tibull hier wirkliche Szenen des ländlichen Alltags?

Die Sehnsucht, mit der sich der Blick des elegischen Dichters auf den Frieden und die Behaglichkeit des Landlebens richtet, läßt ihn schon etwas großzügig über die Plackereien und Sorgen hinwegsehen, die auch zum Leben des Bauern gehören. In rosaroten Farben malt er das Bild des stillen Feierabends oder des Festtages – also eher die Ausnahmen. Und gerade die meisten der in der Landwirtschaft arbeitenden Unfreien mußten wesentlich härter schuften als ihre in der Stadt lebenden Standesgenossen. Das war in der römischen Welt nicht anders als bei den Griechen.

Aber es ist ein anderer Aspekt, auf den sich unser Interesse hier richtet: die Zuneigung der Herren zu den unfreien Kindern, die in ihrem Haushalt leben. Sicher ein patriarchalisches Gefühl, aber doch nicht minder eine ausgesprochene Geste der Menschlichkeit. In solchen Szenen tritt der juristische Gesichtspunkt völlig in den Hintergrund, nach dem natürlich auch die spielenden Sklavenkinder »nur« menschliches Eigentum, ein »Stück« Inventar des Gutshofes sind.

Daß es solche zwischenmenschlichen Beziehungen, wie Tibull sie schildert, im Verhältnis zwischen Freien und Unfreien tatsächlich gegeben hat, unterliegt keinem Zweifel. Und ohne daß damit eine Apologie oder eine Verharmlosung der Institution »Sklaverei« verbunden wäre, soll auf den folgenden Seiten auch von diesen Lichtblicken die Rede sein – ein Gebot historischer Wahrhaftigkeit, die nun einmal ein undifferenziertes Bild der antiken Sklaverei nicht zuläßt.

Dabei scheint sicher, daß vieles von dem, was im folgenden geschildert werden soll, eher die Ausnahme denn die Regel war. Immerhin waren diese Ausnahmen nicht so unbedeutend, als daß man sie gleichsam als *quantité négligeable* übersehen dürfte.

Tod vor der Freilassung

Wie freundschaftlich, ja manchmal geradezu innig die Beziehungen zwischen Herren und Sklaven sein konnten, zeigt eine lange Reihe von Grabinschriften. Einige besonders eindrucksvolle Beispiele seien herausgegriffen; zunächst Epitaphien für noch im Kindes- oder Jugendalter verstorbene Haussklaven.

In Karthago hat man einen merkwürdigen Grabstein entdeckt, der den Namen des Toten nicht preisgibt:

> »Den Namen sage ich nicht, auch nicht, wie viele Jahre er gelebt hat,
> damit nicht der Schmerz den Sinn beim Lesen erfaßt.
> Ein liebliches Kind warst du! Aber nur kurze Zeit war dir vergönnt.
> Der Tod hat das Leben besiegt, damit du die Freiheit nicht erhieltest.
> Ach, ist das kein Schmerz, wenn der, den man liebt, stirbt?
> Jetzt hat der Tod ihm Freiheit auf ewig gegeben.«[3]

Tragik eines Lebens: Die Zuneigung seines Herrn hätte dem Sklaven recht bald die Freiheit verschafft, doch war er zu jung gestorben. Ein versöhnlicher Abschluß aber, der dem Toten die ewige Freiheit in Aussicht stellt. Ein zunächst seltsam anmutender Gedanke, der aber nichts weniger als zynisch gemeint ist, sondern im Gegenteil eine Anerkennung der Menschlichkeit des toten Sklaven ohne Wenn und Aber bedeutet.

Steckt aber nicht eine Menge Heuchelei in diesen Versen? Muß man nicht stirnrunzelnd fragen, warum der Herr denn seinen jungen Sklaven nicht schon längst freigelassen hatte?

Die Antwort darauf ist verblüffend einfach: Es ist sehr gut möglich, daß er es noch nicht hatte tun *dürfen.* Nur unter ganz besonderen Voraussetzungen, so bestimmte ein von Augustus im Jahre 4 n. Chr. erlassenes Gesetz,[4] durfte einem Sklaven vor seinem dreißigsten Lebensjahr die Freiheit geschenkt werden. Es wäre demnach denkbar, daß in diesem Falle keiner der gesetzlich genau fixierten Umstände vorgelegen hat, der eine Ausnahme gerechtfertigt hätte.

Derartige Fälle sind des öfteren überliefert. Eine Grabinschrift aus Ferrara mag sich auf einen ähnlichen Vorgang beziehen:

> »Hätte dieser länger gelebt, so trüge er jetzt schon den Namen seines Herrn.
> Aber ein Sturz in den Brunnen brachte ihn auf den Scheiterhaufen.«[5]

»So trüge er jetzt schon den Namen seines Herrn«: Damit wird auf die bevorstehende Emanzipation angespielt. Freigelassene Sklaven nahmen das *nomen gentile,* den Geschlechtsnamen, ihres früheren Herrn an.

Xanthias – unfreier Stenograph aus Köln

Doch zurück zu einigen weiteren Beispielen für enge menschliche Beziehungen zwischen Herren und Sklaven! Die folgenden drei Grabinschriften sind Zeugnisse dafür, wie Römer in keineswegs anstößiger Weise persönliche Gefühle und praktischen Nutzen miteinander verbinden konnten.

In Rom wurde das Epitaph eines Knaben gefunden, der im Alter von »12 Jahren, 8 Monaten, 13 Tagen und 8 Stunden« gestorben war:

> »Wer immer du bist, Wanderer, vergieße Tränen für den hier begrabenen Knaben!

Zwölf Jahre seines jugendlichen Alters hat er gelebt.
Er war der Liebling seines Herrn, die teure Hoffnung seiner Eltern,
die er arg im Stich ließ und ihnen großen Schmerz verursacht.
Er verstand es, mit kundiger Hand Halsbänder herzustellen
und gefügiges Gold auf bunte Edelsteine zu verteilen.
Sein Name war Papus, doch nun liegt er als beklagenswerter Toter,
als Asche im Grab und ist ein Leichnam ohne Namen.«[6]

Hatte Papus nicht nur wegen seiner Anmut, sondern auch wegen seiner handwerklichen Geschicklichkeit die Zuneigung seines Herrn gewonnen, so beklagt in der nächsten Inschrift ein in Köln ansässiger Römer seinen früh verstorbenen unfreien Stenographen:

»Dieses Gedicht, dieser Altar, diese Asche
ist das Grab des Knaben Xanthias,
der durch bitteren Tod dahingerafft wurde.
Er war schon kundig, in Kurzschrift
so viele Buchstaben und Worte
mit flinkem Griffel zu übertragen,
wie die flinke Zunge sprach.
...
Ach, ein schneller Tod hat ihn niedergeworfen,
der allein die Geheimnisse
seines Herrn wissen sollte.«[7]

Die letzte Grabinschrift stammt aus dem Jahre 144 n. Chr. und gilt einem im Alter von dreizehn Jahren verstorbenen unfreien »Rechenkünstler«:

»Dem Andenken des Rechners Melior. Die Einzelheiten, die er wußte, hätten besser in einem Buch als in einer Grabinschrift aufgezeichnet werden können. Denn die Erläuterungen zu seiner Kunst, die er hinterlassen hat, hat er zuerst verfaßt; und er allein hätte Vergleichbares schaffen können, wenn ihm nicht ein unglückliches Schicksal das Leben geneidet hätte. Dies (Grabmal) hat für seinen Haussklaven bauen lassen Sex. Augustus Agreus, sein Lehrmeister, in tiefstem Unglück.«[8]

Ähnliche Grabinschriften ließen sich aus der Fülle der riesigen epigraphischen Hinterlassenschaft der römischen Welt mühelos anfügen. Noch wesentlich öfter finden sich kurze Abschiedsformeln wie: »für den geliebten Haussklaven«, »für den liebreichen Haussklaven«;[9] »für die Amme und Nährmutter, die sich um mich verdient gemacht hat«;[10] oder auch umgekehrt, aus der Sicht der Sklaven oder Freigelassenen: »ihrer geliebten und liebevollen Patronin« und ähnliche Formulierungen.[11]

Standardfloskeln oder Leerformeln waren das übrigens nicht. Das machen jene zahllosen Beispiele deutlich, in denen *keines* solcher Adjektive in Grabinschriften erscheinen.

Es soll nicht behauptet werden, daß derart warme Töne für das Zusammenleben zwischen Freien und Unfreien repräsentativ gewesen wären. Worum es lediglich geht, ist zu veranschaulichen, daß es solche engen menschlichen Kontakte *auch* gegeben hat, daß nicht *jedes* Herr-Sklave-Verhältnis notwendig gespannt, feindselig oder im besten Fall gleichsam juristisch nüchtern gewesen ist.

Sklaventreue

Sind bislang »nur« Worte als Belege für freundschaftliche und innige Beziehungen zwischen Sklaven und ihren Herren angeführt worden, so sollen nun ein paar Beispiele für Taten folgen, die solche Beziehungen illustrieren.

Um es gleich am Anfang zu sagen: Auch hierbei handelt es sich um Einzelfälle, die nicht typisch waren. Das zeigt schon die nüchterne Einleitung, mit der Valerius Maximus seine Beispiel-Sammlung unter der Überschrift *de fide servorum* (»Über Sklaventreue«) beginnt. Er bezeichnet diese Art der Treue als »um so lobenswerter, je weniger man sie erwarten durfte«.[12]

Wenn hier also einige Sätze zu diesem Thema folgen, dann beileibe nicht, um die antike Sklaverei in einem milderen Licht erscheinen zu lassen, sondern um zu dokumentieren, daß jede mit dem Klischee »natürlicher Feindschaft« zwischen Herren und Sklaven operierende Schwarzweißmalerei die komplexe Realität verfälscht.

Besonders eindrucksvolle Beispiele für die Treue von Sklaven hat die Zeit der blutigen römischen Bürgerkriege des 1. Jahrhunderts v. Chr. hervorgebracht. Mehrfach scheuten die Politiker, die gerade an der Macht waren, nicht davor zurück, ihre Gegner für vogelfrei zu erklären. Diese Proskriptionen stürzten manchen Römer ins Unglück, zumal gleichzeitig nicht nur politische, sondern auch persönliche Feindschaften auf diese Weise ausgetragen wurden.

War ein Römer auf die Liste der Proskribierten gesetzt worden, dann hing es sehr vom Verhalten seiner Sklaven ab, ob die Häscher seiner habhaft wurden oder ob es ihm gelang, zu flüchten oder sich zu verbergen. Kein Zweifel, daß damals viele Unfreie, von hohen Kopfprämien beeindruckt, ihre Herren verraten und den Mördern ausgeliefert haben. Immerhin gab es Freie, die noch eher bereit waren, die Opfer der Proskriptionen preiszugeben. Ein römischer Historiker faßt das Verhalten der einzelnen Gruppen sentenzenhaft so zusammen: »Die Treue der Ehefrauen gegenüber den Proskribierten war hervorragend, die der Freigelassenen mittelmäßig, die der Sklaven gering, *die der Söhne null.*«[13]

Und ähnlich konstatiert Tacitus für das 1. Jahrhundert n. Chr.: »Die Bestechung von Sklaven gegen ihre Herren, von Freigelassenen gegen ihre Patrone kam häufig vor«, fügt dann aber hinzu: »Und wer keinen Feind hatte, der wurde von seinen Freunden erledigt.«[14] Einige Sätze weiter hebt er sogar hervor, daß es gleichwohl auch noble Gesten gegeben habe, so auch das Verhalten von Unfreien, deren Treue selbst durch Foltern nicht ins Wanken geriet.[15]

Merkwürdig ist die pauschale Kritik Appians am Verhalten der Sklaven gegenüber ihren proskribierten Herren. In dem Augenblick, in dem der Name eines Freien in den Proskriptionslisten erschien, verwandelten sich nach Appian urplötzlich alle Haussklaven in Feinde, entweder aus aufgestautem Haß oder weil die Kopfprämien sie zum Verrat geneigt machten oder sie sich in den Besitz der Wertsachen des Haushalts hätten bringen wollen. Und deshalb sei »jeder Sklave seinem Herrn untreu geworden«, jeder Sklave habe seinen persönlichen Gewinn über das Mitleid mit seinem Herrn gestellt.[16]

Daß es sich hierbei um eine rhetorische Übertreibung handelt, wird dadurch klar, daß einige Seiten später derselbe Historiker Appian von der Rettung einzelner Proskribierter durch ihre Sklaven oder Freigelassenen berichtet.[17] Weitere solche Fälle hat Valerius Maximus überliefert:[18]

So verdankte es C. Marius einem seiner Unfreien, daß er seinem Todfeind Sulla nicht in die Hände fiel. Marius hatte einen Selbstmordversuch unternommen, doch erst ein Sklave bereitete den Schmerzen des Schwerverletzten ein Ende. Eine Tötung als Wohltat? In diesem Falle ja, wenn man sich den Hintergrund vergegenwärtigt. Dem Sklaven hätte nämlich eine hohe Belohnung gewinkt, wenn er Marius ausgeliefert hätte. Und welche Folterqualen er von seinen Gegnern zu erwarten gehabt hätte, wird durch Sullas Handeln nach dem Tode des Marius deutlich: Er ließ den Kopf des Gegners öffentlich auf der Rednertribüne in Rom ausstellen.

Einen ähnlichen Dienst hatte einige Jahrzehnte zuvor ein Sklave namens Philokrates seinem Herrn C. Gracchus erwiesen. Der Sozialreformer hatte ihn auf der Flucht vor seinen Feinden gebeten, ihn zu töten. Der treue Sklave kam dem Verlangen nach. Aber nicht nur das. Er stürzte sich anschließend in dasselbe Schwert, mit dem er seinen Herrn umgebracht hatte.

Ein noch eindrucksvolleres Beispiel von Edelmut ist von einem Sklaven des Urbinus Panapio bekannt. Der war von seinen Gegnern proskribiert worden und hatte sich in einen Schlupfwinkel geflüchtet. Doch schon bald stellte sich heraus, daß jemand ihn verraten hatte. Daraufhin bot ihm sein Sklave an, die Kleider mit ihm zu tauschen. Der Unfreie begab sich nach vollzogenem Rollentausch ins Schlafgemach und ließ sich wenig später von den hereinstürzenden Mördern anstelle seines Herrn niedermachen.

Weniger spektakulär, dafür aber gewiß alltäglicher als die Opfertat jenes Unfreien war das Verhalten eines Sklaven des großen Redners M. Antonius. Als der im Jahre 113 v. Chr. wegen Unzucht angeklagt war, versprach ihm der Unfreie, er werde auch bei schwerster Marter nichts Nachteiliges über seinen Herrn aussagen. Tatsächlich machte er sein Versprechen wahr. Er widerstand nicht nur Schlägen und Peitschenhieben, sondern auch dem berüchtigten hölzernen Pferd, einem üblen Folterinstrument, und selbst glühenden Eisen, die man an seine Haut legte.

»Auch ein Sklave kann hochherzig sein . . .«

Eine vergleichbare Exempel-Sammlung findet sich auch in Senecas um 60 n. Chr. abgefaßter Schrift *de beneficiis* (»Über Wohltaten«). Viele Beispiele, betont Seneca, ließen sich dafür anführen, daß auch Unfreie Wohltaten erweisen könnten: »Der eine opferte sein Leben für seinen Herrn, der andere gab ihm den erwünschten Tod, ein anderer rettete seinen Herrn vor dem drohenden Verderben; und das – wenn dies noch zu wenig ist – durch seinen eigenen Tod; wieder ein anderer hat seinem Herrn geholfen, wenn er aus dem Leben scheiden wollte, ein weiterer ließ es nicht zu, daß sich sein Herr das Leben nahm.«[19]

Es erübrigt sich hier, die einzelnen von Seneca angeführten Beispiele nachzuerzählen. Es sind nicht wenige, die der Philosoph zur Stützung seiner These zusammengestellt hat – einer These, die sicher zu dem Menschlichsten und Wärmsten gehört, was ein Denker des Altertums über den Wert eines unfreien Menschen geäußert hat:

»(Auch) ein Sklave kann gerecht sein, kann tapfer sein, kann hochherzig sein. Also vermag auch er eine Wohltat zu erweisen, denn auch das ist ein Beweis menschlicher Tugend.«[20]

Und wenige Zeilen weiter ringt sich Seneca zu einer bemerkenswerten Erkenntnis durch: »Wer glaubt, daß die Unfreiheit in den ganzen Menschen eindringe, irrt. Der bessere Teil des Menschen ist davon ausgenommen. Die Körper stehen unter der Verfügungsgewalt der Herren, der Geist aber ist unabhängig.«[21]

All das darf nicht überbewertet werden, aber es muß doch immerhin als Warnung vor jeder allzu undifferenzierten Beurteilung der römischen Sklaverei dienen.

Zu den eher positiven Seiten der Unfreiheit in der römischen Welt gehört auch ein Grundsatz, der schon von der griechischen Sklaverei her bekannt ist und der deshalb nicht noch einmal ausführlich dargestellt werden muß: Es gab nahezu keinen Beruf, den ein Sklave nicht hätte ausüben dürfen.

Aber auch hier gleich eine Einschränkung. Die große Masse der Unfreien gehörte nicht zu denjenigen, die wenigstens in ihrer Tätigkeit einen gewissen Ausgleich für ihre schlechte Rechtsstellung und gesellschaftliche Diskriminierung erblicken konnten. Aber immerhin ein geringer Prozentsatz der Sklaven übte Berufe aus, die ihnen ein Gefühl der Befriedigung vermittelten, sie über einen großen Teil der freien Bürger aus den unteren sozialen Schichten stellte und nicht zuletzt ein gewisses Humanitätspotential freisetzte, das auch Unfreien zur Verfügung stand. Gerade dieser letzte Punkt ist wichtig. Denn er straft vom Faktischen her jene weit verbreitete Theorie Lügen, der zufolge Sklaven als Menschen zweiter Klasse, ja als »Untermenschen«, »beseelte Sachen« gelten mochten.

Arzt – in Rom ein typischer Sklavenberuf

Ein Beruf, der sich heutzutage eines bedeutenden Sozialprestiges erfreut, der jedes Jahr mit schöner Regelmäßigkeit von den Demoskopen der Bundesrepublik als angesehenster Beruf überhaupt ermittelt wird, war bei den Römern geradezu eine Domäne von Sklaven und Freigelassenen: der Beruf des Arztes.

Nun stimmt es zwar, daß Ärzte bei den Römern bei weitem geringeres Ansehen genossen als etwa in den modernen Staaten. Ob Ärzte anständige Leute waren, darüber wurde in Rom lange Zeit heftig debattiert.[22] Vorreiter der Kritik an den (meist aus Griechenland eingewanderten) Medizinern war natürlich der alte Cato (234–149 v. Chr.). Er brachte seinen Abscheu auf die knappe, aber ungemein einprägsame Formel, die Ärzte hätten sich verschworen, die Römer umzubringen.[23] Und noch der im ersten nachchristlichen Jahrhundert lebende Naturforscher Plinius der Ältere vermerkt böse, die Mediziner lernten ausschließlich auf Kosten ihrer Patienten hinzu; überdies würden allein sie für Mord nicht bestraft.[24]

Dieser Kritik stehen aber auch lobende Äußerungen über den Stand der Ärzte gegenüber. Daß man in den Rhetorenschulen ernsthaft das Thema erörtern konnte, ob der Redner, der Philosoph oder der Arzt nützlicher für den Staat sei,[25] macht deutlich, welche Hochschätzung viele Römer den Medizinern entgegenbrachten.

Wie zu allen Zeiten, so hat es auch in der Antike Kurpfuscher, Quacksalber und Modeärzte unter den Medizinern gegeben. Klagen über Kunstfehler und krasses Versagen von Ärzten liest man auf zahlreichen Inschriften. Da beklagt jemand eine »unschuldige Seele«, die von den Ärzten operiert und umgebracht worden sei. Ein anderer wettert noch aus dem Grabe, daß »meine Krankheit durch die ärztliche Kunst nur noch schlimmer geworden ist«.[26]

Auf der anderen Seite fehlt nicht höchstes Lob auch für Ärzte aus dem Sklaven- oder Freigelassenenstande. Augustus glaubte sein Leben der Heilkunst des ehemaligen Sklaven Antonius Musa zu verdanken und zeigte sich auf beeindruckende Weise erkenntlich: Er befreite nicht nur seinen Lebensretter, sondern auch dessen Kollegen von allen Steuern und Abgaben.[27]

Die meisten Nachfolger des ersten römischen Kaisers schätzten ihre unfreien Hofärzte ebenso sehr.[28] Begüterte Römer hielten sich genauso wie die kaiserliche Familie ihren Privatarzt, und auch manche Gutsbesitzer kauften einen eigenen unfreien Mediziner, wenn keine Stadt in der Nähe lag.[29] In der römischen Kaiserzeit nahm die Spezialisierung zu. Man unterschied zwischen der Profession des Chirurgen, des Augen- und des Ohrenarztes.[30] Auch Ärztinnen sind bekannt. Wahrscheinlich waren sie insbesondere für Frauenleiden zuständig.[31]

Die steile Karriere eines unfreien Mediziners schildert eine Grabinschrift aus Assisi.[32] P. Decimius Eros Merula war sein Name. Er hatte als Sklave begonnen, war dann von seinem Herrn gegen eine »Ablösung« von 50 000 Sesterzen freigelassen worden und praktizierte als Chirurg und Augenarzt. Die Honorare scheinen reichlich geflossen zu sein. Jedenfalls konnte es sich Eros Merula erlauben, sein Prestige bei den Mitbürgern durch reiche Spenden aufzubessern. Für die Aufstellung von Statuen im Hercules-Tempel stellte er 30 000, für die Straßenpflasterung weitere 37 000 Sesterzen zur Verfügung. Bei seinem Tode hinterließ er das stattliche Vermögen von 500 000 Sesterzen. Zum Vergleich: Ein Arbeiter verdiente zur gleichen Zeit durchschnittlich vier Sesterzen pro Tag.

Natürlich ist das ein Einzelfall. Die große Mehrheit der unfreien und der freigelassenen Ärzte lebte nicht in so rosigen wirtschaftlichen Verhältnissen. Doch ist der materielle Gesichtspunkt hier gar nicht so ausschlaggebend. Entscheidend ist, daß unzählige Freie ihre Gesundheit der ärztlichen Kunst von Sklaven anvertraut haben, daß viele von ihnen ihr Leben unfreien Medizinern verdankten, daß es in diesem Bereich Vertrauensverhältnisse zwischen Freien und Unfreien gegeben hat, die alles andere als selbstverständlich waren.

Wie kam es dazu, daß Sklaven und Freigelassene in einem so wichtigen Beruf wie dem des Arztes derart überrepräsentiert waren? Die Erklärung liegt nahe. Eine wissenschaftliche Heilkunde hat sich im hellenistischen Osten viel früher und bedeutend intensiver entwikkelt als in Italien. Der Osten brachte entsprechend gut ausgebildete und erfahrene Ärzte hervor. Da nun ein erheblicher Teil des »Nachschubs« an Sklaven ebenfalls aus diesen Gebieten kam, ist es nicht verwunderlich, daß sich unter diesen Unfreien auch eine stattliche Zahl von Medizinern befand.

Zum unfreien Lehrer in die Schule

Aus ganz ähnlichen Gründen spielten Unfreie auch im Bildungs- und Erziehungswesen eine große Rolle. Für die erbitterten Diskussionen über die Qualität von Schulen sowie über die Kompetenz und nicht zuletzt die weltanschauliche Ausrichtung der Lehrer, wie wir sie aus den letzten Jahren bei uns kennen, hätten die Römer nur Kopfschütteln oder ein mitleidiges Lächeln übrig gehabt. Der Aufgabe des Pädagogen maßen sie viel geringeres Gewicht bei, als man es sich heute vorzustellen vermag. Vor diesem Hintergrund ist die Tatsache zu sehen, daß niemand etwas Besonderes darin sah, wenn seine Kinder von einem Sklaven oder einem Freigelassenen erzogen und unterrichtet wurden.

Zumal der Beruf des Elementarlehrers genoß nur geringes Ansehen. *Res indignissima,* »eine ganz und gar unwürdige Sache«,[33] nennt ein Rhetor des 1. Jahrhunderts n. Chr. die Tätigkeit eines solchen *magister,* der zudem schlecht bezahlt wurde. Manch ein Grundschullehrer mußte froh sein, wenn er auf den Verdienst eines Facharbeiters kam; vielfach lag sein Einkommen darunter.[34]

Trotz dieser gesellschaftlichen Geringschätzung war der – oft unfreie – *magister* für einen großen Teil aller Römer die einzige Instanz, die ihnen jemals schulisches Wissen, in erster Linie Lesen und Schreiben, vermittelte. Dabei waren die Methoden alles andere als zimperlich. Stock und Peitsche sind allgegenwärtige »Erziehungshilfen«, an die noch die Alten mit Schrecken zurückdenken.[35] Erstaunlich immerhin, daß niemand etwas Schlimmes dabei fand, wenn ein ungezogener Schüler von einem unfreien Pädagogen gezüchtigt wurde! Offenbar setzt das doch die Anerkennung des Lehrers als fachliche Autorität voraus.

Freilich war die Tätigkeit von Sklaven und Freigelassenen im Bildungswesen keineswegs nur auf die niedrigste Stufe des Elementarschulmeisters beschränkt. Unter den Grammatikern und Rhetoren, die gleichsam stellvertretend für die höhere und die Hochschule stehen, waren Angehörige dieser beiden gesellschaftlichen Schichten ebenfalls stark vertreten.

Man braucht sich nur einmal die ursprünglich im Rahmen eines umfassenden Werkes *de viris illustribus* (»Über berühmte Männer«) erschienene Schrift Suetons *de grammaticis et rhetoribus* daraufhin anzusehen. Das Büchlein erweist sich geradezu als Fundgrube für die Werdegänge vieler Grammatiker und Rhetoren, die zum Teil als Sklaven, zum Teil als Freigelassene angefangen hatten. Jeder, der diese kleine Abhandlung kennt, wird ermessen können, einen welch bedeutenden Anteil am intellektuellen Leben Roms Sklaven und Freigelassene gehabt haben.[36]

Das ist keine Selbstverständlichkeit, wenn man bedenkt, daß Grammatik und Rhetorik zu den *artes liberales* gehörten, die Cicero einmal als »Künste, die eines Freien würdig sind«, bezeichnet.[37] Auch in den anderen zum Kanon der *artes liberales* gehörenden Bildungsfächern Arithmetik, Geometrie, Astronomie, Musik und Dialektik waren zahlreiche hervorragende Vertreter aus dem Sklavenstande zuhause.

Sicherlich waren das alles privilegierte Unfreie, die unter dem Patronat reicher Gönner ihre Studien treiben durften, weitgehend unbehelligt von den Mühsalen des Alltags, denen sich ein »normaler« Sklave ausgesetzt sah. Die meisten dieser gebildeten Unfreien durften auch auf eine spätere Freilassung hoffen. Und trotzdem wäre es verfehlt, über diese Tatsache stillschweigend hinwegzugehen. Zumindest ein kleiner Teil der Sklaven erhielt die Chance, sich in ihrem Beruf selbst zu verwirklichen, schöpferisch tätig zu sein, andere – noch dazu Freie! – in den *artes liberales* zu unterweisen und zu nicht unerheblichem Teil die römische Kultur mit zu repräsentieren. Das alles mag nicht viel sein im Vergleich mit den ungezählten anderen Sklaven, die alle diese Vorzüge nicht genossen; aber es reicht doch aus, um ein wenig Licht in das Dunkel der Sklaverei zu bringen.

Ex-Sklaven als graue Eminenzen am Kaiserhof

»Von diesen Leuten ... beherrscht, führte er sich nicht als Kaiser, sondern als Diener auf. Wie es dem Interesse, der Neigung oder der Laune eines jeden dieser Menschen entsprach, teilte er Ehrenstellen, militärische Kommandos, Straflosigkeitserklärungen und Strafen aus, und zwar meist, ohne daß er überhaupt wußte, was er tat.«[38]

Die Rede ist vom Kaiser Claudius (41–54 n. Chr.) und – seinen Freigelassenen. Auf deren Wink hin ließ ein römischer Kaiser Menschen willkürlich ermorden, darunter höchste Würdenträger; andere verbannte er, wieder andere erfreuten sich seiner Gunst, weil es ihm seine Ratgeber so diktierten. Ehemalige Sklaven regierten im Verein mit den Frauen des Claudius das Imperium Romanum!

Wer waren diese Männer, die sich von kaiserlichen Sklaven bis zu einer derartigen Machtfülle emporgearbeitet und emporintrigiert hatten? Sueton nennt die einflußreichsten »Ratgeber« des Claudius:

»Von seinen Freigelassenen schätzte er besonders den Eunuchen Posides (...), nicht weniger den Felix, dem er zunächst das Kommando über Hilfstruppen der Bundesgenossen, dann über Reiterabteilungen und schließlich über die Provinz Iudäa übertrug (...), sowie den Harpocras, dem er das Recht einräumte, sich in einer Sänfte durch Rom tragen zu lassen und öffentliche Spiele auszurichten« (was sonst nur Angehörigen des Ritter- und Senatorenstandes erlaubt war). »Über diese stellte er seinen Hofgelehrten *(a studiis)* Polybios, der oft die Ehre genoß, zwischen den beiden Konsuln spazierenzugehen. Vor allem aber begünstigte er seinen Generalsekretär *(ab epistulis)* Narcissus und den Finanzsekretär *(a rationibus)* Pallas. Beide ließ er durch Senatsbeschluß nicht nur mit ungeheuren Geldgeschenken, sondern auch durch die Verleihung quästorischer und prätorischer Rangabzeichen ehren.«[39]

Welche Rolle gerade Narcissus gespielt hat, zeigen zwei Nachrichten zur Genüge. Narcissus verfügte über das märchenhafte Vermögen von 400 Millionen Sesterzen. Soviel zu seinen finanziellen Möglichkeiten. Was seinen Einfluß angeht, so ist eine zweite Information aufschlußreich. Das wohl prominenteste Opfer seiner Intrigen war die dritte Frau des Claudius, eine ebenso herrschsüchtige wie ausschweifend lebende Dame. Sie wurde im Jahre 48 n. Chr. auf Veranlassung des Narcissus umgebracht.[40]

Daß ein römischer Kaiser wenig mehr als ein Spielball in den Händen seiner Ex-Sklaven darstellte, war sicherlich ein Mißstand, der sich auf die Regierungszeit des Claudius beschränkte. Gleichwohl haben diese Vorgänge grundsätzlichere Bedeutung im Hinblick auf die Stellung von Sklaven und Freigelassenen am Kaiserhof.

Familia Caesaris

Schon unter der Regierung des Augustus begann eine Entwicklung, die tüchtigen Unfreien eine Karriere in der kaiserlichen Verwaltung ermöglichen sollte, von der sie in der republikanischen Zeit nur hätten träumen können. Wer sich gut bewährte, wer das Vertrauen des Kaisers genoß, durfte durchaus damit rechnen, zu einer sozialen Spitzenstellung aufzusteigen.

Die Angehörigen der *familia Caesaris, servi Caesaris* und *liberti Augusti* (Sklaven und Freigelassene des Kaisers) genannt, bildeten eine recht heterogene Dienerschaft. Unter ihnen gab es gewaltige soziale Unterschiede, da natürlich nicht alle hohe Positionen erreichten. Zum »Fußvolk« gehörten alle jene Palastbediensteten, die den kaiserlichen Privathaushalt führten. Auch diese Sklaven hatten hervorragende Aussichten auf eine spätere Freilassung, aber sie gehörten von ihren Tätigkeitsbereichen her nicht zur Elite der *familia Caesaris*.

Anders im Falle der mit Verwaltungsaufgaben betrauten Sklaven und Freigelassenen. Unter mehreren Kaisern standen Freigelassene an der Spitze der zentralen Kanzleien der Reichsverwaltung in Rom. Aber auch auf den kaiserlichen Domänen im gesamten Römischen Reich finden wir Freigelassene in führenden Positionen. Nicht wenige wurden zudem mit wichtigen Regierungsaufträgen betraut und hatten hohe Posten in der Provinzialverwaltung inne. Ein Freigelassener des Kaisers Tiberius (14–31 n. Chr.) war eine Zeitlang Befehlshaber der Provinz Ägypten.[41] Trajan (98–117 n. Chr.) beauftragte seinen ehemaligen Sklaven Lycormas mit einer vertraulichen diplomatischen Mission an den Bosporus-Herrscher Sauromates.[42]

Zwei aus einer Menge ähnlicher Fälle herausgegriffene Beispiele. Es scheint sicher, daß die Kaiser ein regelrechtes Laufbahnwesen für befähigte Unfreie und Freigelassene geschaffen haben. Von den etwa 4500 kaiserlichen Sklaven und 2500 Freigelassenen, die uns – vor allem aus Inschriften – namentlich bekannt sind, hat selbstverständlich nur ein kleiner Prozentsatz die obersten Sprossen der Karriereleiter erreicht.[43] Aber eine recht große Anzahl von ihnen hat zumindest nicht unwichtige Posten auf mittlerer Verwaltungsebene bekleidet.

So hat sich für diese Elite die Neustrukturierung der gesamten Administration, die die römischen Kaiser seit Augustus energisch betrieben haben, sehr bezahlt gemacht. Daß Sklaven und Freigelassene in Ministerstellungen aufrücken und manchen Senator aus altehrwürdigem römischen Geschlecht an Einfluß weit übertreffen konnten, war ein bemerkenswerter Fortschritt – auch wenn das zeitweise zu einer widerlichen Günstlingswirtschaft wie unter Claudius entartete.

Im Roman des Petron charakterisiert sich der Ex-Sklave Trimalchio, ein steinreicher Emporkömmling, einmal so: »Auf diese Weise ist euer Freund, der einst ein Frosch war, zum König geworden.«[44] Ein Bild, das geeignet sein mag, auch die soziale Mobilität innerhalb der unfreien und freigelassenen Dienerschaft der römischen Kaiser zu illustrieren!

Sparen für die Freilassung

»Wenn du schreibst, daß . . . sehr viele Sklaven freigelassen worden sind, so freue ich mich darüber sehr. Ich wünsche nämlich, daß unser Vaterland in jeder Hinsicht gefördert wird, vor allem aber durch eine größere Zahl von Bürgern, ist doch gerade das die zuverlässigste Zierde für die Städte.«[45]

Sätze aus einem Brief des jüngeren Plinius, geschrieben um 100 n. Chr. Eine derart positive Einstellung eines Freien, zumal eines ebenso als Literat wie als höchster Verwaltungsbeamter prominenten Mannes, zur Freilassung von Sklaven mag auf den ersten Blick erstaunen. Tatsächlich fällt es schwer, sich diese Sätze aus der Feder eines Griechen vorzustellen. Und insofern liegt in ihnen mehr als nur die persönliche Meinung des Plinius. In gewisser Weise ist diese Äußerung typisch für die großzügigere Haltung der Römer in puncto Freilassung von Sklaven – großzügiger jedenfalls im Vergleich mit der Freilassungspraxis der klassisch-griechischen Zeit.

Das *manumissio,* die »Entlassung aus der Hand«, war schon in der spätrepublikanischen Zeit weit verbreitet. Daß ein sparsamer und auf die Freilassung tatkräftig hinarbeitender Unfreier sein Ziel relativ leicht erreichen konnte, kann als gesichert gelten. Allerdings war es vielen Sklaven niemals möglich, überhaupt Geld zurückzulegen, mit dem sie sich loskaufen konnten.

Handwerkssklaven, unfreie Hausbedienstete und Gutsverwalter dagegen hatten eine gute Chance, sich im Laufe der Jahre ein ansehnliches *peculium* zusammenzusparen. Dazu zählte das persönliche Vermögen eines Unfreien, dessen Verwaltung ihm allein zustand. Die meisten Herren sahen es nicht ungern, wenn sich ihre Sklaven ein solches finanzielles Polster schufen, galt das doch mit Recht als Zeichen von Fleiß und Tüchtigkeit. So läßt Plautus einen Sklaven erklären: »Mag ich auch schlecht gekleidet sein, so bin ich gleichwohl ein ordentlicher Mensch; und mein *peculium* läßt sich gar nicht aufzählen« (weil es so groß ist).[46] Noch aus einem anderen Grunde konnte dem Herrn daran gelegen sein, daß sein Sklave nicht völlig mittellos dastand. Wenn der Unfreie einen Schaden angerichtet hatte, so brauchte der Sklavenbesitzer, der juristisch für ihn haftbar war, die Wiedergutmachung nicht aus eigener Tasche zu bestreiten. Er griff in einem solchen Fall vielmehr auf das *peculium* zurück, das mithin auch den Charakter einer Kaution hatte.

Der Sklave freilich ersparte sich sein Vermögen aus ganz anderem Grunde. Er durfte hoffen, sich aus der Unfreiheit loszukaufen, wenn er seinem Herrn zumindest den Kaufpreis zurückzahlen konnte.

Mancher Sklave mag sich das *peculium* förmlich vom Munde abgespart haben, um möglichst schnell freizukommen.[47] Andere dagegen genossen erst einmal – falls ihre Tätigkeit es ihnen erlaubte – die angenehmen Seiten des Lebens und besaßen erst im Alter das für den Freikauf nötige Kapital. So entwirft Vergil in seiner ersten Ekloge die Gestalt eines unfreien, aber völlig selbständig wirtschaftenden Hirten, der »erst, als der Bart beim Scheren schon grau herabfiel«, genügend Ersparnisse hatte, um seine Freilassung zu erwirken. Erst als er eine sparsamere Lebensgefährtin kennenlernte, konnte er sich etwas zurücklegen: »Solange Galatea mich besaß, hatte ich keine Hoffnung auf Freiheit, sorgte mich nicht um das *peculium*.«[48]

Wie groß die Zahl der Sklaven in Rom gewesen sein muß, die in die Freiheit entlassen wurden, zeigt die Gesetzgebung des Augustus. Er wollte das Freilassungswesen offenbar durch gesetzgeberische Maßnahmen eindämmen und machte die *manumissio* von bestimmten Voraussetzungen abhängig. Diese zielten allerdings nicht darauf ab, Freilassungen prinzipiell zu erschweren oder gänzlich unmöglich zu machen, sondern sollten nur verhindern, daß Sklaven allzu früh emanzipiert wurden. Nach der *lex Aelia Sentia* aus dem Jahre 4 n. Chr. sollte der Unfreie mindestens dreißig Jahre, der Freilasser mindestens zwanzig Jahre alt sein.[49]

An der liberalen Handhabung der Freilassung änderten aber auch diese Vorschriften nichts. Besonders wirksam scheinen sie ohnedies nicht gewesen zu sein, finden sich doch auf Grabinschriften der Kaiserzeit genügend Freigelassene, die teilweise bedeutend jünger als dreißig Jahre waren. Ob diejenigen vier von den insgesamt sieben in einer Inschrift des 1. Jahrhunderts n. Chr. genannten *liberti* und *libertae* (männliche und weibliche Freigelassene), die im Kindesalter von vier, fünf, neun und dreizehn verstorben waren, wirklich alle unter die vom Gesetz zugelassenen Ausnahmen gefallen sind, darf wohl bezweifelt werden. Und gerade die vergleichsweise großzügige Freilassungspraxis der Kaiser selbst ist ja nicht dazu angetan, an eine rigorose Kehrtwendung in der Haltung der Römer zur Freilassungsfrage zu glauben.

Demnach steht wohl fest, daß in römischer Zeit bedeutend mehr Sklaven gute Aussichten auf eine spätere Freilassung hatten als etwa im Griechenland des 5. und 4. Jahrhunderts. Diese Erfahrung war sicherlich ein Lichtblick im Leben vieler Unfreier, wenngleich sich die Chancen einer Freilassung auf die einzelnen Gruppen der Sklaven extrem unterschiedlich verteilten.

Noch ein zweiter Gesichtspunkt läßt das römische Freilassungswesen als ungewöhnlich liberal erscheinen: Die Ex-Sklaven wurden unmittelbar nach ihrer Freilassung zu römischen Bürgern! In Griechenland hatte es dergleichen nie gegeben. Dort mußten Freigelassene mit dem Rechtsstatus vorliebnehmen, der der Stellung von Landesfremden entsprach. Eine Beteiligung am politischen Leben des Stadtstaates kam für Freigelassene nicht in Frage.

Die in Rom vorherrschende Großzügigkeit erstaunt noch mehr im Blick auf die privilegierte Stellung eines römischen Bürgers. *Civis*

Romanus est – »Er ist ein römischer Bürger«: diese – für ihn erschreckende – Erkenntnis veranlaßte einst einen römischen Hauptmann, die schon ins Auge gefaßte und vorbereitete Geißelung und Folterung des Apostels Paulus sofort abzubrechen.[50] In der Tat waren viele stolz auf ihr römisches Bürgerrecht, das ihnen eine bevorzugte Stellung vor dem Gesetz garantierte. Und lange Zeit waren die Römer sehr zurückhaltend mit der Verleihung des Bürgerrechts an Fremde. Erst die *Constitutio Antoniniana,* ein Erlaß des Kaisers Caracalla aus dem Jahre 212 n. Chr., erklärte fast alle im Imperium Romanum lebenden Menschen zu römischen Bürgern.

Ehemalige Sklaven aber, mochten sie auch aus den entlegensten »barbarischen« Ländern stammen, wurden in die Bürgerliste eingetragen. Zwar gab es für sie gewisse Einschränkungen, die sie etwas schlechter stellten als gebürtige Römer und die es beispielsweise erst ihren Nachfahren ermöglichten, in den Stand der Ritter aufzusteigen, doch wiegen diese Vorschriften im Verhältnis zu dem gewaltigen Sprung vom Sklaven zum römischen Bürger wenig.

Nebenbei bemerkt: Moderne Staaten sind bedeutend weniger großzügig mit der Verleihung ihrer Staatsbürgerschaft. Nur unter Schwierigkeiten wird ein Ausländer naturalisiert, und das im Regelfall erst nach vielen Jahren mit erheblichem bürokratischem und juristischem Aufwand. Anders in Rom, wo der *einzelne* Bürger praktisch eine Bürgerrechtsverleihung vornehmen durfte, ohne die Allgemeinheit fragen zu müssen. Denn die Entscheidung über die Freilassung eines Unfreien stand allein dem Sklavenbesitzer zu. Und damit eben auch die Möglichkeit, ihm das begehrte römische Bürgerrecht zu verschaffen. Die Rolle, die der Prätor als staatlicher Beamter dabei spielte, ging im allgemeinen nicht über die Funktion eines Notars hinaus.

Freigelassener und Patron

Die Beziehungen zwischen dem ehemaligen Sklaven und seinem Herrn blieben sehr eng. Aus dem Herrn wurde nun der *patronus,* dem der Freigelassene Gehorsam und Ehrerbietung schuldete. Je nach den Bestimmungen des Freilassungsvertrages war der Freigelassene Verpflichtungen gegenüber seinem einstigen Herrn eingegangen, die bis hin zu einem zeitlich genau festgelegten Arbeitseinsatz gehen konnten. Als Beweis der Treue und Anhänglichkeit wurde es gern gesehen, wenn die Freigelassenen zu bestimmten Anlässen wie Hochzeiten, Geburtstagen oder Festen ihrem Patron Geschenke überreichten. Es kam vor, daß diese Spenden vertraglich exakt fixiert waren.[51]

In vielen Fällen bestanden wirtschaftliche Interessenverbindungen zwischen Freigelassenen und ihren Patronen, die beiden Seiten Vorteile brachten. Überall da, wo »ehrenwerte« Römer in anrüchigen Geschäften nicht selbst in Erscheinung treten wollten, arbeiteten sie gern mit Freigelassenen als Geschäftspartnern und Strohmännern zusammen. So im Handel, wo römische Senatoren sich eigentlich nicht engagieren durften, aber auch im schmutzigen Wuchergeschäft oder bei der Betreibung von Bordellen.[52]

Wie eng die Freigelassenen mit ihren ehemaligen Herren verbunden waren, zeigt sich zusätzlich auch daran, daß sie deren Geschlechtsnamen – sie selbst hatten ja aufgrund ihrer Herkunft meist kein eigenes *nomen gentile* – und oft auch deren Vornamen *(praenomen)* annahmen. Ihr einstiger Sklavenname wurde dann zum *cognomen* (Beinamen).

Kein Zweifel, daß die Freigelassenen von ihren Patronen noch in vielerlei Hinsicht abhängig waren. Das Verhalten des bithynischen Fürsten Prusias II. (182–149 v. Chr.) vermag das trotz aller damit verbundenen Peinlichkeit gut zu illustrieren: Um sich bei den Römern einzuschmeicheln, empfing er eine römische Gesandtschaft in den Kleidern eines Freigelassenen mit diesen Worten: »Ihr seht in mir euren Freigelassenen, der alles, was bei euch Sitte ist, nachahmen, der euch ganz zu Diensten sein will.«[53]

Das Treueverhältnis zwischen Freigelassenem und Patron war aber nicht so einseitig, wie es den Anschein haben könnte. Auch dem Patron seinerseits oblagen Pflichten gegenüber seinem ehemaligen Sklaven. Für beide Seiten bestand eine gesetzliche Verpflichtung, sich im Falle wirtschaftlicher Not gegenseitig zu unterstützen.[54] Vor Gericht hatte der Patron die Interessen seines Freigelassenen zu wahren.

Über die juristischen Tatbestände hinaus kennen wir etliche Beispiele echter Fürsorge der Patrone für ihre *liberti*. Darunter fielen finanzielle Abfindungen ebenso wie die Beschaffung eines Arbeitsplatzes – oft im Betrieb des Patrons selbst. Testamente, die Pensionszahlungen und Vermögensübertragungen an Freigelassene bestimmten, waren keine Seltenheit.

Ungewöhnlich schien es den Betroffenen auch nicht, wenn ihr Patron ihnen zur Sicherung des Lebensunterhalts kein Barkapital schenkte, sondern »Produktionsmittel« in Form von Sklaven. Deren Arbeitskraft sollte dem Freigelassenen, der selbst einmal unfrei gewesen war, einen sorglosen Lebensabend garantieren.[55]

»Erbaut für sich und seine Freigelassenen«

Am sinnfälligsten werden die überaus engen persönlichen Bindungen zwischen Freigelassenen und ihren Herren an einer Sitte, die sich in unzähligen Dokumenten widerspiegelt: die Aufnahme verstorbener Ex-Sklaven in das Familiengrab. Wer bei lateinischen Grabinschriften genauer hinschaut, wird auf vielen die Abkürzung L für *libertus* oder *liberta* entdecken. Häufig ist die Formel: *(XY) fecit sibi et suis libertis libertabusque:* »(XY) hat dies Grabmal errichten lassen für sich und seine männlichen und weiblichen Freigelassenen.«

Dadurch werden selbst noch spätere Generationen in das Treueverhältnis mit hineingenommen. Auch wenn dabei der für Römer nicht unwichtige Gedanke an eine für Jahrzehnte gesicherte Grabpflege eine Rolle gespielt hat, wird damit der emotionale Gehalt dieser Zeugnisse keineswegs völlig überlagert.

Den Schlußpunkt zu diesem Thema mag ein besonders eindrucksvolles Beispiel einer derartigen Grabinschrift bilden. Im Garten des Thermenmuseums von Rom, an der Piazza del Cinquecento, ist eine große Grabtafel aus weißem Marmor aufgestellt. Sie springt wegen ihres gleichförmigen Schriftbildes sofort ins Auge. Die oberen drei Zeilen stellen die Überschrift dar:

»M. Aurelius Asclepiades, Freigelassener des Marcus, und Aurelia Salvia, Freigelassene des Marcus, haben dieses Grab für ihre Freigelassenen männlichen und weiblichen Geschlechts geschaffen.«

Und dann folgt in zwei Kolumnen eine lange Liste von insgesamt siebzehn namentlich aufgeführten Freigelassenen, die – natürlich – alle der *gens Aurelia* angehören, was korrekterweise in jedem einzelnen Falle erwähnt wird und dadurch den etwas stereotypen Eindruck der Inschrift hervorruft.

Hier lagen also ein Patron und seine Frau, die selbst Freigelassene eines M. Aurelius waren, begraben, zusammen mit ihren eigenen ehemaligen Sklaven.[56]

Tödliche Spiele – Schandfleck der römischen Zivilisation

War in diesem Kapitel bislang von Aspekten die Rede, die die römische Sklaverei teilweise in etwas milderem Licht erscheinen ließen, so müssen wir uns jetzt der düsteren Kehrseite der Medaille zuwenden. Kaum notwendig anzumerken, daß auch diese negativen Gesichtspunkte ebensowenig repräsentativ sein können für *die* Haltung *der* Römer gegenüber ihren Unfreien. Gleichwohl handelt es sich dabei nicht um ausgesprochene Ausnahmefälle, deren Erörterung ein völlig schiefes Bild der Gesamtsituation ergeben könnte.

Der dunkelste Fleck der gesamten römischen Zivilisation überhaupt war das Gladiatorenwesen. Zuzuschauen, wie Menschen aufs brutalste gegeneinander kämpften und sich in einer solchen Menge umbrachten, daß sich der Sand der Arena rot färbte, wie wilde, vor Hunger fast wahnsinnige Bestien sich zerfleischten oder ihre menschlichen Kampf-»Partner« zerrissen: Das war für Römer aller sozialen Schichten ein einzigartiges Schauspiel, der Inbegriff spannender, aufregender Unterhaltung schlechthin.

Nur wenige haben ihren Abscheu vor dieser Barbarei so unmißverständlich formuliert wie Seneca. Wenn »der Mensch, einst dem Menschen heilig, nun zu Spiel und Scherz gemordet wird«, so nennt er das, was es tatsächlich war, beim Namen: eine Perversität.[57]

Vielen seiner römischen Leser wird das nicht gefallen haben. Sie waren eher für Extravaganzen und Varianten der tödlichen Spiele zu gewinnen, die sich durch besonders einfallsreichen Sadismus auszeichneten. Um dem Publikum zu imponieren, dachten sich einige Kaiser – sie waren die bedeutendsten Ausrichter dieser *ludi* – überaus »raffinierte« Spiele aus. Nero (54–68 n. Chr.) reservierte einst einen Tag der Schauspiele, die er in Puteoli gab, nur für Neger beiderlei Geschlechts und jeden Alters.[58] Domitian (81–96 n. Chr.) mochte ihm nicht nachstehen. Unter seinem Patronat wurden Gladiatorenspiele bei Nacht ausgetragen. Im Schein der Kandelaber blitzten und funkelten die Schwerter der Akteure, unter denen sich auch Frauen befanden . . .[59]

Soviel zur »Qualität« dieser grausamen Spektakel. Was die Quantität angeht, so hing die Zahl der eingesetzten Gladiatoren und Tiere sehr von der »Großzügigkeit« des Ausrichters ab. Mehrere Dutzend Kämpfer galten als Minimum für das anspruchsvolle Publikum. Der Blutdurst der Zuschauer war aber erst dann einigermaßen gestillt, wenn mehrere Hundert Fechter aufgeboten wurden.

Den grausigen Rekord der größten Zahl während einer »Spielzeit« eingesetzten Gladiatoren stellte Kaiser Trajan (98–117 n. Chr.) auf. Er schickte zur Feier seines Sieges über die Daker neben 11 000 Tieren auch 10 000 Gladiatoren in die römische Arena; und das in einem Zeitraum von nur vier Monaten![60] Zwischen 106 und 114, so hat man errechnet, fochten nicht weniger als 23 000 Mann auf Kosten jenes Kaisers, der makabrerweise im Jahre 114 vom Senat den Ehrentitel *Optimus,* »der Beste«, verliehen bekam.

Blutiges Handwerk – geschätzt und verabscheut

Um ermessen zu können, wie viele Tausende und Abertausende unglücklicher Sklaven dem Tode in den Arenen römischer Amphitheater zum Opfer gefallen sind, müssen vor allem die Rahmenbedingungen bekannt sein. Sicher, es waren nicht nur Unfreie, die überall im Römischen Reich in den Fechterschulen zu qualifizierten Gladiatoren ausgebildet wurden. Auch verurteilte Verbrecher stellten einen großen Anteil an Gladiatoren. Die Verurteilung zum Schwert *(ad gladium)* traf in erster Linie Mörder, Brandstifter, Räuber und Tempelschänder. In den Zeiten der Christenverfolgungen wurden auch viele Christen als Hochverräter in die Arena geschickt, weil sie sich weigerten, dem Kaiser zu opfern.

Daneben gab es eine Reihe von freiwilligen Gladiatoren, unter ihnen sowohl Freigelassene als auch Freigeborene. Daß sie dieses Bluthandwerk aus eigenem Antrieb ausübten, hängt vielfach damit zusammen, daß es sich um Abenteurer und verkrachte Existenzen, Bankrotteure und Hasardeure handelte, die im »bürgerlichen« Leben ohnehin nichts zu gewinnen hatten und die sich von den ansehnlichen Preisgeldern faszinieren ließen. Wirklich tüchtige Gladiatoren, die schon manchen Gegner niedergestreckt hatten, konnten hohe Summen für einen Auftritt in der Arena fordern. Neben Bargeld winkten ihnen auch wertvolle Sachpreise wie Schalen mit Goldstükken. Nero ließ es sich nicht nehmen, einen besonders verdienten Fechter mit einem Palast zu beschenken.[61]

Nicht minder attraktiv war das Sozialprestige der Gladiatoren. Als *Stand* wurden die Fechter zwar verachtet. So gesehen konnte das einem politischen Gegner an den Kopf geworfene *gladiator!* eine üble Beleidigung sein. Die *einzelnen Stars* der Arena jedoch wurden ebenso umjubelt und umschwärmt wie Fußballspieler oder Tenniscracks in unseren Tagen. Eine ganze Industrie war damit beschäftigt,

Souvenirs mit den Porträts der bekanntesten Gladiatoren herzustellen. Gläser und Ringe, Lampen und Schüsseln waren mit den Köpfen dieser Männer geschmückt. Die Beliebtheit von Gladiatorenkämpfen als Motive von Wand- und Grabmalereien, Stuckreliefs und Mosaiken spricht für sich.

Hinzu kam das Schwärmen vieler Frauen für die Helden der Arena. »Das Schwert des Gladiators ist es, das sie lieben«, sagt Juvenal in einer seiner Satiren, »das zieht jene – Eppia, die Gattin eines Senators – ihren Kindern und ihrem Vaterland, ihrer Schwester und ihrem Mann vor.«[62] Daß dies keine Übertreibung einer spitzen satirischen Zunge ist, zeigen etliche Wandinschriften aus Pompeji. Da wird der thrakische Gladiator Celadus nicht nur als »Herr über die Puppen« gefeiert,[63] sondern auch als »Arzt der Puppen am Tage und in der Nacht« gerühmt.[64]

Die überwiegende Mehrheit der Gladiatoren aber stellten Sklaven und Kriegsgefangene. Und da darf auch der Blick auf die »angenehmen« Seiten des Fechterdaseins nicht über die grundlegende Tatsache hinwegtäuschen, daß diese Menschen zu ihrem blutigen Handwerk *gezwungen* worden sind. Als Beleg für Humanitätstendenzen wird manchmal die *lex Petronia de servis* aus dem Jahre 19 n. Chr. angeführt.[65] Dieses Gesetz untersagte es Sklavenbesitzern, ihre Unfreien ohne amtliche Zustimmung in die Arena zu schicken. Nirgendwo aber finden sich Indizien dafür, daß die zuständigen Beamten mit der Genehmigungserteilung restriktiv verfahren wären. Wenn schon nicht selten auch kleine Gauner, nicht nur abgebrühte Schwerkriminelle, »zum Schwert« verurteilt wurden, um die gewünschten Gladiatorenzahlen zu erhalten,[66] wieso sollten die Behörden dann ausgerechnet bei Sklaven schonungsvoller vorgegangen sein?

Die Wirklichkeit der Gladiatorenkasernen sah anders aus. Menschlichkeit war dort ein Fremdwort. Die Fechter trainierten unter strengster Aufsicht. Sie bekamen nur hölzerne Waffen in die Hand. Zu groß war die Angst vor Ausbruchsversuchen und Verschwörungen. Soldaten bewachten die kaiserlichen Fechterschulen, in denen mehrere hundert, bis zu zweitausend Gladiatoren lebten. Viele von ihnen waren außerhalb der Übungszeiten gefesselt; sie führten das Leben von Inhaftierten. Mit bestimmten Ausnahmen jedoch: Kost und Gesundheitsfürsorge waren ausgezeichnet. Die Schulen hatten ihre eigenen Ärzte, die sich um das körperliche Wohlergehen von Menschen bemühten, die ja in der Arena nicht aus Ent-

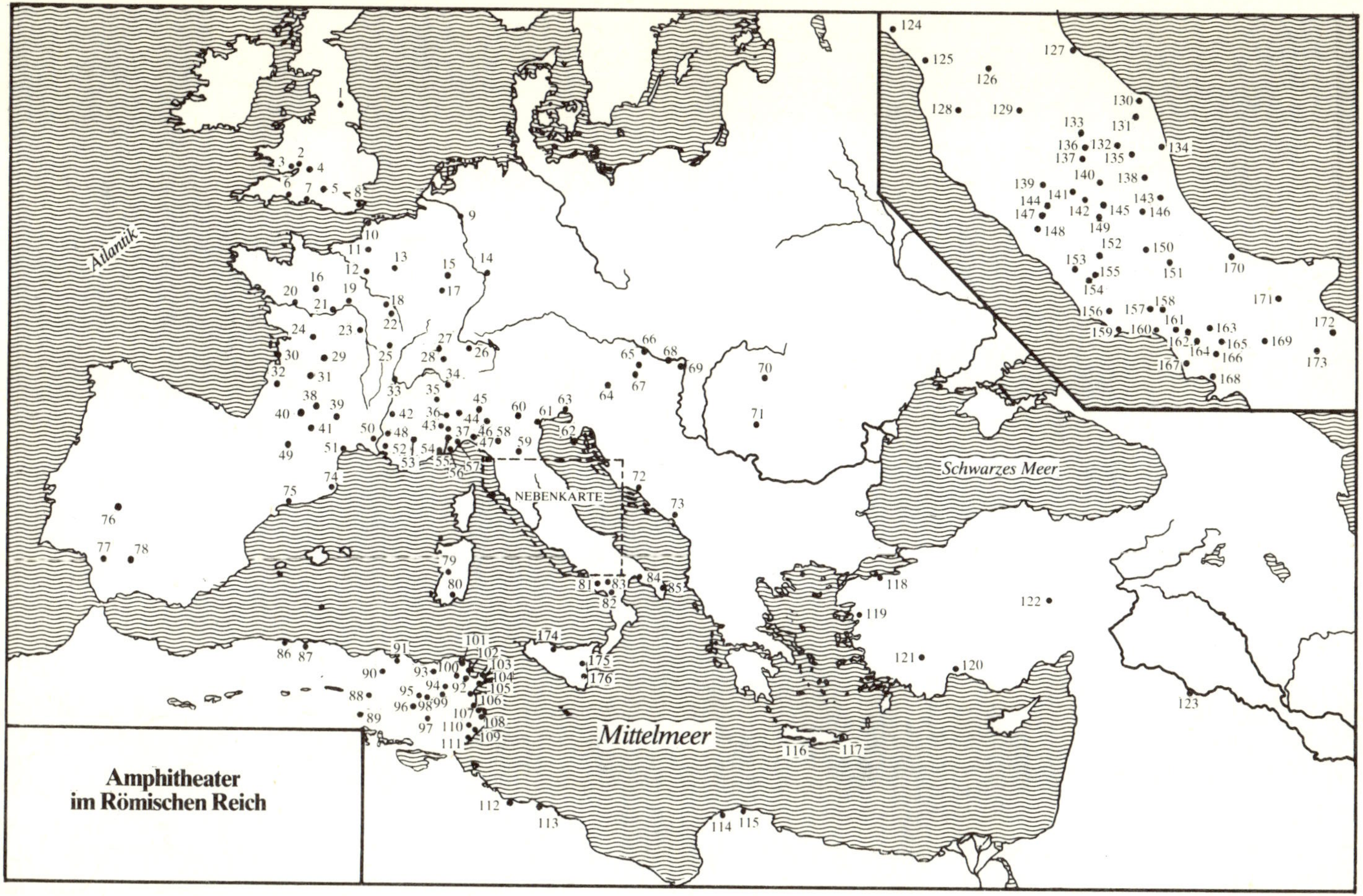
Atlantik
Mittelmeer
Schwarzes Meer
NEBENKARTE
Amphitheater
im Römischen Reich

1 Isurium
2 Venta Silurum
3 Isca Silurum
4 Durocornovium
5 Calleva Atrebatum
6 Durnovaria
7 Regnum
8 Rutupiae
9 Vetera
10 Gesoriacum
11 Samarobriva
12 Augustomagus
13 Durocortorum
14 Mogontiacum
15 Augusta Treverorum
16 Suindinum
17 Divodurum Mediomatricorum
18 Ageaincum
19 Cenabum
20 Iuliomagus
21 Caesarodunum
22 Autessiodurum
23 Avaricum
24 Limonum
25 Augustodunum
26 Vindonissa
27 Vesontio
28 Aventicum
29 Augustoritum
30 Mediolanum Santonum
31 Vesunna
32 Burdigala
33 Lugdunum
34 Octodurus
35 Augusta Praetoria
36 Augusta Taurinorum
37 Pollentia
38 Divona
39 Segodunum
40 Aginnum
41 Tolosa
42 Dea
43 Segusio
44 Vercellae
45 Mediolanum
46 Velleia
47 Libarna
48 Arausio
49 Lugdunum Convenarum
50 Nemausus
51 Baeterrae
52 Arelate
53 Apta Iulia
54 Forum Iulii
55 Augusta Bagiennorum
56 Cemenelum
57 Albingaunum
58 Parma
59 Forum Cornelii
60 Verona
61 Patavium
62 Pola
63 Aquileia
64 Flavia Solva
65 Scarbantia
66 Carnuntum
67 Savaria
68 Brigetio
69 Aquincum
70 Porolissum
71 Sarmizegetusa
72 Salonae
73 Epidaurus
74 Emporiae
75 Tarraco
76 Emerita
77 Italica
78 Astigi
79 Forum Traiani
80 Carales
81 Paestum
82 Grumentum
83 Atina
84 Tarent
85 Lupiae
86 Caesareia
87 Tipasa
88 Lambaesis
89 Gemellae
90 Cirta
91 Rusicade
92 Uthina
93 Simitthu
94 Thuburbo Maius
95 Thibari
96 Theveste
97 Sufetula
98 Mactaris
99 Seressi
100 Thuburbo Minus
101 Utica
102 Karthago
103 Carpi
104 Vina
105 Pupput
106 Hadrumetum
107 Leptis Minor
108 Thapsus
109 Acholla
110 Thysdrus
111 Thaenae
112 Sabrata
113 Leptis Magna
114 Ptolemais
115 Cyrene
116 Gortyna
117 Hierapytna
118 Cyzicus
119 Pergamon
120 Perge
121 Aphrodisias
122 Comana
123 Dura-Europos
124 Luna
125 Luca
126 Florentina
127 Ariminum
128 Volaterrae
129 Arretium
130 Ancona
131 Ricina
132 Urbs Salvia
133 Asisium
134 Firmum
135 Falerio
136 Hispellum
137 Mevania
138 Asculum
139 Volsinii
140 Spoletium
141 Carsulae
142 Interamna Nahars
143 Interamnia
144 Ocriculum
145 Reate
146 Amiternum
147 Falerii
148 Sutrium
149 Trebula Mutuesca
150 Alba Fucens
151 Marruvium
152 Tibur
153 Rom
154 Bovillae
155 Tusculum
156 Setia
157 Aquinum
158 Suessa
159 Tarracina
160 Minturnae
161 Cumae
162 Cales
163 Telesia
164 Capua
165 Abella
166 Nola
167 Casinum
168 Pompeii
169 Aeclanum
170 Larinum
171 Luceria
172 Canusium
173 Venusia
174 Thermae Himeraeae
175 Catana
176 Syrakus

kräftung und Gebrechlichkeit niederstürzen, sondern erst nach heftigem Kampf, durch das Schwert des Gegners getroffen, zu Boden gehen sollten.

Immer wieder kam es trotz aller Sicherheitsvorkehrungen zu gefährlichen Meutereien und Aufstandsversuchen unter den Gladiatoren. Und auch Selbstmorde waren nichts Außergewöhnliches. Wie groß die Gefahr eingeschätzt wurde, daß viele unfreie Fechter sich dem grausamen, entwürdigenden Schauspiel im Amphitheater durch Freitod entziehen könnten, zeigt diese Nachricht: Sie blieben nur dann unbewacht, wenn sie die Toilette aufsuchten. Seneca berichtet von einem Gladiator, der diesen Augenblick nutzte, um sich eine Stange, die dort zur Beseitigung des Kots lag, in die Kehle zu rammen, weil er der Schmach des Gladiatorenkampfes entgehen wollte.[67]

Helden wider Willen

All dies zeigt mit erschütternder Deutlichkeit, wie verhaßt den unfreien Gladiatoren das blutige Handwerk war.[68] Viele von ihnen sind zu Helden wider Willen geworden, haben sich aus reiner Selbstbehauptung immer tapfer geschlagen – und gerade dadurch ihren Marktwert noch erhöht! Denn das war die furchtbare Logik des Erfolgs: Der Besitzer konnte einen guten Fechter für erhebliche Summen an andere Eigentümer von Gladiatorenschulen verkaufen.

Besonders berüchtigt war die Praxis des Kaisers Caligula (37–41 n. Chr.), der prominente Römer geradezu zwang, seine Fechter zu extrem überhöhten Preisen zu erwerben. Einen ganz üblen Streich spielte er dem Aponius Saturnius, der bei einer dieser merkwürdigen Auktionen eingeschlafen war. Caligula wies den Auktionator darauf hin, daß Saturnius durch sein Kopfnicken noch mitbiete, und so erwarb der Senator schließlich buchstäblich im Schlaf dreizehn Gladiatoren für die phantastische Summe von 9 Millionen Sesterzen.[69]

So amüsant diese Anekdote auch wirken mag, so spielt sie doch vor einem düsteren Hintergrund: Gladiatoren waren ebenso wie andere Unfreie Handels- und Tausch-»Objekte« – eine Tatsache, die noch einmal den Zwang in Erinnerung ruft, der das schlimme Los dieser Männer (manchmal übrigens auch Frauen) bestimmte.

Überall in der römischen Welt, am Rhein wie in Spanien, in Britannien wie in Nordafrika, in Gallien wie in Kleinasien, fanden Fechterspiele statt. Die Zahl der Arenen geht in die Hunderte. Viele dieser Monumentalbauten haben dem Zahn der Zeit erfolgreich getrotzt: Meisterwerke römischer Baukunst, aber auch steinerne Zeugen entsetzlichen Unrechts.

Das bedeutendste von ihnen, das Amphitheatrum Flavium, besser als Colosseum bekannt, steht in der Hauptstadt selbst. Gegenüber dem heutigen Eingang ist ein hohes hölzernes Kreuz aufgestellt worden. Es erinnert die Besucher an die Leiden der christlichen Märtyrer, die hier im Schaukampf zur Ergötzung eines blutgierigen Publikums ihr Leben für ihren Glauben gelassen haben. Es sollte aber auch als Ehrenmal für die ungezählten Sklaven angesehen werden, die hier und an anderen Orten, nicht von der Gewißheit eines unerschütterlichen Glaubens getröstet, leiden und sterben mußten, weil ihnen eine freie Entscheidung über ihr eigenes Handeln verwehrt war.

Unfreie Prostituierte

»Nackt stand sie da am Strand zur Begutachtung durch den Käufer. Alle Teile ihres Körpers wurden besichtigt und betastet. Wollt ihr das Ergebnis des Verkaufs wissen? Der Seeräuber verkauft sie; der Bordellbesitzer erwirbt sie. Die Seeräuber haben sie geschont, um sie dem Kuppler zu verkaufen. Der Kuppler aber hat sie erworben, um sie zur Prostituierten zu machen.«[70]

Eine ganz alltägliche Szene, die der Ältere Seneca hier schildert, ein Einzelfall, der stellvertretend für das Schicksal unzähliger Sklavinnen steht: Der Weg in die erzwungene Prostitution. Wie bei den Griechen, so stellten auch in der römischen Zeit Sklavinnen den wohl bei weitem größten Anteil an Dirnen. Daß auch freigelassene und freigeborene Frauen diesem Gewerbe nachgingen, relativiert diese schmutzige Seite der Sklaverei ebensowenig wie der Hinweis auf die Freien unter den Gladiatoren. Entscheidend ist, daß diese ihre Tätigkeit aus eigenem Entschluß ausübten, während jene keine Wahl hatten, sondern von ihren Besitzern zur Prostitution genötigt wurden. Und gerade das läßt auch diesen Aspekt der Unfreiheit in besonders schlechtem Licht erscheinen.

Die absoluten Zahlen der unfreien Dirnen kennen wir natürlich nicht. Aber die erschreckende Größenordnung läßt sich doch erahnen, wenn man hört, daß es allein im kaiserzeitlichen Rom an die fünfzig Bordelle gegeben hat und daß selbst eine Provinzstadt wie Pompeji (im allerdings einschlägig berüchtigten Kampanien) mehr als ein halbes Dutzend Freudenhäuser aufweisen konnte.[71] Dabei sind die Straßendirnen, die ihre Kunden in den Gewölben des Circus und der Theater und in der Nähe der Thermen ansprachen, noch gar nicht berücksichtigt.

In den Freudenhäusern lebten hauptsächlich unfreie Prostituierte, die der Bordellbesitzer an Kunden vermietete. Die Honorare flossen in die Kasse des Etablissement-Betreibers, ohne daß die Frauen am Gewinn beteiligt gewesen wären. Von der erniedrigenden Tätigkeit als solcher einmal abgesehen; auch die »Arbeitsbedingungen« der meisten in Bordellen beschäftigten Sklavinnen waren außerordentlich abstoßend und ekelerregend.

Jeder, der das bekannte *lupanar* (Bordell) in der *regio VII* von Pompeji besucht, muß einen entsprechenden Eindruck mitnehmen. Die farbigen obszönen Wandmalereien, die dort gefunden wurden, können nicht über die Trostlosigkeit des Hauses hinwegtäuschen: kleinste Zimmer, geradezu Zellen, in die kaum mehr als eine Liege paßte, die Betten selbst aus Stein gemauert, die Atmosphäre des Ortes dunkel und stickig, bis auf einen Abtritt außerhalb der Einzelkammern keinerlei hygienische Vorrichtungen. *Das* war die Welt der meisten unfreien Dirnen – nicht die prächtige, luxuriöse Welt des mondänen Badeortes Baiae oder der Paläste der Reichen in Rom, wo zu den raffinierten Orgien und ausschweifenden Gelagen[72] nur ein verschwindend kleiner Prozentsatz von besonders »qualifizierten« Dirnen Zugang hatte. Die Kundschaft der Bordell-Prostituierten bestand aus Soldaten und Matrosen, kleinen Gewerbetreibenden und Arbeitern, Freigelassenen und – Sklaven.

Zwar erließ der Kaiser Hadrian (117–138 n. Chr.) ein Gesetz, das den Verkauf von Sklavinnen an Bordellbetreiber ohne besonderen Grund verbot.[73] Daß diese Verordnung durchschlagenden Erfolg hatte, muß bezweifelt werden. Von einem drastischen Rückgang des unfreien Dirnenwesens hören wir nichts, und die Wiederholung des von Hadrian verfügten Verbots durch spätere Kaiser zeigt ja recht deutlich, wie wenig sich die gesetzliche Bestimmung in der Realität des Lebens ausgewirkt hat.[74]

Die erzwungene Prostitution von Sklavinnen gehört zu den konsequentesten, aber gerade deshalb zu den übelsten Seiten jenes »Rechts«-Titels, der dem Eigentümer der »Sache« Mensch die Entscheidung darüber überließ, wie er nicht nur geistige Fähigkeiten, sondern auch körperliche Eigenschaften seines menschlichen Besitzes in ihm genehmer Weise nutzbar machte. Die Ausbeutung und

Vermarktung unfreier Menschen im sexuellen Bereich entlarvt die prinzipielle Unmenschlichkeit der Institution »Sklaverei« auf eindrucksvolle Weise.

Scheußliche Liebhaberei

Hinter der auf den ersten Blick recht freundlich anmutenden Bezeichnung *deliciae* oder *delicium* (»Liebling«, »Lieblingssklave«) verbarg sich mitunter eine Realität, die mit zum Grausamsten und Perversesten der gesamten römischen Sklaverei gehört. Sicher waren es nur relativ wenige Snobs, hauptsächlich degenerierte Adlige und mehr oder minder verrückte Reiche, die auf derartige Lieblinge im ganzen römischen Imperium Jagd machten. Gemeint sind unfreie Menschen, die durch abnorme geistige oder körperliche Eigenschaften auffielen.

Die Vorliebe des Augustus für kleine Sklavenknaben, die ihm durch ihr ansprechendes Äußeres und ihre liebenswürdige Geschwätzigkeit die Mußestunden verschönten, mit denen er Würfel spielte oder mit Nüssen warf, kann fast noch als harmlos angesehen werden – wenngleich er sich nicht scheute, entsprechende Knaben aus dem fernen Syrien oder Mauretanien nach Rom bringen zu lassen.[75]

Zwergen und Verwachsenen dagegen brachte Augustus nur Abscheu entgegen. Sie als Lieblingssklaven zu halten, war in *seinen* Augen ein schlimmes Vorzeichen. Bei anderen Leuten standen jedoch Zwerge und Riesen, Mißgestaltete und Verkrüppelte, Kretins und geistig Behinderte hoch im Kurs. Je unnatürlicher ein Sklave schien, um so höher war der Preis, den perverse »Liebhaber« für ihn zu zahlen bereit waren.

Über das Verhältnis reicher Römer zu ihren »Lieblingssklaven« urteilt Quintilian: »Sie ziehen es vor, alles zu beschaffen, was wider die Natur ist. Einer ist wegen seiner Gebrechlichkeit geschätzt, ein zweiter gefällt gerade durch seine unglückliche Mißgestalt, ein dritter wird gekauft, weil er eine merkwürdige Hautfarbe besitzt.«[76]

Zu welchen Auswüchsen diese abstoßende Neigung, sich solche unglücklichen Sklaven als »Lieblinge« zuzulegen, geführt hat, zeigen zwei Nachrichten. In Rom existierte ein regelrechter Markt für derartige »Naturwunder«, auf dem unter anderem »wadenlose, kurzarmige, dreiäugige und spitzköpfige Menschen« gehandelt wurden.[77] Aber nicht genug damit, daß aus dem gesamten Reich Menschen mit Abnormitäten zusammengesucht wurden. Darüber hinaus gab es noch Sadisten, die sich auf die künstliche Formung entsprechender »Lieblingssklaven« spezialisiert hatten: Man ersann sogar mechanische Vorrichtungen, mit deren Hilfe der Körperwuchs gehemmt und künstliche Pygmäen geschaffen wurden.[78]

Die Tatsache, daß auch an europäischen Fürstenhöfen der frühen Neuzeit eine Neigung zu ähnlicher Liebhaberei bestanden hat, ist nicht dazu geeignet, diese widerwärtige Sitte der antiken Sklaverei in milderes Licht zu tauchen. Und auch der mögliche Einwand, hier seien einzelne Extremfälle unzulässig verallgemeinert worden, sticht nicht. Daß derartige Perversitäten die Ausname geblieben sind, wurde schon gesagt – doch scheint es genügend Liebhaber solcher Sklaven gegeben zu haben. Wie ließe sich sonst die überraschend große Zahl von Bronzefigürchen aus der römischen Kaiserzeit erklären, die nicht nur Zwerggestalten, sondern auch alle möglichen Verkrüppelungen und andere Abnormitäten darstellen?

So sicher es ist, daß solche *deliciae* nicht repräsentativ sind für die Sklaverei der Antike, so wenig läßt sich leugnen, daß sie immerhin einen kleinen Ausschnitt aus dem großen, in sich äußerst heterogenen Gesamtbild ausmachen.

Es wäre wohl überheblich oder naiv zu glauben, daß die meisten dieser »Lieblingssklaven« *nicht* darunter gelitten hätten, daß gerade ihr körperliches oder geistiges Anderssein sie zu »kostbaren« und geschätzten Unfreien machte. Mochten sie auch keinerlei materiellen Entbehrungen ausgesetzt sein, keinerlei schwere Arbeiten verrichten müssen, »liebevoll« gehegt und gepflegt werden, so war es doch wohl gerade dieses verzärtelte »Schoßhündchendasein«, dieses Bewußtsein, nur wegen einer Defizienz so hoch im Kurs zu stehen, das viele von ihnen seelisch zerbrochen hat.

Sklavenluxus, Luxussklaven

Dies trifft auf die letzte Gruppe von Unfreien, die hier erwähnt werden soll, im allgemeinen *nicht* zu: die unfreien Bediensteten der reichen Leute. Sie mögen zu ihren Herren sogar relativ gute menschliche Beziehungen unterhalten haben, und sie haben ganz gewiß auch nicht zu den am brutalsten ausgebeuteten Sklaven gehört.

Das Erschreckende bei dieser Gruppe liegt nicht im individuell-persönlichen Bereich, sondern betrifft den allgemeinen Aspekt einer unglaublichen Luxussucht, die sich darin widerspiegelt, daß man geradezu für einzelne Handgriffe und einzelne Verrichtungen eigens zuständige Sklaven besaß. Der Skandal liegt in der grotesk übertriebenen Arbeitsteilung und lächerlichen Spezialisierung von unfreien Dienern, die im Grunde nur *einem* Zweck diente: dem reichen Hausherrn selbst, seinen Gästen und Bekannten, aber natürlich auch Außenstehenden den Wohlstand des Besitzers tagtäglich vor Augen zu führen. Und dies mit Hilfe gekaufter *Menschen* zu bewerkstelligen, verdient wohl das Prädikat »menschenverachtend«.

Beispiele dafür gibt es in Hülle und Fülle. Einige wenige reichen aus, um diesen Luxus – den sich freilich nur die kaiserliche Familie und besonders reiche Leute erlauben konnten – zu illustrieren.

Die Zahl der unfreien Domestiken für die persönliche Bedienung der Herrschaft war besonders groß. Da gab es Kammerdiener, die für die Frisur, für das Schuhwerk, für die Kleidung zuständig waren, die als Salber oder Kleiderverwahrer, als Bademeister oder als Heizer fungierten. Selbstverständlich hatte die Dame des Hauses Anspruch auf ihre eigene Friseuse, ihre eigene Zofe und Garderobiere.

In der Verwaltung des Hauses waren Sklaven einzig und allein für die Hauskapelle zuständig, andere für die Pflege der Ahnenbilder, für die Aufnahme von Gästen, für die Verwaltung des Hausgeräts usw.[79]

Den einsamen Höhepunkt der Spezialisierung erreichte der Tafelluxus. Da überwacht ein (selbst unfreier) Chef die Dienerschaft; er ist für das gesamte Arrangement eines Gastmahls verantwortlich. Ihm untersteht ein bis zu mehrere Dutzend Köpfe umfassendes Heer von Fachkräften. Die einen tragen die Speisen auf, ein weiterer richtet sie an, der nächste fungiert als Vorschneider, wieder ein anderer als Vorschmecker. Für die Getränke sind selbstverständlich andere Sklaven zuständig, und das Abräumen besorgen schließlich auch eigens dafür ausgebildete Sklaven.[80]

Geht der Herr aus, so begleiten ihn Fackel- und Laternenträger, Sänftenträger – diese oft in Livrée – und Namenausrufer. Verläßt die Herrin das Haus, so tragen dienstbare Geister ihr die Sandalen, den Fächer oder den Sonnenschirm.[81]

Der griechische Philosoph Demokrit hatte zwar gefordert: »Bediene dich der Sklaven wie der Glieder deines Körpers, eines jeden zu einem anderen Zwecke!«[82] Aber diesem Spezialistenunsinn hat er damit sicher nicht das Wort reden wollen. Welche absurden Folgen diese Verschwendungs- und Prunksucht in einigen besonders wohlhabenden Haushalten haben konnte, hat Seneca einmal aufgezeigt:

Da gab es offenbar Leute, deren Gedächtnis nicht mehr ausreichte, um die Namen aller ihrer Domestiken zu behalten.[83]

Auf dem Wege zu mehr Menschlichkeit?

Ein Fazit zur Sklaverei in der römischen Kaiserzeit des 1. und 2. Jahrhunderts zu ziehen, ist problematisch, wenn nicht unzulässig verallgemeinert werden soll. Ein paar ganz allgemeine Grundlinien festzuhalten, ist aber ratsam. Es scheint, als weise diese Zeit eine Reihe von Humanitätstendenzen auf. Insbesondere die kaiserliche Gesetzgebung bemühte sich, die schlimmsten Auswüchse unter Strafe zu stellen und den Sklaven wenigstens gewisse »Grundrechte« – wenn auch nicht im modernen Sinn – zu geben. Sicher ist, daß das liberale Freilassungswesen der Römer, wenn auch nicht Unglück und Unmenschlichkeit verhindert, so doch in vielen Fällen gelindert hat.[84] Und so dürfte auch die Vermutung nicht falsch sein, daß der größte Teil der Sklaven nicht unter unerträglichen Lebensbedingungen zu leiden hatte.

Doch darf das nicht den Blick auf die Schattenseiten verstellen, von denen einige auf den vorangegangenen Seiten dargestellt wurden. Um jedes Mißverständnis auszuschließen: Mit diesen Beispielen ist die Negativ-Liste keineswegs erschöpft. Das alltägliche Drangsalieren und Kommandieren, Schlagen und Beleidigen, Foltern und Ausbeuten hat kein kaiserlicher Erlaß beseitigt; für ungezählte Sklaven waren diese Praktiken auch in der römischen Kaiserzeit leidvolle Erfahrung oder zumindest ständige Bedrohung.

Mit dem 2. Jahrhundert n. Chr. haben wir das Ende der Antike noch längst nicht erreicht. Wenngleich die späteren Jahrhunderte entsprechend dem im Vorwort abgesteckten Rahmen in dieser Darstellung nicht ausführlich behandelt werden sollen, so drängt sich doch *eine* Frage auf: Wie verhielt sich die christliche Religion zur Sklaverei?

10.
Erlösung durch das Christentum?

Die Lehre von den »natürlichen« Sklaven

Die Antworten, die die Christen auf die Institution der Sklaverei gegeben haben, können nicht isoliert betrachtet werden. Sie haben – zumindest bei einer historischen Betrachtungsweise – geradezu ein Recht darauf, auf der Folie der Sicht der Sklaverei in den Augen der Griechen und Römer, sozusagen auf der Grundlage des allgemeinen geistigen Hintergrundes beurteilt zu werden.

Und dieser geistige Hintergrund war, als das Christentum in Erscheinung trat, mehrere Jahrhunderte alt. Die Ideologie der Herren ist bereits mehrfach in früheren Kapiteln angesprochen worden. Aber auch ohnedies wäre es leicht, sie auf einen Nenner zu bringen: Die Sklaverei galt als etwas so Selbstverständliches und Normales, daß kaum jemand bereit war, über ihre Rechtfertigung überhaupt nachzudenken.

Die Griechen hatten auch hier die theoretischen Grundlagen gelegt. Sie wurden von den Römern im wesentlichen übernommen; das ersparte unnötiges eigenes Nachdenken, ließ unbequeme Fragen gar nicht erst aufkommen.

Die Bestimmung der einzelnen Menschengruppen war unterschiedlich. Die einen waren zum Herrschen geboren, die anderen zum Dienen: Diese Erkenntnis hat sich in Griechenland zwischen dem 8. und 5. Jahrhundert v. Chr. herausgebildet. Die Einteilung der Menschen in Hellenen und Barbaren hatte zunächst noch keinen wertenden Charakter, sondern stellte lediglich die Unterschiede fest. Spätestens die unerwarteten Siege des griechischen David über den persischen Goliath in den Jahren 490/479 steigerte nicht nur den Nationalstolz der Griechen, sondern trug auch entscheidend zur Ausbildung eines Überlegenheitsgefühls bei.

Hinzu kam eine empirische Beobachtung. In »Barbaren«-Ländern herrschten vielfach Monarchen. Damit unterschied sich die Regierungsform der »Barbaren« grundlegend von der Verfassung der meisten griechischen Staaten, die ihren Bürgern erheblich größere Mitwirkung an den allgemeinen Angelegenheiten einräumte oder sie – wie in Athen – von ihnen sogar forderte. Auf diese persönliche Freiheit waren die Hellenen stolz; um so verächtlicher mußten in ihren Augen alle jene erscheinen, die sich allzu bereitwillig der Herrschaft einzelner Machthaber unterwarfen.[1] Ihre bedeutenden kulturellen Leistungen taten ein Übriges, um die Griechen in ihrer hohen Wertschätzung ihrer selbst zu bestätigen.

Daraus ließ sich leicht die Folgerung ableiten, daß die Versklavung des Menschen durch den Menschen ein ganz natürlicher Vorgang sei. Wenn die Anlagen der Völker offensichtlich so verschieden waren, dann schien es nur konsequent, wenn die »Schlechteren« den »Besseren« dienen mußten. Dieser Gedanke konnte dann mühelos weitergesponnen werden und zu einer Erkenntnis führen, die das System der Sklaverei nicht nur rechtfertigte, sondern als notwendig postulierte. Es sei, so urteilt Isokrates ganz blauäugig, nicht nur ein Privileg der Griechen, über andere zu gebieten, sondern geradezu eine *Pflicht*.[2] Die Barbaren bedurften eben der Anleitung; sie brauchten eine feste Hand, die sie führte . . .

Über die vielen Unstimmigkeiten, die diese Theorie aufwies, machte man sich keine Gedanken. Immerhin ließ sich damit ja beispielsweise *nicht* erklären, wieso auch manche *Griechen* zu Sklaven werden konnten.

Eine gewisse Konsequenz aus diesem Widerspruch zogen kosmopolitische Haltungen, wie wir sie im 5. Jahrhundert v. Chr. etwa bei dem Dramatiker Euripides (ca. 485–ca. 406 v. Chr.) finden. Er widerspricht der Schwarzweißmalerei einer Teilung der Welt in Hellenen hier und Barbaren dort zwar nicht ausdrücklich, führt sie aber durch konkrete Beispiele ad absurdum: So ist es in seinen Spielhandlungen durchaus denkbar, daß ein Sklave edler – und damit eines Freien »würdiger« – denkt als sein Herr.

Vom Philosophen Demokrit (ca. 460 – ca. 371), der besonders wegen seiner Atomlehre berühmt wurde, stammt der bemerkenswerte Satz: »Für einen Weisen ist die ganze Erde gangbar, denn eine gute Seele ist in der ganzen Welt zu Hause.«[3] Freilich: Zu einer Kritik an der Institution der Sklaverei schlechthin hat weder der Kosmopolitismus eines Euripides noch der eines Demokrit geführt.

Wie in so vielen anderen Bereichen, waren es auch in puncto Sklaverei die Sophisten, die die gängige Meinung in Frage stellten, sie heftig attackierten und schonungslos bloßstellten. Man könnte diese philosophische Strömung des 5. und 4. Jahrhunderts als die »Aufklärung« in der griechischen Geistesgeschichte bezeichnen. Tatsache ist, daß sich die Sophisten durch ihre Neigung zur Relativierung und zur Skepsis als überaus anregende »Weisheitslehrer« erwiesen haben. Sie scheuten vor kaum einem Tabu zurück – eine Haltung, die ihnen natürlich nicht nur Zustimmung einbrachte. Noch heute hat die Bezeichnung »sophistisch« als Synonym für »spitzfindig« einen negativen Sinn; zu Unrecht übrigens, wenn man dies als Wesensmerkmal der Sophisten versteht.

Die Sophisten sagten es frei heraus: Die Unterscheidung zwischen »Barbaren« und Griechen sei eine reine Konvention; »von Natur her sind wir alle in allen Dingen gleich«.[4] Noch deutlicher drückt es Alkidamas, ein Philosoph des 4. Jahrhunderts, aus: »Der Gott hat alle frei geschaffen; niemanden hat die Natur zum Sklaven gemacht!«[5]

Die Sophisten traten daher auch vehement gegen die Theorie von der naturgemäßen Sklaverei ein. Sie wollten aller Welt klarmachen, daß die Herrschaft des Menschen über den Menschen auf der willkürlichen Entscheidung des Stärkeren beruhte, den Schwächeren zu unterjochen. Gleichwohl war mit dieser Erkenntnis noch kein Frontalangriff auf die Institution der Sklaverei an sich verbunden. Zunächst ging es den Sophisten nur darum, bei der Wahrheit zu bleiben und nicht der Natur unterzuschieben, wofür die Menschen selbst verantwortlich waren.

Nur ganz vereinzelt scheint der weitergehende Schluß gezogen worden zu sein, nach dem die Rechtmäßigkeit der Sklaverei bestritten wurde. Es gibt nur eine einzige Stelle in der antiken Literatur, die dieser Meinung Ausdruck verleiht. Sie steht im ersten Buch der »Politik« des Aristoteles: »Andere behaupten, das Herrenverhältnis sei wider die Natur; nur durch die Konvention sei der eine Sklave, der andere ein Freier. Nach der Natur aber bestehe kein Unterschied. Deshalb sei dieses Verhältnis auch nicht gerecht, sondern gewaltsam.«[6]

Dies ist das radikalste Zeugnis einer prinzipiellen Verurteilung der Sklaverei, das aus dem ganzen Altertum bekannt ist. Äußerungen gegen die Sklaverei, wie sie hier und dort praktiziert wurde, gibt es dagegen viele. Doch bezieht sich diese Kritik immer nur auf einzelne Gesichtspunkte. Sie bleibt stets gleichsam systemimmanent und stellt die Institution als solche nicht in Frage, verlangt also allenfalls Reformen, aber keine Revolution.

Was nun die von Aristoteles angeführte Theorie einiger Sophisten angeht, so muß offenbleiben, ob ihre Vertreter denn überhaupt die praktischen Konsequenzen daraus gezogen haben. Haben sie die Forderung nach Abschaffung der Sklaverei erhoben? Oder waren sie damit zufrieden, ihren Mitbürgern – und vielleicht sogar sich selbst – lediglich die Ungerechtigkeit und Widernatürlichkeit des Sklave-Herr-Verhältnisses vorzuhalten? Es wären wahrhaftig nicht die einzigen Größen der Philosophiegeschichte, die es unterlassen hätten, theoretische Erkenntnisse in praktische Forderungen umzusetzen.

Es ist allerdings fraglich, ob sich die Sophisten mit ihrer Kritik an der Sklaverei genug Gehör verschaffen konnten. Unbequeme Theorien stoßen ja nicht selten auf taube Ohren. Und welcher Sklavenbesitzer hatte schon Interesse daran, sich von umherziehenden Philosophielehrern den – im konkreten Fall natürlich auch persönlich zu verstehenden – Vorwurf der Ungerechtigkeit ins Gesicht sagen zu lassen?

Dies wird eine ganz normale Reaktion des Selbstschutzes bei vielen gewesen sein, die die Wirkung der sophistischen Denkanregungen stark gemindert haben mag. Noch wichtiger aber war die Rolle, die andere Philosophen in dieser Frage gespielt haben. Denn es konnte nicht ausbleiben, daß die provokanten Thesen der Sophisten sofort andere Denker auf den Plan riefen, die sich kritisch mit der neuen Lehre auseinandersetzten.

Die Sklaverei im Denken Platons

Um das Jahr 375 v. Chr. erschien Platons »Politeia«, eine staatstheoretische Schrift, die zu den bedeutendsten und wirkungsvollsten Entwürfen eines Idealstaats gehört. Daß dieser Staat auch nach Platons eigenem Urteil letztlich utopisch, nicht realisierbar ist,[7] tut hinsichtlich der Sklavenproblematik nichts zur Sache. Entscheidend ist, daß auch im platonischen Idealstaat Sklaven leben.

Das geht über die bloße Bejahung der in der Realität des 4. Jahrhunderts bestehenden gesellschaftlichen Barriere zwischen Frei und Unfrei weit hinaus, ist wesentlich mehr als eine vielleicht zu wenig überdachte Kopie der wirklichen Verhältnisse. Vielmehr entspricht das Vorhandensein von Sklaven in Platons Staat der allgemeinen Grundüberzeugung, von der dieses Werk getragen ist: Daß es unter den Menschen gewaltige Unterschiede gibt, die den einen zur Herrschaft befähigen, den anderen zum Dienen bestimmen.

Nur wer den Lógos, den notwendigen Verstand, besitzt, ist an der Lenkung der Staatsgeschäfte beteiligt. Das ist eine kleine Elite, der sich die anderen zu beugen haben. So entspricht es der *natürlichen* Ordnung: »Den einen kommen Philosophie und Staatsführung von Natur aus zu, die anderen dagegen dürfen daran nicht rühren, sondern haben den Führenden zu folgen.«[8]

Freilich: Nicht alle, die zum Führen nicht berufen sind, müssen sich mit dem Los von Sklaven abfinden. Es gibt auch eine breite Schicht von Freien, die von der Regierung ausgeschlossen sind. Ihre Funktion wird ebenso wie die der Sklaven umrissen: Jeder soll nach Möglichkeit die ihm zugedachte Aufgabe erfüllen.[9]

Eine eingehendere Erörterung über Wert oder Unwert der Sklaverei fehlt bei Platon. Bei genauerer Betrachtung erübrigt sich eine derartige formale Diskussion im Grunde auch. Denn entsprechend dem »naturgemäßen« Prinzip von Herrschern und Beherrschten kann jedes Gewaltverhältnis als Knechtschaft angesehen werden. Platon wendet den Begriff δουλεία (*douleia,* »Sklaverei«) denn auch folgerichtig auf die Stellung von Kindern gegenüber ihren Eltern an.[10]

Auf die gesellschaftliche Schichtung bezogen, heißt das: Unterhalb der Ebene der mit Lógos begabten Herrscher gibt es nur noch graduelle Unterschiede, die sich aus der Aufgabe des einzelnen bestimmen. Und daß in diesem System auch Unfreie einen Platz haben, bedarf angesichts der allgemeinen Herrschaftstheorie Platons keiner besonderen Rechtfertigung mehr.

Was Platon sonst zur Sklaverei sagt, ist rein pragmatischer Art; so etwa die Ausführungen über die Behandlung von Unfreien in den »Gesetzen«.[11] Auch sein dringender Rat, Griechen sollten sich nicht gegenseitig versklaven, hat nichts mit einer prinzipiellen Problematisierung der Sklaverei zu tun. Ausschlaggebend für diese Empfehlung ist einzig und allein das hellenische Nationalgefühl gegenüber den Barbaren. In dem Augenblick, da sich griechische Staaten untereinander bekriegen und ihre kriegsgefangenen Stammesbrüder unterjochen, wächst die Gefahr, daß ganz Hellas von den Barbaren überwältigt wird ....[12]

Soweit die Haltung Platons zur Sklavenfrage. Der eigentliche theoretische Begründer der antiken Sklaverei aber war nicht Platon, sondern sein Schüler Aristoteles (384–322 v. Chr.).

Er hat sich im 1. Buch seiner »Politik« systematisch mit der Legitimierung der Sklaverei beschäftigt. Für die Selbstverständlichkeit, mit der in der gesamten Antike das System der Unfreiheit betrachtet wurde, ist es außerordentlich bezeichnend, daß die Ausführungen des Aristoteles nirgendwo sonst eine Parallele finden. Das scheint weniger ein Zufall der Überlieferung zu sein, sondern entspricht vielmehr der allgemeinen Überzeugung, daß es völlig ausreiche, wenn die Sklaverei ein für allemal theoretisch begründet sei – wobei die meisten gewiß gar nicht so weit gedacht haben, daß eine solche Rechtfertigung überhaupt notwendig sei!

Wenn Aristoteles da eine Ausnahme darstellt, dann hat das seinen guten Grund. Irgend jemand mußte ja den Theorien der Sophisten deutlich widersprechen. Und genau das hat Aristoteles mit aller Deutlichkeit getan.

In seinem Denken sind es vor allem zwei Thesen, die eine Versklavung von Menschen nicht nur als gerecht, sondern geradezu als notwendig begründen sollen. Am Anfang steht eine allgemeine Erkenntnis: »Überall dort, wo Eines aus Mehreren zusammengesetzt ist und ein Gemeinsames entsteht, zeigt sich ein Herrschendes und ein Beherrschtes.«[13] Eine menschliche Gesellschaft ist nun ein solches Gebilde, das sich aus »mehreren« Individuen zusammensetzt. Entsprechend muß es dort Herrscher und Beherrschte geben.

Bis dahin wird mancher dem griechischen Philosophen folgen. Wesentlich problematischer ist dagegen seine zweite These, die sich unmittelbar an die erste anschließt: »Und zwar findet sich dies – das Herrschende und das Beherrschte – bei den beseelten Lebewesen *aufgrund ihrer gesamten Natur.*«[14]

Hatten die Sophisten einen Gegensatz zwischen Natur- und Menschenrecht behauptet, so vertritt Aristoteles ebenso wie sein Lehrer Platon die These von der natur*gemäßen* Herrschaft von Lebewesen über andere Lebewesen. Wie im einzelnen Menschen selbst die Seele über den Körper gebiete, so stoße man auch in den Beziehungen *zwischen* den Lebewesen auf bestimmte natürliche Abhängigkeiten – dies der bedenkliche Analogieschluß des Aristoteles. Als Beispiele führt er die Herrschaft der Menschen über Tiere sowie das

Verhältnis zwischen den beiden Geschlechtern an: »Das Männliche ist besser, das Weibliche ist schlechter. Und so regiert das eine, während das andere regiert wird.«[15]

Kein Ruhmesblatt der Philosophiegeschichte

Eine ähnliche Analogie trifft auch auf das Verhältnis zwischen Freien und Sklaven zu. Es ist schon erschreckend, mit welch schwammigen »Argumenten« in Form von Zirkelschlüssen Aristoteles seine Theorie von einer naturgemäßen Sklaverei vertreten hat. Einmal heißt es: »Der Mensch, der seiner Natur nach nicht sich selbst, sondern einem anderen gehört, ist von Natur ein Sklave.«[16] Die *Tatsache* des Herrschaftsverhältnisses gereicht hier zur Legitimierung eben dieses Herrschaftsverhältnisses!

(Daß das ziemlich problematisch ist, hat Aristoteles einige Kapitel weiter selbst erkannt. Dort weist er mit waghalsiger Logik nach, daß eben doch nicht jeder – z. B. kriegsgefangene – Unfreie ein »natürlicher« Sklave ist, obwohl er ja faktisch und juristisch genau diesen Status hat. Da wird dann zwischen Hellenen und Barbaren säuberlich unterschieden und gefordert, daß Kriegsgefangene griechischer Nationalität besser nicht als »Sklaven« bezeichnet werden sollten. Diese Bezeichnung solle den Barbaren vorbehalten bleiben.[17])

Eine zweite Definition der »Sklaven von Natur«: »Diejenigen, die so sehr voneinander verschieden sind wie die Seele vom Körper und der Mensch vom Tier – dies trifft auf jene zu, deren Aufgabe der Einsatz ihres Körpers ist und bei denen dies das Beste ist, was sie zu leisten vermögen – diese sind Sklaven von Natur.« Und einige Zeilen weiter: »Von Natur ist also derjenige ein Sklave, der . . . so weit an der Vernunft *(lógos)* teilhat, daß er sie annimmt, aber selbst nicht besitzt.«[18]

Daß Platon bei diesen Sätzen Pate gestanden hat, ist klar. Der Gedankengang auch hier: Nicht alle Menschen sind fähig zur Vernunft; also müssen sie untergeordnete Arbeiten verrichten. Und eben das macht sie zu natürlichen Sklaven. Noch deutlicher läßt sich intellektueller Hochmut kaum ausdrücken, als wenn mit der unterschiedlichen Befähigung der Menschen zu geistiger Anspannung sogar ein so unmenschliches Herrschaftsverhältnis wie die Sklaverei legitimiert wird.

Aristoteles schreckt nicht einmal vor einem grotesken »empirischen Beweis« zurück: »Die Natur ist bestrebt, auch die Körper der

Freien und der Sklaven unterschiedlich zu gestalten, die einen kräftig für die Beschaffung des Notwendigen, die anderen hochaufgerichtet und ungeeignet für derartige Vorrichtungen, doch brauchbar für das politische Leben.«[19] Ganz verblendet ist der Autor dieser Zeilen allerdings doch nicht; er räumt immerhin ein: »Es kommt auch das Gegenteil davon vor.« Eine bemerkenswerte Erkenntnis!

Die entscheidende Frage ist nur, ob der Philosoph hier nicht überhaupt Ursache und Wirkung verwechselt hat. Daß eine unter dem ständigen Druck schwerer körperlicher Arbeit und unter psychischem Streß stehende »sklavische« Existenz eine »typisch« sklavische Haltung und Physiognomie hervorbringen konnte, wer wollte das bestreiten? Daß dies aber schon durch Natur und Geburt[20] an sich vorgegeben sei: Dieser These kann man nur mit Kopfschütteln begegnen.

Da hat schon ein anderer Platon-Schüler, Herakleides Pontikos (ca. 390 – ca. 310 v. Chr.), bedeutend klarer gesehen als Aristoteles. Er verkündet nämlich in schöner Offenheit: »Genießen und Wohlleben ist Sache der Freien, *denn* dies erhebt und steigert die Seelen. Schuften dagegen ist Sache der Sklaven und kleinen Leute, *und daher* verkümmern diese auch in ihrer Natur.«[21]

Es fehlt jetzt nur noch der krönende Schlußpunkt unter den Darlegungen des Aristoteles zur Rechtfertigung der Sklaverei – eine in unseren Augen an Zynismus kaum zu überbietende Folgerung, die aber von ihrem Urheber sicher nicht so gemeint war. Die Herrschaft der Freien über die Sklaven, bringt, so Aristoteles, nicht nur den Herrschenden Vorteil; sie liegt ebenso im Interesse der Beherrschten selbst. So, wie es für alle zahmen Tiere am besten ist, von den Menschen regiert zu werden, weil nur das sie am Leben erhält,[22] »so ist es auch für die Sklaven von Natur ... besser, auf die entsprechende Art regiert zu werden«.[23]

Eines ist klar: Die Ausführungen zur Sklaverei sind es gewiß nicht gewesen, die den Ruhm des Aristoteles als eines der bedeutendsten Denker der abendländischen Geistesgeschichte begründet haben. Alles, was er in diesem Zusammenhang sagt, ist begrifflich unsauber, logisch unfundiert und teilweise widersprüchlich, rein schematisch und an der Realität der bestehenden Verhältnisse orientiert, die nicht in Frage gestellt, sondern zum Ausgangspunkt der Erörterung genommen werden.

Manche Fragen hätten Aristoteles in arge Verlegenheit gebracht. Um nur zwei herauszugreifen, die die ganze naturrechtliche Argumentation zumindest von der Praxis her ins Wanken bringen: Wie paßt eigentlich die *Freilassung* »natürlicher« Sklaven in dieses Konzept? Und zum zweiten: Wie konnte es passieren, daß so viele dieser »natürlichen« Sklaven keinen sehnlicheren Wunsch hegten, als aus dem Herrschaftsverhältnis, das doch nur ihr Bestes wollte, möglichst schnell entlassen zu werden? Aber vielleicht hing das mit jenem »falschen Bewußtsein« zusammen, das Intellektuelle anderen Menschen so gern attestieren . . .

Die ganz und gar unreflektierte Haltung des antiken Menschen (einschließlich der Unfreien selbst) zur Sklaverei erweist sich gerade darin, daß diese für uns doch so naheliegenden Fragen zumindest in den erhaltenen Quellen nie gestellt worden sind. Eine Abschaffung der Sklaverei lag so sehr außerhalb der Sichtweite von Griechen und Römern, daß die von Aristoteles formulierten »Erkenntnisse« fortan nicht mehr überprüft worden sind.

Die großen griechischen Philosophen haben das System der antiken Sklaverei nicht nur toleriert; sie haben erheblich dazu beigetragen, ihm ein solides ideologisches Fundament zu verschaffen. Eine bittere Erkenntnis, die es nüchtern festzustellen gilt, ohne in Überheblichkeit und moralisierende Besserwisserei zu verfallen. Joseph Vogt hat sie prägnant formuliert:

»Es ist unbestreitbar, daß aus dieser philosophischen Hinnahme und aus der unbedenklichen Ausnützung der mangelhaften Menschennatur uraltes Unrecht und Leid eine neue Festigung erfahren hat. Auch ist nicht zu übersehen, daß ein übersteigerter Anspruch des Denkens und Lebens diesen Irrweg der Philosophie heraufgeführt hat.«[24]

»Auch Sklaven sind Menschen!«

Auch römische Denker haben nie die Forderung nach einer Aufhebung der Sklaverei gestellt. Dagegen wurden Proteste gegen ungenierte Ausbeutung und Grausamkeit, gegen Luxussucht und Unmäßigkeit im Zusammenhang mit der »Verwendung« von Sklaven laut. Insbesondere stoische Philosophen haben sich für mehr Menschlichkeit in der Behandlung von Sklaven stark gemacht, haben sogar die Brüderlichkeit aller Menschen beschworen und auch Unfreien die Fähigkeit zur Tugend bescheinigt.

Stellvertretend für viele dieser Stellungnahmen, die an Eindeutigkeit nichts zu wünschen übriglassen, seien einige Sätze aus dem berühmten 47. Brief Senecas (ca. 4 v. Chr. – 65. n. Chr.) zitiert. Der Philosoph setzt sich hier mit einem imaginären Widersacher, der die allgemeine Auffassung über den Wert von Sklaven vertritt, auseinander:

»Mit Freude habe ich vernommen, daß du mit deinen Sklaven freundschaftlich lebst; das beweist Verstand und philosophische Bildung. – ›Es *sind* Sklaven!‹ – Aber doch Menschen! – ›Es sind Sklaven!‹ – Aber doch auch Hausgenossen! – ›Es sind Sklaven!‹ – Aber doch auch Freunde aus niederem Stande! – ›Es sind Sklaven!‹ – Aber doch auch Mitsklaven, wenn du daran denkst, daß Freie und Sklaven dem Schicksal in gleicher Weise ausgeliefert sind!

Mach dir klar: Jener, den du deinen Sklaven nennst, entstammt dem gleichen Samen wie du, weilt unter demselben Himmel wie du, atmet wie du, lebt wie du und stirbt wie du. Du kannst jenen genauso als freien Mann ansehen, wie er dich als Sklave ansehen kann. (...) Viele hat das Schicksal niedergedrückt ... Willst du nun einen Mann des Standes verachten, in den auch du gelangen kannst, noch während du ihn verachtest?«[25]

Es ist klar. Die Stoiker sind von der naturrechtlichen Legitimierung der Sklaverei abgerückt. Sie verweisen auf die Laune des Schicksals, das heute den einen, morgen den anderen zum Sklaven degradieren kann. Und eben diese Erkenntnis verbietet es ihnen, auf Unfreie herabzusehen.

Aber nicht nur das. Im philosophischen Sinne ist es möglich, die gesellschaftliche Diskriminierung der Sklaven ganz zu überwinden. Dort herrschen andere Maßstäbe, dort kann der Freie ein geistiger Sklave, der Sklave dagegen ein wahrer Weiser sein. So kommt es zu einer regelrechten Ummünzung der Begriffe, wie sie sich in einem Wort des Epiktet findet, der selbst aus dem Sklavenstand zu einem führenden Vertreter der jüngeren Stoá aufgestiegen war:

»Freiheit und Sklaverei: Das eine Wort gehört zur Tugend, das andere zum Laster. Beides aber ist eine Sache der freien Entscheidung. (...) Die Seele pflegt über den Körper zu herrschen und über all das, was zum Körper gehört und nicht am freien Willen teilhat. *Denn niemand ist Sklave, der in seinem Willen frei ist.*«[26]

Gleichwohl haben auch die Stoiker niemals die Institution der

Sklaverei angegriffen. Allerdings darf die Wirkung ihrer Humanitätsbestrebungen nicht unterschätzt werden. Ein literarischer Nachhall der stoischen Haltung findet sich überraschend in den »Satyrica« Petrons, wo Trimalchio, der Held des Romans, seine Freunde mahnt: »Auch Sklaven sind Menschen, und sie haben die gleiche Milch getrunken (wie wir), auch wenn ein schlimmes Schicksal sie niedergedrückt hat.«[27]

Nicht zuletzt haben die Stoiker auch die kaiserliche Gesetzgebung beeinflußt. Wenn dort, in welch bescheidenem Rahmen auch immer, Vorsorge für eine Verbesserung des Sklavenloses getroffen wurde, dann ist das ganz bestimmt ein großes Verdienst der stoischen Humanitätslehre.

Mochte auch die Aristotelische Theorie von einer naturgemäßen Sklaverei immer weniger Anhänger finden, mochten sich hier und da auch Stimmen erheben, die das Menschsein der Unfreien hervorhoben, so kam doch niemand auf die Idee, daß man auch ohne Sklaven leben könnte. Und so kann denn ein römischer Jurist auch eine merkwürdig inkonsequente, lapidare Definition der Sklaverei aufstellen: »Die Sklaverei ist eine Einrichtung des Völkerrechts, durch die jemand *wider die Natur* einem fremden Herrn unterworfen wird.«[28]

Mit dem »Völkerrecht« ist hier die Tatsache gemeint, daß bei allen den Römern bekannten Völkern die Sklaverei eine feste Einrichtung war. Ist es ein purer Zufall, daß am Ende der antiken Diskussion allein das Vorhandensein der Institution ausreichte, um sie zu legitimieren? Für das Christentum, soviel ist nach dem bisher Gesagten klar, konnte es nicht leicht sein, die Phalanx der Jasager zu durchbrechen und sich mit einem Bekenntnis zur Gleichheit aller Menschen und einer daraus resultierenden Forderung nach Abschaffung jeglicher Sklaverei gegen eine in Jahrhunderten gewachsene und gefestigte soziale Struktur zu stemmen.

Eine folgenschwere Entscheidung

Die Christen lebten in einer Welt, in der die Sklaverei völlig anerkannt war. Und so mußten sich schon die ersten Anhänger Christi vielfach ganz konkret in einer alltäglichen Lebenssituation entscheiden, wie sie es mit dem System der Knechtung hielten, wie sie persönlich Unfreien gegenübertreten sollten.

Eine solcher Entscheidungssituationen aus der Frühzeit der

christlichen Bewegung ist recht detailliert überliefert. Betrachten wir diese Fallstudie ein wenig näher!

Onesimos, ein Sklave, ist seinem Herrn davongelaufen. Über seine Motive wissen wir nichts, wohl aber über einen Begleitumstand: Es scheint, als habe Onesimos vor seiner Flucht noch schnell in die Kasse seines Herrn gegriffen, um sich finanziell für die erste Zeit besser durchschlagen zu können.

Die Flucht endet bei einem Christen, der den Sklaven bei sich aufnimmt. Es gelingt ihm, den Geflohenen zum christlichen Glauben zu bekehren – keine Selbstverständlichkeit, denn Onesimos ist aus einem christlichen Hause geflohen. Wie aber soll es nun weitergehen? Juristisch liegt der Fall ganz klar. Onesimos ist ein *fugitivus,* ein flüchtiger Sklave. Wer ihm Unterschlupf gewährt, kann strafrechtlich belangt werden, muß, wenn die Sache herauskommt, mit einem Prozeß wegen Diebstahls rechnen.

Auf der anderen Seite steht das Gebot der Brüderlichkeit und Nächstenliebe. Der Sklave hat den Wunsch geäußert, bleiben zu dürfen. Wenn man es mit seinem christlichen Gewissen vereinbaren kann, einem Bedrängten die Bitte abzuschlagen und ihn zu seinem Herrn zurückzuschicken? Gewiß, der ist auch Christ, aber bietet das eine Gewähr dafür, daß er auf sein Bestrafungsrecht verzichten wird?

Die Entscheidung fällt nicht leicht. Sie erfolgt schließlich in der Form eines Kompromisses. Das Gesetz wird respektiert, der Sklave wird seinem Besitzer überstellt. Aber er bekommt ein Begleitschreiben, in dem sich der Absender für ihn verbürgt, sich sogar bereit erklärt, selbst für den von Onesimos verursachten Schaden aufzukommen, und den Sklaven wärmstens der christlichen Liebe des Besitzers empfiehlt. Nun, da ja auch Onesimos getauft sei, solle sein Herr ihn mehr als Bruder denn als Sklaven ansehen.

Wie ist dieses Verhalten zu beurteilen? Hat hier jemand ganz im Geiste Christi entschieden? Oder hat er vielleicht christliche Prinzipien dem Macht- und Ordnungsanspruch des römischen Staates geopfert?

Martin Luther hat sich, kein Wunder, für ein positives Urteil entschieden. In seiner »Vorrede zum Septembertestament von 1522« rühmt er diesen Fall als »meisterliches lieblich Exempel christlicher Liebe«. Ein moderner Theologe geht noch einen Schritt weiter. Als »Brief der Fürbitte« sei dies nicht nur ein Dokument der Liebe, sondern auch ein »Brief . . . der Freiheit«.[29]

Ein Brief der Freiheit? Ob diese etwas ungewöhnliche Kategorie von Freiheit auch beansprucht worden wäre, wenn der Verfasser des Schreibens ein weniger prominenter Christ gewesen wäre?

Man darf es wohl bezweifeln. Aber gerade die Prominenz des Absenders verschafft diesem Fall erst seine Dimension und seine Brisanz: Es ist der Apostel Paulus. Die Schrift, um die es sich handelt: Der Philemon-Brief, ein unscheinbares, kurzes Sendschreiben, in unseren Bibeln eingeordnet zwischen dem Brief an Titus und dem an die Hebräer.

»Ein jeder bleibe in seinem Stande . . .«

Von theologischer Seite her ist zwar betont worden, der Philemon-Brief sei »kein apostolisches Manifest zum Thema der Sklaverei«.[30] Mag sein, daß er als solches nicht gedacht war. Aber in seiner Wirkung kam er einer grundlegenden Stellungnahme doch sehr nahe. An der prinzipiellen Aussage gibt es nichts zu deuteln: Paulus entscheidet sich eindeutig gegen eine sozialrevolutionäre Haltung; er erkennt durch die Rücksendung des Onesimos die Institution der Sklaverei an. Daß er dem Adressaten ein brüderlich-christliches Verhalten gegenüber seinem Sklaven dringend nahelegt, ihn vielleicht sogar vorsichtig auffordert, Onesimos freizulassen, verdient Anerkennung, kann aber in diesem Zusammenhang nur als zweitrangig gelten.

Die volle Tragweite der von Paulus getroffenen Entscheidung ergibt sich erst aus dem Vergleich mit einer Bestimmung des altjüdisch-mosaischen Gesetzes. Im 5. Buch Mose heißt es über die Auslieferung eines aus dem Ausland nach Israel geflohenen Sklaven:

»Du sollst den Knecht nicht seinem Herrn überantworten, der von ihm zu dir sich gewandt hat. Er soll bei dir bleiben an dem Ort, den er erwählt in deiner Tore einem, wo es ihm gefällt; und sollst ihn nicht schinden.«[31]

Paulus hätte sich an diesem Gebot orientieren können. Er tat es nicht, und das bedeutete eine ganz entscheidende Weichenstellung: Der Übertritt des Sklaven zum Christentum sollte weder als Freibrief zur Flucht noch als Ausgangspunkt einer Verbesserung seiner gesellschaftlichen Position zu verstehen sein.

Über die Handlungsweise des Paulus mag sich jeder sein eigenes Urteil bilden. Historisch gesehen, kam dem Fall des Onesimos zweifellos programmatische Bedeutung zu. Genauso hat die frühe Kirche die Entscheidung des Paulus gewertet. Johannes Chrysostomos, ein bedeutender Kirchenlehrer des 4. Jahrh., betont die Richtigkeit des Entschlusses, hätte doch eine gegenteilige Entscheidung eine »Umwälzung aller bestehenden Verhältnisse« heraufbeschworen.[32]

Eben das hatte Paulus verhindern wollen. Sein Verhalten gegenüber Onesimos deckt sich in der Tat voll mit seinen theoretischen Ausführungen. Praxis und Theorie sind hier bei Paulus eine wirkliche Einheit; zumindest den Vorwurf der Inkonsequenz kann ihm niemand machen.

Der Kernsatz dieser Lehre heißt: »Ein jeder bleibe in dem Stande, zu dem er berufen ist!« Unmittelbar daran anschließend, um jeden Zweifel auszuräumen: »Du bist zum Sklaven berufen? Sorge dich nicht! . . . Wer nämlich zum Sklaven im Herrn berufen ist, der ist ein Freigelassener des Herrn; desgleichen wer zum Freien berufen ist, der ist ein Sklave Christi.«[33]

Brüder in Christo

Damit ist deutlich ausgesprochen, daß die Nachfolge Christi keineswegs die Überwindung sozialer Barrieren bedeutet. Jeder bleibe in seinem Stande! Wohl aber ist das Sklavendasein im Glauben aufgehoben. Da wird der Sklave zum Freien, zum Gleichberechtigten, zum Bruder. Und alle zusammen werden zu »Sklaven Christi« – eine wichtige Umwertung des Begriffs, ist doch »Knecht Gottes« oder »Knecht Christi« im christlichen Verständnis nicht nur ein Bescheidenheits-, sondern auch ein Ehrentitel. Bis heute bezeichnet sich der römische Papst als *servus servorum Dei,* »Sklave der Sklaven Gottes«.

Im praktischen Leben also durften christliche Sklaven keinen Beistand ihrer Kirche im Kampf für eine Verbesserung ihres Rechtsstatus erhoffen. Zumindest für die Zeiten nach Paulus gilt die Feststellung Adolf Harnacks, daß die frühe Kirche kein Sklavenproblem gekannt habe.[34] Die Autorität des Apostels hatte den Ausschlag gegeben: Eine prinzipielle Diskussion über eine Abschaffung der Sklaverei fand bei den Christen nicht statt.

Anders dagegen sah es im Bereich des Glaubens selbst aus. Da war die Gleichheit aller Gemeindemitglieder für Paulus eine Selbstverständlichkeit. Vor Gott gibt es keine völkischen, keine sozialen, keine Unterschiede des Geschlechts:

»Alle, die ihr auf Christus getauft seid, habt ihr Christus angezogen. Da ist kein Jude und kein Grieche, kein Sklave und kein Freier, kein Mann und keine Frau.«[35]

Ein billiger Trost, der über die Anerkennung der gesellschaftlichen Institution der Sklaverei durch die Christen hinwegtäuschen möchte? Der vielleicht um so gefährlicher und systemstabilisierender ist, weil er von der Realität ablenkt und alle Hoffnung auf den Glauben konzentriert? Eschatologische Heilsgewißheit als bloße Durchhalteparole im finsteren Diesseits?

Solche Urteile wären zu einseitig. Denn wenn auch die frühe Kirche das System der Sklavenhaltung nicht grundsätzlich in Frage gestellt und es dadurch indirekt gefestigt hat, so ist sie doch energisch für eine Humanisierung der Sklaverei eingetreten. In seinem Schreiben an Philemon fordert Paulus den Adressaten auf, Onesimos als Bruder in Christus anzusehen, ihn gütig und liebevoll zu behandeln. Die Mahnung ergeht an alle christlichen Sklavenhalter, allerdings mit der gleichzeitigen Aufforderung an die Unfreien, treu und willig zu dienen:

»Ihr Sklaven, gehorcht euren leiblichen Herren in allem, nicht in Augendienerei, um den Menschen zu gefallen, sondern in Aufrichtigkeit des Herzens und in Gottesfurcht! . . . Ihr Herren, gewährt euren Sklaven, was gerecht und billig ist, im Wissen darum, daß auch ihr einen Herrn im Himmel habt!«[36]

Gott als Schirmherr der Sklaverei?

Freilich, einen unangenehmen Beigeschmack haben diese an sich auf friedliche, freundschaftliche Koexistenz zwischen christlichen Herren und Sklaven abzielenden Verhaltensregeln schon. Paulus fordert die Sklaven auf: »Was immer ihr tut, tut es von Herzen, *als tätet ihr es für den Herrn,* nicht für die Menschen.«

Und er stellt auch gleich in Aussicht, daß »ihr vom Herrn die Vergeltung des Erbes empfangen werdet«.[37] Noch deutlicher an einer anderen Stelle, wo ebenfalls von den Aufgaben der Sklaven die Rede ist: »Was einer an Gutem getan hat, das wird er vom Herrn zurückerhalten, ob er Sklave ist oder Freier.«[38]

Eine derartige »Belohnungs-Theorie« zu verkünden, kann zu fatalen Mißverständnissen führen. Theologen mögen die Paulus-Worte geschickt ausdeuten; einem unbefangenen Leser oder Hörer aber muß sich der Verdacht aufdrängen, daß hier die weltliche Ordnung mit ihrem System der Sklaverei als gottgewollt sanktioniert wird.

Entsprechend bestürzt urteilt der Theologe Siegfried Schulz: »Man kann es selbst nicht fassen, aber auch nicht leugnen: Gott selbst wird mit diesen theologischen Grundentscheidungen zum Begründer, Erhalter und Schirmherrn der Institution der Sklaverei im frühkatholischen Christentum.«[39]

Aber selbst wer soweit nicht gehen will, kommt nicht an der Feststellung vorbei, daß solche Ermahnungen alles andere als förderlich auch nur für die Aufhebung *individueller* Sklaven-Herren-Verhältnisse gewesen sind.

Bevor zudem die Auswirkungen der Humanitätsappelle der frühen Kirche an die Sklavenhalter überschätzt werden, gilt es eine zweite Einschränkung zu beachten. Die Adressaten konnten natürlich immer nur christliche Herren sein. Auf die Haltung nichtchristlicher Sklavenhalter gegenüber ihren Unfreien hatte die Kirche keinerlei Einfluß. Das hinderte sie nicht, den christlichen Sklaven Treue und Unterwürfigkeit auch gegenüber heidnischen Herren zu empfehlen.

Eine Bilanz der im wesentlichen durch Paulus formulierten Positionen des frühen Christentums zur Sklaverei ist nicht gerade überwältigend. Faktisch unterscheidet sich die Haltung der Christen zur Unfreiheit kaum von der der Stoiker. Weder die einen noch die anderen fordern eine Abschaffung der Sklaverei, beide Systeme aber anerkennen die Vollwertigkeit auch des unfreien Menschen innerhalb ihres weltanschaulich-geistigen Rahmens, und beide ziehen daraus praktische Konsequenzen hinsichtlich einer Humanisierung der Unfreiheit. So gesehen, kann man Seneca mit Friedrich Engels »Onkel des Christentums«[40] bezeichnen.

Ob das dem hohen Anspruch der christlichen Lehre genügt oder ob Paulus und die frühe Kirche durch ihre unwidersprochene Hinnahme der Institution »Sklaverei« einen Verrat an der Botschaft Christi begangen haben, ist eine äußerst kontroverse Frage. Ihre Beantwortung hängt weitgehend davon ab, wie man die Botschaft Christi selbst verstehen will.

Die Bergpredigt – ein sozialrevolutionäres Programm?

Die Theologen sind sich bis heute nicht einig über die Rolle, die dem Christentum in weltlichen Angelegenheiten zukommt. Daß Christus den Entrechteten und Armen nahegestanden hat, ungleich näher als den Reichen und Mächtigen, daran wird es keinen ernsthaften Zweifel geben. Ob aber die Bergpredigt als sozialrevolutionäres Programm zu interpretieren ist, ob Jesus als Fürsprecher einer Überwindung schlechter politischer und sozialer Verhältnisse im Diesseits angesehen werden kann, darüber gehen die Meinungen weit auseinander.

Es hat keinen Sinn, eine so heiß diskutierte Frage hier in wenigen Absätzen beantworten zu wollen. *Eine* Feststellung aber läßt sich immerhin treffen: Eine *unmißverständliche,* nicht interpretationsbedürftige Aufforderung, die Sklaverei abzuschaffen, findet sich im gesamten Neuen Testament nicht, und ebenso fehlt eine *grundsätzliche* Kritik an dieser Institution. Die recht häufige Erwähnung von Sklaven in Gleichnissen spiegelt die soziale Wirklichkeit ungebrochen wider; man könnte daraus schließen, daß Jesus die Sklaverei als gegeben akzeptiert hat.[41]

Alles Weitere ist Auslegungssache der Theologen. Zu welchen mitunter völlig abwegigen Ergebnissen eine »wissenschaftliche« Exegese führt, veranschaulichen die Thesen des ostdeutschen Kirchenhistorikers G. Kehnscherper.

Jesus selbst wollte als Sklave gelten. So interpretiert Kehnscherper die Tatsache, daß Jesus seinen Jüngern einst den Staub von den Füßen wusch: »Das war eine Arbeit, die sonst der niedrigste Sklave zu verrichten hatte.«

Konsequent nur, wenn derselbe Jesus seine Jünger ermahnte: »Wer unter euch der erste sein will, der wird der Sklave aller sein.« Und nun das Entscheidende: »Denn auch des Menschen Sohn ist nicht gekommen, damit ihm gedient werde, sondern um zu dienen und um sein Leben als Erlösung (Freikauf) für viele zu geben.«[42]

Diese Worte, so Kehnscherper, habe die christliche Dogmatik unzulässig verändert und lediglich in übertragener Bedeutung verstanden. Jesus habe dabei aber auch an etwas ganz Konkretes gedacht: den vom Sklavenmarkt her bekannten Freikauf. Nach Kehnscherper ein im Grunde ganz unmißverständliches Plädoyer Jesu zugunsten der Aufhebung der Sklaverei:

»Diese programmatische Erklärung Jesu berechtigt uns, sein Urteil über die Sklaverei so zu formulieren, daß er das Letzte und Höchste hingab, nämlich sein Leben, um diesem Stand und dieser Qual ein Ende zu machen.«[43]

Bei dieser seltsamen Interpretation war sicher viel guter Wille im Spiel, doch erstaunt es schon, mit welcher Naivität hier ein immerhin habilitierter Theologe biblische Texte auslegt.

Hier soll über Jesu Haltung zur Sklaverei jedenfalls nicht weiter spekuliert werden. Aufschlußreich ist nur, daß die von Paulus vertretene Linie in der Sklavenfrage zunächst keineswegs allgemein akzeptiert war. In Korinth gab es offensichtlich ernsthafte Forderungen nach Emanzipation von seiten der bekehrten Sklaven. Diesen Erwartungen hielt Paulus sein »Jeder bleibe in seinem Stande« entgegen – für viele Unfreie sicherlich eine ernüchternde Erkenntnis.

Im kleinasiatischen Ephesos waren zum christlichen Glauben übergetretene Sklaven ebenfalls der Meinung, daß sich ihre Situation nun ändern müsse. Ihr Mangel an Respekt gegenüber den Herren – ihren christlichen Brüdern! – war in den Augen des Apostels ein Warnsignal. Im 1. Brief an Timotheus nimmt er kein Blatt vor den Mund. Er fordert Timotheus auf, die Sklaven über ihre Pflichten aufzuklären. Und wer in dieser Frage anderer Meinung ist als er selbst, dem bescheinigt Paulus Hochmut und Unwissenheit, Zanksucht und Besserwisserei.[44]

Der Ordnungsruf erscholl sehr laut, sehr gereizt. Ein Indiz für die Vehemenz, mit der die christlichen Sklaven von Ephesos ihren Anspruch auf Besserstellung schon im Diesseits erhoben haben?

Paulus hatte Erfolg. Es gelang ihm, die Diskussion über ein Für und Wider der Sklaverei, wie sie ansatzweise in einigen Gemeinden aufgekommen war, für rund zweihundert Jahre zum Verstummen zu bringen. Den Gegnern der Christen schien dies gar nicht normal. Sie stellten dann und wann die peinliche Frage, ob denn bei den Christen wirklich alle so gleich seien, wie es ihre Lehre gebiete. Ob es nicht auch unter den Christen Sklaven und Herren gebe?

Die Antwort darauf war dieselbe, die Paulus gegeben hatte: Im Glauben sind wir alle Brüder, und das allein zählt; vor Gott sind wir Mitsklaven *(conservi)*.[45]

Erst das Mönchtum des 4. Jahrhunderts belebte die Frage nach einer konsequenteren Nachfolge Christi in der Sklavenproblematik neu. In einigen kleinasiatischen Gemeinden hatte die Kirche größte Mühe, einer Bewegung Herr zu werden, die von einem gewissen Eustathius ausgelöst worden war. Dessen an die Sklaven gerichtete Parolen waren eindeutig: Verachtet eure Herren! Lauft ihnen davon![46] Die Aufforderung fand unter den Sklaven großen Widerhall, und einige Kirchenlehrer revidierten daraufhin sogar die Lehre von der absoluten Gehorsamspflicht der Sklaven.[47]

Wie erklärt es sich, daß die Religion der Nächstenliebe und Brüderlichkeit so wenig für den Gedanken einer allgemeinen Sklavenemanzipation geleistet hat?

Dafür lassen sich zwei Gründe anführen, wobei dahingestellt sein mag, ob sie zur Erklärung tatsächlich *ausreichen,* von einer kritischen Bewertung einmal ganz abgesehen.

Zum ersten: Die frühen Christen, Jesus selbst nicht anders als Paulus, waren Kinder ihrer Zeit. Und diese Zeit erachtete die Sklaverei als etwas völlig Normales. Das war seit Jahrhunderten so, in der jüdischen Geschichte ebenso wie in der griechisch-römischen. Die Wirklichkeit des Lebens ist prägend; das war damals nicht anders als heute. Dazu kam eine geistige Tradition, in der sich bis auf ganz wenige Ausnahmen keine fundierte Kritik am Institut der Sklaverei artikuliert hatte. Mit einer prinzipiellen Stellungnahme gegen die Versklavung von Menschen wäre demnach in jeder Hinsicht Neuland betreten worden.

Zum zweiten: Für Paulus und die meisten Christen seiner Zeit waren die bestehenden politischen und sozialen Verhältnisse eine Größe, die sie vernachlässigen zu dürfen glaubten. Denn sie lebten in der Überzeugung, daß die Endzeit ohnehin unmittelbar bevorstehe. Sie rechneten für die allernächste Zukunft mit der Ankunft des Gekreuzigten. »Die Zeit ist kurz«, sagt Paulus einmal;[48] und eben diese Meinung bestimmt seine Haltung zu den Realitäten des irdischen Daseins.

Wozu sollen die Menschen noch Reformen und Veränderungen herbeiführen, wenn doch der von Gott selbst geplante Umsturz ganz nahe bevorsteht? Warum eine Neuordnung der Welt im christlichen Sinne anstreben, wo doch die bestehende Ordnung ohnehin demnächst untergehen und an ihre Stelle das Reich Gottes treten wird, in dem es keine Unterschiede zwischen arm und reich, Freien und Unfreien mehr geben soll?

Es ist die Tragik des Christentums, daß die Haltung eines Mannes die bestimmenden Weichen in der Sklavenfrage gestellt hat, der nie auf den Gedanken gekommen wäre, daß seine Entscheidung Jahrhunderte – heute kann man sagen: Jahrtausende – lang hätte beachtet werden *können.* Die grundsätzliche Stellungnahme des Paulus, urteilt S. Schulz, sei in ihren verhängnisvollen Auswirkungen gar nicht zu überschätzen.[49]

Die Schriften vieler nichtchristlicher Publizisten der Antike vermitteln häufig den Eindruck, das frühe Christentum sei eine ausgesprochene Sklaven- und Kleine-Leute-Religion gewesen.

Da erscheint das Christentum als eine typisch proletarische Religion, attraktiv lediglich für Unfreie und »niederes« Volk. In einer gegen Ende des 2. Jahrhunderts verfaßten Streitschrift mit dem anspruchsvollen Titel *Alethés Lógos* (»Wahres Wort«) polemisiert der Philosoph Celsus gegen Juden und Christen. Als »Zielgruppe« der christlichen Missionare glaubt er »Menschen ohne Geist, ohne Ansehen, ohne Verstand, nur Sklaven, Weiber und Kinder« ausfindig machen zu können.[50]

Heute weiß man, daß dieses Urteil absolut falsch ist. Das Zerrbild, das die Gegner von der sozialen Zusammensetzung des frühen Christentums gezeichnet haben, beruht – neben der diffamierenden Absicht – auf der Einstellung der Christen zur Arbeit. Die hohe Wertschätzung auch der körperlichen Arbeit in der christlichen Ethik stand in krassem Widerspruch zum heidnisch-philosophischen Muße-Ideal.

»Wer nicht arbeiten will, der soll auch nicht essen«:[51] ein schlimmes Wort in den Ohren der heidnischen Intelligenzia! So etwas mußte ihnen suspekt vorkommen, konnte nur von Leuten stammen, die Sklaven und Lohnarbeiter in ihre Fänge locken wollten.[52]

Die Wirklichkeit indes sah anders aus. Schon das früheste Zeugnis über die soziale Zusammensetzung christlicher Gemeinden, ein Ende 111 oder Anfang 112 geschriebener Brief des Plinius an Kaiser Trajan, widerlegt die These von der Religion der Unterdrückten, Entrechteten und Verfolgten. Plinius' engagierter Lagebericht: »Viele Menschen jeden Alters, *jeden Standes*, auch beiderlei Geschlechts sind jetzt und in Zukunft gefährdet. Nicht nur über die Städte, sondern auch über Dörfer und Felder hat sich die Seuche dieses Aberglaubens verbreitet.«[53]

Ähnliche Aussagen lassen sich auch für die folgenden Jahrzehnte finden. Eine genaue Auswertung z. B. des inschriftlichen Materials bestätigt das Bild: Die christliche Mission hat sehr wohl auch in den mittleren und höheren Schichten großen Erfolg gehabt. Die Vorstellung vom Urchristentum als Religion der kleinen Leute, der Sklaven und Unterdrückten, mag heute vielen recht sein. Das ändert nichts daran, daß es sich dabei um eine reine Fiktion handelt.

Eher wäre genau die umgekehrte Aussage richtig: Wenn Unfreie zum Christentum übertraten, dann geschah das *trotz* der Haltung der Kirche zur Sklavenfrage. Allerdings ist eine derartige Formulierung doch zu pointiert. Mochte sich der Übertritt zum Christentum für Sklaven nicht unmittelbar im Sinne einer spürbaren sozialen Verbesserung »auszahlen«, so war die Lehre der neuen Religion doch sehr attraktiv für Unfreie. Die christliche Heilslehre konnte manchem im grauen Alltag Trost bieten, vermochte ihm Kraft und Halt zu geben, die Mühen und Leiden seiner irdischen Existenz leichter zu ertragen.

Ein ehemaliger Sklave als Papst

Neben die Perspektive der Heilsgewißheit trat aber auch noch die ganz konkret erfahrbare Anerkennung als vollwertiges Gemeindemitglied. Denn da gab es für die frühen Christen – später änderte sich hier einiges – keinen Zweifel: Vor dem Herrn waren alle Menschen gleich, im Glauben waren sie Brüder ohne Ansehen der gesellschaftlichen Stellung.

Was über die frühchristlichen Gemeinden überliefert ist, spricht dafür, daß dies nicht nur Lippenbekenntnisse waren. In der Praxis der Gemeindearbeit gab es tatsächlich keine Diskriminierung von unfreien Christen. Auch sie durften Ämter bekleiden, auch für sie galt die selbst von erbitterten Christen-Gegnern als vorbildlich anerkannte Fürsorge in der Totenbestattung und im Totengedenken.[54] Das mag zunächst zynisch klingen, aber gerade im christlichen Totenkult zeigte sich die Respektierung auch des Unfreien als gleichwertigen Bruder in Christus.

Insofern ist es wohl mehr als ein Zufall, wenn die bedeutendsten Organisierungsleistungen im frühchristlichen Bestattungswesen Roms mit dem Namen eines Mannes verbunden sind, der selbst aus dem Sklavenstand stammte: Callistus. Die nach ihm benannten Katakomben an der Via Appia sind nach einem Wort Johannes' XXIII. die »erhabensten und berühmtesten Katakomben Roms«.

Dieses Urteil bezieht sich wohl weniger darauf, daß die »Catacombe di San Callisto« mit ihren rund 170000 Gräbern die größte unterirdische Friedhofsanlage der frühen Christen ist. Eher beruht es auf der Tatsache, daß hier nicht weniger als dreizehn Päpste bestattet sein sollen, unter ihnen Callistus selbst, der viele Jahre lang für die Verwaltung des christlichen *comoeterium* (Friedhofs) zuständig war, bevor er zum Bischof von Rom berufen wurde.

Der Lebensweg des Callistus ist teils durch fromme Legenden, teils durch die gehässige Darstellung seines (christlichen) Gegenspielers Hippolytos nur schemenhaft erkennbar. Mit einiger Sicherheit aber läßt sich sagen, daß er seine Karriere in der römischen Christengemeinde als Sklave begonnen hat.[55] Von 217 bis 222 saß auf dem Stuhl des Bischofs von Rom ein ehemaliger Unfreier. Callistus I. als 16. »Stellvertreter Christi« – ein früherer Sklave: Das ist mehr als ein »sozialer Renommierpapst« der frühen Kirche. Es ist ein Symbol für die volle Anerkennung auch jener Gemeindemitglieder, die in der Gesellschaft am untersten Ende der sozialen Skala rangierten.

Arrangement statt Machtwort

Seit dem Beginn des 4. Jahrhunderts änderte sich das Verhältnis des Staates zum Christentum grundlegend. Die entscheidende Wende brachte die Religionspolitik Kaiser Konstantins (306–337). Er erkannte das Christentum nicht nur als *religio licita* (erlaubte Religion) an, sondern förderte es nach Kräften. Von ihm führt ein folgerichtiger Weg zum Glaubensedikt des Theodosius von 380, das die christliche Religion zur Staatsreligion aufwertete. Die Kirche hat es beiden gedankt: Bis heute tragen sie den Beinamen »der Große«.

Mit dieser Entwicklung wurde dem Christentum eine einzigartige Chance gegeben. Es konnte direkten Einfluß auf die Politik nehmen, konnte die christliche Lehre ohne Furcht vor staatlicher Repression oder gar Verfolgung in allen Bereichen des Lebens zur Richtschnur machen. Das war die Haben-Seite der Rechnung. Aber auch die Soll-Posten waren nicht zu übersehen. Die christliche Religion wurde vom Staat nun auch in die Pflicht genommen. Sie mußte die ideologische Grundlage des Reichsgedankens liefern und diente zur Legitimierung des kaiserlichen Herrschaftsanspruchs. Die Kirche mußte es sich zudem gefallen lassen, daß der Kaiser in sie hineinregierte und ein Mitspracherecht in kirchlichen Dingen für sich beanspruchte.

Thron und Altar gingen eine Verbindung ein, die beiden Partnern Vorteile brachte, beide aber auch in ihrer Unabhängigkeit erheblich einschränkte. Wer der eigentliche Gewinner und wer der Verlierer dieses Bündnisses war, darüber gehen die Meinungen weit auseinander. Doch braucht die Frage in unserem Zusammenhang nicht erörtert zu werden.

Wohl aber verdient die Haltung des nunmehr mächtig gewordenen Christentums zur Sklavenfrage unser besonderes Interesse. Wurde nunmehr ein kirchliches Machtwort gesprochen, das die Versklavung von Menschen als unchristlich brandmarkte und gebieterisch die Abschaffung der Sklaverei forderte?

Ein solches Machtwort hat es nie gegeben. Was es gegeben hat, waren humanitäre Bestrebungen, das Los der einzelnen Sklaven erträglicher zu machen, waren Erklärungen hoher Würdenträger, die die Freilassung als gottgefälliges Werk propagierten, waren wohl auch – wenngleich die Wirkung umstritten ist – Versuche, die kaiserliche Gesetzgebung im Sinne einer menschlicheren Behandlung der Unfreien zu beeinflussen.

Eine eindeutige Stellungnahme der Kirche gegen die Institution der Sklaverei aber blieb aus. Darüber haben viele christliche Historiker Unbehagen empfunden; nicht wenige haben eine »Ehrenrettung« der Kirche mit dem Hinweis auf ihre praktische Politik versucht. Der *tatsächliche* Kampf der Kirche gegen Unrecht und Unmoral habe im Ergebnis zu einer Abschaffung der antiken Sklaverei geführt.

Freilassung als »gottgefälliges Werk« – in wessen Interesse?

In seinem erstmals 1876 erschienenen, von der Académie Française preisgekrönten Werk über »Die christlichen Sklaven« zählt der französische Forscher Paul Allard auf:

»Nicht zufrieden damit, dem Sklaven im religiösen und familiären Bereich die Gleichheit gegeben zu haben, überzeugte die Kirche die Freien, ihr Werk zu vollenden. Die Freilassungen wurden von ihr auf jede Weise gefördert. Sie sah darin ein verdienstvolles Werk. (...) Selten starb ein Christ, ohne ein paar Sklaven freigelassen zu haben. Man hoffte, sich auf diese Weise leichter die Himmelspforte öffnen zu können. Manchmal ließen Christen ihre Sklaven zum Gedenken an einen Vater, einen Sohn, einen Freund, den sie verloren hatten, frei: Das war ein Opfer an Gott für die Seelenruhe des Toten. (...) Man sah, wie Christen zu ihren Lebzeiten ohne Gegenleistung alle Sklaven, die sie besaßen, freiließen ...«[56]

Dies alles beweist natürlich just das Gegenteil dessen, was es beweisen soll. Die – in ihrer Zahl sicherlich nicht zu unterschätzenden – von der Kirche bejahten *individuellen* Freilassungen: Sie trugen den Charakter persönlicher Gnadenerweise. Kraß ausgedrückt: Diese

Freilassungen lassen sich weniger als Akte christlicher Nächsten- als vielmehr egoistischer Eigenliebe zur Verbesserung der persönlichen Ausgangssituation vor dem himmlischen Richterstuhl interpretieren . . .

Die Motivation derer, die solche Empfehlungen gegeben haben, in allen Ehren. Aber gerade die Freiwilligkeit und Zufälligkeit solcher Freilassungen machen doch deutlich, daß die Kirche eben keine *prinzipielle* Linie verfolgt hat. Das war in höchstem Maße halbherzig, und es konnte auch gar nicht zu einem »Endziel« der völligen Abschaffung der Sklaverei führen. Bedarf es da eines besseren Beweises, als daß der Normalfall einer Freilassung der der testamentarischen Verfügung war? Zu Lebzeiten ließen sich Sklaven doch ganz bequem verwenden. Wurden sie nicht mehr gebraucht, erhielten sie »großzügig« die Freiheit. Diese Haltung ist im übrigen nichts spezifisch Christliches. Schon die großen griechischen Philosophen (und unzählige andere Griechen und Römer) waren so verfahren.

Eine päpstliche Geschichtsklitterung

Ohne die humanitären Verdienste auch der etablierten Kirche schmälern zu wollen: Die Behauptung, das Christentum habe die Sklaverei letztlich abgeschafft, ist eine schlimme Geschichtsklitterung. Dahinter verbirgt sich eine gewisse Verlegenheit und wohl auch die Einsicht, daß es dem Christentum sehr wohl angestanden hätte, den Schlußstrich unter die antike Sklaverei zu ziehen.

So muß wohl auch die These verstanden werden, die Papst Leo XIII. gegen Ende des vergangenen Jahrhunderts vertrat:

»Sie (die Kirche) wollte die Befreiung der Sklaven nicht überstürzen, da ein zu rasches Vorgehen sicherlich ohne Wirren und ohne Schaden für die Sklaven selbst wie auch für das Gemeinwesen nicht denkbar war.« Man setzte daher lieber auf »Geduld«, und das führte denn auch zum Ziel: »Die Geschichte des christlichen Altertums beweist, daß das Bemühen der Kirche von Erfolg gekrönt war.« Und die Schlußfolgerung daraus: »Daher kann man der katholischen Kirche nie genug Lob und Dank sagen dafür, daß sie durch Christi . . . Erbarmen die Sklaverei aufgehoben und die wahre Freiheit, Gleichheit und Brüderlichkeit unter den Menschen hergestellt hat.«[57]

Es ist gar nicht notwendig, auf die unrühmliche Rechtfertigung der Sklaverei späterer Jahrhunderte durch führende Theologen zurückzugreifen – der 1323 heiliggesprochene Thomas von Aquin unter Berufung auf Aristoteles: »Sklaverei unter Menschen ist etwas Naturgegebenes; denn manche sind von Natur Knechte ...«[58] –, um diese Darstellung in Zweifel zu ziehen. Das Verhalten der Kirche im 4. und 5. Jahrhundert selbst beweist, daß sie nicht richtig sein kann.

Einige Beispiele dafür, wie die Kirche als stabilisierender Ordnungsfaktor in der Sklavenfrage in Erscheinung getreten ist. Um die Mitte des 4. Jahrhunderts entschied das Konzil von Gangra: Wenn jemand einen Sklaven zur Verachtung seines Herrn oder zur Flucht ermuntert, so droht ihm die Exkommunizierung. Das Konzil von Chalcedon (451 n. Chr.) schrieb diese Haltung fest. Wollte ein Sklave in ein Kloster eintreten, so brauchte er dazu die ausdrückliche Genehmigung seines Herrn. Wer sich nicht danach richtete, mußte ebenfalls mit der Exkommunizierung rechnen.[59]

Der holländische Forscher E. J. Jonkers hat in einer 1942 publizierten Studie nachweisen können, daß die Kirche seit dem 4. Jahrhundert einer Aufnahme von Sklaven als Priester ablehnend gegenüberstand – weniger deshalb, weil unfreie Geistliche zu wenig Zeit für ihre priesterliche Tätigkeit gehabt hätten, als vielmehr, um Ärger mit den Eigentümern der Unfreien zu vermeiden.[60]

Anpassung in Theorie und Praxis

Wirtschaftliche und finanzielle Überlegungen waren es auch, die das »Handeln« der Kirche sogar in ausdrücklichen Gegensatz zu ihrer eigenen Lehre brachte. Während Papst Gregor der Große die Freilassung von Unfreien in seinen Briefen als gottgefälliges Werk pries,[61] arbeiteten Hunderte von Sklaven und Abhängigen auf den kirchlichen Besitzungen auf Sizilien. Die Kirche predigte, aber sie ging nicht mit gutem Beispiel voran.

Polemisch formuliert: Seit den Zeiten des Callistus hatten sich kirchliche Karrieren von Sklaven sehr verändert; damals konnte ein Unfreier noch zum »Stellvertreter Christi« aufsteigen, jetzt hatte er gute Aussichten, zum Kirchengut herabzusinken.

Und schließlich: Zu einer Zeit, da sich das Christentum angeblich anschickte, die Sklaverei mit Stumpf und Stiel auszurotten, trat ein christlicher Schriftsteller auf den Plan, der eben diese Institution theoretisch ganz neu begründete: Sklaverei wird nunmehr als eine Strafe Gottes verstanden, als eine dem sündigen Menschen auferlegte Prüfung interpretiert. Einige wörtliche Zitate:

»Das Schicksal der Knechtschaft ist, wie man einsehen muß, dem Sünder mit Recht auferlegt. (. . .) Dazu kommt es nur durch das Urteil Gottes, bei dem keine Ungerechtigkeit ist und der den Schuldigen mancherlei Strafen nach Verdienst zumißt.« Aber auch ein Wort des Trostes darf nicht fehlen: »Sicherlich ist besser daran, wer einem Menschen als Sklave dient als der Begierde . . .«[62]

Gedanken eines verirrten Sektierers? Mitnichten. Die Sätze stammen aus dem »Gottesstaat« Augustins (354–430), des bedeutendsten Lehrers der Alten Kirche.

Gegen Ende der Antike hatte die »klassische« Sklaverei keine große Bedeutung mehr. Mit dem Kolonat war eine neue Form an ihre Stelle getreten. Im Laufe des 4. und 5. Jahrhunderts hatten sich die Grenzen zwischen verschiedenen Abhängigkeitsverhältnissen verwischt. Der »spätantike Zwangsstaat«, der auch Freie in ein Zwangssystem von Arbeits- und hohen Steuerleistungen bis hin zur Berufserblichkeit einband, förderte eine Nivellierung zwischen den Schichten, auch zwischen Freien und Unfreien. Das frühe Mittelalter ist durch feudale Strukturen geprägt, die zumindest in einem Punkt mit dem System der antiken Sklaverei übereinstimmen: Hier wie dort gab es strenge Abhängigkeitsverhältnisse, die dem Unterdrückten die eigene Entscheidung über sein Tun und Lassen verwehrten. Insofern kann das Wort vom »Ende der antiken Sklaverei« leicht zu Mißverständnissen führen.

Die Gründe für diesen sozialen Wandel sind hier nicht zu untersuchen. Fest steht, daß sich die christliche Kirche nicht das Verdienst zuschreiben darf, eine »Abschaffung der Sklaverei« in irgendeiner Form bewirkt zu haben.

Die Botschaft Jesu Christi: Sie brachte Erleichterung für viele Sklaven, aber nicht die Erlösung für alle.

Zeittafel

Anmerkung: Diese Zeittafel strebt keine Vollständigkeit an. Vermerkt sind lediglich Daten, die für die Geschichte der Sklaverei, soweit sie in diesem Buch behandelt wird, von Bedeutung sind bzw. die chronologische Einordnung erwähnter Ereignisse oder historischer Gestalten erleichtern. Angaben zur Lebenszeit einzelner Personen finden sich an den entsprechenden Stellen des *Registers*.

1. Griechenland

ca. 1600–1150 v. Chr.	Mykenische Zeit
8. Jh. v. Chr.	Entstehung der homerischen Epen
ca. 740– ca. 720 v. Chr.	Versklavung der Messenier der Pamisos-Ebene durch Sparta
ca. 750 – ca. 550 v. Chr.	Zeitalter der griechischen Kolonisation
um 640 v. Chr.	Aufstand der messenischen Heloten; Helotisierung ganz Messeniens durch Sparta
Ende 7. Jh. v. Chr.	Einführung des Münzgeldes
594 v. Chr.	Archontat Solons; Befreiung vieler Schuldsklaven; Abschaffung der Schuldsklaverei in Attika
490 v. Chr.	Sieg Athens über die Perser bei Marathon
480/479 v. Chr.	Sieg der Griechen über die Perser bei Salamis und Platää
464 v. Chr.	Erdbeben in Sparta; Helotenaufstand
431–404 v. Chr.	Peloponnesischer Krieg zwischen Athen und Sparta sowie den Verbündeten beider Mächte
413 v. Chr.	Sparta besetzt Dekeleia; 20 000 attische Sklaven laufen zu den Spartanern über
369 v. Chr.	Messenien wird selbständig
335 v. Chr.	Alexander d. Gr. zerstört Theben und versklavt 30 000 Thebaner
334–323 v. Chr.	Alexanderzug
167 v. Chr.	150 000 Molosser durch Aemilius Paullus versklavt
134 v. Chr.	Sklavenaufstand in Laureion
133 v. Chr.	Aufstand des Aristonikos in Kleinasien
104/102 v. Chr.	Sklavenaufstand in Laureion

2. Rom

753 v. Chr.	Gründung Roms nach der Sage
451 v. Chr.	Zwölftafelgesetz
4. Jh. v. Chr.	Rom versklavt größere Zahlen gefangener Kriegsgegner
326 v. Chr.	Lex Poetelia schafft (offiziell) die Schuldsklaverei ab

307/306 v. Chr.	Erster bedeutender Massenverkauf versklavter Gegner durch Rom
264–241 v. Chr.	1. Punischer Krieg
218–201 v. Chr.	2. Punischer Krieg
198 v. Chr.	Sklavenaufstand in Setia
196 v. Chr.	Sklavenaufstand in Etrurien
185 v. Chr.	Sklavenaufstand in Apulien
2. Jh. v. Chr.	Starkes Aufkommen der Latifundienwirtschaft in Italien
um 155 v. Chr.	Catos Schrift »Über die Landwirtschaft« erscheint
146 v. Chr.	Zerstörung Karthagos durch Rom
135–132 v. Chr.	1. Sizilischer Sklavenkrieg
105–101 v. Chr.	2. Sizilischer Sklavenkrieg
73–71 v. Chr.	Spartacus-Aufstand
67 v. Chr.	Pompejus beseitigt Seeräuberplage im Mittelmeer
58–51 v. Chr.	Caesars Gallien-Feldzug
4 n. Chr.	Lex Aelia Sentia schränkt das Freilassungswesen ein
19 n. Chr. (?)	Lex Petronia de servis: Verbot, Sklaven ohne amtliche Erlaubnis bei Gladiatoren-»Spielen« einzusetzen

3. Liste der römischen Kaiser bis zu den Severern

27 v. – 14 n. Chr.	Augustus
14–37	Tiberius
37–41	Caius (»Caligula«)
41–54	Claudius
54–68	Nero
68–69	Galba
69	Otho
69	Vitellius
69–79	Vespasian
79–81	Titus
81–96	Domitian
96–98	Nerva
98–117	Trajan
117–138	Hadrian
138–161	Antonius Pius
161–180	Marc Aurel
180–192	Commodus
193	Pertinax
193	Didius Julianus
193–211	Septimius Severus
211–217	Caracalla
217–218	M. Opellius Macrinus
218–222	Elagabal
222–235	Severus Alexander

Abkürzungsverzeichnis

1. Antike Autoren

Acta Apost.	Acta Apostolorum
Ael.	Aelian
Aisch.	Aischines
Aischyl.	Aischylos
Andok.	Andokides
Antiph.	Antiphon
AP	Anthologia Palatina
App.	Appian
Aristoph.	Aristophanes
Aristot.	Aristoteles
Athen.	Athenaios
August.	Augustin
Aur. Vict.	Aurelius Victor
Cass. Dio	Cassius Dio
Cat.	Catull
Cic.	Cicero
Cod. Iust.	Codex Iustiniani
Colum.	Columella
Corn. Nep.	Cornelius Nepos
Demosth.	Demosthenes
Dig.	Digesta
Diod.	Diodor
Diog. Laert.	Diogenes Laertios
Dion. Hal.	Dionys von Halikarnaß
Eph.	Epheserbrief
Epikt.	Epiktet
Etym. Magn.	Etymologicum Magnum
Eur.	Euripides
Flor.	Florus
Gal.	Galaterbrief
Gell.	Gellius
Greg.	Gregor von Nyssa

Hdt.	Herodot
Hell. Oxyrh.	Hellenika Oxyrhynchia
Hes.	Hesiod
Hesek.	Hesekiel
Hippokr.	Hippokrates
Hist. Aug.	Historiae Augustae Scriptores
Hom.	Homer
Hor.	Horaz
Hyg.	Hygin
Hyper.	Hypereides
Inst.	Institutiones Iustiniani
Isokr.	Isokrates
Juv.	Juvenal
Kallim.	Kallimachos
Kol.	Kolosserbrief
Kor.	Korintherbrief
Lact.	Lactanz
Liv.	Livius
Lucil.	Lucilius
Lykurg.	Lykurgos
Lys.	Lysias
Macrob.	Macrobius
Matth.	Matthäus
Men.	Menander
Mk.	Markus
Mos.	Moses
Oros.	Orosius
Paus.	Pausanias
Petr.	Petron
Pherekr.	Pherekrates
Plat.	Platon
Plaut.	Plautus
Plin.	Plinius
Plut.	Plutarch
Poll.	Pollux
Polyb.	Polybios
Poseid.	Poseidonios
Ps.-Xen.	Pseudo-Xenophon
Quint.	Quintilian
Sall.	Sallust
Schol.	Scholien
Sen.	Seneca der Jüngere
Sen. Maior	Seneca der Ältere

Stob.	Stobaios
Suet.	Sueton
Symm.	Symmachus
Tac.	Tacitus
Ter.	Terenz
Theophr.	Theophrast
Thess.	Thessalonicherbrief
Thuk.	Thukydides
Tib.	Tibull
Tim.	Timotheusbrief
Tyrt.	Tyrtaios
Ulp.	Ulpian
Val. Max.	Valerius Maximus
Vell. Pat.	Velleius Paterculus
Verg.	Vergil
Xen.	Xenophon

2. Corpora

CE	F. Bücheler, Carmina Latina Epigraphica, 2 Bände, Leipzig 1895–1897
CIL	Corpus Inscriptionum Latinarum
Dessau ILS	H. Dessau, Inscriptiones Latinae Selectae, 3 Bände, Berlin 1892–1916
Diels Vorsokr.	H. Diels – W. Kranz, Die Fragmente der Vorsokratiker, Berlin, 8. Aufl., 1956
Dittenberger Syll.³	W. Dittenberger, Sylloge Inscriptionum Graecarum, 3. Aufl., 1915–1924
FGrHist	F. Jacoby, Die Fragmente der griechischen Historiker, 3 Bände, 1923–1958
GDI	H. Collitz, Sammlung der griechischen Dialektinschriften, 4 Bände, 1884–1915
IC	M. Guarducci, Inscriptiones Creticae, 4 Bände, 1935ff.
IG	Inscriptiones Graecae
IGR	R. Cagnat, Inscriptiones Graecae ad res Romanas pertinentes, 3 Bände, Paris 1906–1928
Migne PG	J.P. Migne, Patrologiae sursus completus, Series Graeca, 161 Bände, Paris 1857–1866
SVF	J. v. Arnim, Stoicorum Veterum Fragmenta, 4 Bände, Leipzig 1903–1924

Anmerkungen

Die Nummern beziehen sich auf die fortlaufende Numerierung im Literaturverzeichnis.

I

1 Hom. Il. I 366ff.; VI 414ff.
2 Hom. Il. I 29ff.
3 Hom. Il. I 93ff.
4 Hom. Il. I 113ff.
5 Hom. Il. I 182ff.
6 Hom. Il. I 348ff.
7 Xen. Kyrop. VII 5, 73
8 Aristot. Pol. I 1255a 5ff.
9 Vgl. dazu Nr. 27
10 Hom. Il. IX 593f.
11 Hom. Il. IX 328 f.
12 Hom. Il. XVI 830ff.
13 Hom. Il. XXIV 729–742
14 Hom. Il. VI 463; Od. XIV 340; XVII 323
15 Hom. Il. IX 365ff.
16 Hom. Il. XXIII 549f.; XVIII 339–342
17 Hom. Il. IX 137ff.; 279ff.
18 Hom. Il. VI 55ff.
19 Hom. Il. VI 46ff.; X 378ff.
20 Hom. Il. XXIV 751ff.
21 Hom. Il. XX 468ff.
22 Hom. Il. XIX 297ff.
23 Hom. Il. I 113 ff.
24 Hom. Il. IX 128–140
25 Nr. 8, S. 183
26 Hom. Od. XX 118
27 Hom. Il. XXIV 582ff.; XVIII 339ff.
28 Hom. Od. XXII 437ff.
29 Hom. Il. VI 372
30 Athen. VI 267c; Hom. Od. VI 198; 238f.; XVIII 198
31 Hom. Od. XXII 396; 434
32 Hom. Od. XIX 497ff.
33 Hom. Od. XIX 489f.
34 Hom. Od. XV 415ff.

35 Hom. Od. XIV 202ff.
36 Hom. Od. VI 69ff.
37 z. B. Hom. Od. XIV 48
38 Hom. Od. XV 403ff.
39 Hom. Od. XV 489ff.
40 Hom. Od. XIV 449f.
41 Hom. Od. XXII 421ff.; VII 103
42 Hom. Od. XIV 98ff.; 13ff.
43 Dolios und seine sechs Söhne: Hom. Od. XXIV 222ff.; 386f.; 492ff.
44 Hom. Od. I 429f.; Il. XXIII 705
45 Hom. Il. XXII 164; XXIII 257ff.; 702ff.
46 Hom. Od. XXIV 277ff.; Il. IX 270ff.
47 Hom. Od. I 433
48 Nr. 18, S. 3
49 Nr. 42, S. 53
50 Nr. 50, S. 258f.
51 J. B. Friedrich, Die Realien in der Iliade und Odyssee, Erlangen [2]1856, 224f.
52 Hom. Od. XXII 468ff.
53 Hom. Od. XXII 474ff.
54 Hom. Od. IV 743; XIX 488ff.
55 Hom. Od. XVII 322f. In der Homer-Überlieferung steht ἀρετή (Tugend, Wert des Menschen); bei Platon findet sich in einem Zitat dieser Stelle statt dessen das Wort νοῦς (Verstand); Nom. 777a.
56 Hom. Od. XIV 138ff.
57 A. Lesky, Artikel ›Homeros‹, RE Suppl. XI, 1967, 696
58 C. M. Bowra, Höhepunkte griechischer Literatur, Stuttgart 1968, 13.
59 Vgl. dazu Nr. 52 und Nr. 38
60 Nr. 45, S. 337
61 Chr. Tsountas – J. I. Manatt, The Mycenaean age, London 1897
62 Hom. Il. XXIII 175ff.
63 Zu skeptisch urteilt G. Wickert in ihrer Rezension zu Lencmans Buch (Nr. 47), Gnomon 39, 1967, 598.
64 δούλιον ἦμαρ (der Tag der Versklavung): Hom. Il. VI 463; Od. XIV 340; XVII 323; das Adjektiv δούλειος: Od. XXIV 252. Der Begriff δουλοσύνη (Sklaverei): Od. XXII 423. Die männliche Form δοῦλος (Sklave) kommt überhaupt nicht vor, die weibliche δούλη (Sklavin) mitunter, aber selten (z. B. Hom. Il. III 409; Od. IV 12).
65 Nr. 47, S. 192
66 Nr. 47, S. 162
67 E. L. Bennett, Correspondances entre les textes pyliennes des séries Aa, Ab et Ad, in: Etudes Mycéniennes, Actes du Colloque International sur les textes mycéniens, Paris 1956, 121–136
68 Nr. 48, S. 51ff.
69 Hdt. VI 137, 3; Athen. VI 264c; 272 a–b

II

1 Nr. 54, S. 77
2 Poll. Onom. III 83
3 Archedamos FGrHist 424 F 1
4 Dion. Hal. II 9, 2; Schol. Aristoph. Vesp. 1271

5 Plat. Nom. 776c–d
6 Dion. Hal. II 9, 2
7 Athen. VI 263f.; Ephoros FGrHist 70 F 29
8 Aristot. Pol. II 1264a 21 f.
9 R. F. Willets, The law code of Gortyn, Berlin 1967; IC IV 72
10 Nr. 54, S. 20ff.
11 Ephoros FGrHist. 70 F 29
12 Plut. Lyk. 28, 11

III

1 Kritias frg. 37 Diels
2 Plut. Lyk. 28, 11
3 Plut. Synkr. Lyk./Numa 1
4 Theopomp. FGrHist 115 F 13
5 Myron FGrHist 106 F 2
6 Plat. Nom. 776c
7 Xen. Hell. III 3, 6. Einschränkend ist darauf hinzuweisen, daß hier auch von anderen minderberechtigten Schichten die Rede ist. Außerdem werden die Worte dem Aufrührer Kinaidon in den Mund gelegt.
8 Myron FGrHist 106 F 2
9 Nr. 64, S. 81
10 Plut. Lyk. 28, 8
11 K. O. Müller, Die Dorier, II, Breslau 1844, 36
12 Plut. Lyk. 17–18; Xen. Lac. Inst. II 7–8
13 Aristot. Pol. VIII 1338b 12–13
14 Plut. Lyk. 28, 4
15 Plat. Nom. 633b
16 Vgl. Nr. 60
17 Thuk. IV 80, 3–4; Plut. Lyk. 28, 6
18 F. Kiechle, Lakonien und Sparta, München 1963, 55ff.
19 E. Boisacq, Dictionnaire étymologique de la langue grecque, Heidelberg [4]1950, 225
20 Hellanikos FGrHist 4 F 188; Ephoros FGrHist 70 F 117; Theopomp FGrHist 115 F 13; Paus. III 2,7
21 Theopomp FGrHist 115 F 122
22 Tyrt. frg. 5, 1–3 Diehl
23 z. B. Kritias frg. 37 Diels; Xen. Lac. Inst. XII 4; Ephoros FGrHist 70 F 117; Strabo VIII 5, 4; Paus. III 20, 6
24 In späterer Zeit scheint dagegen ein genauer Satz von 82 Scheffeln Gerste und ein entsprechendes Quantum an anderen Agrarprodukten festgesetzt worden zu sein (Plut. Lyk. 8, 7; Mor. 239d).
25 Plut. Lyk. 12, 3
26 Strabo VIII 5, 4
27 Paus. III 20, 6
28 Hdt. IX 29, 1
29 Überblick bei Nr. 66, S. 53, Anm. 3
30 Plut. Lyk. 28, 7
31 Nr. 22, Bd. II, S. 670
32 Thuk. V 23, 3
33 Neben Athen schickten folgende Städte den Spartanern beim Helotenaufstand

von 464 Hilfskontingente: Plataä, Ägina und Mantineia (Thuk. III 54, 5; II 27, 2; Xen. Hell. V 2, 3).

34 Thuk. IV 80, 3
35 Kritias frg. 37 Diels
36 Aristot. Pol. II 1269a 38–39; Xen. Hell. III 3, 6
37 Thuk. I 132, 4; Xen. Hell. III 3, 6
38 Nr. 61, S. 10; Nr. 63, S. 31 f.
39 Plut. Kim. 16, 4
40 Man sah das Beben als Reaktion des Gottes auf die Verletzung des Asylrechts an, das der Poseidon-Tempel am Tanairon schutzflehenden Heloten gewährte (Thuk. I 128; Paus. IV 24, 5–6).
41 Plut. Kim. 16, 5. Die Quellen zur Erdbebenkatastrophe und zum Helotenaufstand von 464: Thuk. I 101–103; Diod. XI 63f.; Plut. Kim. 16f.; Paus. IV 24
42 Diod. XI 63, 1
43 Plut. Kim. 16, 6
44 Plut. Kim. 16, 7
45 H. Bengtson, Griechische Geschichte, München [5]1977, 199
46 Plut. Kim. 16, 9
47 Thuk. I 103, 1
48 Beispiele: Plut. Ages. 3, 2; Hdt. VI 63, 2; Polyb. IV 81, 7; V 29, 9
49 U. Kahrstedt, Hermes 54, 1919, 289
50 Hdt. VII 229, 1
51 Hom. Od. XVII 322 f.
52 Aristot. Pol. I 1254a 14ff.
53 Nr. 69, S. 2
54 Nr. 69, 120ff.
55 Hdt. IX 85, 2
56 Hdt. VIII 25, 1
57 Vergessen sind die Perioken und Thespier, die an den Thermopylen umkamen.
58 Thuk. IV 80, 4; Dod. XII 67, 3
59 Thuk. V 34, 1
60 Hesych. s. v. ›Neodamodeis‹; Poll. Onom. III 83
61 Die Berichte über das Mißtrauen der Spartaner gegenüber den Heloten im militärischen Einsatz (Kritias frg. 37 Diels; Xen. Lac. Inst. XII 4) dürften sich deshalb eher auf unfreie Troßknechte und Waffenburschen beziehen.
62 Xen. Hell. III 3, 6
63 Plut. Kleom. 23, 1; Macrob. Sat. I 11, 34
64 Polyb. II 69, 8

IV

1 Athen. VI 264c
2 A. W. Mischulin (Hrsg.), Geschichte des Altertums, Kiel 1978, 109
3 Eur. Suppl. 267f.; Aristoph. frg. 567; Recht von Gortyn I 38ff.
4 Eur. Hec. 291f.; Isokr. V 181; dazu Nr. 22, Bd. I, S. 280; Nr. 106; Nr. 104, S. 42ff.
5 E. Kaier (Hrsg.), Grundzüge der Geschichte, I, Frankfurt [11]1973, Zitate S. 67, 85, 87.
6 Plat. Phaid. 109b
7 Mit diesem Begriff bezeichneten die Griechen alle nicht-griechischen Völkerschaften außer den Römern, weil ihnen deren Sprache als »Stammeln« (bar-bar) erschien. Der Begriff wurde regelmäßig seit dem 5. Jh. v. Chr. gebraucht.

8 Nr. 48, S. 51ff.
9 Hom. Od. XIV 288ff.; XV 415ff.
10 Hesek. 27, 13
11 Theopomp. FGrHist 115 F 122
12 Thuk. VIII 45, 4
13 Thuk. VIII 40, 2
14 Hdt. V 6, 1
15 Hom. Od. III 71ff.; IX 252ff.
16 Thuk. I 5, 1
17 Suet. Caes. 4; Plut. Caes. 1,8–2,7; Vell. Pat. II 42, 2–3
18 B. Brecht, Die Geschäfte des Herrn Julius Caesar, in: Prosa, Band 4, Frankfurt 1965, 26ff.
19 Theophr. Char. 25, 2
20 Strabo VIII 6, 20
21 Nr. 79, S. 22
22 AP VII 654
23 Thuk. I 7
24 Hdt. VI 138
25 Strabo XI 2, 12
26 Aristot. Pol. I 1256a 35ff.
27 Hdt. VI 16, 2
28 Cic. Verr. II 5, 65ff.
29 Verwünschung von Beamten, die mit Seeräubern gemeinsame Sache machten, in einer Inschrift von Teos (um 470 v. Chr.): Dittenberger, Syll.[3] 37/38
30 Strabo. XIV 5, 2
31 Hdt. VIII 105
32 Hermippos bei Athen. I 27e
33 R. Meiggs – D. Lewis, A selection of Greek historical inscriptions, Oxford 1969, Nr. 79, S. 240ff.
34 Freilassungsurkunden von Delphi: GDI II 1684ff.
35 Vgl. dazu Nr. 78
36 H. Berve, Griechische Geschichte, I München [2]1950, 111
37 Hom. Od. I 430f.; Il. XI 244f.
38 Aristot. Pol. I 1257a 19–41
39 Das Folgende nach Nr. 29, S. 115
40 Plut. Sol. 13, 4
41 Aristot. Ath. pol. 2, 2
42 Plut. Sol. 13, 4
43 Solon frg. 24, 2–15 Diehl
44 Nr. 22, Bd I, S. 277, Anm. 3 (mit Belegen)
45 Ael. Var. Hist. II 7
46 Musonios bei Stob. Flor. IV 24, 15; Philon Iud. de spec. leg. III 110
47 Dig. 25, 3, 4
48 Lact. Inst. Div. VI 20, 22
49 Zeus: Hes. Theog. 477ff.; Kallim. Hymn. Iov. 46ff.; Hyg. fab. 252; Poseidon: Paus. VIII 8, 2; Asklepios: Paus. II 26, 4; Hephaistos: Hom. Il. XVIII 395ff.; Apollodor I 3, 5; allgemein: Hyg. fab. 252.
50 Plut. Lyk. 16, 1–2
51 Suet. Aug. 65, 4
52 Hes. Erga 376f.
53 Aristot. Pol. II 1274b 1ff.

54 Aristot. Pol. II 1265b 11ff.; vgl. auch II 1266b 8ff.
55 Eupolis Adesp. 375
56 Aristoph. Vesp. 300–302
57 Polyb. XXXVI 17, 5ff.
58 Ter. Heaut. 627
59 Ter. Heaut. 638ff.
60 Stob. Flor. IV 24, 40
61 Quellen bei Nr. 28, S. 162
62 Plut. Sol. 22, 1
63 Aristot. Pol. VII 1335a 22ff.; Hist. Anim. VII 581b
64 Demosth. LIX 122
65 Plat. Politeia V 461c; Aristot. Pol. VII 1335b 23ff.
66 Cic. pro Cluent. 32
67 Literatur: Nr. 70 und Nr. 76
68 Nr. 82, S. 117ff.; Zitat S. 119
69 Plaut. Cistell. 166
70 G. Glotz, Artikel »Expositio« in: Daremberg – Saglio, Dictionnaire des antiquités grecques et romaines, II, Paris 1892, 936
71 J. Rudhardt, Sur quelques bûchers d'enfants découverts dans la ville d'Athènes, Museum Helveticum 20, 1963, 10–20
72 Ael. Var. Hist. II 7
73 Aristoph. Ran. 112f.
74 Vgl. dazu den Schriftwechsel zwischen Plinius und Trajan über die Behandlung solcher Sklaven, sog. θρεπτοί: Plin. ep. X 65/66
75 Photios s. v. ›οἰκότριβες‹
76 Aristot. Pol. III 1278a 29ff.
77 Xen. Oik. IX 5
78 ebenda
79 Aristot. Oik. 1344b 17
80 Nr. 104, S. 130f.
81 Schol. Aristoph. Equ. 2; vgl. auch Soph. Oid. 1114ff.
82 Nr. 12, S. 12ff.
83 Hdt. I 66; Paus. VIII 47, 2
84 Nr. 27, S. 534ff.
85 Plat. Politeia 470c
86 Thuk. I 98, 1–2
87 Diod. XI 25, 2–5
88 Thuk. V 3, 4 und 32, 1
89 Thuk. VII 85, 4
90 Thuk. VI 62, 3–4
91 Xen. Hell. I 6, 14
92 Thuk. VIII 28, 4
93 Plat. Politeia 469b–c; Aristot. Pol. VII 1333b 29ff.
94 Theopomp. FGrHist 115 F 224
95 Diod. XVII 14, 1–4
96 Diod. XVII 102, 6
97 A. Andreades, Geschichte der griechischen Staatswirtschaft, München 1931, 192
98 Diod. XVIII 22, 2–8
99 Weitere Beispiele bei Nr. 84, S. 120f.
100 Liv. XLIII 8, 7; Liv. epit. XLIII; Zonaras IX 22, 6
101 Plut. Aem. 29; vgl. auch Polyb. XXX 16; Liv. XLV 34

102 Quellen: Auct. de viris illustr. 57; App. Iber. XII 68; Oros. IV 23, 3
103 Nr. 33, Bd. I, S. 188
104 Plut. Caes. 15, 3; App. Celt. I 2
105 M. Gelzer, Caesar, Wiesbaden [6]1960, 152f. Wie begehrt Sklaven zu jener Zeit als Beute waren, zeigt Cic. ad Att. IV 16, 7.

V

1 Aristot. Pol. I 1253b 4
2 Vgl. dazu Nr. 91
3 Xen. Oik. VII 6; Eur. Andr. 166f.; Troad. 491ff.
4 Aristoph. Lys. 327ff.
5 Pherekr. frg. 126 Kock; Lys. I 18
6 Philyll. frg. 10 Kock; Men. Dysk. 490ff.
7 Pherekr. frg. 10 Kock
8 Aristoph. Equ. 910; Eupolis frg. 351, 5 Kock
9 Aristoph. Ach. 395; Ran. 37
10 Aristoph. Lys. 18 (komische Vertauschung); Krates frg. 14 Kock; Pherekr. frg. 184 Kock
11 Aristoph. Av. 70ff.
12 Aristoph. frg. 464
13 Aristoph. frg. 139; Thesmoph. 279ff.
14 Aristoph. Ran. 12ff., 165ff.; Xen. Mem. III 13, 6; Demosth. XXXVII 24
15 Aischyl. Choeph. 734ff.; Zitat: 750–753. Sklavinnen als Ammen: IG II 3, 3111, 4050, 4109
16 A. T. Klein, Child life in Greek art, New York 1932, 2
17 Ausführlich dazu: Nr. 12, S. 71ff.
18 Plaut. Bacch. 162
19 Plat. Lys. 223
20 Stob. Flor. II 31, 121
21 Plut. Mor. 4b (= de lib. educ. 7)
22 Plat. Symp. 183c; Aristoph. Nub. 973ff.; vgl. auch Polyaen I 30, 3 (Themistokles hielt einen Eunuchen als Pädagogen)
23 Klein, Child life (vgl. Anm. 16) 28ff.
24 Nr. 98, S. 282
25 AP VII 178; vgl. auch VII 179
26 AP VII 663; vgl. auch VII 458
27 Plut. Them. 1, 1–2
28 Aristoph. Pax 1137ff.; vgl. auch Ekkles. 721ff.; Ach. 271ff.
29 Vgl. auch Nr. 26, S. 254
30 Plut. Mor. 753c–d
31 Aristoph. Vesp. 739f.
32 Aristoph. frg. 9
33 Isaios VI 19ff.; vgl. auch III 13f.
34 Hermias Alex. in Plat. Phaidr. 231e; Plut. Mor. 152d., Aisch. I 138
35 Plaut. Most. 890; Pseud. 773f.
36 Aristot. Pol. I 1252b 12; VI 1323a 5–6
37 Nr. 96, S. 23; vgl. aber P. Bicknell, Mnemosyne 21, 1968, 74.
38 Nr. 99, S. 59
39 Aristoph. frg. 645b
40 Isokr. XIX 25f.

41 Diog. Laert. III 42, V 54f., V 14ff.
42 Nr. 99, S. 56
43 Demosth. XXI 158; XXXVI 45
44 Theophr. Char. XXII 4
45 Demosth. LIII 21; LVII 45; Aristoph. Vesp. 712
46 Aristoph. Plut. 26ff.
47 Isaios VI 33
48 Aristoph. Pax 556, 566ff.; Ach. 241ff.
49 Aristoph. Vesp. 439f.; Lysias VII 34
50 Xen. Oik. IX 15
51 Xen. Oik. XXI 9
52 Vgl. etwa Aristoph. Ach. 271ff.
53 Xen. Oik. IX 5
54 IG II^2 1554–1559; die zweite Liste aus dem späten 5. Jh. v. Chr.: IG II^2 10
55 Nr. 95, S. 155
56 Thuk. VII 18, 1; 19; 27, 1–4
57 Thuk. VII 27, 5
58 IG II^2 1553ff.
59 ebenda
60 Xen. Mem. II 7, 6
61 IG II^2 1553ff.
62 Xen. Mem. II 7, 6
63 Nr. 89, S. 328ff.
64 Lys. XII 19
65 Demosth. XXXVI 11
66 Demosth. XLVI 15; IG II^2 3039
67 Demosth. XLV 85
68 Isaios VI 19, 20, 33–34
69 Demosth. XXVII 9
70 Plut. Mor. 836e; Aisch. I 97
71 Plat. Lys. 208b; Demosth. XLIX 51f.
72 Plut. Perikl. 12, 2
73 Plut. Perikl. 12, 6
74 IG I^2 372–374
75 Philemon frg. 227 Kock
76 Mischulin (vgl. Kap. 4, Anm. 2) 109/110
77 Nr. 110, S. 71ff.
78 Aristoph. Plut. 510ff.
79 Aristoph. Av. 489ff.
80 Xen. Mem. III 7, 6
81 Plut. Sol. 22, 1
82 Plut. Perikl. 12, 5–7
83 Xen. Por. IV 14
84 Nr. 97, S. 48
85 Nr. 101, S. 1760
86 Gewerbeordnung für den Norddeutschen Bund vom 21. 6. 1869, §§ 128 und 154
87 Vgl. die Tabelle bei Nr. 97, S. 33
88 Nr. 97, S. 33; Nr. 101, S. 1759
89 Nr. 101, S. 1759
90 Allerdings nur für Ägypten bezeugt: Diod. III 13, 2
91 Plat. Politikos 303e

92 Nr. 100, S. 139
93 Athen. VI 272e
94 Nr. 97, S. 65
95 Xen. Mem. II 5, 2
96 Thuk. VII 27, 5
97 Hell. Oxyrh. XVII 4 Bartoletti
98 Nr. 97, S. 227ff.
99 Diod. XXXIV 2, 19
100 Athen. VI 272f. (= Poseid. FGrHist II 87 F 35)
101 Polyb. bei Strabo, III 2, 10; Diod. V 36, 4
102 CIL II 5181 (= Dessau ILS 6891): lex metalli Vipascensis
103 Nr. 82, S. 302
104 Agatharchides bei Diod. III 12f.
105 Plin. N. H. XXXIII 74
106 Übersicht bei Nr. 97, S. 142
107 Nr. 97, S. 143 und 152; Nr. 100, S. 144
108 Hdt. VII 144; Aristot. Ath. pol. 22, 7
109 Plut. Mor. 343d
110 Aristoph. Av. 1106
111 IG II^2 1553ff.
112 Demosth. XXXIV 5
113 Demosth. XXXIII 8
114 Demosth. XXXVI 28; XLV 82
115 Quellen bei Nr. 22, Bd. II, S. 980f.
116 Aisch. I 54, 58, 62
117 Poll. Onom. VIII 71; Plat. Phaid. 116c–d
118 Demosth. XLVIII 16ff.; Literatur: Nr. 92
119 Aristoph. Ach. 54; Equ. 665
120 Nr. 88, S. 181
121 Eur. Phoin. 202ff.; Ion 102ff.
122 Strabo VIII 6, 20; XII 3, 36; Athen. 573e
123 Nr. 18, S. 11
124 W. Wimmer, Die Sklaven. Herr und Knecht – Eine Sozialgeschichte mit Gegenwart, Reinbek 1979, 11
125 Xen. Mem. II 3, 3
126 Chrysipp SVF III 351
127 Nr. 6, S. 383
128 F. Engels, Anti-Dühring, in: Marx-Engels, Werke, XX, Berlin 1962, 168
129 Zu dem ganzen Komplex: Nr. 1
130 Nr. 47, Nr. 36, Nr. 20
131 Ausführlich dazu: Nr. 2, S. 30ff.
132 Nr. 23, S. 38 (für 432 v. Chr.): maximal 200 000 Bürger *und* Metöken – 110 000 Sklaven
133 Athen. VI 272b–c
134 D. Hume, Essays, moral, political and literary, I, London 1974, 419–422
135 Forschungsüberblick bei Nr. 47, S. 3ff.; Nr. 99, S. 9ff.
136 Nr. 24, S. 161
137 Nr. 6, S. 385

VI

1 Ps.-Xen. Ath. pol. I 10–12
2 Ps.-Xen. Ath. pol. I 11
3 Aristoph. Equ. 64ff.; Plut. 271ff.; Nub. 56ff.; Vesp. 449f.; Ran. 745ff.
4 Philyll. frg. 10 Kock
5 Plaut. Rud. 1059; Aul. 53; Poen. 382; Capt. 667f.
6 Plaut. Pseud. 136, 145ff.
7 Demosth. IX 3
8 Aristot. Pol. I 1253b 32; Nik. Eth. VIII 1161b 4
9 Demosth. XXVII 20
10 Demosth. XLVII 52ff.
11 Hom. Od. XVII 322f.
12 Aristoph. Plut. 6f.
13 Antiph. Tetral. I 7
14 Lys. VII 37; Demosth. XXX 36–37; Antiph. VI Chor. 23, 25; Demosth. XXIX 38; XXXVII 51; Lykurg. c. Leokr. 28
15 Andok. I 22
16 Antiph. V passim
17 Antiph. VI 4
18 δίκη βλάβης (díke blábes): Nr. 103, Bd. I, S. 169
19 Ps.-Xen. Ath. pol. I 10
20 Plat. Gorg. 483b
21 Aristoph. Equ. 1311f.; Plut. Thes. 36, 4; Diod. IV 62, 4
22 Paus. II 13, 4; Dittenberger Syll.[3] 736, 81ff.; Diod. XI 89, 7
23 Aristoph. frg. 567
24 Aristoph. Nub. 5ff.
25 Vgl. dazu Kap. 2
26 Recht von Gortyn III 42ff.; IV 35ff.
27 Recht von Gortyn III 41, IV 4
28 Recht von Gortyn V 27
29 Demosth. XLIII 58
30 Nr. 22, Bd. I, S. 280
31 Hippokr. Iusiur.
32 Hippokr. Epid. II 4, 5; IV 9; 13 und 38; V 19; 25 und 35
33 Aischyl. Agam. 1084
34 Nr. 102, Bd. IV, S. 243ff. (auch für das Folgende)
35 Aischyl. Agam. 1044f.
36 Nr. 88, S. 192
37 Sen. de ira III 40, 2–3; de clem. I 18, 2
38 Cass. Dio LIV 23, 1
39 Plin. ep. III 14, 1–4
40 Ps.-Xen. Ath. pol. I 10
41 Aristoph. Vesp. 443ff.
42 Aristoph. Plut. 192f.; Pax 1249
43 Aristoph. Plut. 318ff.
44 Aristoph. Pax 13f.; Equ. 85ff., besonders 101f.
45 Aristoph. Vesp. 1297f.
46 Aristoph. Lys. 330f.; vgl. auch Pax 451f.
47 Xen. Mem. II 1, 16
48 Plat. Nom. 777a

49 Thuk. IV 80, 3
50 Plat. Politeia 578e
51 Antiph. V 69
52 Plat. Nom. 777c–d
53 Plat. Nom. 777e–778a
54 Aristot. Oik. 1344b 4
55 Xen. Oik. XIII 9
56 Paus. VII 15, 7; Aristoph. Ran. 693f.; Hellanikos FGrHist 323a F 26
57 Lys. VII 16; V 3, 5
58 Aristoph. Equ. 51–74
59 Diog. Laert. III 42; V 14–15; 55; 63; 72–73; X 21
60 Demosth. LIX 29ff.

VII

1 Tib. II 5, 23
2 Plut. Rom. 9, 3; Liv. I 8, 5f.
3 Sall. Hist. ep. Mithr. 17
4 Dion. Hal. II 8, 3; vgl. auch Liv. X 8, 10
5 Liv. I 39, 5f.
6 Val. Max. IV 4, 6
7 Liv. IX 42, 8
8 Cic. de or. I 195; vgl. auch Cic. de leg. II 59
9 Lex XII tabularum III 2–3
10 Gell. N. A. XX 1, 46f.
11 Liv. VI 27, 8
12 Liv. VI 34, 1–2
13 Liv. VIII 28, 1
14 Lex XII tabularum IV 2
15 Ulp. frg. 2, 4
16 Lex XII tabularum VIII 3
17 Gell. N. A. XI 18, 8
18 Verg. Aen. VI 851ff.
19 Cic. de rep. III 35
20 Cic. de rep. III 36 (= August. de civ. Dei XIX 21)
21 Tac. Agric. 30, 5
22 Vell. Pat. II 115, 4
23 Liv. VII 27, 8
24 Liv. Buch X, passim
25 Nr. 84, S. 114f.
26 Plut. Fab. 22, 6; Liv. XXVII 16, 7
27 Übersicht bei Nr. 36, S. 43f.
28 Siehe Kap. 4
29 Inst. I 3; Dig. I 5, 4
30 Cat. c. 10, 15–20
31 Cic. in Caecil. 55f.; in Verr. II 5, 63f.
32 Plut. Lucull. 20, 1–2
33 Einzelheiten: Kap. 4
34 Festus s. v. ›Sardi venales‹
35 App. Mithr. 11, 78
36 Plut. Cato mai. 21, 3

37 Varro de re rust. II 10, 6
38 Colum. de re rust. I 8, 19
39 Plut. Cato mai. 21, 1
40 Corn. Nep. Att. 13, 4
41 Nr. 6, S. 374
42 H. Heine, Säkularausgabe, Band 9, Berlin/Paris 1979, 158
43 Polyb. XXXI 24
44 Athen. VI 272e
45 Hor. Sat. I 3, 11f.
46 Cic. in Pis. 67
47 Belege bei Nr. 36, S. 131; Suet. de gramm. 27
48 Cic. ad Att. IV 1, 5; Sen. de tranqu. an. 12, 6; ep. mor. 19, 11
49 Dazu: Nr. 110
50 Suet. de gramm. 27
51 Plin. N. H. VII 128; Suet. de gramm. 3
52 Plin. N. H. VII 129
53 Vgl. Kap. 9
54 Belege bei Nr. 36, S. 112
55 Literatur: Nr. 119
56 Plut. Crass. 2, 5
57 Cato de re rust. praef. 4
58 Lucil. frg. V 6 Charpin; Varro de re rust. III 3
59 Cato de re rust. 56f.
60 Cato de re rust. 10f.
61 Plut. Cato mai. 4, 4; 20, 5; 24, 1f.
62 Nr. 36, S. 17ff.
63 Cato de re rust. 2, 7; Plut. Cato mai. 5, 1
64 Plut. Cato mai. 5, 5
65 Plut. Cato mai. 21, 4
66 Quint. Inst. orat. X 1, 95
67 Varro de re rust. I 17, 1
68 Diod. XXXIV 2, 36
69 Plaut. Amph. 280
70 Diod. XXXIV/V 2, 36/38

VIII

1 Liv. XXXII 26, 4–18
2 Liv. XXXIII 36, 1–3
3 Liv. XXXIX 29, 8f.
4 Liv. XXXIX 41, 6f.
5 Diod. XXXIV/V 2, 1–3; 27–30
6 Diod. XXXIV/V 2, 31
7 Nr. 12, S. 25
8 Sen. ep. mor. 47, 5
9 Diod. XXXIV/V 2, 11–12
10 Diod. XXXIV/V 2, 24
11 Diod. XXXIV/V 2, 16 und 22
12 Diod. XXXIV/V 2, 15–16
13 Diod. XXXIV/V 2, 43
14 Diod. XXXIV/V 2, 17

15 Diod. XXXIV/V 2, 18
16 Liv. epit. LVI
17 Diod. XXXIV/V 2, 48
18 Diod. XXXIV/V 8
19 Diod. XXXIV/V 2, 21
20 Oros. V 9, 4
21 Nr. 12, S. 57
22 Oros. V 9, 5
23 Strabo XIV 1, 38; Diod. XXXIV/V 2, 26
24 IGR IV 289; vgl. dazu Nr. 134
25 Flor. I 35, 7
26 Diod. XXXVI 2 und 2a
27 Diod. XXXVI 3, 2–3
27a Diod. XXXVI 3, 3–6
28 Diod. XXXVI 4, 1–4
29 Nr. 133, S. 34
30 Diod. XXXVI 4, 5–8
31 Diod. XXXVI 5, 2–3
32 Nr. 129, S. 48
33 Diod. XXXVI 6 und 11
34 Diod. XXXVI 7
35 Diod. XXXVI 8, 3–5
36 Cass. Dio XXVII frg. 93, 4
37 Th. Mommsen, Römische Geschichte, III, Leipzig ^{9}1904, 89
38 K. Marx, Brief an Engels vom 27. 2. 1861, in: Marx–Engels, Werke, XXX, Berlin 1964, 160
39 Programm des Spartakusbundes, in: H. Weber, Der deutsche Kommunismus, Köln/Berlin ^{4}1964, 127
40 Literatur: Nr. 130
41 Plut. Crass. 8, 2
42 Die wichtigsten Quellen: Plut. Crass. 8–11; App. b. c. I 116–120; Flor. II 8
43 Plut. Crass. 9, 2–3
44 Frontin I 5, 22
45 Flor. II 8, 5
46 App. b. c. I 117
47 A. Toynbee, Menschheit und Mutter Erde, Düsseldorf 1979, 237
48 Flor. II 8, 9; App. b. c. I 117
49 Flor. II 8, 4
50 Nr. 36, S. 265
51 Nr. 131
52 Nr. 133, S. 36
53 App. b. c. I 118
54 P. Groebe, Caesars Legionen im gall. Krieg, Festschr. O. Hirschfeld, 1903, 452ff.
55 Plut. Crass. 10, 5
56 Frontin I 5, 20
57 Plut. Crass. 10, 6
58 App. b. c. I 120; anders: Plut. Crass. 11, 4ff.
59 App. b. c. I 120
60 Flor. II 8, 14
61 Sall. Hist. III 98 Maurenbrecher
62 Cic. Phil. III 21; IV 15; XIII 22

IX

1 Tib. I 5, 21ff.
2 Tib. II 1, besonders V. 17ff.
3 CE 1331
4 lex Aelia Sentia: Gaius I 18; Ulp. I 12
5 CE 1157; CIL V 2417
6 Dessau ILS 7710
7 Dessau ILS 7756
8 Dessau ILS 7755
9 CIL VI 29525, 29563; Dessau ILS 1511
10 Dessau ILS 8532
11 Dessau ILS 1202
12 Val. Max. VI 8; zum Thema: Nr. 12, S. 83–96
13 Vell. Pat. II 67, 2
14 Tac. Hist. I 2, 3
15 Tac. Hist. I 3, 1
16 App. b. c. IV 14
17 App. b. c. IV 43f.
18 Val. Max. VI 8, 1–7
19 Sen. de ben. III 23, 1; Einzelbeispiele: Kap. 23–27
20 Sen. de ben. III 18, 4
21 Sen. de ben. III 20, 1
22 Reflex bei Cic. de off. I 151
23 Plin. N. H. XXIX 14
24 Plin. N. H. XXIX 18
25 Quint. Inst. orat. VII 1, 38
26 Dessau ILS 9441; CE 902
27 Cass. Dio LIII 30, 3
28 Nr. 140, S. 18ff.
29 Varro de re rust. I 16, 4
30 CIL VI 6192, 9605ff., 8908
31 CIL VI 7581, 9614–9617
32 Dessau ILS 7812
33 Flor. Verg. or. 3, 2
34 Nr. 98, S. 495
35 Belege bei Nr. 98, S. 502
36 Vgl. dazu Nr. 110
37 Cic. de or. I 72
38 Suet. Claud. 29, 1; vgl. auch Cass. Dio LX 14
39 Suet. Claud. 28
40 Tac. Ann. XI 37f.
41 Cass. Dio LVIII 19, 6
42 Plin. ep. X 63 und 67
43 Literatur: Nr. 137 und Nr. 144
44 Petr. Sat. 77, 6
45 Plin. ep. VII 32, 1
46 Plaut. Asin. 497f.; vgl. auch Casin. 257f.
47 Sen. ep. mor. 80, 4
48 Verg. Buc. I 31f.

49 Gaius I 18; Ulp. I 12
50 Acta Apost. 22, 24ff.
51 Dig. Buch XXXVIII
52 Nr. 35, S. 165f.
53 Polyb. XXX 19
54 Dig. XXV 3, 5, 18ff.; XXXVII 14, 5, 1
55 Dig. XXXII 41, 2; 93, 2; weitere Beispiele bei Nr. 10, S. 75ff.
56 CIL VI 38076
57 Sen. ep. mor. 95, 33; vgl. auch 7, 3–5
58 Cass. Dio LXII 3, 1
59 Suet. Domit. 4, 1
60 Cass. Dio LXVIII 15, 1
61 Suet. Nero 30, 2
62 Juv. Sat. VI 110ff.
63 CIL IV 4342, 4397, 4289, 4345
64 CIL IV 4356, 3453
65 Nr. 18, S. 114
66 Es ist sehr zweifelhaft, ob die 19 000 im Jahre 52 n. Chr. eingesetzten verurteilten Kriminellen samt und sonders Schwerverbrecher waren (Tac. Ann. XII 56).
67 Sen. ep. mor. 70, 20
68 Vgl. auch Symm. ep. II 46, 2
69 Suet. Calig. 38, 4
70 Sen. Maior contr. I 2, 3
71 Vgl. dazu Nr. 141 und Nr. 142
72 Suet. Nero 27, 3
73 Hist. Aug. Hadr. 18, 8
74 Cod. Iust. I 4, 12; 14
75 Suet. Aug. 83
76 Quint. decl. 298 p 178 Ritter; vgl. auch Quint. Inst. orat. II 5, 11f.
77 Plut. Mor. 520c (= de curios. 10)
78 Ps.-Long. de subl. 44, 5
79 Belege bei Nr. 35, S. 142ff.
80 Belege bei Nr. 35, S. 146f.
81 Belege bei Nr. 35, S. 148
82 Diels Vorsokr. II 68 F 270
83 Sen. de vita beata 17, 2
84 Zu Humanisierungstendenzen ausführlich: Nr. 18, S. 109–117

X

1 Aischyl. Pers. 241f.; Hdt. VII 135, 3
2 Isokr. IV 181f.
3 Diels Vorsokr. II F 247
4 Antiph. I frg. 5 Gernet
5 Schol. Aristot. Rhet. I 13, 1373b 18ff.; vgl. auch Philemon frg. 95 Kock
6 Aristot. Pol. I 1253b 20ff.
7 Plat. Politeia 471c–473b
8 Plat. Politeia 474c
9 Plat. Politeia 433c–434a
10 Plat. Nom. 701b
11 Plat. Nom. 776b–778a

12 Plat. Politeia 469b
13 Aristot. Pol. I 1254a 28ff.
14 Aristot. Pol. I 1254a 31f.
15 Aristot. Pol. I 1254b 13ff.
16 Aristot. Pol. I 1254a 14f.
17 Aristot. Pol. I 1255a 26ff.
18 Aristot. Pol. I 1254b 20ff.
19 Aristot. Pol. I 1254b 27ff.
20 Aristot. Pol. I 1254a 23ff.
21 Athen. XII 512a
22 Aristot. Pol. I 1254b 10ff.
23 Aristot. Pol. I 1254b 19f.
24 Nr. 169, S. 137
25 Sen. ep. mor. 47, 1 und 10
26 Epikt. Gnom. 31
27 Petr. Sat. 71, 1
28 Inst. I 3
29 Nr. 166, S. 57
30 Nr. 166, S. 57
31 5. Mos. 23, 16f.
32 Migne PG 62, 704
33 1. Kor. 7, 21f.
34 A. Harnack, Mission und Ausbreitung des Christentums in den ersten drei Jahrhunderten, Leipzig [3]1951, I, 174
35 Gal. 3, 27f.; vgl. auch 1. Kor. 12, 13; Kol. 3, 11
36 Kol. 3, 22–25; vgl. Eph. 6, 5–9
37 Kol. 3, 23f.
38 Eph. 6, 8
39 Nr. 163, S. 216
40 Marx–Engels, Werke, XXI, Berlin 1962, 10/11
41 z. B. Mk. 12, 1–9; Matth. 13, 24–30
42 Mk. 10, 44f.
43 Nr. 154, S. 76
44 1. Tim. 6, 1–5
45 Lact. Div. Inst. V 15, 2–3
46 Sokrates, Migne PG 67, 353; Conc. Gangr. cn. 3
47 Belegstellen bei Nr. 135a, S. 149f.
48 1. Kor. 7, 29
49 Nr. 163, S. 173
50 Celsus bei Origines III 44
51 2. Thess. 3, 10
52 J. Vogt, Der Vorwurf der sozialen Niedrigkeit des frühen Christentums, Gymnasium 82, 1975, 401–411
53 Plin. ep. X 96, 9
54 Julian ep. ad Arsacium 439 D.
55 Ausführlich dazu: Nr. 148, S. 146–172
56 Nr. 145, S. 465
57 Leo XIII., In plurimis, dat. 5. 5. 1888; zitiert nach O. Schilling, Die Gesellschaftslehre Leos XIII. und seiner Nachfolger, München 1951, 142f.
58 Thomas v. Aquin, Summa theol. II, II 57, 3, 2
59 G. Mansi, Sacrorum Conciliorum Collectio, Bd. 7, col. 394

60 Nr. 151, S. 286
61 Greg. epist. V 12
62 August. de civ. Dei XIX 15; dazu H. J. Diesner, Studien zur Gesellschaftslehre und sozialen Haltung Augustins, Halle 1954

Auswahlbibliographie

Allgemeine Werke zur Sklaverei im griechisch-römischen Altertum

1 Backhaus, W., Marx, Engels und die Sklaverei, Düsseldorf 1974
2 Brockmeyer, N., Antike Sklaverei, Darmstadt 1979
3 Finley, M. I. (Hrsg.), Slavery in classical antiquity. Views and controversies, Cambridge 1960
4 Finley, M. I., Die antike Wirtschaft, München 1977
5 Jones, A. H. M., Slavery in the ancient world, Econ. Hist. Review 9, 1956, 185–199
6 Lauffer, S., Die Sklaverei in der griechisch-römischen Welt, Gymnasium 68, 1961, 370–395
7 Lotze, D., Aspekte der Sklaverei im Altertum, Zeichen der Zeit, 17, 1963, 330–338
8 Meyer, E., Die Sklaverei im Altertum, in: Kleine Schriften, I, Halle [2]1924, 171–212
9 Oliva, P., Die Bedeutung der antiken Sklaverei. Kritische Bemerkungen, Acta Antiqua Acad. Scient. Hungaricae 8, 1960, 309–319
10 Strasburger, H., Zum antiken Gesellschaftsideal, Heidelberg 1976
11 Vogt, J. – Brockmeyer, N. Bibliographie zur antiken Sklaverei, Bochum 1971
12 Vogt, J., Sklaverei und Humanität. Studien zur antiken Sklaverei und ihrer Erforschung, Wiesbaden [2]1972
13 Vogt, J., Die Sklaverei im antiken Griechenland, Antike Welt 1978, H. 2, 49–56
14 Vogt, J., Die Sklaverei im antiken Rom, Antike Welt 1978, H. 3, 37–44
15 Wallon, H., Histoire de l'esclavage dans l'antiquité, 3 Bde., Paris [2]1879
16 Welskopf, E. Ch., Einige Probleme der Sklaverei in der griechisch-römischen Welt, Acta Antiqua Acad. Scient. Hungaricae 12, 1964, 311–358
17 Westermann, W. L., Artikel »Sklaverei« in RE Suppl. VI, 1935, 894–1068
18 Westermann, W. L., The slave systems of Greek and Roman antiquity, Philadelphia 1955
19 Westermann, W. L., Upon the slave systems of Greek and Roman antiquity, Eos 48, 1956, 19–25

Allgemeine Werke zur Sklaverei in Griechenland

20 Blavatskaja, T. V. – Golubcova, E. S. – Pavlovskaja, A. I., Die Sklaverei in hellenistischen Staaten im 3.–1. Jahrhundert v. Chr., Wiesbaden 1972
21 Burckhardt, J., Griechische Kulturgeschichte, I, Leipzig [3]1929
22 Busolt, G. – Swoboda, H., Griechische Staatskunde, 2 Bde., München [3]1920–1926
23 Ehrenberg, V., Der Staat der Griechen, Zürich/Stuttgart [2]1965
24 Finley, M. I., Was Greek civilization based on slave labour?, Historia 8, 1959, 145–164
25 Glotz, G., Le travail dans la Grèce ancienne, Paris 1920
26 Hermann, K. F. – Blümner, H., Lehrbuch der griechischen Privataltertümer, Freiburg/Tübingen [3]1882
27 Kiechle, F., Zur Humanität in der Kriegführung der griechischen Staaten, in: F. Gschnitzer (Hrsg.), Griechische Staatskunde, Darmstadt 1969, 528–577
28 Lacey, W. K., The family in classical Greece, London 1968
29 Zimmern, A., The Greek commonwealth, Oxford [5]1931

Allgemeine Literatur zur Sklaverei in Rom

30 Alföldy, G., Römische Sozialgeschichte, Wiesbaden 1975
31 Barrow, R. H., Slavery in the Roman empire, London 1928
32 Buckland, W. W., The Roman law of slavery, Cambridge 1908
33 Frank, T., An economic survey of ancient Rome, 6 Bde., Baltimore 1933–1940
34 Kiechle, F., Sklavenarbeit und technischer Fortschritt im Römischen Reich, Wiesbaden 1969
35 Marquardt, J., Das Privatleben der Römer, I, Leipzig [2]1886
36 Štaerman, E. M., Die Blütezeit der Sklavenwirtschaft in der römischen Republik, Wiesbaden 1969

Zu Kapitel 1

37 Bartonek, A., Zur sozialökonomischen Struktur der mykenischen Gesellschaft, in: E. Ch. Welskopf (Hrsg.), Neue Beiträge zur Geschichte der Alten Welt, I, Berlin 1964, 149–172
38 Chadwick, J., Linear B. Die Entzifferung der myken. Schrift, Göttingen 1959
39 Chadwick, J., The Mycenaean world, Cambridge 1976
40 Debord, P., Esclavage mycénien, esclavage homérique, Revue des Etudes Anciennes 75, 1973, 225–240
41 Ducrey, P., Le traitement des prisonniers de guerre dans la Grèce antique, des origines à la conquête romaine, Paris 1968
42 Finley, M. I., Die Welt des Odysseus, Darmstadt 1968
43 Gschnitzer, F., Studien zur griechischen Terminologie der Sklaverei, 2. Teil, Wiesbaden 1976
44 Heubeck, A., Die homerische Frage. Ein Bericht über die Forschung der letzten Jahrzehnte, Darmstadt 1974
45 Hiller, St. – Panagl, O., Die frühgriechischen Texte aus mykenischer Zeit. Zur Erforschung der Linear-B-Tafeln, Darmstadt 1976
46 Lejeune, M., Textes mycéniens relatifs aux esclaves, Historia 8, 1959, 129–144
47 Lencman, J. A., Die Sklaverei im mykenischen und homerischen Griechenland, Wiesbaden 1966

48 Micknat, G., Studien zur Kriegsgefangenschaft und zur Sklaverei in der griechischen Geschichte, I: Homer, Wiesbaden 1954
49 Ramming, G., Die Dienerschaft in der Odyssee, Diss. Erlangen 1973
50 Seymour, Th. D., Life in the Homeric age, New York 1907
51 Strasburger, H., Der soziologische Aspekt der homerischen Epen, Gymnasium 60, 1953, 97–114
52 Ventris, M. – Chadwick. I., Documents in Mycenaean Greek, Cambridge ²1973

Zu Kapitel 2

53 Desborough, V. R. d'A., The Greek Dark Ages, New York 1972
54 Lotze, D., Metaxy eleutheron kai doulon, Berlin-Ost 1959
55 Lotze, D., Zu den Foikées von Gortyn, Klio 40, 1962, 32–43
56 Miltner, F., Artikel »Penesten«, RE 19, 1937, 494f.
57 Snodgrass, A. M., The Dark Age of Greece, Edinburgh 1971

Zu Kapitel 3

58 Diesner, H. J., Sparta und das Helotenproblem, Wiss. Zeitschrift d. Universität Greifswald, ges.- u. sprachwiss. Reihe 3, 1953/54, 218–225
59 Hampl, F., Die lakedämonischen Periöken, Hermes 72, 1937, 1–49
60 Jeanmaire, A., La cryptie lacédémonienne, Revue des Etudes Grecques 26, 1913, 121–150
61 Jones, A. H. M., Sparta, Oxford 1968
62 Kiechle, F., Messenische Studien, Kallmünz 1959
63 Meier, Th., Das Wesen der spartanischen Staatsordnung, 1939, ND Aalen 1962
64 Michell, H., Sparta, Cambridge ²1964
65 Oliva, P., On the problems of the Helots, Historica 3, 1961, 5–34
66 Oliva, P. Sparta and her social problems, Amsterdam – Prag 1971
67 Sealey, R., The great earthquake in Lacedaemon, Historia 6, 1957, 368–371
68 Weber, C. W., Die Spartaner. Enthüllung einer Legende, Düsseldorf 1977
69 Welwei, K.-W., Unfreie im antiken Kriegsdienst, 1. Teil: Athen und Sparta, Wiesbaden 1974

Zu Kapitel 4

70 Bolkestein, H., The exposure of children at Athens and the ἐγχυτρίστριαι, Classical Philology 17, 1922, 222–239
71 Dunbabin, T. J., The Western Greeks, Oxford 1948
72 Ehrenberg, V., From Solon to Socrates, ²London 1972
73 Finley, M. I., The Black Sea and Danubian region and the slave trade in Antiquity, Klio 40, 1962, 51–59
74 French, A., The economic background to Solon's reforms, Classical Quarterly N. S. 6, 1956, 11–25
75 French, A., Land tenure and the Solon problem, Historia 12, 1963, 242–247
76 Hook, La Rue van, The exposure of infants at Athens, Transactions and Proceedings of the American Philological Association 51, 1920, 134–145
77 Lotze, D., Hektemoroi und vorsolonisches Schuldrecht, Philologus 102, 1958, 1–12
78 Masson, O., Les noms des esclaves dans la Grèce antique, in: Actes du colloque sur l'esclavage 1971, 9–23

79 Ormerod, H. A., Piracy in the ancient world, Liverpool 1924
80 Schaller, H. Die Kriegsgefangenschaft bei den Griechen, Jena 1971
81 Starr, C. G., The economic and social growth of early Greece, New York 1977
82 Tarn, W. W., Die Kultur der hellenistischen Welt, Darmstadt 1966
83 Tolles, R., Untersuchungen zur Kindesaussetzung bei den Griechen, Diss. Breslau 1941
84 Volkmann, H., Die Massenversklavungen der Einwohner eroberter Städte in der hellenistisch-römischen Zeit, Wiesbaden 1961
85 Weber, C. W., Athen, Düsseldorf 1979
86 Ziebarth, E. – Köhler, J., Das Stadtrecht von Gortyn, Göttingen 1912
87 Ziebarth, E., Beiträge zur Geschichte des Seeraubs und Seehandels im alten Griechenland, Berlin 1929

Zu Kapitel 5

88 Ehrenberg, V., Aristophanes und das Volk von Athen, Zürich/Stuttgart 1968
89 Forbes, C. A., The education and training of slaves in Antiquity, Transactions and Proceedings of the American Philological Association 86, 1955, 321–360
90 Gomme, A. W., The population of Athens in the fifth and fourth centuries B. C., Oxford 1933
91 Gschnitzer, F., Studien zur griechischen Terminologie der Sklaverei, 1. Teil, Wiesbaden 1964
92 Guggenheim, M., Die Bedeutung der Folterung im attischen Recht, Diss. Zürich 1882
93 Hasebroek, J., Staat und Handel im alten Griechenland, Tübingen 1928
94 Jacob, O., Les esclaves publics à Athènes, Lüttich 1928
95 Jameson, M. H., Agriculture and slavery in classical Athens, Classical Journal 73, 1977/78, 122–145
96 Jones, A. H. M., The economic basis of the Athenian democracy, Past and Present 1, 1952, 13–31
97 Lauffer, S., Die Bergwerkssklaven von Laureion, Wiesbaden ²1979
98 Marrou, H. I., Geschichte der Erziehung im klassischen Altertum, München ²1977
99 Sargent, R. L., The size of the slave population at Athens during the fifth and fourth centuries, Urbana 1924
100 Wilsdorf, H., Bergleute und Hüttenmänner im Altertum, Berlin 1952
101 Wilsdorf, H., Technik und Arbeitsorganisation im Montanwesen während der Niedergangsphase der Polis, in: E. Ch. Welskopf (Hrsg.), Hellenische Poleis, IV, 1741–1786, Berlin-Ost 1974

Zu Kapitel 6

102 Bömer, F., Untersuchungen über die Religion der Sklaven in Griechenland und Rom, 4 Bände, Wiesbaden 1957–1964
103 Harrison, A. R. W., The law of Athens, 2 Bde., Oxford 1968–1971
104 Klees, H., Herren und Sklaven. Die Sklaven im ökonomischen und politischen Schrifttum der Griechen in klassischer Zeit, Wiesbaden 1975
105 Lejeune, M., Observations sur la langue des actes d'affranchissement delphiques, Paris 1940
106 Morrow, G. R., The murder of slaves in Attic law, Classical Philology 32, 1937, 210–227

107 Rädle, H., Untersuchungen zum griechischen Freilassungswesen, Diss. München 1969

Zu Kapitel 7

108 Astin, A. E., Cato the Censor, Oxford 1978
109 Cels, D., Les esclaves dans les ›Verrines‹, Actes du colloque sur l'esclavage, 1971, 175–192
110 Christes, J., Sklaven und Freigelassene als Grammatiker und Philologen im antiken Rom, Wiesbaden 1979
111 Dohr, H., Die italischen Gutshöfe nach den Schriften Catos und Varros, Diss. Köln 1965
112 Günther, R., Sklaverei, Wirtschaft und Ständekampf im ältesten Rom, Diss. Leipzig 1957
113 Gummerus, H., Der römische Gutsbetrieb als wirtschaftlicher Organismus nach den Werken des Cato, Varro und Columella, Leipzig 1906
114 Kienast, D., Cato der Zensor, Darmstadt ²1979
115 Maróti, E., Die Seeräuberei zur Zeit der römischen Bürgerkriege, Altertum 7, 1961, 32–41
116 Rouland, N., Les esclaves romains en temps de guerre, Brüssel 1977
117 Sicard, G., Caton et les fonctions des esclaves, Revue historique de Droit français et étranger 35, 1957, 177–195
118 Watson, A., Rome of the XII tables, Princeton 1975
119 Westermann, W. L., Industrial slavery in Roman Italy, Journal of Economic History 2, 1942, 149–163

Zu Kapitel 8

120 Brisson, J.-P., Spartacus, Paris 1959
121 Capozza, M., Le rivolte servili di Sicilia nel quadro della politica agraria romana, Atti dell'Istituto Veneto 115, 1956/57, 79–98
122 Capozza, M., Movimenti servili nel mondo romano in età repubblicana, Rom 1966
123 Doer, B., Spartacus, Altertum 6, 1960, 217–233
124 Forrest, W. G. G. – Stinton, T. C. W., The first Sicilian slave war, Past and Present 22, 1962, 87–92
125 Green, P., The first Sicilian slave war, Past and Present 20, 1961, 10–29
126 Günther, R., Die Sklaven und ihr Klassenkampf, Zeitschrift für Geschichtswissenschaft 1960, 104–112
127 Guarino, A., Spartacus. Analyse eines Mythos, München 1980
128 Maróti, E., Bewußtsein und ideologische Faktoren in den Sklavenbewegungen, Acta Antiqua Acad. Sient. Hungaricae 15, 1967, 319–326
129 Mischulin, A. V., Spartacus, Berlin-Ost 1952
130 Múszat-Múszkowski, J., Spartacus. Eine Stoffgeschichte, Diss. Leipzig 1909
131 Oliva, P., Spartakus, Prag 1954
132 Oliva, P., Die charakteristischen Züge der großen Sklavenaufstände der römischen Republik, in: E. Ch. Welskopf (Hrsg.), Neue Beiträge zur Geschichte der Alten Welt, Berlin-Ost 1965, 75–88
133 Vogt, J., Zur Struktur der antiken Sklavenkriege, in: Sklaverei und Humanität (Nr. 12), 20–60
134 Vogt, J., Pergamon und Aristonikos, in: Sklaverei und Humanität (Nr. 12), 61–68

135 Zeller, M., Die Rolle der unfreien Bevölkerung Roms in den politischen Kämpfen der Bürgerkriege, Diss. Tübingen 1962

Zu Kapitel 9

135a Bellen, H., Studien zur Sklavenflucht im römischen Kaiserreich, Wiesbaden 1971
136 Boulvert, G., Esclaves et affranchis imperiaux sous le Haut Empire romain, Neapel 1970
137 Chantraine, H., Freigelassene und Sklaven im Dienst der römischen Kaiser, Wiesbaden 1967
138 Duff, A. M., Freedmen in the Roman Empire, Cambridge [2]1958
139 Grant, M., Die Gladiatoren, Stuttgart 1970
140 Gummerus, H., Der Ärztestand im römischen Reiche nach den Inschriften, Helsingfors 1932
141 Herter, H., Artikel »Dirne« in: Reallexikon für Antike und Christentum 3, 1957, 1154–1213
142 Herter, H., Die Soziologie der antiken Prostitution, Jahrbuch für Antike und Christentum 3, 1960, 70–111
143 Volterra, E., Manomissione e cittadinanza, in: Studi U. E. Paoli, Florenz 1955, 695–716
144 Weaver, P. R. C., Familia Caesaris. A social study of the emperor's freedmen and slaves, Cambridge 1972

Zu Kapitel 10

145 Allard, P., Les esclaves chrétiens . . ., Paris [5]1914
146 Beringer, W., Studien zum Bild vom unfreien Menschen in der griechischen Literatur von den Anfängen bis zum Ende des klassischen Dramas, Diss. Tübingen 1956
147 Gigon, O., Die Sklaverei bei Aristoteles, Entretiens sur l'Antiquité classique 11, 1965, 245–283
148 Gülzow, H., Christentum und Sklaverei in den ersten drei Jahrhunderten, Bonn 1969
149 Haufe, Ch., Die antike Beurteilung der Sklaven, Wissenschaftl. Zeitschr. d. Univ. Leipzig 9, 1959/60, 603–616
150 Jonkers, E. J., De l'influence du christianisme sur la législation relative à l'esclavage dans l'antiquité, Mnemosyne 1, 1933/34, 241–281
151 Jonkers, E. J., Das Verhalten der alten Kirche hinsichtlich der Ernennung von Sklaven, Freigelassenen und Curiales zum Priester, Mnemosyne 10, 1942, 286–302
152 Judge, E. A., Christliche Gruppen in nichtchristlicher Gesellschaft, Wuppertal 1964
153 Katz, A., Christentum und Sklaverei, Wien 1926
154 Kehnscherper, G., Die Stellung der Bibel und der alten christlichen Kirche zur Sklaverei, Halle 1957
155 Kuch, H., Die »Sklavin« Alkestis (Euripides), Klio 48, 1967, 93–95
156 Lappas, J., Paulus und die Sklavenfrage, Diss. Wien 1954
157 Lévy-Bruhl, H., Théorie de l'esclavage, in: Finley (Nr. 3), 151–169
158 Morrow, G. R., Plato's law of slavery in its relation to Greek law, Urbana 1939
159 Richter, W., Seneca und die Sklaven, Gymnasium 65, 1958, 196–218

160 Roberti, M., La lettera di S. Paolo a Filemone e la condizione giuridica dello schiavo fugitivo, Mailand 1933
161 Schlaifer, R., Greek theories of slavery from Homer to Aristotle, Harvard Studies of Classical Philology 47, 1936, 165–204
162 Schroeder, D., Die Haustafeln des Neuen Testaments, 1959
163 Schulz, S., Gott ist kein Sklavenhalter, Zürich/Hamburg 1972
164 Steinmann, A., Jesus und die soziale Frage, Paderborn 1920
165 Steinmann, A., Sklavenlos und alte Kirche, Mönchengladbach 1922
166 Stuhlmacher, P., Der Brief an Philemon, Zürich 1975
167 Talamo, S., Il concetto della schiavitù da Aristotele ai dottori scolastici, Rom 1908
168 Vlastos, G., Slavery in Plato's thought, in: Finley (Nr. 3)
169 Vogt, J., Die Sklaverei im utopischen Denken der Griechen, in: Sklaverei und Humanität (Nr. 12), 131–140
170 Vogt, J., Ecce ancilla domini, in: Sklaverei und Humanität (Nr. 12), 147–164

Register

1. Eigennamen

2. Sachregister zur Sklaverei

3. Terminologie der Unfreiheit

Carl W. Weber
Die Spartaner
Enthüllung einer Legende
448 Seiten, 16 Seiten Bildteil, gebunden

»Carl W. Webers Buch hat alle Vorzüge eines modernen Sachbuchs, indem es genaue Information mit angenehm flüssiger Erzählkunst verbindet.«
Radio Bozen

»Weber hat eine sorgfältige und gut lesbare Geschichte dieses griechischen Stammes geschrieben.«
Südfunk Stuttgart

»Insgesamt ein Glücksfall inmitten der ›Ceramik‹-Welle.«
Westermanns Monatshefte

»Solide Sachkenntnis im Stil unterhaltsamer Lektüre.«
Salzburger Nachrichten

»Ein farbig und unterhaltsam geschriebener Report über den legendären peloponnesischen Stadtstaat Sparta.«
Berliner Morgenpost

»Carl W. Weber zeichnet in seinem Buch das vollständige Panorama dieses legendären Volkes – in einer Faszination, wie nur Geschichte sie bewirken kann.«
Appenzeller Zeitung

Carl W. Weber
Athen
Aufstieg und Größe des antiken Stadtstaates
368 Seiten, 16 Seiten Abbildungen, gebunden

»Dem Autor gelingt es, die Zeit attischer Größe anschaulich und spannend zu schildern. Gerade wer sich an den hellenischen Küsten nicht nur sonnen will, sondern das Land der Griechen auch ein wenig mit der Seele sucht, wird in diesem Buch einen guten Reisebegleiter haben.«
Berliner Morgenpost

»Carl W. Webers Buch vermittelt etwas von der geistigen Fülle jener Zeit, aber auch von dem experimentellen Charakter der Demokratie in Athen, die selbst in ihrer Hochform stets bedroht und gefährdet war.«
Westermanns Monatshefte

»Weber versteht es, nicht nur die politische Geschichte und die kulturpolitische Führungsrolle Athens von der Vorzeit über die Perserkriege bis zur Zerfleischung in den Bürgerkriegen mit Sparta in plastischer Weise darzustellen, sondern in diesem Rahmen auch ein interessantes Bild von dem sozialen Gefüge der Bevölkerung, ihrem Alltag und dem städtischen Leben einzubauen.«
Stuttgarter Zeitung

German Hafner

Prominente der Antike
337 Porträts in Wort und Bild
360 Seiten, 447 Abbildungen schwarz-weiß, gebunden

Tatort Antike
Archäologen auf den Spuren verschollener Kunstwerke
400 Seiten, 176 Abbildungen, gebunden

»Hafner berichtet, welche Quellen den Archäologen zur Verfügung stehen, um verschollene oder zerstörte Kunstwerke aufzuspüren und so weit wie möglich zu rekonstruieren. Ob es sich bei diesen Quellen um Literaturangaben handelt oder um Scherben aus älteren oder neueren Fundstellen, stets ist der Weg, den sie dem Forscher zur Wiedergeburt der antiken Kunstwerke weisen, erfüllt von spannendem Reiz.«
Offenbacher Post

Sternstunden der Archäologen
Wissenschaftler auf den Spuren alter Kulturen
400 Seiten, 164 Abbildungen, gebunden

»Das sachliche wie spannende Bild eines Forschungszweiges, der sich wie kaum ein anderer vor flinker Phantasie hüten muß und doch ohne Phantasie verloren wäre.«
Westdeutsche Allgemeine Zeitung